국어는 도구 과목이다. 모든 교과가 국어를 바탕으로 되어 있기 때문이다. 따라서 국어 능력을 향상시키는 것은 학업 능력을 키우는 데 매우 중요한 요소이다. 게다가 초등 과정에서는 학업과 의사소통을 위한 기초적인 언어 능력을 갖춰야 할 뿐만 아니라 고차원적인 사고력도 함께 길러야 한다.

의사소통 능력과 사고력을 키우는 데 있어 독서는 아주 중요한 역할을 한다. 영상 매체를 주로 접하며 긴 글 읽기를 꺼리고, 다양한 인간관계를 통해 이루어지는 생활 속 교육이 점차 줄어드는 현실에서 독서는 매우 유용한 학습법이다. 그러나 적절한 피드백이 없는 독서는, 자칫 편협하고 왜곡된 사고를 갖게 될 위험성을 안고 있다.

그에 대한 보완책이 독해력 훈련이다. 초등 과정에서도 중·고등 과정 못지않게 독해력 훈련이 필요하다. 다양한 영역의 지문을 접할 수 있는 독해력 훈련은 교과와 연계되어 학습에 도움을 줄 뿐 아니라 지적 호기심을 자극하여 능동적인 학습을 유도할 수 있다. 독해력 연습을 통해 사실적 사고를 바탕으로 한 고차원적인 추론 능력과 비판 능력 등을 기를 수 있는 것이다.

이번에 〈자이스토리 초등 국어 독해력 쑥쑥＋낱말 쑥쑥〉이 나왔다. 〈독해력 쑥쑥〉 파트는 중심 낱말 찾기, 중심 문장 찾기, 단락 요약하기, 단락 간의 관계 이해하기, 글의 구조 이해하기, 주제 알아보기 등 6가지 step에 따른 계단식 독해 연습을 통해, 부모님이나 선생님의 도움 없이 학생 스스로 독해력을 훈련할 수 있게 구성되어 있다. 또한 〈낱말 쑥쑥〉 파트는 초등 과정에서 집중적으로 이루어져야 할 어휘력 학습에 꼭 필요하고 중요한 내용이다. 낱말의 사전적 의미를 정확히 익히고, 문맥을 통해 낱말의 뜻을 유추해 보고, 한자를 통해 낱말의 구성을 이해하고, 낱말 퍼즐로 재미있게 학습하는 어휘 학습은 돋보이는 기획이다.

〈자이스토리 초등 국어 독해력 쑥쑥＋낱말 쑥쑥〉에서 제시한 방법으로 독해력과 낱말 학습을 한다면 탄탄한 국어 능력을 키울 수 있을 것이다. 이를 토대로 독서를 한다면 그 효과는 더욱 커질 것이다. 자이스토리 교재를 통해 독해력과 독서 능력이 한 단계 더 높이 발전하기를 바란다.

지니국어논술 학원(대치, 반포, 분당, 압구정) 대표 **윤 진 성**

교과서 지문 연계표

DAY	자이스토리 독해력 쑥쑥 1학년	교과서 연계 내용	
01	자랑스러운 우리 글자, 한글의 탄생	국어 1-1	2. 재미있게 ㄱㄴㄷ
02	지구를 구하는 나는야 슈퍼맨	봄·여름 1-1	봄 1. 학교에 가면
03	동물 친구들을 보살펴요.	가을·겨울 1-2	가을 1. 내 이웃 이야기
04	아라비아 숫자가 뭐지?	수학 1-1	1. 9까지의 수
05	과일과 채소는 무엇이 다를까요?	봄·여름 1-1	봄 2. 도란도란 봄 동산
06	우리나라 고유의 옷, 한복	가을·겨울 1-2	겨울 1. 여기는 우리나라
07	덧셈과 뺄셈 기호는 어디에서 왔을까?	수학 1-1	3. 덧셈과 뺄셈
08	우리나라의 대표적인 명절을 소개해요.	가을·겨울 1-2	겨울 1. 여기는 우리나라
09	느낌이 있는 모음, 알록달록 vs 얼룩덜룩	국어 1-1	3. 다 함께 아야어여
10	우리는 한 가족	봄·여름 1-1	여름 1. 우리는 가족입니다
11	이웃과 더불어 살기 위한 반려견 예절	가을·겨울 1-2	가을 1. 내 이웃 이야기
12	생활 속 전기 절약	봄·여름 1-1	여름 2. 여름 나라
13	모여라, 흩어져라!	국어 1-1	4. 글자를 만들어요
14	작다고 무시하지 마라, 손톱과 발톱	봄·여름 2-1	봄 1. 알쏭달쏭 나
15	계절에 맞는 옷을 입어 봐요.	가을·겨울 1-2	겨울 2. 우리의 겨울
16	세는 물건에 따라 말이 달라요.	수학 1-1	5. 50까지의 수
17	날씨와 우리 생활	봄·여름 2-1	봄 2. 봄이 오면
18	음식을 저금해요.	가을·겨울 1-2	가을 1. 내 이웃 이야기
19	상황에 알맞게 인사하기	국어 1-1	5. 다정하게 인사해요
20	여름을 즐겁게 보내자.	봄·여름 1-1	여름 2. 여름 나라
21	지구촌 곳곳의 추석 이야기	가을·겨울 1-2	가을 2. 현규의 추석
22	빨간 피, 파란 혈관	봄·여름 2-1	봄 1. 알쏭달쏭 나
23	김치는 언제부터 빨개졌을까?	가을·겨울 1-2	겨울 1. 여기는 우리나라
24	옛날 사람들은 수를 어떻게 셌을까?	수학 1-2	1. 100까지의 수
25	반갑지 않은 봄의 손님	봄·여름 2-1	봄 2. 봄이 오면
26	글을 잘 이해하기 위해 알아야 할 기호들	국어 1-1	8. 소리 내어 또박또박 읽어요
27	전통 음악의 변화	가을·겨울 1-2	겨울 1. 여기는 우리나라
28	계산의 천재, 가우스	수학 1-2	2. 덧셈과 뺄셈
29	남한과 북한의 다른 말	가을·겨울 1-2	겨울 1. 여기는 우리나라
30	현장 체험 학습을 떠나자!	국어 1-2	9. 겪은 일을 글로 써요
31	여름을 건강하게 보내려면	봄·여름 2-1	여름 2. 초록이의 여름 여행
32	겹받침 발음하는 방법	국어 1-2	2. 소리와 모양을 흉내 내요
33	갯벌에 사는 동물 친구들	봄·여름 2-1	여름 2. 초록이의 여름 여행
34	시계의 긴 바늘과 짧은 바늘이 가리키는 것	수학 1-2	5. 시계 보기와 규칙 찾기
35	도서관과 연주회장에서 지켜야 할 예절	가을·겨울 2-2	가을 2. 가을아 어디 있니
36	말이 흉내를 낸대요.	국어 1-2	2. 소리와 모양을 흉내 내요

New

자이스토리

초등 국어 낱말 쑥쑥 총정리

- DAY별 핵심 낱말 총정리
- DAY별 빈칸 채우기 확인 문제
- 낱말 쑥쑥 종합 테스트 6회
  (6일치 낱말 복습)

1 학년

수경출판사

교재 활용법

1. 낱말 쑥쑥 총정리를 가지고 다니면서 낱말의 뜻풀이를 복습하세요. 어렵거나 잘 외워지지 않았던 낱말들 위주로 반복하면 좋습니다.

2. 낱말의 뜻풀이를 충분히 익힌 다음, 아래의 예문을 읽고 빈칸에 들어갈 낱말을 직접 써 보세요.

3. STEP 1개가 끝날 때마다 핵심 낱말 총정리에서 학습한 낱말을 낱말 쑥쑥 종합 테스트로 확인해 보세요.

4. 독해 지문 전체를 다 학습한 후에도 언제든지 특별 부록을 통해 낱말을 익힐 수 있습니다. 자투리 시간에 부록을 펼쳐 보세요!

5. 잘 기억나지 않거나 어려운 낱말을 반복해서 학습하고 문제를 통해 익힌다면 어휘력과 독해력이 쑥쑥 자랄 거예요!

낱말 쑥쑥 총정리

차 례

★ 정확히 아는 낱말에는 ☑ 표시를 해 보세요.

☐ **맞히다** : (옳은 답을) 대다.

☐ **탄생하다** : 조직·제도·사업체 등이 생겨 나다.

☐ **고유** : 오래된 집단이나 사물 등이 본래 부터 지니고 있는 것. 어떤 것에만 있는 것

☐ **백성** : (옛말로) 보통 국민

☐ **한자** : 중국어를 적는 데 쓰는 중국 문자

☐ **원리** : 기본이 되는 이치나 법칙

☐ **기관** : (생물의 몸에서) 일정한 모양과 기 능을 가지고 있는 부분

☐ **본뜨다** : (무엇을) 본으로 하여 그대로 흉 내 내어 만들다.

☐ **다물다** : 윗입술과 아랫입술을 마주 꼭 대다. 입을 조금도 벌리지 않다.

☐ **합치다** : (여럿을) 모아 하나가 되게 하다.

★ 빈칸에 들어갈 낱말을 찾아 알맞은 형태로 쓰세요.

01 중국에서는 (   )을/를 간단하게 바꾸어서 사용하고 있다.

02 옛날에 전쟁이 일어나면 (   )은/는 많은 피해를 입었다.

03 뉴턴은 사과가 떨어지는 (   )이/가 무엇인지 연구했다.

04 힘을 (   )는 것이 혼자 하는 것보다 낫다.

05 5년만에 새로운 제품이 (   )했다.

06 남의 작품을 (   )지 말고 스스로 만들어라.

07 철민이는 TV에 나가서 퀴즈를 (   )고 싶어했다.

08 정미는 시끄럽다고 혼이 나고 나서야 입을 (   )고 있었다.

09 위는 소화 (   )에 속한다.

10 한복은 우리 민족 (   )의 의상이다.

★ 정확히 아는 낱말에는 ☑ 표시를 해 보세요.

☐ **분류** : 여럿 중에서 같은 성질을 가진 것 끼리 갈라 놓는 것

☐ **배출** : 불필요한 물질을 밖으로 내보내는 것

☐ **골판지** : 두 장의 튼튼한 종이 사이에 일정하게 골이 진 종이를 넣어 만든 넓고 두터운 종이

☐ **내용물** : 속에 든 것

☐ **헹구다** : 깨끗한 물에 넣어 비눗물이나 검은 때가 빠지게 하다.

☐ **상표** : 한 상품을 다른 생산자의 상품과 구별하기 위하여 붙이는 표나 표시

☐ **용기** : 물건을 담는 그릇

☐ **환경** : 사람과 생물에게 두루 영향을 끼치는 자연이나 사회의 조건이나 상태

☐ **재활용하다** : (이미 사용했던 물건을) 가공하여 다시 사용하다.

☐ **보호하다** : 사람이나 사물이 위험·파괴·곤란을 당하지 않게 지키고 보살펴 주다.

★ 빈칸에 들어갈 낱말을 찾아 알맞은 형태로 쓰세요.

01 과일을 (   )(으)로 된 상자에 담아 왔다.

02 자연을 (   )하지 않으면 인간에게 미래는 없을 수도 있다.

03 깨끗한 물로 비누칠한 손을 (   )었다.

04 전자레인지를 사용할 때에는 전용 (   )에 음식을 담아야 한다.

05 생물은 크게 동물과 식물로 (   )할 수 있다.

06 유리병이 투명해서 (   )이/가 무엇인지 쉽게 확인할 수 있었다.

07 (   )을/를 보고 상품을 어떤 회사에서 만들었는지 알 수 있다.

08 오염된 물을 강이나 바다에 함부로 (   )하면 안 된다.

09 (   )한 종이로 만든 책은 환경에 도움이 된다.

10 (   )이/가 오염된 곳에서 자란 생물은 건강이 좋지 않다.

DAY 03 핵심 낱말 + 확인 문제

▶ 정답 44쪽

★ 정확히 아는 낱말에는 ☑ 표시를 해 보세요.

- ☐ **주말** : 한 주일의 끝
- ☐ **동물원** : 여러 가지 야생 동물들을 모아 가두어 기르면서 사람들에게 구경시키는 곳
- ☐ **우리** : 짐승을 가두어 기르는 곳
- ☐ **보통** : 일반적으로. 흔히
- ☐ **오전** : 아침부터 점심 전까지의 동안
- ☐ **출근하다** : 직장에 일하러 나가다.
- ☐ **밤새** : 밤 동안 내내
- ☐ **사료** : 가축에게 주는 가공하여 만든 먹이
- ☐ **훈련** : 어떤 일을 배우거나 익히기 위해 되풀이하여 연습하는 일
- ☐ **체력** : 몸을 움직여 어떤 일을 할 수 있는 힘

★ 빈칸에 들어갈 낱말을 찾아 알맞은 형태로 쓰세요.

01 (   )을/를 기르기 위해 나는 매일 30분씩 달리기를 했다.

02 놀이공원에는 평일보다 (   )에 사람이 더 많다.

03 의령이가 (   ) 무엇을 했기에 아침부터 꾸벅꾸벅 조는지 모르겠다.

04 (   )에 가서 본 호랑이가 무서워서 밤에 악몽을 꾸었다.

05 동물원의 (   ) 안에는 코끼리가 네 마리가 있다.

06 우리 강아지는 (   ) 먹는 시간을 가장 좋아한다.

07 요즈음에는 (   )하는 시간을 선택할 수 있는 회사가 늘고 있다.

08 명주는 소풍 가는 날에 (   ) 때와는 다른 옷을 입었다.

09 (   )와/과 오후의 사이를 정오라고 한다.

10 학교에서 지진 대피 (   )을/를 받았다.

DAY 04 핵심 낱말 + 확인 문제

▶ 정답 44쪽

★ 정확히 아는 낱말에는 ☑ 표시를 해 보세요.

☐ **소개되다** : 잘 모르는 지식이나 내용이 잘 알도록 설명되다.

☐ **표현하다** : 느낌이나 생각을 말, 글, 예술 작품 등으로 나타내다.

☐ **복잡하다** : 여럿이 겹치고 뒤섞여 있다.

☐ **거뜬히** : 힘들이지 않고 쉽게

☐ **셈** : 수를 헤아리는 것

☐ **중** : 여럿 가운데

☐ **발전하다** : 더 좋은 상태로 변하다.

☐ **인류** : 세상의 모든 사람

☐ **공** : 노력으로 이룬 훌륭한 일

☐ **교류** : 사람들이 서로 자주 만나거나 연락하면서 의견이나 물건을 주고받고 하는 것

★ 빈칸에 들어갈 낱말을 찾아 알맞은 형태로 쓰세요.

01 요즘은 이웃 간에 (   )이/가 별로 없다.

02 나는 우리 반 친구들 (   )에 키가 가장 크다.

03 학교 가는 길은 (   )하게 여러 갈래로 나뉘어 있다.

04 나는 거스름돈을 받으면 (   )이/가 맞는지 확인한다.

05 영수네 가족 이야기가 신문에 (   )었다.

06 올림픽이 열리면 전 (   )의 관심이 쏠린다.

07 이 노래는 행복한 마음을 (   )한 곡이다.

08 채리는 어떤 어려움도 (   ) 이겨내는 친구이다.

09 우리 마을은 시간이 갈수록 살기 좋게 (   )하고 있다.

10 이순신 장군은 임진왜란 때 큰 (   )을/를 세웠다.

★ 정확히 아는 낱말에는 ☑ 표시를 해 보세요.

☐ **뒷동산** : 마을이나 집 뒤에 있는 작은 산
☐ **식물** : 풀이나 나무나 버섯 등
☐ **관찰하다** : 무엇을 주의하여 살펴보다.
☐ **대표하다** : 전체의 성질을 잘 나타내다.
☐ **가꾸다** : 손질하고 잘 보살피다.
☐ **열매** : 나무의 꽃이 수정한 뒤 그 씨방이 자라서 맺힌 것

☐ **대부분** : 절반이 훨씬 넘어 전체에 가까운 수효나 분량
☐ **수분** : 무엇에 섞이거나 스며 있는 물. 물의 성분
☐ **밭** : 농작물을 심고 가꾸는 땅
☐ **상황** : 어떤 일이 되어 가는 형편이나 모양

★ 빈칸에 들어갈 낱말을 찾아 알맞은 형태로 쓰세요.

01 벼는 주로 (　　　　)보다는 논에 심는다.

02 희수는 심심하면 (　　　　)에 올라 이리저리 뛰어다니면서 놀았다.

03 감나무에 열린 (　　　　)들은 다 따지 않고 까치밥으로 남기기도 한다.

04 지수는 피부가 건조하여 (　　　　)이/가 많은 크림을 바른다.

05 할아버지께서는 꽃을 (　　　　)는 낙으로 사신다.

06 (　　　　)이/가 변할 때를 늘 대비해야 한다.

07 나무나 풀은 모두 (　　　　)이다.

08 현미경으로 작은 물체를 확대해서 자세히 (　　　　)할 수 있다.

09 현서는 용돈을 받은 지 하루만에 (　　　　)을/를 써 버렸다.

10 국가 대표는 나라를 (　　　　)하는 사람이다.

★ **정확히 아는 낱말에는 ☑ 표시를 해 보세요.**

☐ **조상** : 지금 사람들보다 먼저 살던 사람들
☐ **평상시** : 특별한 일이 없는 보통 때
☐ **요즘** : 아주 가까운 과거에서 지금에 이른 사이
☐ **특별하다** : 보통과 아주 다르다.
☐ **세배** : 설에 어른에게 드리는 큰절
☐ **화려하다** : 눈이 부시게 아름답고 보기 좋다.

☐ **단정하다** : 흐트러짐 없이 깨끗하고 바르다.
☐ **넉넉하다** : 남을 만하다. 모자라지 않는다.
☐ **다양하다** : 색깔·모양·내용 등이 서로 다른 것이 많다.
☐ **몸소** : 직접 제 몸으로

★ **빈칸에 들어갈 낱말을 찾아 알맞은 형태로 쓰세요.**

01 설에 할아버지께 (   )을/를 드리고 좋은 말씀을 들었다.

02 할머니 댁에 가서 뒷산에 있는 (   )님들의 산소에 절을 했다.

03 품이 (   )한 옷을 입으니 편하다.

04 동생은 헝클어진 머리를 (   )하게 빗질했다.

05 발레단은 무대에서 (   )한 춤 솜씨를 뽐냈다.

06 할머니께서 직접 만들어 주신 이 옷은 나에게 (   )한 의미가 있다.

07 왕이 (   ) 신하에게 시범을 보였다.

08 (   )에는 아무렇지 않은 것도 갑자기 큰일처럼 느껴질 수 있다.

09 뷔페에 가면 여러 가지 음식이 (   )하게 있다.

10 나는 (   ) 입맛이 없어져서 밥을 잘 먹지 못한다.

[01~06] 주어진 뜻풀이에 해당하는 낱말에 ○표 하세요.

01 기본이 되는 이치나 법칙 : (원리 , 유리)

02 불필요한 물질을 밖으로 내보내는 것 : (구출 , 배출)

03 짐승을 가두어 기르는 곳 : (우람 , 우리)

04 수를 헤아리는 것 : (상 , 셈)

05 어떤 일이 되어 가는 형편이나 모양 : (상상 , 상황)

06 흐트러짐 없이 깨끗하고 바르다. : (단정하다 , 등장하다)

[07~10] 주어진 자음자와 뜻풀이를 참고하여 빈칸에 알맞은 낱말을 써넣으세요.

07 | ㅂ | ㅅ | : (옛말로) 보통 국민
➡ 세종대왕께서는 (   )을/를 생각하시어 훈민정음을 만드셨다.

08 | ㄴ | ㅇ | ㅁ | : 속에 든 것
➡ 가방에 (   )이/가 많아 터질 듯이 빵빵했다.

09 | ㅂ | ㅌ | : 일반적으로. 흔히
➡ 나는 특이한 사람이 아니라 (   ) 사람이 되고 싶다.

10 | ㄷ | ㅍ |하다 : 전체의 성질을 잘 나타내다.
➡ 만수는 학교를 (   )하여 전국 대회에 나갔다.

 **핵심 낱말 + 확인 문제**

DAY 07

▶정답 44쪽

★ **정확히 아는 낱말에는 ☑ 표시를 해 보세요.**

☐ **복습하다** : 배운 것을 다시 공부하여 익히다.

☐ **기호** : 어떠한 뜻을 전달하기 위한 일정한 표시

☐ **과거** : 지나간 때

☐ **수학자** : 수학을 전문적으로 연구하는 학자

☐ **따다** : 골라 쓰다.

☐ **간단하다** : 쉽고 짧으며 복잡하지 않다.

☐ **금세** : 시간이 얼마 지나지 않아서

☐ **무심코** : 별로 주의를 기울이지 않으면서

☐ **편리하다** : 힘이 들지 않고 이용하기 쉽다.

☐ **기특하다** : (말이나 하는 짓이) 놀라우면서도 귀엽다.

★ **빈칸에 들어갈 낱말을 찾아 알맞은 형태로 쓰세요.**

01 나는 수학을 전문적으로 연구하는 ( )이/가 되고 싶다.

02 어린 동생이 집안일을 도우려고 하는 것을 보면 ( ).

03 ( )에 잘못했던 일이 계속 생각나서 괴롭다.

04 우리는 각자의 이름에서 성을 ( )서 팀명을 정했다.

05 별 생각 없이 ( ) 한 말이 친구의 마음에 상처가 되었다.

06 공부를 잘 하려면 배운 것을 여러 번 ( )해야 한다.

07 수업이 끝난 교실의 칠판에는 숫자와 수학 ( )이/가 적혀 있었다.

08 침대에 눕자마자 ( ) 잠이 들었다.

09 전학생은 ( )한 인사를 한 뒤 자리에 앉았다.

10 비행기의 발명으로 먼 곳을 빠르게 이동하기가 ( ).

★ 정확히 아는 낱말에는 ☑ 표시를 해 보세요.

☐ **명절** : 설이나 추석처럼 전통적으로 해마다 일정하게 돌아오며, 국민이 일을 쉬고 특별한 음식을 해 먹고 즐기는 날
☐ **친척** : 혈통이 어머니와 아버지와 배우자에 가까운 사람
☐ **대표적** : 가장 두드러지거나 뛰어나 대표가 될 만한 것
☐ **음력** : 지구 주위를 도는 달의 주기를 기준으로 만든 달력

☐ **작년** : 올해의 바로 전 해. 지난해
☐ **농사** : 농작물을 심고 가꾸고 거두는 일
☐ **벌초** : 조상의 무덤과 그 주변의 풀을 잘라 깨끗이 정리하는 것
☐ **햇과일** : 그해에 새로 난 과일
☐ **오곡밥** : 다섯 가지 곡식을 섞어 지은 밥
☐ **묵다** : (새 농산물이 나오기 이전에) 지난해에 생산된 것이다.

★ 빈칸에 들어갈 낱말을 찾아 알맞은 형태로 쓰세요.

01 이번 추석에는 가족 모두가 산소를 (   )했다.

02 설이나 추석 같은 명절은 (   )을/를 기준으로 정한다.

03 명절 상에 올린 (   )이/가 아주 싱싱하다.

04 (   )을/를 만들기 위해 각종 곡식을 장만했다.

05 (   )은 쌀로 밥을 지어 먹어서 그런지 밥맛이 없다.

06 할아버지께서는 (   )을/를 지어서 추수한 쌀을 가을마다 보내신다.

07 올해 여름은 매우 더웠던 (   ) 여름에 비해 선선하다.

08 경복궁은 우리나라의 (   )인 문화유산이다.

09 (   )에는 큰 집에 모인 친척들을 보고 맛있는 밥을 먹어서 좋다.

10 나는 혼자 서울로 올라와서 (   ) 집에 머물게 되었다.

★ **정확히 아는 낱말에는 ✔ 표시를 해 보세요.**

☐ **모음자** : 모음을 나타내는 글자
☐ **달라지다** : (모양이나 성질이) 변하여 (이 전의 것과) 같지 않게 되다. 바뀌다.
☐ **알록달록** : 어떤 바탕에 다른 빛깔의 작 은 얼룩이나 무늬가 뒤섞여 있든가 번갈 아 나 있는 모양을 나타낸다.
☐ **북적북적** : 많은 사람이 한곳에 모여 매 우 수선스럽게 잇따라 들끓는 모양

☐ **짓다** : (관계·구분·결정 등을) 이루다.
☐ **확실히** : 정말로. 과연
☐ **비슷하다** : 거의 같다. 별로 차이가 없다.
☐ **어울리다** : 서로 조화를 이루다.
☐ **반짝반짝** : 빛 같은 것이 번갈아 잠깐 빛 나다가 사라지다가 하는 모양을 나타낸다.
☐ **특징** : 특별히 눈에 띄거나 두드러진 점

★ **빈칸에 들어갈 낱말을 찾아 알맞은 형태로 쓰세요.**

01 여러 색으로 (   ) 칠해져 있는 옷을 입었다.

02 한글은 자음자 열네 자와 (   ) 열 자로 이루어져 있다.

03 동네 시장은 물건을 사고파는 사람들로 (   )하다.

04 이슬이 빛을 받아 (   ) 빛이 났다.

05 우리는 두 명씩 짝을 (   )고 게임을 시작했다.

06 약속 시간을 (   ) 정해서 절대 늦지 않도록 했다.

07 시간이 지나면 생각이 (   )기도 한다.

08 나와 내 동생은 얼굴이 (   )하게 생겼다.

09 미주는 글씨를 잘 쓴다는 (   )이/가 있다.

10 친구에게 짧은 머리가 잘 (   )는 것 같다.

DAY 10 핵심 낱말 + 확인 문제

▶ 정답 44쪽

★ 정확히 아는 낱말에는 ☑ 표시를 해 보세요.

☐ **결혼식** : 남녀가 정식으로 부부가 되는 의식
☐ **남편** : 부부 중의 남자
☐ **축하** : 남의 좋은 일에 대해 기쁜 마음으로 인사하는 것
☐ **난처하다** : 어떻게 해야 좋을지 잘 몰라서 답답하다.

☐ **호칭** : 누구를 부르는 이름
☐ **맺다** : (관계·약속 등을) 이루다.
☐ **자녀** : 아들과 딸
☐ **새롭다** : 지금까지 있었던 적이 없다.
☐ **중심** : 한가운데나 복판
☐ **아내** : 부부 중의 여자

★ 빈칸에 들어갈 낱말을 찾아 알맞은 형태로 쓰세요.

01 옆집 부부는 혼인신고를 하고 난 후에 (   )을/를 올렸다.

02 봄을 맞아 방을 (   )게 꾸몄다.

03 선생님을 (   )(으)로 학생들이 서 있다.

04 가정을 이루고 (   )을/를 기르는 것은 많은 사람들의 행복이다.

05 그 사람은 아내에게 좋은 (   )이자 아들에게 좋은 아버지이다.

06 삼촌은 시험에 합격하여 가족들에게 많은 (   )을/를 받았다.

07 같이 다니는 친구들 중에 둘이 싸워서 내 입장이 (   ).

08 그는 그녀를 선배라는 (   )(으)로 부르고 싶어 하지 않았다.

09 그녀는 결혼해서 한 남자의 (   )이/가 되었다.

10 유비, 관우, 장비가 의형제를 (   )은 것은 중국의 유명한 역사이다.

★ 정확히 아는 낱말에는 ☑ 표시를 해 보세요.

☐ **주변** : 어떤 대상의 둘레 부근
☐ **기르다** : 보살펴서 자라게 하다.
☐ **여기다** : 생각하거나 판단하다.
☐ **종종** : 가끔. 때때로
☐ **예절** : 사회생활에서 지켜야 하는 바르고 공손한 말씨와 몸가짐
☐ **산책** : 휴식이나 건강을 위하여 멀지 않은 거리를 천천히 걷는 것

☐ **공격하다** : 적군을 치거나 상대편을 이기기 위해 적극적으로 행동하다.
☐ **위험하다** : 실패할 가능성이 있거나 목숨을 위태롭게 할 만큼 안전하지 못하다.
☐ **훈련하다** : 어떤 일을 배우거나 익히기 위해 되풀이하여 연습하다.
☐ **보호자** : 어떤 사람을 보호할 책임을 가지고 있는 사람

★ 빈칸에 들어갈 낱말을 찾아 알맞은 형태로 쓰세요.

01 어린 나이에는 (   )의 허락이 필요한 경우가 많다.

02 날씨가 좋아서 공원으로 (   )을/를 하러 나갔다.

03 지하철역 (   )에 새로운 쇼핑몰이 생겼다.

04 한국 축구 국가 대표팀은 상대팀을 끊임없이 (   )했다.

05 선수들은 경기를 앞두고 열심히 (   )하고 있다.

06 공공장소에서는 (   )을/를 지켜야 한다.

07 나는 병원에 입원한 친구가 걱정되어 (   ) 찾아갔다.

08 민수는 친구에게 받은 선물을 소중히 (   )고 있다.

09 우리 집은 고양이 한 마리와 강아지 한 마리를 (   )고 있다.

10 높은 곳에서 물건을 떨어뜨리는 것은 매우 (   )한 행동이다.

★ 정확히 아는 낱말에는 ☑ 표시를 해 보세요.

☐ **전기** : (빛·열·동력 등을 일으키는 일에 쓰는) 물질 안에 있는 전자의 이동으로 생기는 에너지

☐ **낭비하다** : 돈·시간·물자 등을 아끼지 않고 함부로 쓰다.

☐ **환경** : 사람과 생물에게 두루 영향을 끼치는 자연이나 사회의 조건이나 상태

☐ **연료** : 빛·열·동력 등을 얻기 위하여 태우는 물질

☐ **오염되다** : 물·공기·흙 등이 더러워지다.

☐ **해롭다** : 좋지 않다. 이롭지 않다.

☐ **실내** : 방이나 건물의 안

☐ **절약하다** : (돈·물자·시간·힘 등을) 잘 따져서 아껴 쓰다.

☐ **제품** : 팔기 위하여 기술과 재료를 써서 만들어 낸 물건

☐ **세탁하다** : 옷을 빨아 때를 없애다.

★ 빈칸에 들어갈 낱말을 찾아 알맞은 형태로 쓰세요.

01 옷마다 (   )하는 방법이 다르다.

02 이륙하기 전에 비행기에 (   )을/를 보충하고 있다.

03 정전이 나서 (   )(으)로 돌아가는 모든 것들이 멈췄다.

04 몸에 좋은 음식도 많이 먹는 것은 건강에 (   ).

05 아직 시골은 공기가 (   )되지 않아 별이 잘 보인다.

06 이 길은 지름길이라서 이 길로 가면 시간을 (   )할 수 있다.

07 필요 없는 물건을 사는 데 돈을 (   )하면 안 된다.

08 일회용품을 많이 사용하면 (   )을/를 오염시킬 수 있다.

09 물건을 살 때는 여러 회사의 (   )들을 비교해 보아야 한다.

10 (   )에서 하는 대표적인 운동으로는 배드민턴, 배구 등이 있다.

[01~06] 주어진 뜻풀이에 해당하는 낱말에 ○표 하세요.

01 시간이 얼마 지나지 않아서 : (말세 , 금세)

02 가장 두드러지거나 뛰어나 대표가 될 만한 것 : (대표적 , 대피소)

03 특별히 눈에 띄거나 두드러진 점 : (특징 , 특혜)

04 지금까지 있었던 적이 없다. : (새롭다 , 이롭다)

05 휴식이나 건강을 위하여 멀지 않은 거리를 천천히 걷는 것 :

(산책 , 달리기)

06 방이나 건물의 안 : (실내 , 실외)

[07~10] 주어진 자음자와 뜻풀이를 참고하여 빈칸에 알맞은 낱말을 써넣으세요.

07 ㅍ ㄹ 하다 : 힘이 들지 않고 이용하기 쉽다.
➡ 망치를 이용하면 (   )하게 못을 박을 수 있다.

08 ㅈ ㄴ : 올해의 바로 전 해. 지난해
➡ (   )보다 올해 파 가격이 5배가 올랐다.

09 ㅂ ㅅ 하다 : 거의 같다. 별로 차이가 없다.
➡ 내 신발과 은우의 신발은 색깔이 (   ).

10 ㅈ ㅅ : 한가운데나 복판
➡ 학생들은 시내 (   )에서 작은 음악회를 열었다.

★ **정확히 아는 낱말에는 ☑ 표시를 해 보세요.**

☐ **자음자** : 자음을 나타내는 글자
☐ **모음자** : 모음을 나타내는 글자
☐ **설명** : 어떤 사실에 대하여 남이 잘 이해할 수 있도록 말하는 것
☐ **합하다** : 더하여 하나로 만들다.
☐ **흩다** : (모여 있는 것을) 각각 이리저리 퍼뜨리다.
☐ **가로** : 옆으로 이어지는 방향

☐ **세로** : 곧바른 위나 아래의 방향
☐ **풀다** : (매이거나 묶인 것을) 도로 원래의 상태로 되게 하다.
☐ **차례** : 어떤 원칙에 따라서 여럿을 하나씩 이어지게 벌여 놓은 것
☐ **늘어놓다** : 줄지어 벌여 놓거나 여기저기에 널리 벌여 놓다.

★ **빈칸에 들어갈 낱말을 찾아 알맞은 형태로 쓰세요.**

01 보통 컴퓨터나 TV의 화면은 (   )이/가 길다.

02 정사각형은 가로와 (   )의 길이가 같다.

03 승민이는 새로 산 볼펜을 하나씩 (   )았다.

04 아주머니는 쌀알을 (   )어 놓고 돌을 고르고 계신다.

05 'ㄱ', 'ㄴ', 'ㄷ'은 모두 (   )이다.

06 'ㅏ', 'ㅓ', 'ㅜ'는 모두 (   )이다.

07 선생님의 (   )을/를 들으면 어려운 문제도 이해할 수 있다.

08 어떤 수에 0을 (   )하면 어떤 수가 그대로 나온다.

09 엉켜 있는 실을 (   )지 못해서 가위로 잘랐다.

10 식판을 들고 내가 음식을 받을 (   )을/를 기다렸다.

★ 정확히 아는 낱말에는 ☑ 표시를 해 보세요.

☐ **문틈** : 닫힌 문이 조금 벌어져 생긴 사이

☐ **찧다** : 세게 부딪치다.

☐ **부서지다** : (단단한 것이) 조그만 조각들이 되다.

☐ **이후** : 어떤 때로부터 뒤

☐ **한동안** : 꽤 오랜 동안. 한참

☐ **중요하다** : 큰 의미와 가치가 있다.

☐ **닿다** : (어떤 것이 다른 것에) 가까이 가서 붙다.

☐ **경우** : 특별한 형편·사정·상황, 또는 실례

☐ **보호하다** : 사람이나 사물이 위험·파괴·곤란을 당하지 않게 지키고 보살펴 주다.

☐ **역할** : 하기로 되어 있는 일, 또는 맡아서 하는 일

★ 빈칸에 들어갈 낱말을 찾아 알맞은 형태로 쓰세요.

01 바닥에 세게 엉덩방아를 ( )어서 꼬리뼈에 금이 갔다.

02 우리 반 친구들은 각자 맡은 ( )을/를 충실히 해냈다.

03 살짝 열린 ( )(으)로 바람이 솔솔 불어왔다.

04 비가 올 ( )에는 야구 경기를 하지 않는다.

05 유리는 의자에 앉아 ( ) 깊은 생각에 빠져 있었다.

06 매우 짧은 거리를 '엎어지면 코 ( )을 거리'라고 한다.

07 거울이 ( )고 나서야 꽤 큰 지진임을 알았다.

08 그는 산 속에 들어간 ( )(으)로 연락이 닿지 않았다.

09 물건을 살 때 가격과 성능을 따지는 것은 ( ).

10 어른들은 아이가 다치지 않도록 ( )해야 한다.

★ 정확히 아는 낱말에는 ☑ 표시를 해 보세요.

☐ **사계절** : 봄·여름·가을·겨울의 네 계절
☐ **특징** : 특별히 눈에 띄거나 두드러진 점
☐ **옷차림** : 옷을 차려입은 것. 또는 차려입은 그 모양
☐ **멋** : 세련되어 보기에 좋은 모양
☐ **화사하다** : 밝고 아름답다.

☐ **꽃샘추위** : 이른 봄에 꽃이 필 무렵의 추위
☐ **쌀쌀하다** : 싸늘하게 느껴질 정도로 차다.
☐ **외투** : 추위를 막기 위해 입는 두툼한 겉옷
☐ **습하다** : 물기가 많아 축축하다.
☐ **건조하다** : 물기가 없이 마른 상태이다.

★ 빈칸에 들어갈 낱말을 찾아 알맞은 형태로 쓰세요.

01 바깥 공기가 서늘해서 (   )을/를 덧입었다.

02 어제까지 날씨가 따뜻하다가 (   )이/가 와서 다시 추워졌다.

03 공기가 너무 (   )해서 물을 마셔도 금방 목이 말랐다.

04 여름에는 비가 많이 와서 집안이 (   ).

05 벚꽃이 강을 따라 (   )하게 피어 있다.

06 낮에는 덥지만 아침저녁에는 (   )해서 겉옷을 챙겨야 한다.

07 여행을 가서 사진을 찍으려고 한껏 (   )을/를 부렸다.

08 장소에 따라 알맞은 (   )을/를 해야 한다.

09 우리나라에는 봄, 여름, 가을 겨울의 (   )이/가 있다.

10 존댓말은 우리나라 말의 (   ) 중의 하나이다.

★ 정확히 아는 낱말에는 ☑ 표시를 해 보세요.

☐ **어색하다** : 잘 어울리지 않다. 불편한 느낌이 있다.

☐ **수** : 사람이나 물건을 하나하나 모두 세어서 얻는 값

☐ **단위** : 어떤 양을 비교하거나 계산하는 데 기초가 되는 수·양·무게 등의 일정한 기준

☐ **제대로** : 정해진 규격·제도·모양에 맞게. 알맞은 정도나 수준으로

☐ **대상** : 무엇의 상대나 목표가 되는 것

☐ **표현하다** : 느낌이나 생각을 말, 글, 예술 작품 등으로 나타내다.

☐ **짐승** : 사람이 아닌 동물

☐ **세다** : (개수를) 헤아리거나 알아내다.

☐ **반면** : 어떠한 사실과는 반대로. 다른 한편으로는

☐ **관련되다** : 여럿이 서로 어떤 영향을 주고받도록 이어져 있다.

★ 빈칸에 들어갈 낱말을 찾아 알맞은 형태로 쓰세요.

01 산과 초원에 사는 (　　　　)들은 가축에 비해 거칠다.

02 수빈이는 자신의 감정을 솔직하게 (　　　　)했다.

03 'cm', 'm', 'km'는 거리를 재는 (　　　　)이다.

04 동생은 공부는 못하는 (　　　　), 운동은 정말 잘한다.

05 효영이는 주제와 (　　　　)된 작품을 제출했다.

06 나는 머리카락의 개수를 (　　　　)어 보다가 지쳐서 잠이 들었다.

07 선생님께서는 사람 (　　　　)에 맞게 간식을 나누어 주셨다.

08 나는 친구와 크게 싸우고 (　　　　)한 사이가 되었다.

09 이 강의는 학부모들을 (　　　　)(으)로 하는 강의이다.

10 건물을 (　　　　) 짓지 않아서 빗물이 샌다.

★ 정확히 아는 낱말에는 ☑ 표시를 해 보세요.

☐ **나들이** : 잠깐 집을 떠나 다른 곳에 갔다 오는 일

☐ **황사** : 봄철에 바람에 실려 중국으로부터 한국으로 날아오는 누런 모래

☐ **일상생활** : 늘 하는 생활

☐ **영향** : 무엇에 원인이 되거나 힘을 미치어 반응이나 변화가 생기게 하는 것

☐ **미리** : 어떠한 일이 생기기 전에. 먼저

☐ **대비하다** : 앞으로 있을지도 모를 힘들거나 어려운 일을 겪지 않기 위해서 미리 준비하다.

☐ **접하다** : (무엇을) 알게 되거나 경험하다.

☐ **속도** : 어떤 물체나 현상이 움직이거나 변하는 빠르기의 정도

☐ **정확히** : 바르고 확실하게

☐ **복잡하다** : 여럿이 겹치고 뒤섞여 있다.

★ 빈칸에 들어갈 낱말을 찾아 알맞은 형태로 쓰세요.

01 사람들은 단풍을 보러 산에 (   )을/를 갔다.

02 폭풍이 올 것을 (   )해서 창문에 테이프를 붙여 놓았다.

03 자전거를 타고 느린 (   )(으)로 달리며 풍경을 구경했다.

04 벽화를 통해 옛날 사람들의 (   )을/를 알 수 있다.

05 나는 친구의 시험 합격 소식을 (   )하고 내 일인 것처럼 기뻤다.

06 책가방을 (   ) 싸 두어야 늦지 않고 학교에 도착할 수 있다.

07 시계를 통해 지금이 (   ) 몇 시인지 알 수 있다.

08 (   ) 때문에 하늘이 부옇게 되었다.

09 출퇴근 시간에는 교통이 (   )하므로 대중교통을 이용하는 것이 좋다.

10 햇빛은 식물이 자라는데 직접적인 (   )을/를 끼친다.

★ 정확히 아는 낱말에는 ☑ 표시를 해 보세요.

☐ **행사** : 여럿이 어떤 목적과 계획을 가지고 조직적인 모임이나 절차를 진행하는 것, 또는 그러한 큰일

☐ **단체** : 여러 사람이 모여서 이룬 무리

☐ **맡기다** : (자기 물건을 어디에) 두어 보관하게 하다.

☐ **가정** : 한집에서 함께 생활하는 가족이 이루는 한집안

☐ **무료** : 값이나 삯을 받지 않는 것

☐ **사회 복지** : 모든 국민의 생활을 편안하게 하기 위한 사회적 정책

☐ **해결하다** : 사건이나 문제를 풀거나 처리하다.

☐ **전국** : 온 나라. 나라 전체

☐ **자원** : 사람의 생활과 생산에 필요한 물질·재료·노동력·기술 등

☐ **기부하다** : 많은 사람에게 도움이 되는 일에 돈이나 재산 등을 내어 주다.

★ 빈칸에 들어갈 낱말을 찾아 알맞은 형태로 쓰세요.

01 그는 전 재산을 사회에 (   )했다.

02 우리나라에는 석탄이나 석유와 같은 천연(   )이/가 많지 않다.

03 영주는 고아원, 양로원과 같은 (   ) 시설에서 일하는 것이 꿈이다.

04 나는 방학 때마다 (   ) 각지를 여행했다.

05 비가 오면 야외 (   )이/가 취소될 것이다.

06 먹고 자는 문제를 (   )하는 것이 가장 중요하다.

07 여러 (   )에서 지진 피해를 입은 사람들에게 물품을 보내왔다.

08 전당포는 물건을 (   )고 돈을 빌리는 곳이다.

09 결혼을 하면 새로운 (   )을/를 이루게 된다.

10 이 공원은 입장료를 받지 않고 (   )(으)로 개방되었다.

[01~06] 주어진 뜻풀이에 해당하는 낱말에 ○표 하세요.

01 더하여 하나로 만들다. : (빼다 , 합하다)

02 어떤 때로부터 뒤 : (이전 , 이후)

03 세련되어 보기에 좋은 모양 : (맛 , 멋)

04 무엇의 상대나 목표가 되는 것 : (대상 , 본상)

05 바르고 확실하게 : (장구히 , 정확히)

06 값이나 삯을 받지 않는 것 : (무료 , 유료)

[07~10] 주어진 자음자와 뜻풀이를 참고하여 빈칸에 알맞은 낱말을 써넣으세요.

07 ㅅ ㅁ : 어떤 사실에 대하여 남이 잘 이해할 수 있도록 말하는 것
➡ 친구의 (   )이/가 이해되지 않아서 선생님께 질문했다.

08 ㅈ ㅇ 하다 : 큰 의미와 가치가 있다.
➡ 건강하게 살기 위해서는 규칙적인 운동이 매우 (   ).

09 ㅆ ㅆ 하다 : 싸늘하게 느껴질 정도로 차다.
➡ 새벽 산은 공기가 (   )하지만 맑고 상쾌하다.

10 ㄱ ㅈ : 한집에서 함께 생활하는 가족이 이루는 한집안
➡ 나는 빨리 결혼하여 한 (   )을/를 이루고 싶다.

★ 정확히 아는 낱말에는 ✓ 표시를 해 보세요.

☐ **마주치다** : (누구와) 우연히, 또는 특별한 이유 없이 만나다.

☐ **인사** : 안부를 묻거나 절을 하고 예의를 나타내는 것

☐ **예의** : 사회생활과 대인관계에서 공손하고 조심하는 말씨와 몸가짐

☐ **인정하다** : (어떤 사실을) 옳다고 여겨 받아 들이다.

☐ **상황** : 어떤 일이 되어 가는 형편이나 모양

☐ **밝히다** : (모르거나 알려지지 않은 사실을) 알아내든가 증명하다.

☐ **통화하다** : 전화로 말을 주고받다.

☐ **정중하다** : 예의를 갖추어 점잖다. 조심스럽다.

☐ **자세** : 사물을 대하는 마음가짐이나 태도

☐ **또렷하다** : 매우 분명하고 똑똑하다.

★ 빈칸에 들어갈 낱말을 찾아 알맞은 형태로 쓰세요.

01 친구의 부탁을 (   )한 태도로 거절했다.

02 멀리 계신 부모님께 (   )해서 안부를 물었다.

03 의자에 앉을 때는 허리를 곧게 펴서 바른 (   )을/를 취해야 한다.

04 수진이는 밖에서 아는 사람을 만나면 밝게 (   )을/를 한다.

05 탐정은 예리한 추리로 범인이 누구인지 (   )고 말았다.

06 그의 이목구비는 멀리서도 (   )하게 보인다.

07 (   )기 껄끄러운 사람을 하루 종일 피해 다니느라 애썼다.

08 그 심판은 잘못된 판정을 내린 것을 끝내 (   )하지 않았다.

09 지금은 전염병이 온 세계를 덮친 비상 (   )이다.

10 (   )을/를 갖추지 않으면 많은 이들이 좋지 않게 본다.

20 핵심 낱말 + 확인 문제 ▶ 정답 45쪽

★ 정확히 아는 낱말에는 ☑ 표시를 해 보세요.

☐ **기분** : 마음속에 생기는 기쁨·슬픔·우울함 등의 감정 상태

☐ **장마** : 여러 날 계속하여 많은 비가 오는 것

☐ **신경** : 어떤 일을 느끼거나 생각하는 기능

☐ **기온** : 공기의 온도

☐ **습도** : 공기 중에 수증기가 포함되어 있는 정도

☐ **속도** : 어떤 물체나 현상이 움직이거나 변하는 빠르기의 정도

☐ **불쾌하다** : 기분이나 느낌이 언짢거나 싫다.

☐ **계산하다** : 수를 셈하다.

☐ **영향** : 무엇에 원인이 되든가 힘을 미치어 반응이나 변화가 생기게 하는 것

☐ **평소** : 일상생활을 하는 보통 때

★ 빈칸에 들어갈 낱말을 찾아 알맞은 형태로 쓰세요.

01 기차의 ( )은/는 사람이 달리는 것보다 빠르다.

02 경수는 조그마한 소리에도 ( )이/가 쓰였다.

03 칠판을 긁는 소리는 듣기에 ( ).

04 예성이는 두 자리 수의 곱셈을 빠르게 ( )한다.

05 오랜 장마로 ( )이/가 계속 높은 상태이다.

06 늦잠을 자는 바람에 ( )보다 집에서 늦게 나오게 되었다.

07 아이들은 부모로부터 매우 큰 ( )을/를 받는다.

08 이번 여름의 ( )은/는 생각보다 짧게 끝났다.

09 선생님께서 ( )이/가 좋으셨는지 표정이 밝으셨다.

10 하루 중에 ( )의 차이가 크면 감기에 걸리기 쉽다.

★ 정확히 아는 낱말에는 ☑ 표시를 해 보세요.

☐ **명절** : 설이나 추석처럼 전통적으로 해마다 일정하게 돌아오며, 국민이 일을 쉬고 특별한 음식을 해 먹고 즐기는 날

☐ **풍성하다** : 아주 넉넉하고 만족스럽게 많다.

☐ **곡식** : 쌀·보리·밀·콩과 같은 먹을거리

☐ **수확하다** : 농작물·수산물·임산물 등을 거두어들이다.

☐ **빌다** : (생각한 대로 이루어지기를) 간절히 바라다.

☐ **양력** : 지구가 태양을 한 바퀴 도는 시간을 1년으로 삼아 날짜를 계산하는 달력

☐ **조상** : 한 가족의 여러 대에서 할아버지보다 먼저 산 사람

☐ **산소** : '무덤'을 높여 이르는 말

☐ **차례** : 주로 추석·설날과 같은 명절과 조상의 생일 아침에 간단하게 지내는 집안의 제사

☐ **농사짓다** : 농사를 직업으로 삼다.

★ 빈칸에 들어갈 낱말을 찾아 알맞은 형태로 쓰세요.

01 우리나라는 1896년부터 음력 대신 (   )을/를 쓰기 시작했다.

02 작년에 돌아가신 할아버지 (   )을/를 찾아가서 절을 했다.

03 추석에는 햅쌀로 밥을 지어 (   )을/를 지낸다.

04 가을이 되니 (   )이/가 익어간다.

05 할아버지는 연세가 많으신데도 머리숱이 (   )하시다.

06 우리 집은 (   )마다 큰아버지 댁에서 차례를 지낸다.

07 우리는 보름달을 보며 소원을 (   )었다.

08 옛날에는 시골에서 (   )는 농부들이 많았다.

09 지난해에 (   )한 벼가 아직도 남아 있다.

10 우리 집안은 (   ) 대대로 이 마을에서 살아왔다고 한다.

★ 정확히 아는 낱말에는 ☑ 표시를 해 보세요.

☐ **통로** : 다닐 수 있게 트인 길

☐ **상처** : 몸을 다쳐서 상한 자리

☐ **산소** : 생물이 숨 쉬는 공기 속에 많이 들어 있고 물과 여러 가지 먹을거리의 중요한 성분인 원소

☐ **나르다** : (짐이나 사람을) 다른 데로 옮기다.

☐ **역할** : (조직이나 기관에서 어떤 자격으로, 또는 어떤 처지에서) 하기로 되어 있는 일, 또는 맡아서 하는 일

☐ **흐르다** : (물이나 공기가) 이어서 움직이다.

☐ **노폐물** : 생물의 몸에 들어온 여러 물질 중 필요한 것을 흡수하여 쓰고 남은 찌꺼기

☐ **싣다** : (무엇을) 차·배·수레 등의 운반 기구에 올려놓다.

☐ **포함하다** : 무엇을 한 무리에 끼워 넣다.

☐ **깨끗하다** : 때나 먼지가 없다. (지저분하지 않고) 말끔하다.

★ 빈칸에 들어갈 낱말을 찾아 알맞은 형태로 쓰세요.

01 지훈이는 이삿짐을 차에 (　　　)는 것을 보고만 있었다.

02 어머니께서는 화분을 옥상으로 (　　　)고 계신다.

03 맑은 시냇물이 졸졸 (　　　)고 있다.

04 이 건물은 지하층까지 (　　　)해서 모두 10층으로 되어 있다.

05 큰 차가 (　　　)을/를 막고 있어서 사람들이 지나갈 틈이 없다.

06 (　　　)은/는 땀이나 오줌 등으로 배출된다.

07 비가 온 뒤에 공기가 (　　　)하고 맑다.

08 (　　　)이/가 제대로 아물지 않은 채로 딱지를 떼면 흉터가 남는다.

09 높은 곳에 올라가면 (　　　)이/가 부족해서 숨을 쉬기가 힘들다.

10 이 연극에서 나는 주인공의 친구 (　　　)을/를 맡았다.

★ 정확히 아는 낱말에는 ☑ 표시를 해 보세요.

☐ **대표하다** : 전체의 성질을 잘 나타내다.

☐ **다양하다** : 색깔·모양·내용 등이 서로 다른 것이 많다.

☐ **등장하다** : 중요한 일에 관련된 새로운 인물이나 사물이 세상에 나타나다.

☐ **절이다** : (채소에 소금물이) 배어들게 하다.

☐ **양념** : 음식의 맛을 돋우기 위해 쓰는 간장·마늘·파·고추·설탕 등의 조미료

☐ **익숙하다** : (자주 보거나 들어서) 예사스럽든가 낯이 익다.

☐ **기록** : 생각이나 사실에 대하여 적는 것, 또는 그 글

☐ **향신료** : 고추·후추·파·마늘·깨 등과 같이 음식물에 맵거나 향기로운 맛을 더하는 재료

☐ **짐작하다** : 사정이나 형편 등을 대강 알아차리다.

☐ **쪼개다** : (무엇을) 몇 조각으로 나누거나 가르다.

★ 빈칸에 들어갈 낱말을 찾아 알맞은 형태로 쓰세요.

01 나는 행사에 방문한 (   )을/를 남겼다.

02 사람들은 나무를 (   )서 불을 지폈다.

03 영서의 목소리를 듣고 영서가 아프다는 것을 (   )했다.

04 피클을 만들기 위해서는 오이를 식초에 (   )는 과정이 필요하다.

05 우리나라 음식에는 후추, 생강, 겨자 등의 (   )이/가 많이 들어간다.

06 맛있는 소불고기를 만들기 위해서 소고기를 (   )에 재어 놓았다.

07 주영이는 전교생을 (   )하여 선생님께 편지를 드렸다.

08 세계에는 지역마다 (   )한 문화가 있다.

09 도시 생활에 (   )한 사람에게 시골 생활은 적응이 필요하다.

10 최근에 소음 공해가 심각한 문제로 (   )하고 있다.

★ 정확히 아는 낱말에는 ☑ 표시를 해 보세요.

☐ **세상** : 사람들이 모여서 사는 사회
☐ **상상하다** : 실제로는 없든가 보이지 않는 것의 모양을 생각 속에 꾸미다.
☐ **편리하다** : (어떤 일을 하는 것이) 힘이 들지 않고 이용하기 쉽다.
☐ **표현하다** : 느낌이나 생각을 말, 글, 예술 작품 등으로 나타내다.
☐ **세다** : (개수를) 헤아리다. (수를) 알아내다.

☐ **기관** : (생물의 몸에서) 일정한 모양과 기능을 가지고 있는 부분
☐ **이용하다** : 필요에 맞게 이롭게 쓰다.
☐ **방식** : 무엇을 제대로 하거나 알맞게 다루는 방법이나 형식
☐ **번거롭다** : 귀찮을 만큼 복잡하고 분주하다.
☐ **도구** : 일을 할 때 쓰는 연장

★ 빈칸에 들어갈 낱말을 찾아 알맞은 형태로 쓰세요.

01 문제 푸는 ( )을/를 바꿔야 정답을 구할 수 있다.

02 은찬이는 10년 후 자신의 모습을 ( )해 보았다.

03 폐는 호흡을 담당하는 ( )이다.

04 나는 1부터 100까지 숫자를 ( )다가 잠이 들었다.

05 시간이 지날수록 ( )은/는 많이 변한다.

06 과학 실험을 하기 위해서는 비커 같은 ( )이/가 필요하다.

07 그 일의 과정은 복잡하고 ( ).

08 인천대교를 ( )하는 사람은 5500원의 통행료를 내야 한다.

09 연극에서 나비의 아름다움을 어떻게 ( )할지 고민 중이다.

10 서울에서는 지하철을 타는 것이 빠르고 ( ).

[01~06] 주어진 뜻풀이에 해당하는 낱말에 ○표 하세요.

01 안부를 묻거나 절을 하고 예의를 나타내는 것 : (가사 , 인사)

02 공기 중에 수증기가 포함되어 있는 정도 : (습도 , 온도)

03 (생각한 대로 이루어지기를) 간절히 바라다. : (빌다 , 줄다)

04 (물이나 공기가) 이어서 움직이다. : (흐르다 , 나르다)

05 (자주 보거나 들어서) 예사스럽든가 낯이 익다 :

(우수하다 , 익숙하다)

06 (개수를) 헤아리다. (수를) 알아내다. : (사다 , 세다)

[07~10] 주어진 자음자와 뜻풀이를 참고하여 빈칸에 알맞은 낱말을 써넣으세요.

07 ㅅ ㅎ : 어떤 일이 되어 가는 형편이나 모양
➡ 그녀는 급한 (   )(이)라며 설명도 없이 내 손을 끌고 갔다.

08 ㅅ ㄷ : 어떤 물체나 현상이 움직이거나 변하는 빠르기의 정도
➡ 버스는 (   )을/를 줄이며 정류장 앞에 멈췄다.

09 ㅅ ㅊ : 몸을 다쳐서 상한 자리
➡ 나는 달리다가 넘어져서 무릎에 (   )이/가 생겼다.

10 ㄷ ㅍ 하다 : 전체의 성질을 잘 나타내다.
➡ 나라를 (   )하여 대회에 나가는 것은 많은 운동선수들의 꿈이다.

25 핵심 낱말 + 확인 문제

정답 46쪽

★ 정확히 아는 낱말에는 ☑ 표시를 해 보세요.

☐ **매년** : 한 해 한 해. 해마다

☐ **사막** : 아주 메말라서 식물이 거의 자라지 않으며, 모래와 돌로 뒤덮인 매우 넓은 땅

☐ **자연적** : 인공을 가하지 않은 자연 그대로의 것

☐ **최근** : (지금을 기준으로 하여) 가장 나중에 지나간 때나 기간, 바로 얼마 전

☐ **발생하다** : 어떤 일이 일어나다.

☐ **시설** : 많은 사람이 같이 편리하게 쓰도록 만들어 놓은 큰 장치나 도구

☐ **공통점** : 서로 비슷하거나 같은 점

☐ **원인** : 어떤 현상이나 결과를 생기게 하는 요소

☐ **차이점** : 차이가 나는 점이나 부분, 또는 특징

☐ **외출** : 볼일이 있어서 집 밖으로 나가는 것

★ 빈칸에 들어갈 낱말을 찾아 알맞은 형태로 쓰세요.

01 경찰이 이번 사고가 생긴 (   )을/를 조사하고 있다.

02 (   )을/를 낙타 없이 걸어서 건너가는 것은 불가능에 가깝다.

03 수영이는 손이 크고, 미영이는 손이 작다는 (   )이/가 있다.

04 요즘 동생은 친구들과의 약속이 많아 (   )이/가 잦다.

05 경찰과 소방관은 화재가 어떻게 (   )했는지 조사 중이다.

06 그 병원은 국내 최고 수준의 의료 (   )을/를 갖추고 있다.

07 할머니의 묘비는 (   )인 바위로 썼다.

08 (   ) 내 생일에는 항상 생크림 케이크를 먹는다.

09 우리 부모님은 두 분 다 채소를 좋아하신다는 (   )이/가 있다.

10 이 건물은 (   )에 지어서 그런지 깔끔하다.

★ 정확히 아는 낱말에는 ☑ 표시를 해 보세요.

☐ **이상하다** : 정상이 아니다.

☐ **부호** : 일정한 방식에 따라 어떤 뜻을 나타내거나 정보 전달에 쓰이는 일정한 소리·글자·그림 등

☐ **제대로** : 알맞은 정도나 수준으로

☐ **전달되다** : (무엇이) 다른 사람이나 기관에 이르게 되다.

☐ **종류** : 어떤 기준에 따라 여러 가지 사물을 나눈 갈래

☐ **쓰임** : 무엇에 쓰이는 데, 또는 쓰이는 성질

☐ **설명하다** : 어떤 사실에 대하여 남이 잘 이해할 수 있도록 말하다.

☐ **대답하다** : 물음·부름·요구에 응하여 어떤 말을 하다.

☐ **예시** : 예를 들어 보는 것

☐ **경우** : 특별한 형편·사정·상황, 또는 실례

★ 빈칸에 들어갈 낱말을 찾아 알맞은 형태로 쓰세요.

01 시험에서 모든 학생이 100점을 받는 것은 특별한 (　　　　)이다.

02 적절한 (　　　　)이/가 있어야 이해가 잘 된다.

03 혜지는 어젯밤에 걱정이 많아서 (　　　　) 잠을 잘 수 없었다.

04 컴퓨터는 음악을 듣거나 게임을 하는 등 여러 가지 (　　　　)이/가 있다.

05 상어에는 백상어, 청상어, 톱상어 등의 (　　　　)이/가 있다.

06 의사는 환자에게 병의 이름과 치료법에 대해 (　　　　)했다.

07 해가 바뀌어 나이가 한 살 많아진다니 기분이 (　　　　).

08 나는 선생님의 질문에 (　　　　)하지 못했다.

09 친구에게 보낸 편지가 잘 (　　　　)되었는지 모르겠다.

10 '+'와 '−' (　　　　)을/를 잘못 적으면 계산을 틀릴 수 있다.

★ 정확히 아는 낱말에는 ☑ 표시를 해 보세요.

☐ **장르** : 예술 양식의 갈래
☐ **다양하다** : (종류는 같으면서) 색깔·모양·내용 등이 서로 다른 것이 많다.
☐ **전통** : 예전부터 이어 내려오는 사상·관습·행동 등의 양식, 또는 그것의 기본을 이루는 정신
☐ **추수** : 가을에 익은 곡식을 거두어 들이는 일
☐ **안녕** : 아무런 탈이나 걱정 없이 편안한 것

☐ **기원하다** : 신에게 소원이 이루어지기를 간절히 바라다.
☐ **연주하다** : 청중 앞에서 악기를 다루어 음악을 들려주다.
☐ **비롯하다** : (어떤 사실이 어디에서) 처음 시작하다.
☐ **어울리다** : 함께 사귀어 잘 지내다.
☐ **행하다** : (어떤 일을) 실제로 하다.

★ 빈칸에 들어갈 낱말을 찾아 알맞은 형태로 쓰세요.

01 이 작가는 시, 소설, 극 등 다양한 (　　　)의 작품을 내고 있다.

02 동민이는 새로 전학 온 친구와 함께 (　　　)고 싶었다.

03 유민이는 새로운 모험을 (　　　)했다.

04 가을이 되어 (　　　)을/를 하기 직전의 논은 황금빛 벼로 뒤덮여 있다.

05 멀리 여행을 떠난 친구의 (　　　)을/를 빌었다.

06 할머니가 빨리 나으시기를 (　　　)한다.

07 우리나라의 (　　　) 음료에는 식혜, 수정과 등이 있다.

08 개나리, 해바라기, 코스모스 등 계절에 따라 (　　　)한 꽃이 핀다.

09 누군가에 대한 사랑은 마음에서 (　　　)한다.

10 소민이는 언니에게 바이올린을 (　　　)하는 법을 배웠다.

DAY 28 핵심 낱말 + 확인 문제

▶ 정답 46쪽

★ 정확히 아는 낱말에는 ☑ 표시를 해 보세요.

☐ **잠시** : 짧은 시간 동안(에)
☐ **구하다** : (답이나 수치를) 알아내다.
☐ **계산** : 수를 셈하는 것
☐ **천재** : 타고난 뛰어난 재능, 또는 그러한 재능을 가진 사람
☐ **불리다** : 이름이 붙여지다.
☐ **간편하다** : 간단하고 편하다. 쉽다.

☐ **발견하다** : 이제까지 찾아내지 못했거나 세상에 알려지지 않은 것을 처음으로 찾아내든가 알아내다.
☐ **가능하다** : 할 수 있거나 될 수 있다.
☐ **업적** : 열심히 일하여 이룩해 놓은 결과
☐ **예측하다** : 앞으로 일어날 일을 미리 짐작하다.

★ 빈칸에 들어갈 낱말을 찾아 알맞은 형태로 쓰세요.

01 우리는 위인전을 통해 옛날 위인들의 (   )을/를 알 수 있다.

02 누구도 앞날을 함부로 (   )할 수 없다.

03 인터넷의 발달로 전 세계 사람들과 교류가 (   )하게 되었다.

04 편의점 음식은 (   )하지만 많이 먹으면 건강에 좋지 않다.

05 사냥감을 (   )한 사냥꾼은 조용하고 빠르게 움직였다.

06 내가 어렸을 때, 이름보다 별명으로 많이 (   )고는 했다.

07 고흐는 (   ) 화가로 알려져 있다.

08 나는 숫자 (   )이/가 빠른 편이다.

09 수학 문제의 답을 (   )하는 과정에서 생각하는 능력이 발달한다.

10 쉬지 않고 운동을 하다가 (   ) 휴식을 취했다.

★ 정확히 아는 낱말에는 ☑ 표시를 해 보세요.

☐ **방송** : 라디오나 텔레비전처럼 전파를 통해 소리나 그림을 대중에게 전달하는 것

☐ **민족** : 오랜 세월 동안 일정한 지역에서 대대로 함께 삶으로써 독특한 언어·풍습·문화·역사 등을 가지게 된 사람들의 공동체

☐ **분단되다** : 한 나라나 민족이 둘 이상으로 나뉘어 갈라지다.

☐ **영어** : (영국·미국·캐나다 등의 공용어로서) 영국에서 발생한 언어

☐ **순우리말** : 한자어나 외래어가 아닌, 원래부터 있었던 우리말로만 이루어진 말

☐ **승강기** : 높은 건물 등에서 동력을 이용하여 사람이나 짐을 아래위로 나르는 시설

☐ **용어** : 어떤 분야에서 주로 사용하는 말

☐ **서술어** : 문장 안에서 주어의 성질·상태·움직임을 나타내는 말

☐ **차이** : 서로 같지 않고 다른 것

☐ **아리송하다** : (그런 것 같기도 하고 저런 것 같기도 하여) 분간하기 어렵다.

★ 빈칸에 들어갈 낱말을 찾아 알맞은 형태로 쓰세요.

01 (   )을/를 사용하는 나라에는 영국, 미국, 호주 등이 있다.

02 '하늘', '땅', '봄', '아름답다' 등은 한자어나 외래어가 아닌 (   )이다.

03 저 멀리 있는 사람이 태규인지 아닌지 (   )했다.

04 나는 뉴스 인터뷰를 통해 (   )에 나오게 되었다.

05 우리나라와 북한은 같은 (   )이지만 오랜 시간 분단되어 있다.

06 사람마다 사건에 대한 생각에는 (   )이/가 있다.

07 '동생이 뛴다.'에서 (   )은/는 '뛴다'이다.

08 의사와 간호사는 의학 (   )을/를 사용해서 대화했다.

09 베트남은 1955년에 (   )되었다가 1975년에 다시 통일했다.

10 기영이는 (   )이/가 고장 나서 계단으로 올라갔다.

★ 정확히 아는 낱말에는 ☑ 표시를 해 보세요.

☐ **직접** : 사이에 남이나 다른 사물이 끼이지 않게 바로

☐ **체험** : 직접 겪은 일

☐ **학습** : 지식이나 기술 등을 배우고 익히는 일

☐ **현장** : 어떠한 일이 직접 이루어지거나 일어난 장소

☐ **내부** : 사물의 안이나 속 부분

☐ **통과하다** : 일정한 장소나 시간을 통하여 지나가다.

☐ **인공** : 사람의 힘으로 만들어 낸 것

☐ **숙연하다** : 조용하고 엄숙하다.

☐ **시대** : 어떤 기준에 따라 구분된 역사의 기간

☐ **공간** : 특정한 사물이 들어 있지 않은, 비어 있는 곳이나 자리

★ 빈칸에 들어갈 낱말을 찾아 알맞은 형태로 쓰세요.

01 안타까운 사연을 듣고 사람들은 (   )한 마음이 들었다.

02 기나긴 터널을 (   )하자 벚꽃이 흩날리는 길이 눈앞에 펼쳐졌다.

03 내가 (   ) 경험하지 않으면 다른 사람의 고통을 알기 힘들다.

04 방을 정리하니 빈 (   )이/가 많이 생겼다.

05 찬기는 컴퓨터의 (   )이/가 궁금해서 모조리 뜯어보았다.

06 끝말잇기는 아이들의 단어 (   )에 도움이 된다.

07 많은 소방차가 화재 (   )(으)로 출동했다.

08 나는 놀이공원에서 말을 타는 (   )을/를 했다.

09 거북선은 조선 (   )에 만들어졌다.

10 새로 지어진 (   ) 연못에는 구경 나온 사람들이 많다.

[01~06] 주어진 뜻풀이에 해당하는 낱말에 ○표 하세요.

01 어떤 일이 일어나다. : (발생하다 , 발산하다)

02 알맞은 정도나 수준으로 : (의외로 , 제대로)

03 예술 양식의 갈래 : (장르 , 자리)

04 타고난 뛰어난 재능, 또는 그러한 재능을 가진 사람 : (둔재 , 천재)

05 어떤 분야에서 주로 사용하는 말 : (언어 , 용어)

06 지식이나 기술 등을 배우고 익히는 일 : (학습 , 학교)

[07~10] 주어진 자음자와 뜻풀이를 참고하여 빈칸에 알맞은 낱말을 써넣으세요.

07 ㅈ ㅅ : 짧은 시간 동안(에)
➡ 그는 (   ) 생각에 잠긴 뒤 입을 열었다.

08 ㅈ ㄹ : 어떤 기준에 따라 여러 가지 사물을 나눈 갈래
➡ 버섯에는 새송이버섯, 팽이버섯 등 다양한 (   )이/가 있다.

09 ㄱ ㅍ 하다 : 간단하고 편하다. 쉽다.
➡ 슬리퍼를 신고 벗는 것은 운동화에 비해서 (   ).

10 ㅊ ㅇ : 서로 같지 않고 다른 것
➡ 친구와 나는 대화 방식의 (   )(으)로 매일같이 다툰다.

★ 정확히 아는 낱말에는 ☑ 표시를 해 보세요.

☐ **심지어** : 그보다 더 심하게는. 더 나아가서

☐ **의심하다** : 무엇을 이상하게 여겨 믿을 수 없다.

☐ **상하다** : 온전하지 못하다.

☐ **독** : 건강이나 생명을 위태롭게 하는 물질

☐ **농약** : 농작물에 해로운 벌레나 잡초 등을 쫓거나 죽이는 약품

☐ **예방하다** : 병이나 사고 같은 것이 생기지 않도록 미리 막다.

☐ **보관하다** : 남의 물건이나 돈을 맡아 잘 간직하여 두다.

☐ **대부분** : 절반이 훨씬 넘어 전체에 가까운 수효나 분량

☐ **저절로** : 남의 힘을 빌리지 않고 제스스로, 또는 사람이 일부러 힘을 들이지 않고 자연적으로

☐ **회복** : 약해지거나 나빠진 상태를 예전의 좋은 상태로 되돌리는 것

★ 빈칸에 들어갈 낱말을 찾아 알맞은 형태로 쓰세요.

01 그녀는 건강한 체질이어서 수술 후에 (   )이/가 빨랐다.

02 밭에 벌레가 많아서 (   )을/를 뿌렸다.

03 다리가 너무 아파서 (   ) 걷지도 못했다.

04 그의 말은 (   ) 거짓말이라 아무도 그의 말을 믿으려 하지 않는다.

05 솜사탕은 입에 넣으면 (   ) 녹아서 씹을 필요도 없다.

06 나는 이제까지 받은 편지들을 소중하게 (   )하고 있다.

07 충치를 (   )하기 위해서는 양치를 제때에 해야 한다.

08 살모사는 (   )이/가 있는 뱀이라서 주의를 해야 한다.

09 증거 없이 함부로 다른 사람을 (   )하는 것은 좋지 않다.

10 (   )한 음식을 먹으면 배탈이 날 수 있다.

★ 정확히 아는 낱말에는 ☑ 표시를 해 보세요.

☐ **서로** : 짝을 이루거나 관계를 맺고 있는 상대

☐ **받침** : (한글에서) 한 음절의 끝소리가 되는 닿소리 글자

☐ **각각** : (여럿을 하나씩 따로 나누어서) 하나하나

☐ **발음하다** : (목청·혀·이·입술 등을 이용하여) 말의 소리를 내다.

☐ **빼다** : (무엇을) 어떤 일이나 모임에서 빠지게 하다.

☐ **나머지** : 전체에서 한 부분을 빼놓고 남은 부분

☐ **잇다** : '그다음에'·'뒤따라서'의 뜻을 나타낸다.

☐ **젊다** : 일생에서 육체적 성장이 최고에 도달하는 시기에 있다. 나이가 많지 않다.

☐ **맑다** : (먼지 등의 더러운 것이 섞이지 않아) 깨끗하다.

☐ **예외적** : 일반적 규칙에서 벗어나는 것

★ 빈칸에 들어갈 낱말을 찾아 알맞은 형태로 쓰세요.

01 오늘 급식에서 가지볶음을 (   )면 모두 내가 좋아하는 음식이다.

02 사람들은 누구나 (   )어 보이고 싶어 한다.

03 이번 시험에서는 (   )(으)로 계산기 사용이 허용되었다.

04 하늘이 (   )고 구름 한 점 없다.

05 '쌀'을 '살'이라고 (   )하는 지역도 있다.

06 그 둘은 (   )이/가 유일하게 남은 가족이라 사이가 매우 각별했다.

07 지원이는 더 이상 말을 (   )지 못하고 눈물을 흘렸다.

08 10개의 케이크 중에서 하나만 먹고 (   )은/는 친구들에게 주었다.

09 세 사람은 (   ) 버스, 지하철, 자동차를 타고 왔다.

10 '삶'이라는 낱말에서 (   )은/는 'ㄲ'이다.

★ 정확히 아는 낱말에는 ☑ 표시를 해 보세요.

☐ **해안** : 바다와 육지가 만나는 곳
☐ **평평하다** : (높은 데와 낮은 데가 없이) 바닥이 고르고 반듯하게 퍼져 있다.
☐ **종** : 공통되는 성질들을 함께 가지고 있어 하나의 개념으로 묶일 수 있는 개체들
☐ **전체적** : 전체를 나타내는 것
☐ **입구** : 들어가는 어귀나 문
☐ **띠다** : (어떠한 빛깔을) 지니거나 나타내다.

☐ **상태** : 어떤 때에 사물이 보여 주는 모양이나 놓여 있는 형편
☐ **뚜렷하다** : 누구나 알 수 있을 만큼 확실하다.
☐ **홈** : 물체에 오목하고 길게 팬 자리
☐ **습성** : 동물의 한 종류에 공통되는 고유한 성질

★ 빈칸에 들어갈 낱말을 찾아 알맞은 형태로 쓰세요.

01 (　　　)을/를 따라 도로가 나 있어 바다를 보며 드라이브하기에 좋다.

02 연어는 알을 낳기 위해 태어난 곳으로 돌아오는 (　　　)이/가 있다.

03 모래사장에 (　　　)을/를 파서 그 쪽으로 물이 흐르게 만들었다.

04 여러 명이 노래를 부를 때는 (　　　)(으)로 조화로워야 한다.

05 장미꽃은 빨간색을 (　　　)고 있다.

06 순무, 배추, 청경채는 모두 같은 (　　　)의 식물이다.

07 친구와 놀이공원 (　　　)에서 만나기로 약속했다.

08 (　　　)하지 않은 바닥에 물병을 세워 놓으니 물병이 자꾸 쓰러졌다.

09 차가 끊긴 (　　　)여서 친구 집에서 하루 자기로 했다.

10 배가 섬에 가까워지자 섬의 모습이 (　　　)하게 보인다.

★ 정확히 아는 낱말에는 ☑ 표시를 해 보세요.

☐ **일상** : 비슷하거나 늘 있는 일이 벌어지는 매일

☐ **약속** : 어떤 일을 하기로 누구와 다짐하고 미리 정하는 것

☐ **정하다** : (마음이나 뜻을) 굳히다. 결정하다.

☐ **정확하다** : 바르고 확실하여 틀림이 없다.

☐ **때** : 어떤 일이 생기는 시간

☐ **필요하다** : 꼭 있어야 하거나 갖추어야 하는 바가 있다.

☐ **새기다** : (글씨·그림·무늬 등을 나무·돌·쇠붙이에) 파서 나타내다.

☐ **가리키다** : (시계나 온도계의 바늘이 시간이나 온도를) 알려 주다.

☐ **실제로** : 거짓이나 상상이 아니고 현실적으로. 진짜로. 실지로

☐ **구성** : 여러 사람이나 몇 가지 요소를 모아 하나의 전체를 이루는 일. 또는 그렇게 이루어진 사물

★ 빈칸에 들어갈 낱말을 찾아 알맞은 형태로 쓰세요.

01 방학 (   )에 아르바이트를 해서 돈을 모았다.

02 돌에 그림을 (   )는 것이 영호의 취미이다.

03 현대인들은 시간에 쫓기면서 바쁜 (   )을/를 살고 있다.

04 학생회의 (   )은/는 회의를 통해 결정되었다.

05 규리는 (   )을/를 여러 번 지키지 않아서 더 이상 믿음이 안 간다.

06 길이를 잴 때 자를 이용하면 (   )하게 잴 수 있다.

07 사람이 살아가기 위해서는 입을 것과 먹을 것, 살 곳이 (   ).

08 내가 시계를 봤을 때, 시침과 분침이 모두 12를 (   )고 있었다.

09 나는 바이올린을 배우기로 마음을 (   )했다.

10 그 소설은 (   ) 일어난 일을 바탕으로 쓰여졌다.

★ 정확히 아는 낱말에는 ☑ 표시를 해 보세요.

☐ **독서** : 교양을 위하여 책을 읽는 것
☐ **감상하다** : 예술 작품의 아름다움을 느끼고 즐기고 이해하다.
☐ **이용하다** : 필요에 맞게 이롭게 쓰다.
☐ **예절** : 사회생활에서 지켜야 하는 바르고 공손한 말씨와 몸가짐
☐ **피해** : (재산·명예·건강 등에) 나쁜 영향이나 손해를 입는 것

☐ **대출** : 도서관에서 책이나 자료를 빌려주는 것
☐ **기한** : (주로 돈을 주거나 일을 하기로 한) 미리 정해 놓은 때
☐ **주변** : 어떤 대상의 둘레 부근
☐ **영향** : 무엇에 원인이 되거나 힘을 미치어 반응이나 변화가 생기게 하는 것
☐ **외치다** : 큰 소리로 말하다.

★ 빈칸에 들어갈 낱말을 찾아 알맞은 형태로 쓰세요.

01 산에 올라가서 큰 소리로 (   )면 메아리가 울린다.

02 유명인의 행동은 사람들에게 큰 (   )을/를 미친다.

03 한국은 나이에 따른 엄격한 (   )이/가 있다.

04 나는 (   )을/를 통해 책에서 교훈을 얻는다.

05 도서관에서 책을 (   )한 지 1주일이 되어서 반납하러 가야 한다.

06 숙제를 제출해야 하는 (   )은/는 모레 12시까지이다.

07 나는 이번 주말에 연주회장에 가서 오페라를 (   )할 예정이다.

08 내 (   )에는 날 도와줄 친구가 많다.

09 서울에서 지하철을 (   )하면 시간을 정하기에 편하다.

10 이번 장마 때문에 많은 집이 물에 잠겨 큰 (   )을/를 봤다.

★ 정확히 아는 낱말에는 ☑ 표시를 해 보세요.

☐ **사물** : 세상의 온갖 것
☐ **기어가다** : (어디로) 기어서 가다.
☐ **모습** : 사람·사물·움직임 등이 눈에 보이는 꼴
☐ **걸음마** : 어린아이가 처음 걸음을 배울 때의 걸음
☐ **발달하다** : 사물이 이전보다 더 좋게, 크게 또는 복잡하게 변하다.

☐ **반복되다** : 같은 일이 되풀이되다.
☐ **경우** : (어떠한 조건이 있는) 특별한 형편·사정·상황, 또는 실례
☐ **리듬** : 소리의 높낮이와 세기가 일정한 사이를 두고 거듭되는 것
☐ **적절하다** : 아주 알맞다.
☐ **장점** : 좋거나 나은 점

★ 빈칸에 들어갈 낱말을 찾아 알맞은 형태로 쓰세요.

01 용우는 느린 (　　　)에 맞춰 춤을 추었다.

02 예로부터 큰 강 근처에서 문명이 (　　　)했다.

03 어두운 밤에는 (　　　)에 부딪히지 않도록 조심해야 한다.

04 벌레가 꿈틀거리면서 나뭇가지 위를 (　　　)고 있다.

05 벌써 같은 사고가 세 번째나 (　　　)되고 있다.

06 인호는 (　　　)을/를 살려서 전공을 선택했다.

07 날씨가 나쁘면 비행기가 착륙하지 못하는 (　　　)이/가 생긴다.

08 예린이는 한껏 꾸미고 아름다워진 (　　　)(으)로 나타났다.

09 아기가 아장아장 (　　　)을/를 시작했다.

10 나는 큰 실수를 할 뻔 했으나 (　　　)한 대처로 위기를 넘겼다.

[01~06] 주어진 뜻풀이에 해당하는 낱말에 ○표 하세요.

01 절반이 훨씬 넘어 전체에 가까운 수효나 분량 : (대부분 , 일부분)

02 (여럿을 하나씩 따로 나누어서) 하나하나 : (가감 , 각각)

03 바다와 육지가 만나는 곳 : (사막 , 해안)

04 (시계나 온도계의 바늘이 시간이나 온도를) 알려주다 :
(가르치다 , 가리키다)

05 교양을 위하여 책을 읽는 것 : (고서 , 독서)

06 좋거나 나은 점 : (장점 , 단점)

[07~10] 주어진 자음자와 뜻풀이를 참고하여 빈칸에 알맞은 낱말을 써넣으세요.

07 ㄷ : 건강이나 생명을 위태롭게 하는 물질
➡ (   )이/가 몸에 퍼지기 전에 해독제를 맞아야 한다.

08 ㅅ ㅌ : 어떤 때에 사물이 보여 주는 모양이나 놓여 있는 형편
➡ 운동을 3시간 동안 해서 몸에 힘이 없는 (   )이다.

09 ㅈ 하다 : (마음이나 뜻을) 굳히다. 결정하다.
➡ 나는 점심시간마다 밥을 먹고 산책을 하기로 (   )했다.

10 ㄸ ㄹ 하다 : 누구나 알 수 있을 만큼 확실하다.
➡ 소라는 자신의 주장을 (   )하게 말했다.

DAY 01

01 한자
02 백성
03 원리
04 합치
05 탄생
06 본뜨
07 맞히
08 다물
09 기관
10 고유

DAY 02

01 골판지
02 보호
03 헹구
04 용기
05 분류
06 내용물
07 상표
08 배출
09 재활용
10 환경

DAY 03

01 체력
02 주말
03 밤새
04 동물원
05 우리
06 사료
07 출근
08 보통
09 오전
10 훈련

DAY 04

01 교류
02 중
03 복잡
04 셈
05 소개되
06 인류
07 표현
08 거뜬히
09 발전
10 공

DAY 05

01 밭
02 뒷동산
03 열매
04 수분
05 가꾸
06 상황
07 식물
08 관찰
09 대부분
10 대표

DAY 06

01 세배
02 조상
03 넉넉
04 단정
05 화려
06 특별
07 몸소
08 평상시
09 다양
10 요즘

DAY 01~06 낱말 쑥쑥 종합 테스트

01 원리
02 배출
03 우리
04 셈
05 상황
06 단정하다
07 백성
08 내용물
09 보통
10 대표

DAY 07

01 수학자
02 기특하다
03 과거
04 따
05 무심코
06 복습
07 기호
08 금세
09 간단
10 편리하다

DAY 08

01 벌초
02 음력
03 햇과일
04 오곡밥
05 묵
06 농사
07 작년
08 대표적
09 명절
10 친척

DAY 09

01 알록달록
02 모음자
03 북적북적
04 반짝반짝
05 짓
06 확실히
07 달라지
08 비슷
09 특징
10 어울리

DAY 10

01 결혼식
02 새롭
03 중심
04 자녀
05 남편
06 축하
07 난처하다
08 호칭
09 아내
10 맺

DAY 11

01 보호자
02 산책
03 주변
04 공격
05 훈련
06 예절
07 종종
08 여기
09 기르
10 위험

DAY 22

01 심
02 나르
03 흐르
04 포함
05 노폐물
06 깨끗
07 상처
08 산소
09 역할
10 역할

DAY 23

01 기록
02 쪼개
03 짐작
04 절이
05 향신료
06 양념
07 대표
08 다양
09 익숙
10 등장

DAY 24

01 방식
02 상상
03 기관
04 세
05 세상
06 도구
07 번거롭다
08 이용
09 표현
10 편리하다

01 인사
02 습도
03 빌다
04 흐르다
05 익숙하다
06 세다
07 상황
08 속도
09 상처
10 대표

DAY 25

01 원인
02 사막
03 차이점
04 외출
05 발생
06 시설
07 자연적
08 매년
09 공통점
10 최근

DAY 26

01 경우
02 예시
03 제대로
04 쓰임
05 종류
06 설명
07 이상하다
08 대답
09 전달
10 부호

DAY 27

01 장르
02 어울리
03 행
04 추수
05 안녕
06 기원
07 전통
08 다양
09 비롯
10 연주

DAY 28

01 업적
02 예측
03 가능
04 간편
05 발견
06 불리
07 천재
08 계산
09 구
10 잠시

DAY 29

01 영어
02 순우리말
03 아리송
04 방송
05 민족
06 차이
07 서술어
08 용어
09 분단
10 승강기

DAY 30

01 숙연
02 통과
03 직접
04 공간
05 내부
06 학습
07 현장
08 체험
09 시대
10 인공

01 발생하다
02 제대로
03 장르
04 천재
05 용어
06 학습
07 잠시
08 종류
09 간편하다
10 차이

DAY 31

01 회복
02 농약
03 심지어
04 대부분
05 저절로
06 보관
07 예방
08 독
09 의심
10 상

DAY 32

01 빼
02 젊
03 예외적
04 맑
05 발음
06 서로
07 잇
08 나머지
09 각각
10 받침

DAY 33

01 해안
02 습성
03 홈
04 전체적
05 띠
06 종
07 입구
08 평평
09 상태
10 뚜렷

DAY 34

01 때
02 새기
03 일상
04 구성
05 약속
06 정확
07 필요하다
08 가리키
09 정
10 실제로

DAY 35

01 외치
02 영향
03 예절
04 독서
05 대출
06 기한
07 감상
08 주변
09 이용
10 피해

DAY 36

01 리듬
02 발달
03 사물
04 기어가
05 반복
06 장점
07 경우
08 모습
09 걸음마
10 적절

DAY 31~36 낱말 쑥쑥 종합 테스트

01 대부분
02 각각
03 해안
04 가리키다
05 독서
06 장점
07 독
08 상태
09 정
10 뚜렷

* 필요한 자료들을
  쉽게 찾을 수 있어요.
* 궁금한 내용은 바로
  상담할 수 있어요.

📞 전화 문의 (02)333-6080

NAVER 수경출판사 ▼ 🔍 www.book-sk.kr

1. 실력 향상을 위한 다양한 교재 소개 ▼

- **고등 교재** : 자이스토리, 개념이지, 형상기억 수학공식집, 바른 개념, 절대평가 영어, 심플자이, 수력충전, 일등급 수학, 국어 비문학 독해
- **중등 교재** : 자이스토리, 수력충전, 수력충전 스타트, 수력충전 개념총정리, 형상 기억 수학공식집, 심플자이, 일등급 수학, 국어 독해력 완성, 국어 문학 독해+문학 용어, 영문법 총정리, 영어 듣기 총정리 모의고사, 포인트 리딩
- **초등 교재** : 자이스토리 국어 독해력 쑥쑥+낱말 쑥쑥, 영문법, 영어 듣기 평가 모의고사, 초등 자이수학, 수력충전 수학, 수력충전 개념총정리, 융합 학습 만화 다빈치 시리즈, 세계에서 가장 특별한 이야기, 바로바로 초등 영문법 총정리, 예비 중등 영어 독해

2. 공부할 때 꼭 필요한 학습 자료실 ▼

- **빠른 정답 / 해설지** : 해설지 외에 정답만 알고 싶을 때는 빠른 정답을 보세요.
- **듣기 MP3 / 교재 관련 자료** : 영어 교재 듣기 자료 및 단어장 등이 있습니다.
- **정오표** : 발간 후 발견된 오타, 오답을 확인할 수 있습니다.

3. 궁금하거나 이상한 것이 있으면 회원 마당 ▼

- **1:1 문의** : 공부를 하면서 궁금한 내용은 언제든지 상담할 수 있습니다.
- **도서제안** : 공부해 보거나 강의하고 싶은 교재의 기획을 제안할 수 있습니다.

4. 선생님을 위한 강의 지원 서비스 선생님용 ▼

- **지문파일** : 문제 한글 및 PDF 파일을 제공합니다.
- **수학문제은행 운영** : DB 문제를 활용, 평가지를 자유롭게 생성하여 학생들의 학업 성취 평가에 이용 가능합니다.
- **단어 테스트, 어휘 테스트**
- **듣기 파일 MP3**

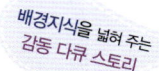
배경지식을 넓혀 주는
감동 다큐 스토리

세상에서 가장 特별한 이야기

〈세상에서 가장 특별한 이야기〉는

인류의 모든 학문 영역을 넘나드는
엄선된 주제의 아주 특별한 이야기로 구성되어 있어요.
세상에서 가장 특별한 이야기와 함께라면
21세기에 꼭 필요한 사고력과 창의력을 갖춘
융합 인재로 성장할 수 있답니다.

• 새 시대의 우편부가 되어 버린 새, 트위터
• 다윈의 진화론을 낳은 갈라파고스 핀치
• 세상을 따뜻하게 한 왕자와 제비의 우정
• 러시아 발레의 선구자, 차이콥스키의 백조의 호수

세상에서 가장
특별한 빵 이야기

세상에서 가장
특별한 여왕 이야기

세상에서 가장
특별한 별 이야기

세상에서 가장
특별한 사과 이야기

세상에서 가장
특별한 개 이야기

〈세상에서 가장 특별한 이야기〉 시리즈는 창의력 발전소 수경출판사 가 만듭니다.

좀 더 특별한 내용은 수경출판사 홈페이지와 스토리수경 블로그(http://blog.naver.com/sookyungsto)에서 만날 수 있습니다.

자이스토리

초등 국어 **독해력 쑥쑥** +낱말 쑥쑥

1학년

수경출판사

독해력이 무엇인가요?

독해력이란 글을 읽은 후 그 뜻을 빠르고 정확하게 이해하는 능력이에요.
글을 읽고 그 뜻을 이해하지 못한다면 그건 그냥 글자를 눈으로 본
것이지 독해한 것이 아니에요.

독해력이 왜 중요한가요?

국어뿐 아니라 사회, 과학, 심지어 영어와 수학까지 모든 교과서는
'글'이에요.
그래서 독해력이 부족하면 교과서 내용이 이해가 안 되고, 문제를
읽어도 무엇을 묻는지 알기 어려워요.

독해력은 어떻게 키우나요?

글의 뜻을 이해하는 것은 글에서 말하는 가장 중요한 내용,
즉 주제가 무엇인지 아는 것이에요.
따라서 독해력을 키우려면 글의 주제를 알아내는 연습을 해야 해요.
하지만 긴 글의 주제를 한 번에 찾는 것은 어려워요.

〈자이스토리 초등 국어 독해력 쑥쑥 + 낱말 쑥쑥〉은
글의 주제를 쉽고 빠르게 알아낼 수 있는 6가지 STEP의
독해 연습을 할 수 있어요.
교과서 내용과 관련된 재미있는 글을 읽고,
'지문 술술 이해 + 정답 콕콕 특강'과 함께
6가지 STEP을 따라 공부하다 보면
저절로 독해력이 쑥쑥 오릅니다.
결국 모든 과목에서 좋은 성적을 받을 수 있답니다.

독해력이 쑥쑥 오르는 자이스토리 **계단식 독해 학습**

🦋 국어가 쉬워지는 **계단식 독해 학습법**

STEP 1 ▶ 중심 낱말 찾기
중심 낱말을 찾으면 글에서 가장 중요하게 이야기하는 것이 무엇인지 알 수 있어요.

STEP 2 ▶ 중심 문장 찾기
각 단락의 중심 문장을 찾으면 그 단락에서 이야기하고자 하는 내용을 쉽게 알 수 있어요.

STEP 3 ▶ 단락 요약하기
단락을 요약하면 글 전체의 내용이 머릿속에 쉽게 들어와요.

STEP 4 ▶ 단락 간의 관계 이해하기
단락 간의 관계를 이해하면 글 전체에서 결국 이야기하고자 하는 것을 알 수 있어요.

STEP 5 ▶ 글의 구조 이해하기
글의 구조를 이해하면 글쓴이가 무엇을 이야기하기 위해, 어떤 방식으로 글을 썼는지 알 수 있어요.

STEP 6 ▶ 주제 알아보기
주제를 아는 것은 글의 핵심 내용을 이해하는 것이므로, 주제를 파악하면 글을 완벽히 독해할 수 있어요.

★ 글에서 어떤 것을 먼저 찾아야 내용을 쉽게 이해할 수 있는지, 그 후에는 어떤 과정을 거쳐야 독해를 제대로 하게 되는지를 알기 쉽게 설명하고 있어요.

★ 계단식 독해 연습을 하면 어떤 글이든 빠르게 독해하여 다양한 유형의 문제를 손쉽게 풀 수 있습니다.
그래서 모든 과목의 성적이 쑥쑥 오릅니다.

이 책의 구성과 특징

01 하루에 한 지문씩, 다양한 유형의 문제로 재미있게 독해 시작!

▶ **교과 과정과 연계된 재미있는 지문**
교과서 관련 지문을 난이도별로 담았습니다.

▶ **어휘력을 쑥쑥 높여 주는 '낱말 따라 쓰기'**
낱말을 직접 따라 쓰며 익힐 수 있습니다.

▶ **독해력을 점검할 수 있는 다양한 문제**
직접 써 보는 서술형 문제도 익힐 수 있습니다.

▶ **공부 후 붙임딱지**
지문과 문제의 이해도를 체크할 수 있습니다(152쪽 옆의 붙임딱지 활용).

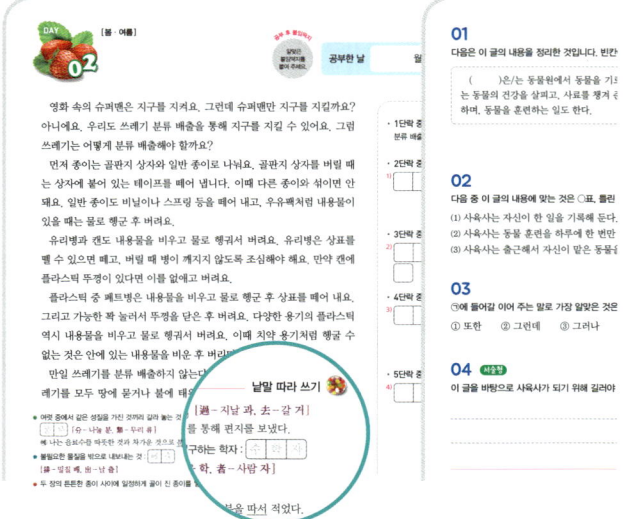

02 독해력을 쑥쑥 높여 주는 STEP 1 ～ 6

▶ **6가지 STEP에 따른 계단식 독해 연습**
STEP별로 각각 6일씩 공부할 수 있습니다.

STEP 1 > 중심 낱말 찾기 **STEP 2 >** 중심 문장 찾기 **STEP 3 >** 단락 요약하기 **STEP 4 >** 단락 간의 관계 이해하기 **STEP 5 >** 글의 구조 이해하기 **STEP 6** 주제 알아보기

03 나만의 과외 선생님 – 지문 술술 이해, 정답 콕콕 특강

▶ **STEP별 '지문 술술 이해'**
STEP별 학습 내용을 적용하여 지문을 읽는 방법을 자세히 알려 줍니다. 혼자 공부할 때도 지문을 술술, 쉽게 읽을 수 있습니다.

▶ **어려운 문제도 쉽게 푸는 '정답 콕콕 특강'**
다양한 유형의 문제에 어떻게 접근해야 하는지 알려 줍니다. 지문과 〈보기〉 등을 근거로 정답을 콕콕 찾는 방법을 익힐 수 있습니다.

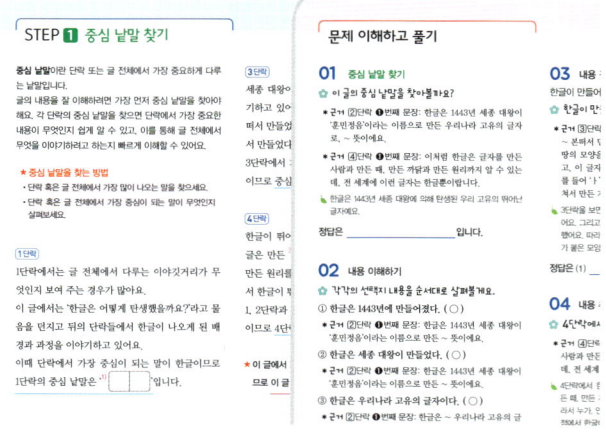

04 STEP별 실전 감각 익히기 – 독해력 완성 테스트

▶ **다양한 유형 문제 도전**
STEP별 요소 확인 문제를 기초로, 내용 이해하기, 내용 적용하기, 서술형 문제까지 다양한 유형의 문제를 익힐 수 있습니다.

▶ **상중하 난이도 표시**
기초 문제부터 (하 ✽✽✽), 내용 이해 문제(중 ✽✽✽), 고난이도 문제(상 ✽✽✽)를 단계별로 해결하며 도전 정신을 키울 수 있습니다.

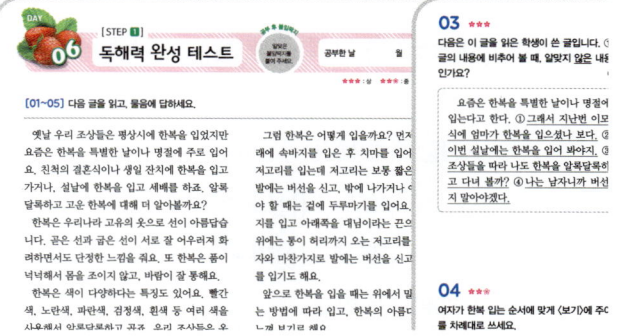

05 낱말 쑥쑥 테스트 + 배경지식으로 독해력의 바탕을 탄탄히!

▶ **낱말 쑥쑥 테스트**
문제를 풀며 낱말을 완벽하게 익힐 수 있습니다.

▶ **지문과 관련된 배경지식**
독해력의 바탕이 되는 지식을 쑥쑥 얻을 수 있습니다.

▶ **특별 부록: 낱말 쑥쑥 총정리 제공!**
DAY별 핵심 낱말 뜻과 확인 문제의 예문을 나만의 사전으로 활용할 수 있습니다. 또한 STEP별 종합 테스트로 어휘력을 쑥쑥 키울 수 있습니다.

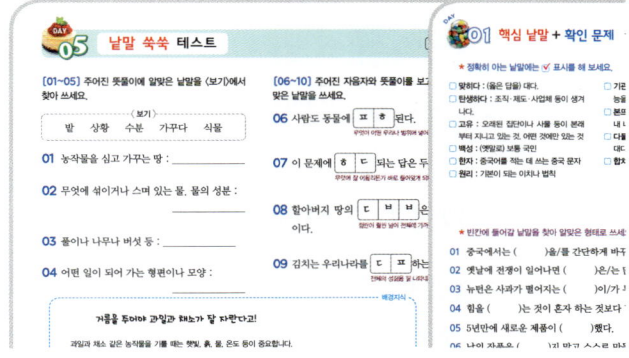

06 글의 내용과 문제를 완벽히 이해시키는 입체 첨삭 해설

▶ **완벽한 지문 이해를 위한 정보 제공**
각 단락 중심 낱말, 전체 중심 낱말, 각 단락 중심 문장, 전체 중심 문장, 단락 요약, 글의 중심 내용 정리, 단락 간의 관계, 글의 구조도, 주제까지 지문을 완벽히 이해할 수 있도록 자세한 정보를 제공합니다.

▶ **쉬운 문제 풀이를 위한 해설 제공**
문제 유형부터 어려운 문제 분석, 근거와 함께 알기 쉽게 풀이한 왜 정답?/왜 오답?, 서술형 채점 기준과 배경지식까지 문제를 입체적으로 분석하고 해석해 놓았습니다.

이 책의 차례 (36일 완성)

붙임딱지
153쪽

★ 이 교재에 나오는 **문제 유형 소개**

- **내용 이해하기**: 글의 내용을 잘 알고 있는지 묻는 문제야. 글과 약간씩 다른 내용을 찾으면 돼.

- **내용 적용하기**: 글의 내용을 실제의 사실을 설명하거나 해결하는 데 이용해 보는 문제야. 글의 내용을 토대로 답을 찾아내자.

- **내용 추론하기**: 글의 내용에 따라 주어진 상황을 생각한 뒤 옳고 그름을 따져 보는 문제야. 옳고 그름을 판단하는 기준이 글의 내용임을 기억하자!

- **글쓰기 방식 이해하기**: 글쓴이가 자신의 생각을 효과적으로 전하기 위해 어떤 방법을 사용하고 있는지 찾는 문제야. 다양한 방법을 사용하고 있으니까 글을 꼼꼼히 읽어 보자.

- **글쓴이의 의도 이해하기**: 글쓴이가 어떤 생각을 가지고 글을 썼는지 묻는 문제야. 보통 주제와 관련된 경우가 많아.

- **올바른 접속어 찾기**: 문장을 가장 자연스럽게 이어 주는 말을 찾는 문제야. 앞뒤 내용을 잘 이해하고 있으면 돼.

- **알맞은 반응 찾기**: 글을 이해하고 알맞은 행동을 하거나 바람직한 태도를 가지고 있는지를 찾는 문제야. 행동이나 태도의 변화를 일으키는 원인은 글의 내용과 관계가 깊어.

독해력 쑥쑥 학습 계획표 36일 완성

- 하루 한 지문씩, 매일 꾸준히 공부하는 학습 계획표입니다.
- 계획표대로 공부한 날은 '확인' 칸에 ✔ 표시를 해 보세요. ✔ 표시가 늘어날수록 독해력이 쑥쑥 높아질 거예요.

DAY	공부한 날짜		확인
01	월	일	
02	월	일	
03	월	일	
04	월	일	
05	월	일	
06	월	일	
07	월	일	
08	월	일	
09	월	일	
10	월	일	
11	월	일	
12	월	일	
13	월	일	
14	월	일	
15	월	일	
16	월	일	
17	월	일	
18	월	일	

DAY	공부한 날짜		확인
19	월	일	
20	월	일	
21	월	일	
22	월	일	
23	월	일	
24	월	일	
25	월	일	
26	월	일	
27	월	일	
28	월	일	
29	월	일	
30	월	일	
31	월	일	
32	월	일	
33	월	일	
34	월	일	
35	월	일	
36	월	일	

STEP 1
중심 낱말 찾기

중심 낱말을 찾고
중심 낱말 위주로 글을 읽으면,
글의 내용을 이해하기가
훨씬 쉬워질 거예요!

★ **중심 낱말이란?**
단락 또는 글 전체에서 가장 중요하게 다루는 낱말입니다.

● **중심 낱말을 찾는 이유**
각 단락의 중심 낱말을 찾으면 단락에서 가장 중요한 내용이 무엇인지 쉽게 알 수 있고, 이를 통해 글 전체에서 무엇을 이야기하려고 하는지 빠르게 이해할 수 있어요. 따라서 글의 내용을 잘 이해하려면 가장 먼저 중심 낱말을 찾아야 해요.

☀ **중심 낱말을 찾는 방법**
- 단락 혹은 글 전체에서 가장 많이 나오는 말을 찾으세요.
- 단락 혹은 글 전체에서 가장 중심이 되는 말이 무엇인지 살펴보세요.

미희는 친구들과 자음자 맞히기 놀이를 했습니다. 놀이가 끝난 후 미희는 한글이 어떻게 만들어졌는지 궁금해졌는데요, 한글은 어떻게 탄생했을까요?

한글은 1443년 세종 대왕이 '훈민정음'이라는 이름으로 만든 우리나라 고유의 글자로, 훈민정음은 '백성을 가르치는 바른 소리'라는 뜻이에요. 이때는 우리 글자가 없어서 중국의 한자를 썼는데 한자는 배우기 어려웠어요. 그래서 세종 대왕은 백성들이 쉽게 배우고 쓸 수 있는 글자를 만들었어요.

세종 대왕이 한글을 만든 원리는 무엇일까요? 자음은 자음을 소리 내는 기관을 본떠서 만들었어요. 'ㄱ'은 혀뿌리가 목구멍을 막는 모양, 'ㄴ'은 혀끝이 윗잇몸에 붙는 모양, 'ㅁ'은 다문 입의 모양, 'ㅅ'은 이의 모양, 'ㅇ'은 목의 모양을 본떠서 만들었어요. 모음은 하늘의 모양을 본뜬 'ㆍ', 땅의 모양을 본뜬 'ㅡ', 사람의 모양을 본뜬 'ㅣ'를 만들고, 이 글자들을 합쳐서 나머지 모음을 만들었어요. 예를 들어 'ㅏ'는 'ㅣ'에 'ㆍ'를 합치고, 'ㅗ'는 'ㆍ'에 'ㅡ'를 합쳐서 만든 거예요.

이처럼 한글은 글자를 만든 사람과 만든 때, 만든 까닭과 만든 원리까지 알 수 있는데, 전 세계에 이런 글자는 한글뿐이랍니다. 이제는 한글을 쓸 때 한글의 뛰어남을 떠올릴 수 있겠죠?

✏️ 뜻을 정확히 모르는 낱말들을 적어 보세요!

낱말 따라 쓰기

● (옳은 답을) 대다. : 맞 히 다

● 조직·제도·사업체 등이 생겨나다. : 탄 생 하다

● 오래된 집단이나 사물 등이 본래부터 지니고 있는 것. 어떤 것에만 있는 것 : 고 유 [固-굳을 고, 有-있을 유]

● (옛말로) 보통 국민 : 백 성

● 중국어를 적는 데 쓰는 중국 문자 : 한 자

● 기본이 되는 이치나 법칙 : 원 리 [原-근원 원, 理-다스릴 리]

● 말할 때 날숨이 혀·이·입술 등에 막히거나 닿아서 나는 소리. 또는 그 소리를 표기한 글자 : 자 음

● (생물의 몸에서) 일정한 모양과 기능을 가지고 있는 부분 : 기 관

STEP 1 중심 낱말 찾기

중심 낱말이란 단락 또는 글 전체에서 가장 중요하게 다루는 낱말입니다.

글의 내용을 잘 이해하려면 가장 먼저 중심 낱말을 찾아야 해요. 각 단락의 중심 낱말을 찾으면 단락에서 가장 중요한 내용이 무엇인지 쉽게 알 수 있고, 이를 통해 글 전체에서 무엇을 이야기하려고 하는지 빠르게 이해할 수 있어요.

★ 중심 낱말을 찾는 방법
- 단락 혹은 글 전체에서 가장 많이 나오는 말을 찾으세요.
- 단락 혹은 글 전체에서 가장 중심이 되는 말이 무엇인지 살펴보세요.

1단락

1단락에서는 글 전체에서 다루는 이야깃거리가 무엇인지 보여 주는 경우가 많아요.

이 글에서는 '한글은 어떻게 탄생했을까요?'라고 물음을 던지고 뒤의 단락들에서 한글이 나오게 된 배경과 과정을 이야기하고 있어요.

이때 단락에서 가장 중심이 되는 말이 한글이므로 1단락의 중심 낱말은 '1) □□'입니다.

2단락

누가, 언제, 왜 한글을 만들었는지 이야기하고 있어요. 한글은 세종 대왕이 1443년에 '훈민정음'이라는 이름으로 만든 우리 고유의 글자로, 백성들이 쉽게 배우고 쓸 수 있도록 만들었어요.

2단락에서 가장 중심이 되는 말이 한글이므로 중심 낱말은 '한글'입니다.

3단락

세종 대왕이 한글을 만든 2) □□에 대해 이야기하고 있어요. 3) □□은/는 자음을 소리 내는 기관을 본떠서 만들었고, 4) □□은/는 하늘, 땅, 사람의 모양을 본떠서 만들었다고 합니다.

3단락에서 가장 중심이 되는 말이 한글을 만든 원리이므로 중심 낱말은 '한글을 만든 원리'입니다.

4단락

한글이 뛰어난 까닭에 대해 이야기하고 있어요. 한글은 만든 5) □□와/과 만든 때, 만든 까닭과 만든 원리를 알 수 있는 유일한 글자예요. 이런 점에서 한글이 뛰어나다고 하는 것입니다.

1, 2단락과 마찬가지로 가장 중심이 되는 말이 한글이므로 4단락의 중심 낱말도 '한글'입니다.

★ 이 글에서 가장 중심이 되고 많이 나오는 낱말이 '한글'이므로 이 글 전체의 중심 낱말은 '6) □□'입니다.

✏️ 뜻을 정확히 모르는 낱말들을 적어 보세요!

01

다음은 이 글의 핵심 내용을 정리한 것입니다. 빈칸에 공통으로 들어가기에 알맞은 말을 쓰세요.

> (   )은/는 1443년 세종 대왕이 만든 우리나라 고유의 글자이다. 이처럼 (   )은/는 글자를 만든 사람, 만든 때, 만든 까닭, 만든 원리를 알 수 있는 뛰어난 글자이다.

(   )

02

다음 중 '한글'에 대한 설명으로 알맞지 <u>않은</u> 것은 무엇인가요?   (   )

① 한글은 1443년에 만들어졌다.
② 한글은 세종 대왕이 만들었다.
③ 한글은 우리나라 고유의 글자이다.
④ 자음은 한자의 모양을 본떠서 만들었다.
⑤ 모음은 하늘, 땅, 사람의 모양을 본떠서 만들었다.

03

다음 괄호 안에 들어가기에 알맞은 말을 골라 ○표 하세요.

(1) 'ㅁ'은 (벌린 , 다문) 입의 모양을 본떠서 만들었다.
(2) '⋅'에 'ㅡ'를 차례대로 합하여 모음자를 만들면 (ㅗ , ㅜ)가 된다.

04

4단락을 통해 볼 때, 한글이 뛰어난 까닭은 무엇인가요?   (   )

① 모양과 소리가 재미나서
② 한자보다 늦게 만들어져서
③ 전 세계에서 우리만 사용해서
④ 자음과 모음으로 나뉘어 있어서
⑤ 누가, 언제, 왜, 어떻게 만들었는지 알 수 있어서

낱말 따라 쓰기 🍬

● (무엇을) 본으로 하여 그 대로 흉내 내어 만들다. :

[本－뿌리 본]

● 윗입술과 아랫입술을 마 주 꼭 대다. 입을 조금도 벌리지 않다. :
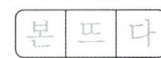

● 사람이 입에서 막힘이 없 이 목청을 울려 내는 소 리. 홀로 또는 자음과 합하여 나는 소리 :

● (여럿을) 모아 하나가 되 게 하다. :

[合－합할 합]

문제 이해하고 풀기

01 중심 낱말 찾기

🌸 이 글의 중심 낱말을 찾아볼까요?

* **근거** ②단락 ❶번째 문장: 한글은 1443년 세종 대왕이 '훈민정음'이라는 이름으로 만든 우리나라 고유의 글자로, ~ 뜻이에요.

* **근거** ④단락 ❶번째 문장: 이처럼 한글은 글자를 만든 사람과 만든 때, 만든 까닭과 만든 원리까지 알 수 있는데, 전 세계에 이런 글자는 한글뿐이랍니다.

정답은 ＿＿＿＿＿＿＿＿＿＿＿입니다.

02 내용 이해하기

🌸 각각의 선택지 내용을 순서대로 살펴볼게요.

① 한글은 1443년에 만들어졌다. (○)

* **근거** ②단락 ❶번째 문장: 한글은 1443년 세종 대왕이 '훈민정음'이라는 이름으로 만든 ~ 뜻이에요.

② 한글은 세종 대왕이 만들었다. (○)

* **근거** ②단락 ❶번째 문장: 한글은 1443년 세종 대왕이 '훈민정음'이라는 이름으로 만든 ~ 뜻이에요.

③ 한글은 우리나라 고유의 글자이다. (○)

* **근거** ②단락 ❶번째 문장: 한글은 ~ 우리나라 고유의 글자로, ~ 뜻이에요.

④ 자음은 ~~한자의~~ 모양을 본떠서 만들었다. (×)

* **근거** ③단락 ❷번째 문장: 자음은 자음을 소리 내는 기관을 본떠서 만들었어요.

🍃 3단락을 보면, 자음은 한자의 모양이 아니라 자음을 소리 내는 기관을 본떠서 만들었음을 알 수 있어요.

⑤ 모음은 하늘, 땅, 사람의 모양을 본떠서 만들었다. (○)

* **근거** ③단락 ❹번째 문장: 모음은 하늘의 모양을 본뜬 'ㆍ', 땅의 모양을 본뜬 'ㅡ', 사람의 모양을 본뜬 'ㅣ'를 만들고, ~ 만들었어요.

정답은 ＿＿＿＿＿＿입니다.

03 내용 적용하기

🌸 한글이 만들어진 원리를 살펴볼까요?

(1) 'ㅁ'은 (벌린 , 다문) 입의 모양을 본떠서 만들었다.

* **근거** ③단락 ❸번째 문장: ~ 'ㅁ'은 다문 입의 모양, ~ 본떠서 만들었어요.

(2) 'ㆍ'에 'ㅡ'를 차례대로 합하여 모음자를 만들면 (ㅗ , ㅜ)가 된다.

* **근거** ③단락 ❺번째 문장: 예를 들어 'ㅏ'는 'ㅣ'에 'ㆍ'를 합치고, 'ㅗ'는 'ㆍ'에 'ㅡ'를 합쳐서 만든 거예요.

정답은 (1) ＿＿＿＿＿＿ , (2) ＿＿＿＿＿＿입니다.

04 내용 추론하기

한글이 뛰어나다고 무엇을 근거로 판단할 수 있는지 그 까닭을 생각해 보는 문제예요.

🌸 각각의 선택지 내용을 순서대로 살펴볼게요.

① 모양과 소리가 재미나서 (×)

🍃 해당 내용은 4단락에 나오지 않아요.

② 한자보다 늦게 만들어져서 (×)

🍃 해당 내용은 4단락에 나오지 않아요.

③ 전 세계에서 우리만 사용해서 (×)

🍃 해당 내용은 4단락에 나오지 않아요.

④ 자음과 모음으로 나뉘어 있어서 (×)

🍃 해당 내용은 4단락에 나오지 않아요.

⑤ 누가, 언제, 왜, 어떻게 만들었는지 알 수 있어서
(○)

* **근거** ④단락 ❶번째 문장: 이처럼 한글은 글자를 만든 사람과 만든 때, 만든 까닭과 만든 원리까지 알 수 있는데, 전 세계에 이런 글자는 한글뿐이랍니다.

🍃 누가, 언제, 왜, 어떻게 한글을 만들었는지 알 수 있다는 점에서 한글이 뛰어나다고 판단할 수 있어요.

정답은 ＿＿＿＿＿＿입니다.

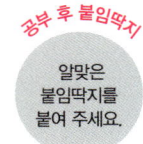
공부 후 붙임딱지
알맞은 붙임딱지를 붙여 주세요.

공부한 날	월	일

빠른 정답 2쪽

지문 확인

영화 속의 슈퍼맨은 지구를 지켜요. 그런데 슈퍼맨만 지구를 지킬까요? 아니에요. 우리도 쓰레기 분류 배출을 통해 지구를 지킬 수 있어요. 그럼 쓰레기는 어떻게 분류 배출해야 할까요?

먼저 종이는 골판지 상자와 일반 종이로 나눠요. 골판지 상자를 버릴 때는 상자에 붙어 있는 테이프를 떼어 냅니다. 이때 다른 종이와 섞이면 안 돼요. 일반 종이도 비닐이나 스프링 등을 떼어 내고, 우유팩처럼 내용물이 있을 때는 물로 헹군 후 버려요.

유리병과 캔도 내용물을 비우고 물로 헹궈서 버려요. 유리병은 상표를 뗄 수 있으면 떼고, 버릴 때 병이 깨지지 않도록 조심해야 해요. 만약 캔에 플라스틱 뚜껑이 있다면 이를 없애고 버려요.

플라스틱 중 페트병은 내용물을 비우고 물로 헹군 후 상표를 떼어 내요. 그리고 가능한 꽉 눌러서 뚜껑을 닫은 후 버려요. 다양한 용기의 플라스틱 역시 내용물을 비우고 물로 헹궈서 버려요. 이때 치약 용기처럼 헹굴 수 없는 것은 안에 있는 내용물을 비운 후 버리면 돼요.

만일 쓰레기를 분류 배출하지 않는다면 쓰레기를 모두 땅에 묻거나 불에 태워야 하는데, 이러면 돈이 많이 들고 환경도 나빠져요. 하지만 분류해서 버린 쓰레기는 재활용할 수 있기 때문에 돈도 아끼고 환경도 보호할 수 있어 지구를 지킬 수 있어요.

- **1단락 중심 낱말 :** 분류 배출
- **2단락 중심 낱말 :** 1) □□
- **3단락 중심 낱말 :** 2) □□□ 와/과 □
- **4단락 중심 낱말 :** 3) □□□□
- **5단락 중심 낱말 :** 4) □□ 배출

낱말 따라 쓰기

- 여럿 중에서 같은 성질을 가진 것끼리 갈라 놓는 것 : 분 류 [分-나눌 분, 類-무리 류]
  ㉕ 나는 음료수를 따뜻한 것과 차가운 것으로 분류했다.

- 불필요한 물질을 밖으로 내보내는 것 : 배 출
  [排-밀칠 배, 出-날 출]

- 두 장의 튼튼한 종이 사이에 일정하게 골이 진 종이를 넣어 만든 넓고 두터운 종이 : 골 판 지

- 속에 든 것 : 내 용 물
  [內-안 내, 容-담을 용, 物-물건 물]
  ㉕ 검정 봉지 안에 든 내용물은 꿀떡이었다.

- 깨끗한 물에 넣어 비눗물이나 검은 때가 빠지게 하다. : 헹 구 다 ㉕ 다 먹은 그릇을 물에 헹궜다.

- 한 상품을 다른 생산자의 상품과 구별하기 위하여 붙이는 표나 표시 : 상 표

01

이 글에서 가장 중심이 되는 낱말에 ◯표 하세요.

빠른 정답 2쪽, 정답과 풀이 6~7쪽

정답 콕콕 특강

유리병   슈퍼맨   분류 배출   환경

DAY
02

01 중심 낱말 찾기
이 글에서 중심적으로 설명하고 있는 것이 무엇인지 떠올려 보세요.

02

다음은 쓰레기를 분류 배출하는 방법을 정리한 내용입니다. ㉠, ㉡에 들어가기에 알맞은 말을 쓰세요.

02 내용 이해하기
각각의 내용이 이 글의 어느 부분에 나오는지 살펴보세요. '종이'는 2단락에, '유리병'은 3단락에 나오네요.

종이	우유팩처럼 내용물이 있을 때는 (　㉠　)(으)로 헹군 후 버리기
유리병	(　㉡　)을/를 떼어서 버리기
캔	플라스틱 뚜껑은 없애고 버리기
플라스틱	페트병은 꽉 눌러서 버리기

㉠: (　　　　　　　　　), ㉡: (　　　　　　　　　)

낱말 따라 쓰기

- 가볍고 깨지지 않는 특성이 있어 음료를 담는 데 쓰는 병 :
      페 트 병

- 물건을 담는 그릇 : 용 기 [容-모양 용, 器-그릇 기]
   예 형은 기다란 용기에 꽃을 담았다.

- 사람과 생물에게 두루 영향을 끼치는 자연이나 사회의 조건이나 상태 : 환 경
   예 환경을 보호하기 위해 나는 나무를 심었다.

- (이미 사용했던 물건을) 가공하여 다시 사용하다. :
      재 활 용 하다

[再-다시 재, 活-살 활, 用-쓸 용]
예 동구는 바지를 재활용하여 필통을 만들었다.

- 사람이나 사물이 위험·파괴·곤란을 당하지 않게 지키고 보살펴 주다. : 보 호 하다
   예 화단의 꽃을 보호하기 위해 꽃을 밟으면 안 된다.

03

다음 중 이 글에 대한 설명으로 알맞지 <u>않은</u> 것의 기호를 쓰세요.

> ㉮ 쓰레기를 분류 배출했을 때의 좋은 점을 설명하고 있다.
> ㉯ 반대되는 생각을 가진 두 사람에 대해 이야기하고 있다.
> ㉰ 쓰레기를 종류별로 나누어 배출하는 방법을 설명하고 있다.
> ㉱ 물음을 던지고 그 물음에 스스로 답하는 방법을 사용하고 있다.

(   )

03 글쓰기 방식 이해하기
이 글에 나오지 않는 내용이 무엇인지 생각해 보세요.

04

이 글을 읽고 바르게 실천한 사람은 누구인가요? (   )

① 희야: 골판지 상자를 신문지와 섞어서 버렸어.
② 강한: 치약이 남아 있는 용기를 그대로 버렸어.
③ 공훈: 공책에 달린 스프링을 떼지 않고 버렸어.
④ 승태: 유리로 된 약병의 상표를 붙인 채로 버렸어.
⑤ 이진: 주스를 마신 후 페트병을 물에 씻어서 버렸어.

04 알맞은 반응 찾기
2~4단락에서 쓰레기를 종류별로 나누어 배출하는 방법을 설명하고 있어요.

05 서술형

쓰레기를 섞어서 버리면 돈이 많이 들고 환경도 나빠집니다. 그 까닭을 이 글에서 찾아 쓰세요.

_____

_____

_____

05 내용 추론하기
5단락에는 쓰레기를 분류 배출하지 않았을 때의 나쁜 점에 대해 이야기하고 있네요.

낱말 쑥쑥 테스트

DAY 01 + DAY 02 낱말

빠른 정답 2쪽

[01~04] 주어진 뜻풀이에 알맞은 낱말을 연결하세요.

01 (이미 사용했던 물건을) 가공하여 다시 사용하다. • • ㉠ 한자

02 중국어를 적는 데 쓰는 중국 문자 • • ㉡ 원리

03 불필요한 물질을 밖으로 내보내는 것 • • ㉢ 재활용하다

04 기본이 되는 이치나 법칙 • • ㉣ 배출

[05~09] 주어진 뜻풀이에 알맞은 낱말을 〈보기〉에서 찾아 쓰세요.

〈 보기 〉
환경   백성   내용물   용기   기관

05 속에 든 것 : ＿＿＿＿＿＿＿

06 (생물의 몸에서) 일정한 모양과 기능을 가지고 있는 부분 : ＿＿＿＿＿＿＿

07 사람과 생물에게 두루 영향을 끼치는 자연이나 사회의 조건이나 상태 : ＿＿＿＿＿＿＿

08 물건을 담는 그릇 : ＿＿＿＿＿＿＿

09 (옛날에) 보통 국민 : ＿＿＿＿＿＿＿

[10~13] 주어진 자음자와 뜻풀이를 보고, 빈칸에 알맞은 낱말을 쓰세요.

10 우리 동네에도 영화관이 ㅌ ㅅ 했다.
조직·제도·사업체 등이 생겨나다.

11 물병을 색깔별로 ㅂ ㄹ 해 놓았다.
여럿 중에서 같은 성질을 가진 것끼리 갈라 놓는 것

12 스쿨존은 교통사고로부터 어린이를 ㅂ ㅎ 하기 위한 곳이다.
사람이나 사물이 위험·파괴·곤란을 당하지 않게 지키고 보살펴 주다.

13 나는 수민이와 힘을 ㅎ ㅊ 고 나서야 돌을 들 수 있었다.
(여럿을) 모아 하나가 되게 하다.

[14~17] 주어진 문장의 빈칸에 알맞은 낱말을 〈보기〉에서 찾아 쓰세요.

〈 보기 〉
상표   다물   고유   헹구

14 빨래를 할 때는 마지막에 깨끗한 물로 잘 ☐☐어야 한다.

15 혜수는 입을 굳게 ☐☐고는 말을 하지 않았다.

16 물건이 잘 팔리려면 ☐☐이/가 눈에 띄어야 한다.

17 한복은 우리나라 ☐☐의 옷이다.

DAY 03 [가을 · 겨울]

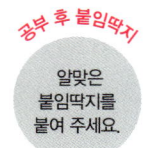

공부 후 붙임딱지

알맞은 붙임딱지를 붙여 주세요.

공부한 날	월	일

종수는 주말에 가족들과 동물원을 다녀 왔어요. 동물원에는 코끼리, 원숭이 등 많은 동물들이 있었는데, 동물 우리 안으로 들어가 동물을 쓰다듬고 우리 안을 치우는 등 동물을 보살피는 분도 계셨어요. 이 사람은 누구일까요?

이렇게 동물원에서 동물을 기르고 돌보는 일을 하시는 분을 '사육사'라고 합니다. 사육사는 보통 오전에 출근해서 자신이 맡은 동물을 살펴보는 것으로 일과를 시작해요. 밤새 동물들이 아프지 않고 잘 있었는지를 살펴보는 일은 동물의 건강을 위해 매우 중요해요.

또 사육사는 동물이 먹을 사료를 준비하고, 동물이 싼 똥과 오줌을 치우며 우리 안을 청소해요. 그런 다음 동물에게 맞는 여러 가지 훈련과 교육을 합니다. 훈련은 하루에 여러 번 하기도 해요. 여기서 끝나는 것이 아니라 이 모든 과정을 꼼꼼히 기록해 두어요. 이렇게 기록한 것을 바탕으로 동물들이 더 편안히 지낼 수 있도록 다른 사육사들과 생각을 나눕니다.

사육사가 되기 위해서는 동물을 사랑하는 마음이 제일 중요해요. 하지만 단순히 동물을 예뻐하기만 하는 것이 아니라 동물의 건강과 생명을 지키는 일인 만큼 책임감이 있어야 합니다. 또한 많은 양의 사료를 준비하고, 넓은 우리를 청소하는 일을 매일 해야 하기 때문에 체력도 좋아야 해요.

✏️ 뜻을 정확히 모르는 낱말들을 적어 보세요!

-
-
-
-
-
-
-
-

━━━ 낱말 따라 쓰기

● 한 주일의 끝 : 주 말 [週 – 돌 주, 末 – 끝 말]

● 여러 가지 야생 동물들을 모아 가두어 기르면서 사람들에게 구경시키는 곳 : 동 물 원

● 짐승을 가두어 기르는 곳 : 우 리

● 일반적으로. 흔히 : 보 통

● 아침부터 점심 전까지의 동안 : 오 전 [午 – 낮 오, 前 – 앞 전]

● 직장에 일하러 나가다. : 출 근 하다

● 정해 놓고 날마다 하는 일. 정해진 하루의 일 : 일 과

● 밤 동안 내내 : 밤 새

● 가축에게 주는 가공하여 만든 먹이 : 사 료

● 어떤 일을 배우거나 익히기 위해 되풀이하여 연습하는 일 : 훈 련 예 선수들은 마지막 훈련에 열중하고 있다.

● 개인의 능력을 키우기 위하여 지식이나 기술 등을 가르치는 일 : 교 육 [敎 – 가르칠 교, 育 – 기를 육]

STEP 1 중심 낱말 찾기

★ **중심 낱말을 찾는 방법**
- 단락 혹은 글 전체에서 가장 많이 나오는 말을 찾으세요.
- 단락 혹은 글 전체에서 가장 중심이 되는 말이 무엇인지 살펴보세요.

1단락

1단락에서는 종수가 겪은 일을 예로 들어 동물원에서 동물을 쓰다듬고 우리 안을 치우는 등 동물을 보살피는 분에 대해 이야기하고 있어요.
그러므로 1단락의 중심 낱말은 '[1)　　　]을/를 보살피는 분'입니다.

2단락

동물원에서 동물을 기르고 돌보는 일을 하는 '사육사'에 대해 설명하고 있어요. 사육사는 오전에 출근해서 밤새 동물들이 잘 있었는지를 살펴보는 일을 제일 먼저 해요.
2단락에서 가장 중심이 되는 낱말이 사육사이므로 중심 낱말은 '2)[　　　]'입니다.

3단락

사육사가 하는 일에 대해 설명하고 있어요. 사육사는 동물이 먹을 3)[　　　]을/를 준비하고, 동물이 싼 똥과 오줌을 치우며 우리 안을 청소해요. 또 동물을 훈련하기도 합니다. 그리고 이 과정들을 기록해서 다른 사육사들과 생각을 나누어요.
3단락에서 가장 중심이 되는 낱말 역시 사육사이므로 중심 낱말은 '사육사'입니다.

4단락

사육사가 되기 위해서 필요한 점들에 대해 이야기하고 있어요. 사육사가 되기 위해서는 무엇보다 동물을 사랑해야 해요. 거기에 4)[　　　]와/과 체력도 좋아야 합니다.
2, 3단락과 마찬가지로 가장 중심이 되는 말이 사육사이므로 4단락의 중심 낱말도 '사육사'입니다.

★ 이 글에서 가장 중심이 되고 많이 나오는 낱말이 '사육사'이므로 이 글 전체의 중심 낱말은 '5)[　　　]'입니다.

낱말 따라 쓰기

- 어떤 일이 벌어지든가 변하여 가는 차례나 형편 : [과][정]
  예 이 음식의 조리 과정은 어렵지 않다.
- 생각이나 사실에 대하여 적다. : [기][록]하다
- 무엇이 이루어지기 위한 토대나 근본이 되는 부분 : [바][탕]
- 몸과 마음이 아무 어려움이 없이 좋게 : [편][안][히]
  [便-편할 편, 安-편안할 안]
  예 오랜만의 여행에서 나는 편안히 쉬었다.

- 특별한 조건이나 별다른 의미가 없이 : [단][순][히]
  [單-하나 단, 純-순수할 순]
- 생물이 살아 있게 하는 근본적인 기능과 힘 : [생][명]
  [生-살 생, 命-목숨 명]
- 책임을 중요하게 여기는 마음 : [책][임][감]
- 몸을 움직여 어떤 일을 할 수 있는 힘 : [체][력]
  [體-몸 체, 力-힘 력]

01

다음은 이 글의 내용을 정리한 것입니다. 빈칸에 공통으로 들어가기에 알맞은 말을 쓰세요.

> (   )은/는 동물원에서 동물을 기르고 돌보는 일을 하시는 분을 말한다. (   )은/는 동물의 건강을 살피고, 사료를 챙겨 준다. 또 동물의 우리 안을 청소하며, 동물을 훈련하는 일도 한다.

(   )

02

다음 중 이 글의 내용에 맞는 것은 ○표, 틀린 것은 ✕표를 하세요.

(1) 사육사는 자신이 한 일을 기록해 둔다. ( )
(2) 사육사는 동물 훈련을 하루에 한 번만 한다. ( )
(3) 사육사는 출근해서 자신이 맡은 동물을 살펴본다. ( )

03

'사육사'가 기르고 돌보는 것은 무엇인가요? ( )

① 동물　　　② 나무　　　③ 버섯
④ 과일　　　⑤ 선인장

04 서술형

이 글을 바탕으로 사육사가 되기 위해 길러야 할 점 3가지를 쓰세요.

_____

_____

빠른 정답 2쪽, 정답과 풀이 8~9쪽

정답 콕콕 특강

01 중심 낱말 찾기
이 글은 동물원에서 동물을 기르고 돌보는 일을 하는 사람에 대해 알려 주고 있어요.

02 내용 이해하기
2단락과 3단락에서 사육사가 하는 일을 설명하고 있어요.

03 내용 이해하기
2단락에 사육사가 기르고 돌보는 것이 나와 있어요.

04 내용 추론하기
4단락에 사육사가 되기 위해 필요한 점이 나타나 있네요.

 **DAY 03** 낱말 쑥쑥 테스트

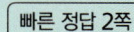빠른 정답 2쪽

[01~04] 주어진 뜻풀이에 알맞은 낱말을 연결하세요.

01 몸을 움직여 어떤 일을 할 수 있는 힘 · · ㉠ 책임감

02 특별한 조건이나 별다른 의미가 없이 · · ㉡ 체력

03 책임을 중요하게 여기는 마음 · · ㉢ 단순히

04 생물이 살아 있게 하는 근본적인 기능과 힘 · · ㉣ 생명

[05~10] 주어진 자음자와 뜻풀이를 보고, 빈칸에 알맞은 낱말을 쓰세요.

DAY 03

05 고양이가 마루 위에 ㅍ ㅇ ㅎ 누워 있다.
몸과 마음이 아무 어려움이 없이 좋게

06 나는 ㅂ ㅌ 아침 8시에 학교를 간다.
일반적으로. 흔히

07 엄마는 일주일에 5번 ㅊ ㄱ 하신다.
직장에 일하러 나가다.

08 정우는 매일 있었던 일을 수첩에 ㄱ ㄹ 한다.
생각이나 사실에 대하여 적다.

09 그 장난감은 조립 ㄱ ㅈ 이/가 까다롭다.
어떤 일이 벌어지든가 변하여 가는 차례나 형편

10 은별이는 ㅂ ㅅ 아파서 잠을 못 잤다.
밤 동안 내내

배경지식

동물원의 역할

동물원은 살아 있는 동물들을 모아 키우면서 일반 사람들이 구경할 수 있게 하는 곳입니다. 동물원은 동물들이 자연에서 사는 환경과 비슷하게 만들어서 사람들에게 보여 줌과 동시에 동물에 대한 사람들의 관심을 높이는 역할을 해요.

과거에는 동물원이 단순히 사람들의 관람에 초점을 두었지만 시간이 지날수록 동물원의 역할과 기능에 변화가 생기고 있습니다.

동물원의 변화된 역할 중 대표적인 것은 멸종 위기에 처한 동물을 보존한다는 것입니다. 자연 상태에서는 멸종될 가능성이 높은 동물을 동물원에서 키우고 번식시켜서 그 동물의 종을 보존하는 것이죠. 또 동물에 관한 연구를 담당하는 역할을 하기도 합니다.

이렇게 변화된 동물원의 역할에 맞게 동물원의 모습도 바뀌고 있어요. 동물의 우리를 넓히고, 동물원을 동물의 본래 서식지와 비슷한 환경으로 만들고 있답니다.

DAY 03 **21**

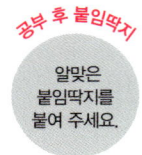
우리가 수학에서 쓰는 0, 1, 2, 3, 4, 5, 6, 7, 8, 9의 열 개 숫자를 '아라비아 숫자'라고 합니다. 왜 이 숫자들을 아라비아 숫자라고 부를까요? 원래 이 숫자는 인도 사람들이 만들었어요. 그런데 이 숫자들이 아라비아에 소개되었고, 이후 아라비아 상인들이 이 숫자를 유럽에 전하기 시작했어요. 그래서 유럽 사람들이 이 숫자를 '아라비아 숫자'라고 부르게 되었고, 이후 아라비아 숫자라고 하게 된 것이에요.

그렇다면 인도나 아라비아가 아닌 다른 곳에는 숫자가 없었던 걸까요? 그렇지 않아요. 그때에는 이집트 숫자, 바빌로니아 숫자 등 여러 나라의 숫자가 쓰이고 있었어요. 그런데 다른 숫자들은 수가 늘어나면 그때마다 새로운 숫자를 만들어 내야 했어요. 반면 아라비아 숫자는 열 개의 숫자로 어떤 수든 표현할 수 있었죠. 이 덕분에 사람들은 덧셈, 뺄셈은 물론 복잡한 셈까지도 거뜬히 할 수 있게 되었어요. 그래서 여러 숫자들 중에 아라비아 숫자가 가장 널리 전해진 것이에요.

아라비아 숫자가 유럽에 알려진 이후, 유럽의 수학은 아주 빠르게 발전할 수 있었어요. 그리고 수학의 발전은 인류의 발전에도 큰 공을 세웠지요. 따라서 아라비아 숫자는 인류의 역사상 매우 대단한 발명이라고 할 수 있어요.

✏️ 뜻을 정확히 모르는 낱말들을 적어 보세요!

●
●
●
●
●
●
●
●

낱말 따라 쓰기

● 아시아의 남서부 페르시아만, 인도양, 홍해에 둘러싸여 있는 큰 지역. 대부분이 사막이며 석유가 많이 묻혀 있다. : 아 라 비 아

● 잘 모르는 지식이나 내용이 잘 알도록 설명되다. : 소 개 되 다

● 장사하는 사람 : 상 인 [商-장사 상, 人-사람 인]
㉠ 시장에서 상인들이 물건을 팔고 있다.

● 메소포타미아의 동남부 유프라테스강과 티그리스강의 하류 지방 : 바 빌 로 니 아

● 느낌이나 생각을 말, 글, 예술 작품 등으로 나타내다. : 표 현 하다 [表-겉 표, 現-나타날 현]
㉠ 승찬이는 마음 속 생각을 음악으로 표현했다.

● 여럿이 겹치고 뒤섞여 있다. : 복 잡 하다
㉠ 실타래가 복잡하게 꼬여 있다.

✏️ 뜻을 정확히 모르는
낱말들을 적어 보세요!

01

이 글은 무엇에 관한 내용인가요?　　　　　　　　　（　　　）

① 유럽의 발전　　　　② 인류의 발전　　　　③ 이집트 숫자

④ 아라비아 숫자　　　⑤ 바빌로니아 숫자

02

다음 ㉠~㉢에 들어갈 지역 이름을 이 글에서 찾아 쓰세요.

> 아라비아 숫자는 (　㉠　)에서 만들어져 (　㉡　)에 소개되었고, 이후 (　㉢　)에 전해졌다.

㉠: (　　　　　　　　), ㉡: (　　　　　　　　), ㉢: (　　　　　　　　)

낱말 따라 쓰기

● 수를 헤아리는 것 : 셈

● 힘들이지 않고 쉽게 : 거 뜬 히
　예 만수는 무거운 돌을 거뜬히 들었다.

● 여럿 가운데 : 중 [中-가운데 중]

● 더 좋은 상태로 변하다. : 발 전 하다
　예 컴퓨터는 시간이 지날수록 발전해 왔다.

● 세상의 모든 사람 : 인 류 [人-사람 인, 類-무리 류]

● 노력으로 이룬 훌륭한 일 : 공 [功-공로 공]

● 역사에 나타나 있는 것, 또는 역사에 나타나 있는 대로 볼 때 :
　역 사 상

● 지금까지 없던 새로운 기술·물건 등을 처음으로 생각해 내거나 만들어 내는 것 : 발 명
　예 에디슨은 전기를 발명했다.

● 사람들이 서로 자주 만나거나 연락하면서 의견이나 물건을 주고받고 하는 것 : 교 류

03

다음 중 '아라비아 숫자'에 대한 설명으로 알맞은 것을 모두 고른 것은 무엇인가요?　　　　　　　　　　　　　　　　　　　　　　　　（　　　）

> ㉠ 유럽 사람이 만든 숫자이다.
> ㉡ 1부터 9까지 아홉 개의 숫자를 말한다.
> ㉢ 수가 아무리 늘어나도 새로운 숫자를 만들 필요가 없다.
> ㉣ 아라비아 숫자 덕분에 복잡한 셈을 거뜬히 할 수 있게 되었다.

① ㉠, ㉡　　　② ㉠, ㉢　　　③ ㉡, ㉢　　　④ ㉡, ㉣　　　⑤ ㉢, ㉣

04

이 글을 읽은 학생들의 반응으로 가장 알맞지 <u>않은</u> 것은 무엇인가요?　（　　　）

① 재훈: 아라비아 숫자는 가장 널리 전해진 숫자구나.
② 민정: 당시에 아라비아와 유럽 사이에 교류가 있었구나.
③ 성희: 아라비아 숫자가 만들어진 시기에는 다른 숫자가 없었구나.
④ 나래: 바빌로니아 숫자는 아라비아 숫자보다 널리 전해지지 못했구나.
⑤ 지현: 이집트 숫자는 수가 늘어나면 그때마다 새로운 숫자를 만들어 내야 하겠구나.

05　서술형

아라비아 숫자를 인류의 역사상 매우 대단한 발명이라고 할 수 있는 까닭을 이 글에서 찾아 쓰세요.

_____

_____

_____

빠른 정답 2쪽

DAY
04

[01~05] 주어진 뜻풀이에 알맞은 낱말을 연결하세요.

01 세상의 모든 사람 · · ㉠ 셈

02 장사하는 사람 · · ㉡ 소개되다

03 수를 헤아리는 것 · · ㉢ 상인

04 노력으로 이룬 훌륭한 일 · · ㉣ 인류

05 잘 모르는 지식이나 내용이 잘 알도록 설명되다. · · ㉤ 공

[06~09] 주어진 문장의 빈칸에 알맞은 낱말을 〈보기〉에서 찾아 쓰세요.

〈 보기 〉
중   역사상   교류   표현

06 나라 간의 [   ]을/를 통해 문화가 다양해진다.

07 책을 읽고 느낀 점을 그림을 통해 [   ]했다.

08 학생들 [ ]에서 선생님께 질문하는 사람은 없었다.

09 세종 대왕은 우리나라 [   ] 가장 훌륭한 왕 중 한 분이다.

배경지식

암산, 머릿속으로 계산하기

계산을 할 때 종이와 연필, 또는 계산기가 있다면 그것들을 사용해서 계산하면 편리해요. 하지만 가게에서 물건을 살 때마다 그렇게 하기는 힘들겠죠? 이럴 때 필요한 것이 바로 암산이에요.

암산이란 '어두울 암(暗)'과 '셀 산(算)'이 합쳐진 단어로, 종이에 계산하지 않고 머릿속으로 계산하는 것을 의미해요. 컴퓨터가 흔하지 않던 시절에는 빠른 계산을 위해 다양한 암산 방법을 연구하기도 했어요. 오늘날에는 컴퓨터와 스마트폰이 널리 쓰이지만, 수에 대한 감각을 익히기 위해 암산은 여전히 중요해요.

머릿속으로 셈을 하는 암산은 어린 시절의 두뇌 발달에도 많은 영향을 끼친다고 해요. 또 숫자를 많이 다루는 직업에서는 숫자를 보고 결정을 빠르게 할 줄 아는 능력이 중요하기 때문에 회사에 들어오려는 사람의 암산 능력을 보기도 한답니다.

34+25+16=?

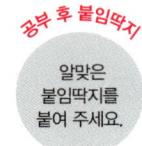
수미는 학교 뒷동산에서 친구와 봄에 만날 수 있는 식물을 관찰하고 있어요. 그러다 친구가 "봄을 대표하는 과일에는 무엇이 있을까?"라고 수미에게 물었고, 수미는 "딸기!"라고 대답했어요. 그러자 친구가 "딸기는 채소야."라고 했고, 수미는 "딸기가 왜 채소야? 과일이지."라고 했어요. 누구의 말이 맞는 걸까요?

과일은 나무를 가꾸어 얻으며, 사람이 먹을 수 있는 열매를 말합니다. 대부분의 과일은 수분이 많고, 단맛이나 신맛이 나며, 향기가 강해요. 과일에는 배, 사과, 밤, 복숭아, 귤, 바나나 등이 포함됩니다.

한편 채소는 밭에서 길러 먹는 식물로, 그 식물의 잎, 줄기, 뿌리, 열매가 모두 채소에 해당돼요. 잎이나 줄기를 먹는 채소에는 상추, 배추, 시금치, 파 등이 있고, 뿌리를 먹는 채소에는 무, 당근, 고구마 등이 있어요. 그리고 열매를 먹는 채소에는 딸기, 토마토, 가지, 수박, 오이 등이 있답니다.

정리하면 과일은 나무에서 나는 열매이고, 채소는 밭에서 나는 식물이에요. 그럼 수미와 친구의 상황으로 다시 돌아가 볼까요? 딸기는 밭에서 길러 먹는 식물이므로 채소에 해당되네요. 따라서 친구의 말이 맞았어요.

✏️ 뜻을 정확히 모르는 낱말들을 적어 보세요!

- ●
- ●
- ●
- ●
- ●
- ●
- ●
- ●
- ●

낱말 따라 쓰기

- 마을이나 집 뒤에 있는 작은 산 : 뒷 동 산
- 풀이나 나무나 버섯 등 : 식 물
- 무엇을 주의하여 살펴보다. : 관 찰 하다
  - 예 세호는 망원경으로 달을 관찰했다.
- 전체의 성질을 잘 나타내다. : 대 표 하다
  [代－대신할 대, 表－겉 표]
  - 예 반장은 반을 대표하는 사람이다.

- 손질하고 잘 보살피다. : 가 꾸 다
  - 예 아빠는 정원을 가꾸시는 게 취미시다.
- 나무의 꽃이 수정한 뒤 그 씨방이 자라서 맺힌 것 : 열 매
- 절반이 훨씬 넘어 전체에 가까운 수효나 분량 :
  대 부 분 [大－큰 대, 部－떼 부, 分－나눌 분]
  - 예 마을 주민들 대부분이 모임에 참석하였다.
- 무엇에 섞이거나 스며 있는 물. 물의 성분 : 수 분

01

✏ 뜻을 정확히 모르는 낱말들을 적어 보세요!

이 글에서 중심이 되는 낱말 2개를 찾아 쓰세요.

(   ), (   )

DAY
05

02

다음은 과일과 채소의 특징을 정리∨한 것입니다. ㉠, ㉡에 들어가기에 알맞은 말을 쓰세요.

과일	(㉠)을/를 가꾸어 얻으며, 사람이 먹을 수 있는 열매
채소	(㉡)에서 길러 먹는 식물로, 그 식물의 잎, 줄기, 뿌리, 열매가 모두 채소에 해당함.

㉠: (   ), ㉡: (   )

--- 낱말 따라 쓰기

● 달콤한 맛. 꿀과 같은 좋은 맛 : 단 맛

● 덜 익은 포도나 식초와 같은 맛 : 신 맛

● (꽃이나 향 등에서 나는) 기분 좋은 냄새 : 향 기

● 무엇이 어떤 무리나 범위에 넣어지다. : 포 함 되 다
   예 바닷물에는 소금기가 포함되어 있다.

● 농작물을 심고 가꾸는 땅 : 밭

● 식물의 줄기나 가지에 붙어 있는, 대체로 납작하고 넓은 푸른 부분 : 잎

● 나무나 풀의 작은 가지나 잎이 붙는, 중심이 되는 부분 : 줄 기

● 땅속으로 뻗어 줄기를 떠받치고, 물과 양분을 빨아올리는 식물의 한 부분 : 뿌 리

● 무엇에 잘 어울리든가 바로 들어맞게 되다. : 해 당 되 다

● 어떤 일이 되어 가는 형편이나 모양 : 상 황
   예 만일의 상황에 대비해 준비를 잘 해야 한다.

● 재미가 있어서 마음이 쏠리는 것. 마음을 쏠리게 하는 재미 : 흥 미
   예 그녀는 몸과 마음이 지쳐 아무 일에도 흥미가 없었다.

● 식물의 새로 나는 가지나 싹 : 순

빠른 정답 2쪽, 정답과 풀이 13쪽

✎ 뜻을 정확히 모르는
낱말들을 적어 보세요!

03

이 글에 대한 설명으로 알맞지 <u>않은</u> 것은 무엇인가요?　　　　　（　　）

① 과일과 채소의 뜻을 설명하고 있다.

② 과일과 채소의 다른 점을 설명하고 있다.

③ 과일과 채소를 예시를 들어 설명하고 있다.

④ 딸기가 자라는 과정을 시간 순서대로 설명하고 있다.

⑤ 우리 주변에서 볼 수 있는 일을 예로 들어 흥미를 이끌어 내고 있다.

04

다음에 주어진 사진과 설명을 보고, 각각 '과일'과 '채소' 중 어떤 것에 해당하는
지 써 보세요.

(1) ▲ 호박	(2) ▲ 포도
호박은 밭에서 자라는 식물로, 종 모양의 노란 꽃이 피고 열매는 크고 둥글며 연한 노란색이다. 잎과 순, 열매를 먹는다.	포도는 나무에서 자라는 열매로, 엷은 녹색의 꽃이 피고 열매는 둥근 모양으로 가을에 익는다.

　　(1) 호박: ＿＿＿＿＿＿＿＿＿, (2) 포도: ＿＿＿＿＿＿＿＿＿

05 서술형

딸기가 채소에 해당하는 까닭을 이 글에서 찾아 쓰세요.

＿＿＿＿＿＿＿＿＿＿＿＿＿＿＿＿＿＿＿＿＿＿＿＿＿＿＿＿＿＿＿＿

＿＿＿＿＿＿＿＿＿＿＿＿＿＿＿＿＿＿＿＿＿＿＿＿＿＿＿＿＿＿＿＿

[01~05] 주어진 뜻풀이에 알맞은 낱말을 〈보기〉에서 찾아 쓰세요.

〈 보기 〉

밭   상황   수분   가꾸다   식물

01 농작물을 심고 가꾸는 땅 : _____

02 무엇에 섞이거나 스며 있는 물. 물의 성분 : _____

03 풀이나 나무나 버섯 등 : _____

04 어떤 일이 되어 가는 형편이나 모양 : _____

05 손질하고 잘 보살피다. : _____

[06~10] 주어진 자음자와 뜻풀이를 보고, 빈칸에 알맞은 낱말을 쓰세요.

06 사람도 동물에 | ㅍ | ㅎ | 된다.
무엇이 어떤 무리나 범위에 넣어지다.

07 이 문제에 | ㅎ | ㄷ | 되는 답은 두 개이다.
무엇에 잘 어울리든가 바로 들어맞게 되다.

08 할아버지 땅의 | ㄷ | ㅂ | ㅂ | 은/는 잔디밭이다.
절반이 훨씬 넘어 전체에 가까운 수효나 분량

09 김치는 우리나라를 | ㄷ | ㅍ | 하는 음식이다.
전체의 성질을 잘 나타내다.

10 나는 새싹이 자라나는 모습을 잘 | ㄱ | ㅊ | 했다.
무엇을 주의하여 살펴보다.

배경지식

거름을 두어야 과일과 채소가 잘 자란다고!

과일과 채소 같은 농작물을 기를 때는 햇빛, 흙, 물, 온도 등이 중요합니다. 그런데 여기에 하나를 더하면 농작물이 잘 자라게 됩니다. 무엇일까요? 바로 '거름'이에요. 거름은 식물이 잘 자라도록 땅을 기름지게 하기 위해 주는 물질입니다. 거름으로는 똥, 오줌, 썩은 동식물 등이 쓰여요.

우리나라 농가에서는 예부터 가축의 우리에 깔았던 짚이나 가축의 똥·오줌을 거름으로 많이 썼어요. 이 외에도 풀이나 재, 버드나무나 잣나무의 가지를 섞기도 하고, 동물의 털이나 내장·쓰레기 등 썩는 것이면 모두 사용했답니다.

사람의 똥이나 오줌도 중요한 거름의 하나예요. 똥은 어느 정도 썩힌 다음에 주는 것이 좋습니다. 오줌도 중요한 거름이어서 농사를 짓는 집에서는 오줌독을 묻고 따로 받았으며, 농사에 열심인 사람은 남의 집에 있다가도 오줌을 누려고 자기 집으로 달려가기도 했다고 해요.

DAY
06

[STEP 1]
독해력 완성 테스트

공부 후 붙임딱지
알맞은
붙임딱지를
붙여 주세요.

공부한 날   월   일

★★★ : 상   ★★✿ : 중   ★✿✿ : 하

[01~05] 다음 글을 읽고, 물음에 답하세요.

옛날 우리 조상들은 평상시에 한복을 입었지만 요즘은 한복을 특별한 날이나 명절에 주로 입어요. 친척의 결혼식이나 생일 잔치에 한복을 입고 가거나, 설날에 한복을 입고 세배를 하죠. 알록달록하고 고운 한복에 대해 더 알아볼까요?

한복은 우리나라 고유의 옷으로 선이 아름답습니다. 곧은 선과 굽은 선이 서로 잘 어우러져 화려하면서도 단정한 느낌을 줘요. 또 한복은 품이 넉넉해서 몸을 조이지 않고, 바람이 잘 통해요.

한복은 색이 다양하다는 특징도 있어요. 빨간색, 노란색, 파란색, 검정색, 흰색 등 여러 색을 사용해서 알록달록하고 곱죠. 우리 조상들은 옷의 색이 화려하면 나쁜 일을 막을 수 있다고 믿었어요.

그럼 한복은 어떻게 입을까요? 먼저 여자는 아래에 속바지를 입은 후 치마를 입어요. 위에는 저고리를 입는데 저고리는 보통 짧은 편이에요. 발에는 버선을 신고, 밖에 나가거나 예절을 차려야 할 때는 겉에 두루마기를 입어요. 남자는 바지를 입고 아래쪽을 대님이라는 끈으로 묶어요. 위에는 통이 허리까지 오는 저고리를 입어요. 여자와 마찬가지로 발에는 버선을 신고, 두루마기를 입기도 해요.

앞으로 한복을 입을 때는 위에서 말한 한복 입는 방법에 따라 입고, 한복의 아름다움을 몸소 느껴 보기로 해요.

01 ★✿✿
이 글의 중심 낱말은 무엇인가요?   (   )

① 조상
② 한복
③ 명절
④ 세배
⑤ 저고리

02 ★✿✿
이 글에서 설명한 '한복'의 특징이 아닌 것은 무엇인가요?   (   )

① 색이 다양하다.
② 바람이 잘 통한다.
③ 우리나라 고유의 옷이다.
④ 품이 좁아서 몸을 조인다.
⑤ 곧은 선과 굽은 선이 잘 어우러진다.

03 **☀

여자가 한복 입는 순서에 맞게 〈보기〉에 주어진 기호를 차례대로 쓰세요.

〈 보기 〉
㉠ 치마   ㉡ 속바지
㉢ 저고리   ㉣ 두루마기

(   ) → (   ) → (   ) → (   )

04 ***

다음은 이 글을 읽은 학생이 쓴 글입니다. ①~④ 중 글의 내용에 비추어 볼 때, 알맞지 <u>않은</u> 내용은 무엇인가요?   (   )

요즘은 한복을 특별한 날이나 명절에 주로 입는다고 한다. ① 그래서 지난번 이모 결혼식에 엄마가 한복을 입으셨나 보다. ② 나도 이번 설날에는 한복을 입어 봐야지. ③ 우리 조상들을 따라 나도 한복을 알록달록하게 입고 다녀 볼까? ④ 나는 남자니까 버선은 신지 말아야겠다.

05 **☀ 서술형

우리 조상들이 한복에 여러 가지 색을 사용한 까닭을 이 글에서 찾아 쓰세요.

_____

_____

_____

낱말 따라 쓰기

- 지금 사람들보다 먼저 살던 사람들 : 조 상
- 특별한 일이 없는 보통 때 : 평 상 시
- 아주 가까운 과거에서 지금에 이른 사이 : 요 즘
- 보통과 아주 다르다. : 특 별 하다
- 설에 어른에게 드리는 큰절 : 세 배
- 여러 빛깔의 작은 얼룩이나 무늬가 뒤섞여 있거나 번갈아 나 있다. : 알 록 달 록 하다
- 보기에 좋고 아름답다. : 곱 다
- 오래된 집단이나 사물 등이 본래부터 지니고 있는 것. 어떤 것에만 있는 것 : 고 유
- 곧바로 또는 굽게 그은 금이나 줄 : 선
- 구부러지거나 비뚤어지지 않고 똑바르다. : 곧 다
- (곧바른 것이) 한쪽으로 구부러지거나 휘다. : 굽 다
  ㉲ 할머니는 허리가 많이 <u>굽으셨다</u>.
- 여럿이 모여 한데 합치거나 한 덩어리나 한판을 이루다. : 어 우 러 지 다
- 눈이 부시게 아름답고 보기 좋다. : 화 려 하다
- 흐트러짐 없이 깨끗하고 바르다. : 단 정 하다
- 웃옷의 양쪽 겨드랑이 밑의 가슴과 등을 두른 넓이 : 품
- 남을 만하다. 모자라지 않는다. : 넉 넉 하다
- 색깔·모양·내용 등이 서로 다른 것이 많다. : 다 양 하다
- 특별히 눈에 띄거나 두드러진 점 : 특 징
- 헝겊으로 만들고 솜을 넣기도 하여 한복 차림에 신는 우리나라의 전통적 양말 : 버 선
- 사회생활에서 지켜야 하는 바르고 공손한 말씨와 몸가짐 : 예 절
- 나들이를 할 때 입는 기다란 한복의 겉옷 : 두 루 마 기
- 한복 바짓가랑이 끝자락을 모아서 다리에 졸라매는 끈 : 대 님
- 물건의 둘레나 굵기 : 통
- 직접 제 몸으로 : 몸 소

잠깐!
쉬어가기

빠른 정답 2쪽, 정답과 풀이 71쪽

✻ 주어진 자음자와 뜻풀이에 알맞은 낱말을 쓰고, 글자판에서 찾아 ○표를 하세요(가로, 세로).

(1) 속에 든 것 : ㄴ ㅇ ㅁ

(2) 일반적으로. 흔히 : ㅂ ㅌ

(3) 풀이나 나무 버섯 등 : ㅅ ㅁ

(4) 장사하는 사람 : ㅅ ㅇ

(5) 기본이 되는 이치나 법칙 : ㅇ ㄹ

(6) 힘들이지 않고 쉽게 : ㄱ ㄸ ㅎ

(7) 여럿이 모여 한데 합치거나 한 덩어리나 한판을 이루다. : ㅇ ㅇ ㄹ ㅈ ㄷ

(8) 윗입술과 아랫입술을 마주 꼭 대다. 입을 조금도 벌리지 않다. : ㄷ ㅁ ㄷ

(9) 한 상품을 다른 생산자의 상품과 구별하기 위하여 붙이는 표나 표시 : ㅅ ㅍ

이	원	리	강	줌	사	바	다	물	다	영
망	드	성	지	반	자	라	입	람	주	사
구	속	진	다	면	수	량	로	유	이	리
키	내	요	싸	색	공	힐	찬	적	화	맘
으	용	머	수	상	표	끝	보	땅	아	네
일	물	절	효	양	송	간	통	발	간	평
러	상	관	창	마	왜	매	삭	대	는	풍
불	린	피	거	뜬	히	다	소	상	명	진
과	인	안	의	우	이	과	산	인	현	키
율	스	외	디	양	채	하	나	파	우	로
식	물	적	편	제	리	어	우	러	지	다

STEP 2

중심 문장 찾기

중심 문장을 찾으면
각 단락에서 글쓴이가
가장 중요하게 내세우는 내용이
무엇인지 쉽게 알 수 있어요!

★ **중심 문장이란?**
단락 또는 글 전체의 중심이 되는 내용이 들어 있는 문장입니다.

● **중심 문장을 찾는 이유**
하나의 단락에서는 보통 하나의 중심 내용을 이야기해요.
따라서 각 단락의 중심 문장을 찾으면 그 단락에서 이야기하고자 하는 내용을 쉽게 알 수 있고, 이를 통해 글 전체에서 말하고자 하는 바를 정확하게 이해할 수 있어요.

✦ **중심 문장을 찾는 방법**
– 단락을 이루는 문장 중 글쓴이가 가장 중요하게 내세우는 내용을 담은 문장을 찾으세요.
– 단락의 내용을 모두 포함하고 있는 문장을 찾으세요.

세라는 오늘 학교에서 덧셈과 뺄셈을 배웠어요. 배운 내용을 복습하기 위해 세라는 여러 개의 덧셈식과 뺄셈식을 풀어 보았습니다. '4+5=□', '8-7=□' 등을 풀다 보니 세라는 덧셈 기호인 '+'와 뺄셈 기호인 '-'가 어디에서 왔는지 궁금해졌어요. 쓰기도 쉽고 모양도 재미나게 생긴 '+'와 '-'는 어디에서 왔을까요?

먼저 덧셈 기호인 '+'는 라틴어 'et'에서 왔어요. 'et'은 '~와/과'라는 뜻이에요. '+' 기호가 생기기 전에는 '7 더하기 8'을 '7 et 8', 즉 '7과 8'로 썼어요. 그러다 'et'을 빨리 쓰다 보니 '+' 모양이 되었습니다. 그래서 '+'를 더하기를 뜻하는 기호로 쓰게 된 것이에요.

뺄셈 기호인 '-'는 라틴어 'minus'에서 왔어요. 'minus'는 '모자라다'라는 뜻이에요. 과거 사람들은 'minus'를 '-m'으로 줄여 쓰고는 했는데, 독일의 수학자 비드만이 '-m'에서 '-'만 따서 사용하기 시작했어요. 이때부터 '-'를 빼기를 뜻하는 기호로 쓰게 된 것이에요.

'+'와 '-'를 이용하면 셈을 간단하게 표현할 수 있으며, 문제의 뜻을 금세 알아차릴 수 있어요. 그동안 무심코 썼던 '+'와 '-'가 우리 생활을 편리하게 해 준 기호라니, 기특하죠?

• 1단락 중심 낱말 :
1) '[ ]'와/과 '[ ]'

• 2단락 중심 낱말 :
'+'

• 3단락 중심 낱말 :
'-'

• 4단락 중심 낱말 :
2) '[ ]'와/과 '[ ]'

낱말 따라 쓰기

● 여러 수나 식을 더하는 셈 : 덧 셈

● 한 수에서 다른 수를 빼는 셈 : 뺄 셈

● 배운 것을 다시 공부하여 익히다. : 복 습 하다

● 어떠한 뜻을 전달하기 위한 일정한 표시 : 기 호

● 인도·유럽 어족(語族)의 하나인 이탈릭 어파(語派)에 속하는 언어 : 라 틴 어

● 지나간 때 : 과 거 [過-지날 과, 去-갈 거]

● 수학을 전문적으로 연구하는 학자 : 수 학 자
[數-셀 수, 學-배울 학, 者-사람 자]

● 골라 쓰다. : 따 다
예 영희의 말에서 필요한 부분을 따서 적었다.

● 수를 헤아리는 것 : 셈

STEP 2 중심 문장 찾기

빠른 정답 2쪽

중심 문장이란 단락 또는 글 전체의 중심이 되는 내용이 들어 있는 문장입니다.

하나의 단락에서는 보통 하나의 중심 내용을 이야기합니다. 그러므로 각 단락의 중심 문장을 찾으면 그 단락에서 이야기하고자 하는 내용을 쉽게 알 수 있고, 이를 통해 글 전체에서 말하고자 하는 바를 정확하게 이해할 수 있답니다.

★ 중심 문장을 찾는 방법
- 단락을 이루는 문장 중 글쓴이가 가장 중요하게 내세우는 내용을 담은 문장을 찾으세요.
- 단락의 내용을 모두 포함하고 있는 문장을 찾으세요.

1단락

세라가 학교에서 덧셈과 뺄셈을 배운 후 이를 복습하던 중에 떠오른 생각을 이야기하고 있네요. 세라는 덧셈식과 뺄셈식에서 사용되는 기호인 '+'와 '−'가 어디에서 왔는지 궁금해하고 있어요. 따라서 1단락의 중심 낱말은 "+'와 '−"입니다.

1단락의 중심 내용은 '+'와 '−'가 어디에서 왔는지에 대한 궁금증이에요. 이 내용을 포함한 중심 문장은 '쓰기도 쉽고 모양도 재미나게 생긴 1) ☐ '와/과 2) ☐ '은/는 어디에서 왔을까?'입니다.

2단락

덧셈 기호인 '+'가 생겨난 배경을 설명하고 있어요. 가장 많이 등장하고 중심이 되는 말이 '+'이므로 2단락의 중심 낱말은 '+'입니다.

'~와/과'를 뜻하는 라틴어 'et'을 빨리 쓰다 보니 '+' 모양이 되었고, '+'를 더하기를 뜻하는 기호로 쓰게 되었다는 것이 2단락의 중심 내용이므로 중심 문장은 '먼저 3) ☐ 기호인 '+'는 라틴어 'et'에서 왔어요.'입니다.

3단락

뺄셈 기호인 '−'가 생겨난 배경을 설명하고 있어요. 가장 많이 등장하고 중심이 되는 말이 '−'이므로 2단락의 중심 낱말은 '−'입니다.

모자라다는 뜻의 라틴어 'minus'를 '−m'으로 줄여 쓰던 것을 비드만이 '−'만 따서 사용하면서 '−'를 빼기를 뜻하는 기호로 쓰게 되었다는 것이 3단락의 중심 내용이에요. 그러므로 중심 문장은 4) ☐ 기호인 '−'는 라틴어 'minus'에서 왔어요.'입니다.

4단락

'+'와 '−'를 사용했을 때의 좋은 점을 이야기하고 있어요. 그러므로 4단락의 중심 낱말은 "+'와 '−"입니다.

4단락의 중심 내용은 '+'와 '−'를 사용하면 셈을 간단히 표현하고, 문제의 뜻을 금방 알아차릴 수 있다는 것이므로 중심 문장은 "+'와 '−'를 이용하면 5) ☐ 을/를 간단하게 표현할 수 있으며, 문제의 뜻을 금세 알아차릴 수 있어요.'입니다.

★ 이 글은 '+'와 '−'가 생겨난 배경을 이야기하고 있으므로 이 글 전체의 중심 낱말은 "+'와 '−"입니다.

★ 이 글의 중심 내용은 덧셈 기호인 '+'는 라틴어 'et'에서 왔고, 뺄셈 기호인 '−'는 라틴어 'minus'에서 왔다는 것이므로 이 글 전체의 중심 문장은 2단락 1번째 문장인 '먼저 덧셈 기호인 '+'는 라틴어 'et'에서 왔어요.'와 3단락 1번째 문장인 '뺄셈 기호인 '−'는 라틴어 'minus'에서 왔어요.'입니다.

빠른 정답 2쪽, 정답과 풀이 16쪽

✏️ 뜻을 정확히 모르는
    낱말들을 적어 보세요!

01

3단락의 중심 문장으로 가장 알맞은 것은 무엇인가요?　　　(　)

① 뺄셈 기호인 '－'는 라틴어 'minus'에서 왔어요.

② 'minus'는 '모자라다'라는 뜻이에요.

③ 과거 사람들은 'minus'를 '－m'으로 줄여 쓰고는 했는데, 독일의 수학자 비드만이 '－m'에서 '－'만 따서 사용하기 시작했어요.

④ 이때부터 '－'를 빼기를 뜻하는 기호로 쓰게 된 것이에요.

02

글쓴이가 이 글을 쓴 까닭으로 알맞은 것의 기호를 쓰세요.

> ㉠ 덧셈과 뺄셈을 알려 주기 위해
> ㉡ 복습의 중요함을 강조하기 위해
> ㉢ 수학자 비드만에 대해 소개하기 위해
> ㉣ '＋'와 '－'가 어디에서 왔는지를 알려 주기 위해

(　　　　　)

03

다음 괄호 안에 들어가기에 알맞은 말을 골라 ○표 하세요.

(1) '＋'는 라틴어 '(et , minus)'에서 왔다.

(2) 라틴어 'minus'는 '(넉넉하다 , 모자라다)'라는 뜻이다.

04

4단락을 읽고, '＋'와 '－'가 우리 생활을 편리하게 해 준 까닭을 알맞게 말한 두 명의 이름을 쓰세요.

> 지숙: '＋'와 '－'를 이용하면 암산을 빨리 할 수 있기 때문이야.
> 원효: '＋'와 '－'를 이용하면 셈을 간단하게 표현할 수 있기 때문이야.
> 민희: '＋'와 '－'를 이용하면 문제의 뜻을 금세 알아차릴 수 있기 때문이야.

(　　　 , 　　　)

낱말 따라 쓰기

● 쉽고 짧으며 복잡하지 않다. : 간 단 하다

● 시간이 얼마 지나지 않아서 : 금 세

● 별로 주의를 기울이지 않으면서 : 무 심 코

● 힘이 들지 않고 이용하기 쉽다. : 편 리 하다
  [便－편할 편, 利－이로울 리]

● (말이나 하는 짓이) 놀라우면서도 귀엽다. : 기 특 하다

문제 이해하고 풀기

빠른 정답 2쪽, 정답과 풀이 16쪽

01 중심 문장 찾기

🌸 선택지의 내용을 순서대로 살펴볼게요.

① 뺄셈 기호인 '−'는 라틴어 'minus'에서 왔어요. (○)

🍃 3단락은 뺄셈 기호인 '−'가 어디에서 왔는지에 대한 내용을 다루고 있어요.

② 'minus'는 '모자라다'라는 뜻이에요. (×)

🍃 중심 문장을 자세히 설명하는 문장이에요.

③ 과거 사람들은 'minus'를 '−m'으로 줄여 쓰고는 했는데, 독일의 수학자 비드만이 '−m'에서 '−'만 따서 사용하기 시작했어요. (×)

🍃 중심 문장을 자세히 설명하는 문장이에요.

④ 이때부터 '−'는 빼기를 뜻하는 기호로 쓰게 된 것이에요. (×)

🍃 중심 문장을 자세히 설명하는 문장이에요.

정답은 ＿＿＿＿＿＿＿ 입니다.

02 글쓴이의 의도 이해하기

🌸 ㉠~㉣의 내용을 순서대로 살펴볼게요.

㉠ 덧셈과 뺄셈을 알려 주기 위해 (×)

🍃 이 글은 덧셈과 뺄셈을 알려 주고 있지 않아요.

㉡ 복습의 중요함을 강조하기 위해 (×)

🍃 이 글은 복습의 중요함을 강조하고 있지 않아요.

㉢ 수학자 비드만에 대해 소개하기 위해 (×)

🍃 3단락에 수학자 비드만이 나오기는 하지만, 비드만을 소개하는 것이 이 글을 쓴 까닭은 아니에요.

㉣ '+'와 '−'가 어디에서 왔는지를 알려 주기 위해 (○)

★ 근거 ②단락 ❶번째 문장: 먼저 덧셈 기호인 '+'는 라틴어 'et'에서 왔어요.

★ 근거 ③단락 ❶번째 문장: 뺄셈 기호인 '−'는 라틴어 'minus'에서 왔어요.

🍃 1단락에서 '+'와 '−'가 어디에서 왔는지를 묻고, 2단락과 3단락에서 이에 대해 알려 주고 있어요.

정답은 ＿＿＿＿＿＿＿ 입니다.

03 내용 이해하기

🌸 '+'와 '−'가 각각 어디에서 왔고, 나온 곳의 원래 뜻은 무엇인지 찾아볼까요?

(1) '+'는 라틴어 '(et , minus)'에서 왔다.

★ 근거 ②단락 ❶번째 문장: 먼저 덧셈 기호인 '+'는 라틴어 'et'에서 왔어요.

(2) 라틴어 'minus'는 '(넉넉하다 , 모자라다)'라는 뜻이다.

★ 근거 ③단락 ❶, ❷번째 문장: 뺄셈 기호인 '−'는 라틴어 'minus'에서 왔어요. 'minus'는 '모자라다'라는 뜻이에요.

정답은 (1) ＿＿＿＿＿＿ , (2) ＿＿＿＿＿＿＿＿ 입니다.

04 내용 추론하기

4단락에서 '+'와 '−'가 우리 생활을 편리하게 해 준 까닭을 찾는 문제입니다.

🌸 각자가 말한 내용을 순서대로 살펴볼게요.

지숙: '+'와 '−'를 이용하면 ~~암산을 빨리 할 수 있기 때문이야.~~ (×)

🍃 4단락에 '+'와 '−'를 이용했을 때 암산을 빨리 할 수 있다는 내용은 나오지 않아요.

원효: '+'와 '−'를 이용하면 셈을 간단하게 표현할 수 있기 때문이야. (○)

★ 근거 ④단락 ❶번째 문장: '+'와 '−'를 이용하면 셈을 간단하게 표현할 수 있으며, ~ 있어요.

🍃 '+'와 '−'를 이용하면 셈을 간단하게 표현할 수 있다고 했어요.

민희: '+'와 '−'를 이용하면 문제의 뜻을 금세 알아차릴 수 있기 때문이야. (○)

★ 근거 ④단락 ❶번째 문장: '+'와 '−'를 이용하면 ~ 문제의 뜻을 금세 알아차릴 수 있어요.

🍃 '+'와 '−'를 이용하면 문제의 뜻을 금세 알아차릴 수 있다고 했어요.

정답은 ＿＿＿＿＿＿＿ , ＿＿＿＿＿＿＿ 입니다.

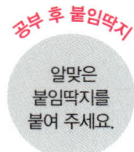

명절에는 가족과 친척들이 모여 인사를 나누고 맛있는 음식도 먹습니다. 우리나라의 대표적인 명절에는 설날과 추석이 있으며, 대보름날, 단오, 동짓날도 있어요.

먼저 설날에 대해 알아볼까요? 설날은 우리나라의 가장 큰 명절로, 음력 1월 1일이에요. 설날 아침에는 어른들께 세배를 드리고 떡국을 먹어요. 떡국은 하얀 떡과 국물로 작년의 안 좋은 일은 잊어버리고 새로 시작한다는 뜻을 담고 있지요. 설날에 하는 놀이로는 윷놀이, 팽이치기, 연날리기가 있어요.

다음으로 추석은 음력 8월 15일로, 농사가 잘된 것에 대해 감사하는 마음을 갖는 명절입니다. 추석에는 벌초를 하고, 성묘를 가며, 저녁에는 보름달을 보며 소원도 빌어요. 추석에는 햇곡식과 햇과일로 만든 음식을 먹는데, 대표적으로 송편이 있어요. 추석에 하는 놀이로는 강강술래와 씨름이 있답니다.

▲ 강강술래

대보름날, 단오, 동짓날에 대해서도 알아봅시다. 대보름날은 음력 1월 15일로, 달맞이를 하고, 오곡밥과 묵은 나물을 먹으며, 부럼을 깨요. 단오는 음력 5월 5일로, 여자는 창포물에 머리를 감고 그네를 뛰며, 남자는 씨름을 합니다. 동짓날은 양력 12월 22일로, 1년 중 낮이 가장 짧고 밤이 가장 긴 날이에요. 동짓날에는 팥죽을 쑤어 먹습니다.

• 1단락 중심 낱말 :
1) [|]

• 2단락 중심 낱말 :
2) [|]

• 3단락 중심 낱말 :
3) [|]

• 4단락 중심 낱말 :
대보름날, 단오, 동짓날

낱말 따라 쓰기

● 설이나 추석처럼 전통적으로 해마다 일정하게 돌아오며, 국민이 일을 쉬고 특별한 음식을 해 먹고 즐기는 날 : 명 절
[名 – 이름 명, 節 – 마디 절]
예 명절에는 오랜만에 친척들의 얼굴을 볼 수 있다.

● 혈통이 어머니와 아버지와 배우자에 가까운 사람 : 친 척

● 가장 두드러지거나 뛰어나 대표가 될 만한 것 :
대 표 적 [代 – 대신할 대, 表 – 겉 표, 的 – 과녁 적]

● 지구 주위를 도는 달의 주기를 기준으로 만든 달력 :
음 력

● 설에 어른들께 드리는 큰절 : 세 배

● 올해의 바로 전 해. 지난해 : 작 년
[昨 – 어제 작, 年 – 해 년]

● 농작물을 심고 가꾸고 거두는 일 : 농 사

01

빠른 정답 2쪽, 정답과 풀이 17~18쪽

3단락의 중심 문장으로 가장 알맞은 것은 무엇인가요?　　　　　　　(　　　)

① 다음으로 추석은 음력 8월 15일로, 농사가 잘된 것에 대해 감사하는 마음을 갖는 명절입니다.

② 추석에는 벌초를 하고, 성묘를 가며, 저녁에는 보름달을 보며 소원도 빌어요.

③ 추석에는 햇곡식과 햇과일로 만든 음식을 먹는데, 대표적으로 송편이 있어요.

④ 추석에 하는 놀이로는 강강술래와 씨름이 있답니다.

정답 **콕콕** 특강

01 중심 문장 찾기
단락의 내용을 모두 포함하는 설명이 중심 문장으로 가장 알맞아요.

DAY
08

02

다음 중 이 글의 설명 방법으로 알맞은 것의 기호를 쓰세요.

> ㉮ 반대되는 생각을 이야기하고 있다.
> ㉯ 우리나라의 명절을 소개하고 있다.
> ㉰ 다른 나라의 명절을 소개하고 있다.
> ㉱ 명절의 좋은 점과 안 좋은 점을 설명하고 있다.

(　　　　　　　　)

02 글쓰기 방식 이해하기
이 글에 나오는 내용이 무엇인지 생각해 보세요.

낱말 따라 쓰기

● 조상의 무덤과 그 주변의 풀을 잘라 깨끗이 정리하는 것 :
　벌 초　[伐 – 칠 벌, 草 – 풀 초]
　예 삼촌은 벌초를 하다가 벌에 쏘였다.

● 조상의 산소에 가서 인사를 드리고 산소를 보살피는 것 :
　성 묘

● 그해에 새로 난 곡식 : 햇 곡 식

● 그해에 새로 난 과일 : 햇 과 일

● 산에 올라 달이 뜰 때 소원을 비는 것 : 달 맞 이

● 다섯 가지 곡식을 섞어 지은 밥 : 오 곡 밥

● (새 농산물이 나오기 이전에) 지난해에 생산된 것이다. :
　묵 다　예 우리 집에는 묵은 쌀이 많다.

● 음력 정월 보름날에 까먹는 땅콩·호두·잣 등 : 부 럼

● 단오에 머리를 감는 데 쓰는 것으로, 창포의 잎과 뿌리를 우려낸 물 : 창 포 물

● 지구가 태양을 한 바퀴 도는 시간을 1년으로 삼아 날짜를 계산하는 달력 : 양 력

● (곡식의 알이나 가루를) 알갱이가 거의 풀어져 풀과 같은 상태가 될 때까지 물에 끓이다. : 쑤 다

03

다음은 '설날'과 '추석'에 대해 정리한 내용입니다. ㉠, ㉡에 들어가기에 알맞은 말을 쓰세요.

설날	• 날짜: 음력 1월 (㉠)일 • 먹는 음식: 떡국 • 하는 놀이: 윷놀이, 팽이치기, 연날리기
추석	• 날짜: 음력 8월 15일 • 먹는 음식: 송편 • 하는 놀이: (㉡), 씨름

㉠: (　　　　　　　　　　　　), ㉡: (　　　　　　　　　　　　)

03 내용 이해하기

2단락에서 설날을, 3단락에서 추석을 설명하고 있네요.

04

이 글을 읽은 학생들의 반응으로 알맞지 <u>않은</u> 것은 무엇인가요?　(　)

① 미영: 동짓날에 팥죽을 먹어야지.
② 보경: 대보름날에 부럼을 깨야지.
③ 영우: 설날에 가족들과 윷놀이를 해야지.
④ 수혁: 설날 저녁에 어른들께 세배를 드려야지.
⑤ 한솔: 추석 저녁에 보름달을 보며 소원을 빌어야지.

04 알맞은 반응 찾기

이 글의 내용에 비추어 볼 때, 알맞지 않은 말을 한 학생을 찾아보세요.

05 　서술형

이 글의 내용으로 미루어 보아, 설날에 떡국을 먹는 까닭을 쓰세요.

_____

_____

_____

05 내용 추론하기

설날에 대한 내용은 2단락에 나와 있어요.

[01~04] 주어진 뜻풀이에 알맞은 낱말을 〈보기〉에서 찾아 쓰세요.

〈 보기 〉
묵다   친척   기호   무심코

01 별로 주의를 기울이지 않으면서 : _____

02 혈통이 어머니와 아버지와 배우자에 가까운 사람 : _____

03 어떠한 뜻을 전달하기 위한 일정한 표시 : _____

04 (새 농산물이 나오기 이전에) 지난해에 생산된 것이다. : _____

[05~08] 주어진 자음자와 뜻풀이를 보고, 빈칸에 알맞은 낱말을 쓰세요.

05 나는 오늘 학교에서 배운 내용을 집에 와서 [ㅂ | ㅅ] 하였다.
배운 것을 다시 공부하여 익히다.

06 계산기를 이용하면 계산을 [ㄱ | ㄷ] 하게 할 수 있다.
쉽고 짧으며 복잡하지 않다.

올해의 바로 전 해. 지난해
07 누나는 [ㅈ | ㄴ] 에 건강이 나빠져서 올해는 병원을 다니게 되었다.

08 씨름은 추석에 하는 [ㄷ | ㅍ | ㅈ] 인 놀이이다.
가장 두드러지거나 뛰어나 대표가 될 만한 것

[09~12] 주어진 뜻풀이에 알맞은 낱말을 연결하세요.

09 지나간 때   •   • ㉠ 기특하다

10 (말이나 하는 짓이) 놀라우면서도 귀엽다.   •   • ㉡ 세배

11 농작물을 심고 가꾸고 거두는 일   •   • ㉢ 과거

12 설에 어른들께 드리는 큰절   •   • ㉣ 농사

[13~16] 주어진 문장의 빈칸에 알맞은 낱말을 〈보기〉에서 찾아 쓰세요.

〈 보기 〉
금세   편리   성묘   양력

13 이번에 새로 나온 컴퓨터는 이전 것보다 사용하기에 더 [　　] 하다.

14 기차는 생각보다 [　　] 목적지에 도착했다.

15 가족들과 [　　] 을/를 가서 잡초를 뽑고, 절도 했다.

16 내 생일은 [　　] (으)로 9월 19일이다.

[국어]

DAY 09

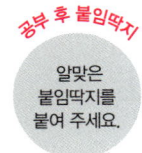
공부 후 붙임딱지

알맞은 붙임딱지를 붙여 주세요.

공부한 날	월	일

빠른 정답 2쪽

지문 확인

'호호', '허허', '하하', '후후'. 혜미는 웃음소리에 들어 있는 모음자에 따라 다른 느낌을 받았어요. 모음자가 바뀌면 낱말의 느낌이 달라지는데요, 어떻게 달라질까요?

'ㅏ, ㅗ'가 들어가면 밝고 작고 가벼운 느낌이 들어요. 반대로 'ㅓ, ㅜ'가 들어가면 어둡고 크고 무거운 느낌이 들지요. 'ㅏ, ㅗ'가 들어간 낱말들을 살펴볼까요? '알록달록', '복작복작'에 'ㅏ, ㅗ'가 들어 있네요. 그럼 'ㅓ, ㅜ'가 들어간 낱말에는 무엇이 있을까요? '얼룩덜룩', '북적북적'이 있네요. '알록달록 – 얼룩덜룩', '복작복작 – 북적북적' 이렇게 짝을 지어서 비교해 보세요. 확실히 'ㅏ'나 'ㅗ'가 들어간 낱말이 'ㅓ'나 'ㅜ'가 들어간 낱말보다 밝고 작고 가벼운 느낌이 들지요?

그런데 위에서 예로 든 낱말을 보면 비슷한 느낌의 모음자끼리 어울리고 있어요. '알록달록', '복작복작'은 'ㅏ'와 'ㅗ'가 함께 쓰였고, '얼룩덜룩', '북적북적'은 'ㅓ'와 'ㅜ'가 함께 쓰였네요. '반짝반짝'과 '번쩍번쩍'으로도 이런 모습을 살필 수 있어요. '반짝반짝'은 'ㅏ'와 'ㅏ'끼리, '번쩍번쩍'은 'ㅓ'와 'ㅓ'끼리 함께 쓰였어요. 이렇듯 모음자는 비슷한 느낌의 모음자끼리 어울리는 특징을 가지고 있답니다.

- 1단락 중심 낱말 :
모음자

- 2단락 중심 낱말 :
'ㅏ, ㅗ', 'ㅓ, ㅜ'

- 3단락 중심 낱말 :
1) ☐☐☐

낱말 따라 쓰기

- 모음을 나타내는 글자 : 모 음 자
  [母－어미 모, 音－소리 음, 字－글자 자]
- (모양이나 성질이) 변하여 (이전의 것과) 같지 않게 되다. 바뀌다. : 달 라 지 다
- 어떤 바탕에 다른 빛깔의 작은 얼룩이나 무늬가 뒤섞여 있든가 번갈아 나 있는 모양을 나타낸다. : 알 록 달 록
- 많은 사람이 좁은 곳에 모여 수선스럽게 잇따라 들끓는 모양
  : 복 작 복 작

- 얼룩이나 무늬가 고르지 않게 여기저기에 나 있는 모양을 나타낸다. : 얼 룩 덜 룩
- 많은 사람이 한곳에 모여 매우 수선스럽게 잇따라 들끓는 모양 : 북 적 북 적
- (관계·구분·결정 등을) 이루다. : 짓 다
- 정말로. 과연 : 확 실 히
- 거의 같다. 별로 차이가 없다. : 비 슷 하다

STEP 2 중심 문장 찾기

★ **중심 문장을 찾는 방법**
· 단락을 이루는 문장 중 글쓴이가 가장 중요하게 내세우는 내용을 담은 문장을 찾으세요.
· 단락의 내용을 모두 포함하고 있는 문장을 찾으세요.

1단락

모두 다 웃음소리이지만, 어떤 모음자가 쓰였느냐에 따라 웃음소리가 주는 느낌이 다르다고 하네요. 모음자에 따른 느낌 변화에 대해 이야기하려고 함을 알 수 있어요. 따라서 1단락의 중심 낱말은 '모음자'입니다.

1단락의 중심 내용은 '호호', '허허', '하하', '후후'에서 알 수 있듯 모음자가 바뀌면 낱말의 느낌이 달라진다는 거예요. 이 내용을 포함하고 있는 중심 문장은 ¹⁾ ⬚⬚⬚ 이/가 바뀌면 낱말의 느낌이 달라지는데요, 어떻게 달라질까요?'입니다.

2단락

'ㅏ'와 'ㅗ'가 들어간 낱말인 '알록달록'과 '복작복작', 'ㅓ'와 'ㅜ'가 들어간 낱말인 '얼룩덜룩'과 '북적북적'을 예로 들어 'ㅏ, ㅗ'와 'ㅓ, ㅜ'의 느낌을 비교하고 있어요. 2단락에서는 모음자 'ㅏ, ㅗ'와 'ㅓ, ㅜ'가 갖는 느낌에 대해 설명하고 있으므로 2단락의 중심 낱말은 'ㅏ, ㅗ'와 'ㅓ, ㅜ'입니다.

'ㅏ'와 'ㅗ'가 들어가면 밝고 작고 가벼운 느낌이 들고, 'ㅓ'와 'ㅜ'가 들어가면 어둡고 크고 무거운 느낌이 든다는 것이 2단락의 중심 내용이므로 중심 문장은 "²⁾ ⬚, ㅗ'가 들어가면 밝고 작고 가벼운 느낌이 들어요.'와 "³⁾ ⬚, ㅜ'가 들어가면 어둡고 크고 무거운 느낌이 들지요.'입니다.

3단락

2단락에서 예로 든 '알록달록 – 얼룩덜룩', '복작복작 – 북적북적'을 보면 'ㅏ, ㅗ'는 'ㅏ, ㅗ'끼리, 'ㅓ, ㅜ'는 'ㅓ, ㅜ'끼리 함께 쓰였음을 설명하고 있어요. '반짝반짝 – 번쩍번쩍'을 통해서도 비슷한 느낌의 모음자끼리 어울리는 모습을 살필 수 있다고 하네요. 따라서 3단락의 중심 낱말은 '모음자'입니다.

모음자는 비슷한 느낌을 가진 모음자끼리 어울린다는 것이 3단락의 중심 내용이므로 중심 문장은 '이렇듯 ⁴⁾ ⬚⬚⬚ 은/는 비슷한 느낌의 모음자끼리 어울리는 특징을 가지고 있답니다.'입니다.

★ 이 글의 단락별 중심 낱말은 모두 모음자의 느낌과 관련이 있으므로, 이 글 전체의 중심 낱말은 '모음자'입니다.

★ 이 글의 중심 내용은 모음자 'ㅏ, ㅗ'의 느낌과 'ㅓ, ㅜ'의 느낌이 다르다는 것과, 비슷한 느낌의 모음자끼리 어울린다는 것이에요. 따라서 이 글 전체의 중심 문장은 2단락 1, 2번째 문장인 "ㅏ, ㅗ'가 들어가면 밝고 작고 가벼운 느낌이 들어요. 반대로 'ㅓ, ㅜ'가 들어가면 어둡고 크고 무거운 느낌이 들지요.'와 3단락 5번째 문장인 '이렇듯 모음자는 비슷한 느낌의 모음자끼리 어울리는 특징을 가지고 있답니다.'입니다.

01

3단락의 중심 문장으로 가장 알맞은 것은 무엇인가요?　　　　　(　　)

① '알록달록', '복작복작'은 'ㅏ'와 'ㅗ'가 함께 쓰였고, '얼룩덜룩', '북적북적'은 'ㅓ'와 'ㅜ'가 함께 쓰였네요.
② '반짝반짝'은 'ㅏ'와 'ㅏ'끼리, '번쩍번쩍'은 'ㅓ'와 'ㅓ'끼리 함께 쓰였어요.
③ 이렇듯 모음자는 비슷한 느낌의 모음자끼리 어울리는 특징을 가지고 있답니다.

02

다음 중 이 글의 내용에 맞는 것은 ○표, 틀린 것은 ×표를 하세요.

(1) 반대되는 느낌의 모음자끼리 어울린다.　　　　　(　　)
(2) 'ㅓ, ㅜ'가 들어가면 어둡고 크고 무거운 느낌이 든다.　(　　)
(3) '알록달록'이 '얼룩덜룩'보다 밝고 작고 가벼운 느낌이 든다.　(　　)

03

괄호 안의 말 중에서 알맞은 것에 ○표 하세요.

(1) 'ㅏ, ㅗ'가 들어간 낱말: (알록달록 , 얼룩덜룩)
(2) 'ㅓ, ㅜ'가 들어간 낱말: (복작복작 , 북적북적)

04 서술형

이 글의 내용에 비추어 볼 때, '반짝반짝'과 비교하여 '번쩍번쩍'이 갖는 느낌을 써 보세요.

_____

_____

빠른 정답 2쪽, 정답과 풀이 19~20쪽

정답 콕콕 특강

01 중심 문장 찾기
3단락의 내용을 모두 포함하는 문장이 무엇인지 떠올려 보세요.

02 내용 이해하기
2단락과 3단락에서 모음자의 느낌에 대해 설명한 내용과 선택지의 내용을 비교해 보세요.

03 내용 이해하기
2단락에 선택지에 대한 내용이 나와 있어요.

04 내용 적용하기
2단락에서 'ㅏ, ㅗ'가 들어갔을 때의 느낌과 'ㅓ, ㅜ'가 들어갔을 때의 느낌을 설명하고 있네요.

낱말 따라 쓰기

● 서로 조화를 이루다. : 어 울 리 다

● 빛 같은 것이 번갈아 잠깐 빛나다가 사라지다가 하는 모양을 나타낸다. : 반 짝 반 짝

● 크고 센 빛이 잠깐씩 여러 번 빛나는 모양을 나타낸다. : 번 쩍 번 쩍

● 특별히 눈에 띄거나 두드러진 점 : 특 징

44 자이스토리 초등 국어 독해력 쑥쑥 / 1학년

낱말 쑥쑥 테스트

빠른 정답 2쪽

[01~04] 주어진 뜻풀이에 알맞은 낱말을 연결하세요.

01 (관계·구분·결정 등을) 이루다. • • ㉠ 특징

02 특별히 눈에 띄거나 두드러진 점 • • ㉡ 짓다

03 (모양이나 성질이) 변하여 (이전의 것과) 같지 않게 되다. 바뀌다. • • ㉢ 달라지다

04 많은 사람이 좁은 곳에 모여 수선스럽게 잇따라 들끓는 모양 • • ㉣ 복작복작

[05~09] 주어진 문장의 빈칸에 알맞은 낱말을 〈보기〉에서 찾아 쓰세요.

〈 보기 〉
얼룩덜룩   어울리   비슷   확실히   번쩍번쩍

05 나는 이 옷에 [ ][ ][ ]는 신발을 고르느라 애썼다.

06 영지와 수희는 서로 [ ][ ]하게 생겼다는 이야기를 많이 듣는다.

07 빨래를 손으로 빨았더니 [ ][ ][ ] 때가 잘 지워진다.

08 저 앞에서 무언가가 [ ][ ][ ][ ] 빛나고 있다.

09 놀이터에서 모래 장난을 했더니 옷 전체가 [ ][ ][ ][ ]해졌다.

배경지식

소리를 흉내 낸 말(의성어)과 모양을 흉내 낸 말(의태어)

우리말에는 소리를 흉내 낸 말과 모양을 흉내 낸 말이 있어요. '의성어'는 사람이나 사물의 소리를 흉내 낸 말이고, '의태어'는 사람이나 사물의 모양이나 움직임을 흉내 낸 말입니다.

의성어로는 '쌕쌕', '멍멍', '땡땡', '우당탕', '퍼덕퍼덕' 등이 있어요. '쌕쌕'은 숨을 쉬는 소리, '멍멍'은 개가 짖는 소리, '땡땡'은 종이나 그릇의 쇠붙이를 두드리는 소리, '우당탕'은 바닥에 무엇이 떨어지거나 부딪칠 때 나는 소리, '퍼덕퍼덕'은 새가 날개를 치는 소리를 흉내 낸 말이랍니다.

의태어로는 '아장아장', '엉금엉금', '번쩍번쩍' 등이 있어요. '아장아장'은 키가 작은 사람이나 짐승이 걷는 모양, '엉금엉금'은 느리게 걷거나 기는 모양, '번쩍번쩍'은 빛이 빛나는 모양을 흉내 낸 말이에요.

▲ 거북이가 '엉금엉금'

공부 후 붙임딱지

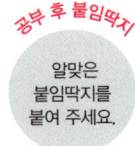

알맞은 붙임딱지를 붙여 주세요.

공부한 날	월	일

빠른 정답 2쪽

지문 확인

진수는 가족과 함께 고모의 결혼식에 갔어요. 진수는 고모의 남편이 되시는 분께 "결혼 축하드려요!"라고 인사했어요. 그런데 진수는 고모의 남편을 뭐라고 불러야 할지 몰라 난처했습니다. 집으로 돌아온 진수는 친척의 호칭을 알아보기로 했어요.

친척은 부모님과 혈연으로 맺어진 사람인데, 결혼이나 출산으로 새롭게 생기기도 해요. 고모는 아버지와 혈연으로 맺어진 사람입니다. 고모의 남편은 결혼으로, 고모의 자녀는 출산으로 새롭게 생긴 친척이에요.

그럼 '나'를 중심으로 친척을 부르는 말을 알아볼까요? 친척은 크게 아버지 쪽의 친척과 어머니 쪽의 친척으로 나눌 수 있는데요, 아버지 쪽의 호칭을 먼저 살펴볼게요. 아버지의 형은 '큰아버지', 큰아버지의 아내는 '큰어머니'라고 합니다. 아버지의 남동생과 그 아내는 각각 '작은아버지', '작은어머니'라고 하죠. 아버지의 여자 형제는 '고모', 고모의 남편은 '고모부'라고 해요.

이제 어머니 쪽의 호칭을 살펴봅시다. 어머니의 남자 형제와 그 아내는 각각 '(외)삼촌', '(외)숙모'라고 해요. 어머니의 여자 형제는 '이모', 이모의 남편은 '이모부'라고 합니다.

그럼 큰아버지, 작은아버지, 고모, (외)삼촌, 이모의 자녀들은 뭐라고 부를까요? 바로 '사촌'이라고 해요.

- **1단락 중심 낱말 :**
  친척의 호칭

- **2단락 중심 낱말 :**
  1) [ ][ ]

- **3단락 중심 낱말 :**
  2) [ ][ ] 을/를 부르는 말, 아버지 쪽의 호칭

- **4단락 중심 낱말 :**
  어머니 쪽의 호칭

- **5단락 중심 낱말 :**
  사촌

낱말 따라 쓰기

- 남녀가 정식으로 부부가 되는 의식 : [결][혼][식]
- 부부 중의 남자 : [남][편] **[男-사내 남, 便-쪽 편]**
- 남의 좋은 일에 대해 기쁜 마음으로 인사하는 것 : [축][하]
- 어떻게 해야 좋을지 잘 몰라서 답답하다. : [난][처]하다
  예) 갑자기 경기가 취소되어 관객들이 난처해했다.

- 누구를 부르는 이름 : [호][칭]
  예) 그녀는 나를 언니라는 호칭 대신 선배라고 불렀다.
- 조상이 같아서 생긴 관계 : [혈][연]
- (관계·약속 등을) 이루다. : [맺][다]
  예) 구영이와 효수는 의남매를 맺었다.

빠른 정답 2쪽, 정답과 풀이 21~22쪽

✏️ 뜻을 정확히 모르는
낱말들을 적어 보세요!

01

2단락의 중심 문장으로 가장 알맞은 것은 무엇인가요? ( )

① 친척은 부모님과 혈연으로 맺어진 사람인데, 결혼이나 출산으로 새롭게 생기기도 해요.

② 고모는 아버지와 혈연으로 맺어진 사람입니다.

③ 고모의 남편은 결혼으로, 고모의 자녀는 출산으로 새롭게 생긴 친척이에요.

02

이 글에서 설명하는 내용은 무엇인가요? ( )

① 친척의 필요성

② 친척을 부르는 말

③ 친척과 친하게 지내는 법

④ 친척의 결혼식에 입고 갈 옷

⑤ 친척과 함께할 수 있는 놀이

낱말 따라 쓰기

● 아이를 낳는 것 : 출 산 [出 - 날 출, 産 - 낳을 산]

● 아들과 딸 : 자 녀 [子 - 아들 자, 女 - 딸 녀]

● 지금까지 있었던 적이 없다. : 새 롭 다
　예 영민이는 <u>새로운</u> 생각을 우리에게 들려주었다.

● 한가운데나 복판 : 중 심
　[中 - 가운데 중, 心 - 마음 심]
　예 커다란 우물을 <u>중심</u>으로 마을이 모여 있다.

● 부부 중의 여자 : 아 내

● 저마다 따로. 하나씩 : 각 각
　[各 - 각기 각, 各 - 각기 각]
　예 학생들은 <u>각각</u> 먹고 싶은 것을 이야기했다.

● 한 부모 밑에서 자라는 남자아이들. 형과 아우 : 형 제
　[兄 - 형 형, 弟 - 아우 제]
　예 부모님은 <u>형제</u> 간에 사이좋게 지내라고 말씀하신다.

DAY
10

03

다음은 이 글을 읽고 나눈 대화입니다. 글의 내용에 비추어 볼 때, 알맞지 <u>않은</u> 말을 한 사람의 이름을 쓰세요.

> 동현: 외삼촌의 아들은 나에게 사촌이야.
> 성우: 작은어머니는 어머니 쪽의 친척이야.
> 솔지: 나는 엄마의 언니의 남편에게 이모부라고 불렀어.
> 나미: 진수한테 고모부는 결혼으로 새롭게 생긴 친척이구나.

(   )

04

다음은 친척 관계를 그림으로 나타낸 것입니다. ㉠이 아버지의 형일 때, ㉠에 들어가기에 알맞은 호칭을 쓰세요.

할아버지   할머니   (외)할아버지   (외)할머니

(㉠)   아버지   어머니

나   동생

= 부부
| 자녀

(   )

05 서술형

'친척'이란 무엇인지 이 글에서 찾아 쓰세요.

_____

_____

✎ 뜻을 정확히 모르는 낱말들을 적어 보세요!

[01~06] 주어진 뜻풀이에 알맞은 낱말을 〈보기〉에서 찾아 쓰세요.

〈 보기 〉
결혼식 남편 호칭 혈연 새롭다 아내

01 부부 중의 여자 : _____

02 조상이 같아서 생긴 관계 : _____

03 남녀가 정식으로 부부가 되는 의식 :

_____

04 부부 중의 남자 : _____

05 지금까지 있었던 적이 없다. :

_____

06 누구를 부르는 이름 : _____

[07~12] 주어진 자음자와 뜻풀이를 보고, 빈칸에 알맞은 낱말을 쓰세요.

07 옆집 아주머니의 | ㅈ | ㄴ |은/는 3명이다.
아들과 딸

08 고모는 아기를 | ㅊ | ㅅ |할 때 많이 고생하셨다.
아이를 낳는 것

09 불빛을 | ㅈ | ㅅ |(으)로 나방이 날아다닌다.
한가운데나 복판

10 나는 두 개의 가방에 손수건을 | ㄱ | ㄱ | 넣었다.
저마다 따로, 하나씩

11 진수와 민수는 | ㅎ | ㅈ | 지간이다.
한 부모 밑에서 자라는 남자 아이들. 형과 아우

12 원래 여행을 가려고 한 날에 비가 온다고 해서 | ㄴ | ㅊ | 하다.
어떻게 해야 좋을지 잘 몰라서 답답하다.

배경지식

친척 호칭을 그림으로 알아봐요.

할머니 = 할아버지

(외)할아버지 = (외)할머니

고모부 = 고모   큰아버지 = 큰어머니   아버지 = 어머니   (외)삼촌   (외)숙모   이모 = 이모부

사촌   사촌   '나'   사촌   사촌

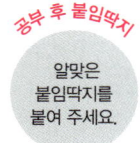

지문 확인

우리 주변을 보면 반려견을 기르는 집이 많아요. 반려견은 사람이 친구나 가족처럼 여기며 가까이 두고 기르는 개를 말해요. 그런데 요즘 반려견으로 인해 이웃 간에 다툼이 일어나는 경우를 종종 보게 됩니다. 반려견을 기를 때 지켜야 할 예절에는 무엇이 있을까요?

첫 번째로 ㉠ 반려견과 산책을 할 때는 반려견에게 목줄을 매야 해요. 개를 무서워하는 사람이 있을 수 있고, 개가 사람을 공격할 수도 있기 때문이에요. 또 목줄을 하면 개가 위험한 곳으로 가는 행동을 막을 수 있답니다.

두 번째로 반려견이 산책 도중 용변을 보면 반려견의 배설물을 치워야 해요. 배설물을 치우지 않으면 냄새가 나고 보기에도 안 좋으며, 다른 사람이 밟을 수도 있어요. 그러므로 반려견과 나가기 전에는 배설물을 치우기 위한 배변 봉투나 휴지를 챙기도록 합시다.

세 번째로 공동 주택에서 반려견을 기르는 경우, 반려견이 집에서 자주 짖지 않도록 훈련하는 것이 중요해요. 반려견이 짖는 소리는 이웃에게 듣기 싫은 소리가 될 수 있어요. 또 반려견과 엘리베이터를 탈 때는 다른 사람에게 함께 타도 괜찮은지 묻고, 함께 타게 되면 반려견을 안고 있거나 반려견을 벽 쪽으로 하여 다른 사람이 불편하지 않도록 해야 합니다.

- 1단락 중심 낱말 :
  반려견을 기를 때 지켜야 할 예절

- 2단락 중심 낱말 :
  1) ☐☐☐

- 3단락 중심 낱말 :
  2) ☐☐☐

- 4단락 중심 낱말 :
  반려견

낱말 따라 쓰기

- 어떤 대상의 둘레 부근 : 주 변

- 보살펴서 자라게 하다. : 기 르 다
  예 할머니는 고양이를 3마리나 기르신다.

- 생각하거나 판단하다. : 여 기 다
  예 경찰은 지나가는 한 사람을 이상하게 여겼다.

- 가끔. 때때로 : 종 종

- 사회생활에서 지켜야 하는 바르고 공손한 말씨와 몸가짐 :
  예 절 [禮 – 예도 예, 節 – 마디 절]

- 휴식이나 건강을 위하여 멀지 않은 거리를 천천히 걷는 것 :
  산 책 예 부모님은 매일 동네를 산책하신다.

- 개나 고양이 등의 동물의 목에 매는 줄 : 목 줄

- 적군을 치거나 상대편을 이기기 위해 적극적으로 행동하다. :
  공 격 하다 예 해적들은 낚싯배를 공격했다.

- 실패할 가능성이 있거나 목숨을 위태롭게 할 만큼 안전하지 못하다 : 위 험 하다

01

빠른 정답 2쪽, 정답과 풀이 23~24쪽

2단락의 중심 문장으로 가장 알맞은 것은 무엇인가요? (   )

① 첫 번째로 반려견과 산책을 할 때는 반려견에게 목줄을 매야 해요.
② 개를 무서워하는 사람이 있을 수 있고, 개가 사람을 공격할 수도 있기 때문이에요.
③ 또 목줄을 하면 개가 위험한 곳으로 가는 행동을 막을 수 있답니다.

✏️ 뜻을 정확히 모르는 낱말들을 적어 보세요!

DAY
11

02

이 글에서 설명한 반려견 예절이 <u>아닌</u> 것은 무엇인가요? (   )

① 반려견이 집에서 자주 짖지 않도록 훈련해야 한다.
② 반려견과 산책을 할 때는 반려견에게 목줄을 매야 한다.
③ 반려견과 나가기 전에는 배변 봉투나 휴지를 챙겨야 한다.
④ 반려견이 산책 도중 용변을 보면 반려견의 배설물을 치워야 한다.
⑤ 반려견과 엘리베이터를 탈 때는 다른 사람이 불편하지 않도록 반려견을 문 쪽에 내려놓아야 한다.

낱말 따라 쓰기

● 대소변을 보는 것 : 용 변 [用－쓸 용, 便－똥오줌 변]
● 몸 밖으로 내보내는 똥이나 오줌 같은 물질 : 배 설 물
● 대변을 몸 밖으로 내보냄. : 배 변
● 여러 가구가 한 건축물 안에서 각각 따로 생활을 할 수 있게 설계하여 지은 큰 집 : 공 동 주 택
[共－함께 공, 同－한가지 동, 住－살 주, 宅－집 택]
● (개·까마귀·까치 등이) 시끄럽고 크게 소리를 내다. : 짖 다

● 어떤 일을 배우거나 익히기 위해 되풀이하여 연습하다. : 훈 련 하다
● 편하지 않다. : 불 편 하다 [不－아닐 불, 便－편할 편]
● 볼일이 있어서 집 밖으로 나가다 : 외 출 하다
[外－바깥 외, 出－날 출]
● 어떤 사람을 보호할 책임을 가지고 있는 사람 : 보 호 자

03

이 글의 내용에 비추어 볼 때, 강아지와 함께 외출할 때 챙겨야 할 것에 모두 ○ 표 하세요.

> 간식　　　목줄　　　배변 봉투　　　신발

04

이 글을 통해 볼 때, 2단락의 밑줄 친 (개)의 까닭으로 알맞지 <u>않은</u> 것의 기호를 쓰세요.

> ㉠ 개가 사람을 공격할 수 있다.
> ㉡ 개를 무서워하는 사람이 있을 수 있다.
> ㉢ 개가 위험한 곳으로 가는 행동을 막을 수 있다.
> ㉣ 내가 이 개의 보호자라는 것을 알려 줄 수 있다.

(　　　　　　　　　　)

05 서술형

4단락을 읽고, 반려견과 엘리베이터를 탈 때 지켜야 할 예절을 쓰세요.

_____

_____

_____

[01~05] 주어진 뜻풀이에 알맞은 낱말을 연결하세요.

01 대변을 몸 밖으로 내보냄.   ·

· ㉠ 훈련하다

02 어떤 일을 배우거나 익히기 위해 되풀이하여 연습하다.   ·

· ㉡ 외출하다

03 가끔. 때때로   ·

· ㉢ 배변

04 어떤 대상의 둘레 부근   ·

· ㉣ 주변

05 볼일이 있어서 집 밖으로 나가다.   ·

· ㉤ 종종

[06~10] 주어진 문장의 빈칸에 알맞은 낱말을 〈보기〉에서 찾아 쓰세요.

〈보기〉

공동 주택   불편   기르   위험   산책

06 여러 사람이 함께 사는 [ ][ ] 에서는 다른 사람에게 피해를 주면 안 된다.

07 새로 산 베개는 목이 [ ] 하다.

08 오늘 날이 좋아서 나는 [ ]을/를 했다.

09 눈길에서 뛰는 행동은 넘어질 수 있으므로 [ ] 하다.

10 엄마는 요즘 화초를 [ ] 는 재미에 푹 빠지셨다.

DAY 11

배경지식

반려동물과 건강하게 사는 법

과학자들의 연구에 따르면 반려동물과 함께 사는 사람은 그렇지 않은 사람에 비해 정서적으로 안정되고, 면역력이 높아진다고 해요. 하지만 반려동물을 잘 관리하지 않으면 오히려 건강을 해칠 수도 있어요. 반려동물과 건강하게 살기 위해서는 어떻게 해야 할까요?

먼저 반려동물에게 예방 주사를 맞혀야 해요. 예방 접종을 통해 반려동물이 전염병에 걸리는 것을 막을 수 있어요. 만약 예방 접종을 하지 않아서 반려동물이 광견병과 같은 전염병에 걸린다면, 사람도 이 병에 옮을 수 있답니다.

또 반려동물을 주기적으로 씻겨 주어 깨끗하게 관리해야 합니다. 반려동물이 깨끗하지 않으면 피부병에 걸리거나 세균이 동물의 몸에 생길 수도 있어요. 이 밖에도 반려동물의 배설물을 치운 후에는 손을 깨끗이 씻어야 해요.

반려동물과 함께 살아가려면 책임감이 필요합니다. 평소에 반려동물을 잘 관리해 주어야 사람과 동물 모두 건강하고 행복하게 지낼 수 있답니다.

DAY 12

[STEP 2]
독해력 완성 테스트

공부 후 붙임딱지
알맞은 붙임딱지를 붙여 주세요.

공부한 날   월   일

★★★ :상   ★★❀ :중   ★❀❀ :하

[01~05] 다음 글을 읽고, 물음에 답하세요.

"아오, 더워. 너무 더우니까 에어컨 온도를 더 내려야겠다." 솔비는 에어컨 온도를 18℃로 낮추었어요. 그런데 이렇게 에어컨 온도를 낮게 해 두면 전기를 낭비하게 돼요. 전기를 함부로 쓰면 돈이 낭비되고 환경이 오염됩니다. 전기를 쓰면 환경이 오염되는 까닭은 전기를 만들 때 석유나 석탄 같은 연료를 태우게 되는데, 이런 연료들을 태우면 해로운 물질이 나오기 때문이에요. 따라서 에어컨을 틀더라도 26℃ 이상의 적정한 실내 온도를 유지하는 게 중요합니다.

전기를 절약하는 방법으로 또 무엇이 있을까요? 사용하지 않는 플러그를 뽑아 두는 것입니다. 전기 제품은 사용하지 않더라도 플러그에 꽂혀 있으면 전기가 쓰이게 돼요. 그러므로 전기 제품을 사용하고 난 후에는 플러그를 뽑아 두는 게 좋아요.

다음으로 빨래는 한꺼번에 모아서 세탁하고, 냉장고의 문은 자주 여닫지 않습니다. 또 냉장고 문을 오랫동안 열어 두지 않아야 해요. 세탁기는 빨래하는 횟수가 많아질수록 전기를 많이 쓰게 되므로, 빨랫감을 모아서 세탁하는 횟수를 줄이는 게 좋아요. 냉장고의 경우, 문을 열면 바깥의 공기가 냉장고로 들어가게 되는데, 이러면 냉장고 속의 온도가 올라가게 돼요. 이렇게 올라간 온도를 다시 내리기 위해 냉장고는 전기를 많이 쓰게 됩니다.

01 ★★❀

3단락의 중심 문장으로 가장 알맞은 것은 무엇인가요?
(   )

① 다음으로 빨래는 한꺼번에 모아서 세탁하고, 냉장고의 문은 자주 여닫지 않습니다. 또 냉장고 문을 오랫동안 열어 두지 않아야 해요.
② 세탁기는 빨래하는 횟수가 많아질수록 전기를 많이 쓰게 되므로, 빨랫감을 모아서 세탁하는 횟수를 줄이는 게 좋아요.
③ 냉장고의 경우, 문을 열면 바깥의 공기가 냉장고로 들어가게 되는데, 이러면 냉장고 속의 온도가 올라가게 돼요.
④ 이렇게 올라간 온도를 다시 내리기 위해 냉장고는 전기를 많이 쓰게 됩니다.

02 ★❀❀

다음은 이 글의 제목입니다. 빈칸에 들어가기에 알맞은 말을 쓰세요.

생활 속 (   ) 절약 방법

03 ★❀❀

다음 중 전기를 절약하는 방법으로 맞으면 ○표, 틀리면 ×표를 하세요.

(1) 빨래는 조금씩 자주 세탁한다.   (   )
(2) 실내 온도는 26℃ 이상으로 유지한다.
(   )
(3) 전기 제품의 플러그는 항상 꽂아 둔다.
(   )

빠른 정답 2쪽, 정답과 풀이 25~26쪽

04 ✴✴✴

이 글의 내용에 비추어 볼 때, (가)와 (나)에 대한 설명으로 알맞지 <u>않은</u> 것의 기호를 쓰세요.

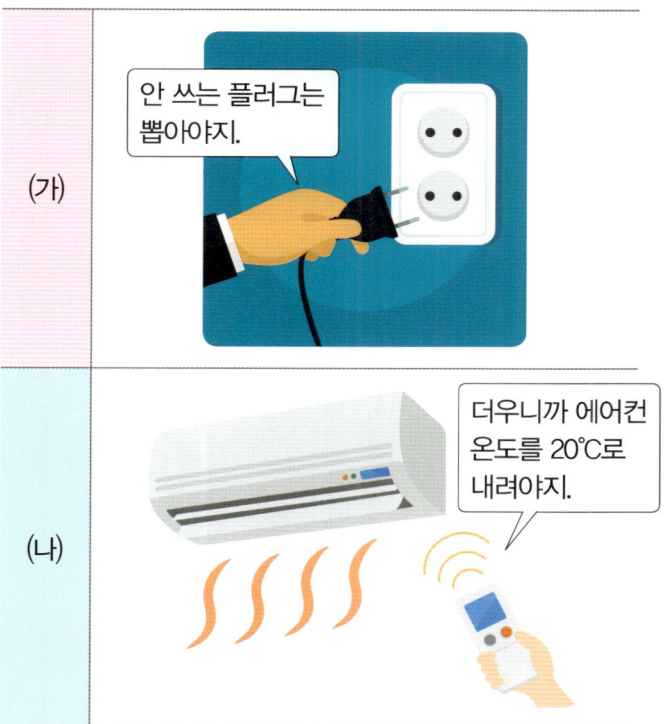

| (가) | 안 쓰는 플러그는 뽑아야지. |
| (나) | 더우니까 에어컨 온도를 20℃로 내려야지. |

> ㉠ (가)처럼 하면 돈을 아낄 수 있어.
> ㉡ (가)는 전기를 절약하는 방법이야.
> ㉢ (나)는 전기를 낭비하는 행동이야.
> ㉣ (나)처럼 하면 환경을 보호할 수 있어.

(   )

05 ✴✴❀ 서술형

전기를 함부로 쓰면 환경이 오염되는 까닭을 이 글에서 찾아 쓰세요.

_____

_____

_____

낱말 따라 쓰기

- 실내 공기의 온도와 습도를 자동적으로 조절하여 낮추는 장치 : 에 어 컨
- (빛·열·동력 등을 일으키는 일에 쓰는) 물질 안에 있는 전자의 이동으로 생기는 에너지 : 전 기
  [電 – 번개 전, 氣 – 기운 기]
- 돈·시간·물자 등을 아끼지 않고 함부로 쓰다. : 낭 비 하다
- 사람과 생물에게 두루 영향을 끼치는 자연이나 사회의 조건이나 상태 : 환 경
- 물·공기·흙 등이 더러워지다. : 오 염 되 다
- (땅속에 묻혀 있으며 공업 및 연료의 원료가 되는) 불에 잘 타는 성질이 있는 끈적끈적하고 검은 액체 : 석 유
  [石 – 돌 석, 油 – 기름 유]
- 연료로 쓰이는 검은 광물 : 석 탄
- 빛·열·동력 등을 얻기 위하여 태우는 물질 : 연 료
- 좋지 않다. 이롭지 않다. : 해 롭 다 [害 – 해칠 해]
  ㉲ 담배는 건강에 <u>해롭다</u>.
- 세상의 온갖 것을 이루며, 보고 만질 수 있거나 과학적으로 다룰 수 있는 것 : 물 질
- 꼭 알맞다. : 적 정 하다
  ㉲ 그 정도의 방법이라면 나에게 <u>적정할</u> 것 같다.
- 방이나 건물의 안 : 실 내 [室 – 집 실, 內 – 안 내]
- 어떤 상태나 현상을 그대로 이어 가거나 계속하다. : 유 지 하다 ㉲ 터널 속의 차들은 속도를 <u>유지했다</u>.
- (돈·물자·시간·힘 등을) 잘 따져서 아껴 쓰다. : 절 약 하다
  ㉲ 강수는 교통비를 <u>절약하기</u> 위해 자전거를 타고 다닌다.
- 전기가 통하는 곳에 꽂고 뺄 수 있게 전선의 끝에 달린 장치 : 플 러 그
- 팔기 위하여 기술과 재료를 써서 만들어 낸 물건 : 제 품
- 옷을 빨아 때를 없애다. : 세 탁 하다
- 열고 닫거나 열었다 닫았다 하다. : 여 닫 다
- 거듭해서 일어나는 차례나 수 : 횟 수
  ㉲ 감기에 걸리는 <u>횟수</u>가 점점 잦아진다.

DAY 12

빠른 정답 2쪽

＊ '○○○자로 끝나는 말은?' 놀이를 하려고 합니다. 다음 뜻풀이에 해당하는 낱말을 빈칸에 쓰세요.

1 셈 셈 '셈'자로 끝나는 말은?

(1) 여러 수나 식을 더하는 셈 : ⬜셈

(2) 한 수에서 다른 수를 빼는 셈 : ⬜셈

2 자 자 '자'자로 끝나는 말은?

(1) 수학을 전문적으로 연구하는 학자 : ⬜⬜자

(2) 모음을 나타내는 글자 : ⬜자

(3) 어떤 사람을 보호할 책임을 가지고 있는 사람 : ⬜⬜자

3 적 적 '적'자로 끝나는 말은?

(1) 가장 두드러지거나 뛰어나 대표가 될 만한 것 : ⬜⬜적

(2) 많은 사람이 한곳에 모여 매우 수선스럽게 잇따라 들끓는 모양 : ⬜⬜⬜적

4 변 변 '변'자로 끝나는 말은?

(1) 어떤 대상의 둘레 부근 : ⬜변

(2) 대소변을 보는 것 : ⬜변

(3) 대변을 몸 밖으로 내보냄. : ⬜변

5 력 력 '력'자로 끝나는 말은?

(1) 지구 주위를 도는 달의 주기를 기준으로 만든 달력 : ⬜력

(2) 지구가 태양을 한 바퀴 도는 시간을 1년으로 삼아 날짜를 계산하는 달력 : ⬜력

STEP 3

단락 요약하기

단락별로 글의 내용을 요약하면 긴 글에서도 필요한 내용을 빠르게 찾아 문제를 쉽게 풀 수 있어요!

★ 단락 요약이란?

단락의 중심 내용을 한 문장으로 간단하게 표현하는 것입니다.

● 단락을 요약하는 이유

단락을 요약하면 글에서 무엇을 이야기하고 있는지 쉽게 이해하고, 글의 내용을 더 잘 기억할 수 있어요.

단락을 요약하는 방법

－ 중심 문장을 선택하여 중심 낱말을 포함한 간단한 말로 표현하세요.

－ 대상의 의미, 구체적인 정보를 이야기하고 있다면 이 내용들을 모두 담을 수 있는 표현을 사용하여 정리하세요.

－ 구체적인 예시가 나온다면 이 예시를 통해 무엇을 이야기하려는 것인지 생각하여 정리해 보세요.

수현이는 국어 시간에 자음자와 모음자가 만나 글자가 되는 것을 배웠습니다. 선생님의 설명을 들은 후, 수현이와 친구들은 자음자와 모음자 카드로 글자를 만드는 놀이를 했어요. 자음자 카드 하나와 모음자 카드 하나를 합하면 글자가 돼요. 그리고 그 글자를 흩으면 다시 자음자와 모음자로 나뉘어요.

자음자와 모음자를 가로나 세로로 합하여 쓰는 것을 '모아쓰기'라고 해요. 한글에서 모음자는 자음자의 오른쪽에 쓸 때도 있고, 아래쪽에 쓸 때도 있어요. 예를 들어 '나비'의 'ㅏ', 'ㅣ'는 자음자의 오른쪽에, '고무'의 'ㅗ', 'ㅜ'는 자음자의 아래쪽에 있습니다. 자음자와 모음자를 왼쪽에서 오른쪽으로 합하여 쓰면 가로로 합하여 쓰는 것이고, 위쪽에서 아래쪽으로 합하여 쓰면 세로로 합하여 쓰는 것이에요. 이 두 가지 방법을 모두 모아쓰기라고 합니다.

모아쓰기와 반대로 글자의 모양을 풀어서 자음자와 모음자의 차례대로 늘어놓는 것은 '풀어쓰기'라고 해요. 예를 들어 '유자'를 'ㅇ, ㅠ, ㅈ, ㅏ'로, '리코더'를 'ㄹ, ㅣ, ㅋ, ㅗ, ㄷ, ㅓ'로 쓰는 것이 풀어쓰기이지요. 이제 자음자와 모음자 카드를 합해서 글자를 만들면 모아쓰기이고, 그 글자에 쓰인 카드를 차례대로 흩어 놓으면 풀어쓰기가 된다는 것, 알겠죠?

나비
▲ 가로로 합

고무
▲ 세로로 합

낱말 따라 쓰기

• 자음을 나타내는 글자 : 자 음 자
  [子-아들 자, 音-소리 음, 字-글자 자]

• 모음을 나타내는 글자 : 모 음 자
  [母-어미 모, 音-소리 음, 字-글자 자]

• 어떤 사실에 대하여 남이 잘 이해할 수 있도록 말하는 것 :
  설 명 [說-말씀 설, 明-밝을 명]

• 더하여 하나로 만들다. : 합 하다 [合-합할 합]

• (모여 있는 것을) 각각 이리저리 퍼뜨리다. : 흩 다
  예 동생이 모래알을 바닥에 흩어 놓았다.

• 옆으로 이어지는 방향 : 가 로

• 곧바른 위나 아래의 방향 : 세 로

• (매이거나 묶인 것을) 도로 원래의 상태로 되게 하다. :
  풀 다 예 나는 꽁꽁 묶인 실을 다 풀었다.

STEP 3 단락 요약하기

단락 요약이란 단락의 중심 내용을 한 문장으로 간단하게 표현하는 것입니다.
단락별로 간단하게 표현한 것을 모아 정리하면 전체 글을 요약한 것이 됩니다. 따라서 단락을 요약하면 글에서 무엇을 이야기하고 있는지 쉽게 이해할 수 있어요.

★ **단락을 요약하는 방법**
① 중심 문장을 선택하여 중심 낱말을 포함한 간단한 말로 표현하세요.
② 대상의 의미, 구체적인 정보를 이야기하고 있다면 이 내용들을 모두 담을 수 있는 표현을 사용하여 정리하세요.
③ 구체적인 예시가 나온다면 이 예시를 통해 무엇을 이야기하려는 것인지 생각하여 정리해 보세요.

1단락

수현이가 국어 시간에 자음자와 모음자가 만나 글자가 되는 것을 배운 후, 친구들과 자음자와 모음자 카드로 글자 만드는 놀이를 했다는 내용이므로 1단락의 중심 낱말은 '자음자와 모음자'입니다.
자음자와 모음자 카드로 놀이를 할 때, 자음자와 모음자를 합하면 글자가 되고, 그 글자를 흩으면 다시 자음자와 모음자로 나뉩니다. 그러므로 1단락을 요약하면 '합하고 흩을 수 있는 자음자와 [1)☐☐☐]', 입니다. (요약 방법 ① 적용)

2단락

자음자와 모음자를 합하여 쓰는 '모아쓰기'에 대해 이야기하고 있으므로 2단락의 중심 낱말은 '모아쓰기'입니다.
모아쓰기의 뜻과 더불어 모아쓰기의 예시를 들고 있습니다. 모아쓰기는 자음자와 모음자를 가로로 합해서 쓰거나 세로로 합해서 쓰는 것을 말합니다.

가로로 합하는 것은 모음자를 자음자의 오른쪽에 쓰는 것이고, 세로로 합하는 것은 모음자를 자음자의 아래쪽에 쓰는 것이에요. 따라서 '자음자와 모음자를 가로나 세로로 합하여 쓰는 것을 '모아쓰기'라고 해요.'가 2단락의 중심 문장입니다. 이것을 간단하게 표현하여 2단락을 요약하면 '[2)☐☐☐☐]의 뜻과 예시'입니다. (요약 방법 ② 적용)

3단락

자음자와 모음자를 늘어놓아 쓰는 '풀어쓰기'에 대해 이야기하고 있으므로 3단락의 중심 낱말은 '풀어쓰기'입니다.
풀어쓰기의 뜻과 더불어 풀어쓰기를 설명하기 위한 예시를 들고 있습니다. 풀어쓰기는 자음자와 모음자를 차례대로 늘어놓는 것을 말해요. 그러므로 3단락의 중심 문장은 '모아쓰기와 반대로 글자의 모양을 풀어서 자음자와 모음자의 차례대로 늘어놓는 것은 '풀어쓰기'라고 해요.'입니다. 이것을 간단하게 표현하여 3단락을 요약하면 '[3)☐☐☐☐]의 뜻과 예시'입니다. (요약 방법 ② 적용)

★ 각 단락을 요약한 것 중에서 더 중요한 내용을 뽑아 다시 정리하면 글 전체의 내용을 요약한 것이 됩니다.
★ 이 글은 자음자와 모음자가 만나 글자가 되는 모아쓰기와, 글자를 풀어서 자음자와 모음자를 늘어놓는 풀어쓰기를 알아보는 내용입니다. 그러므로 이 글 전체를 요약하면 '모아쓰기와 풀어쓰기의 뜻과 예시'입니다.

DAY
13

01

다음은 2단락의 내용을 요약한 것입니다. 빈칸에 들어가기에 알맞은 말을 쓰세요.

> 자음자와 모음자를 가로나 세로로 합하여 쓰는 것을 (   )
> (이)라고 한다. 예를 들어 '나비'의 'ㅏ', 'ㅣ'는 자음자의 오른쪽에, '고무'
> 의 'ㅗ', 'ㅜ'는 자음자의 아래쪽에 있다.

(   )

02

다음은 '모아쓰기'와 '풀어쓰기'에 대해 정리한 내용입니다. ㉠, ㉡에 들어가기에 알맞은 말을 쓰세요.

모아쓰기	풀어쓰기
자음자와 모음자를 가로나 세로로 (㉠) 쓰는 것	글자의 모양을 (㉡) 자음자와 모음자의 차례대로 늘어놓는 것

㉠: (   ), ㉡: (   )

03

이 글에 대한 설명으로 알맞은 것은 무엇인가요? (   )

① 풀어쓰기를 해야 하는 때를 알려 주고 있다.
② 자음자와 모음자의 종류를 나누어 설명하고 있다.
③ 모아쓰기와 풀어쓰기를 예시를 들어 설명하고 있다.
④ 글자를 쓸 때 모아쓰기를 하는 까닭을 설명하고 있다.
⑤ 반대되는 생각을 가진 두 사람에 대해 이야기하고 있다.

04

다음의 (1)은 모아쓰기를 하고, (2)는 풀어쓰기를 하여 각각의 빈칸에 알맞은 말을 써 보세요.

(1) ㄴ + ㅓ + ㄱ + ㅜ + ㄹ + ㅣ → (   )
(2) 가수 → (,   ,   ,   )

빠른 정답 3쪽, 정답과 풀이 27쪽

✏ 뜻을 정확히 모르는 낱말들을 적어 보세요!

-
-
-
-
-
-
-
-
-
-
-
-

낱말 따라 쓰기

● 어떤 원칙에 따라서 여럿을 하나씩 이어지게 벌여 놓은 것 : 차 례

● 줄지어 벌여 놓거나 여기저기에 널리 벌여 놓다. : 늘 어 놓 다
⑩ 시연이는 늘어놓은 필기구를 제자리에 정리했다.

문제 이해하고 풀기

빠른 정답 3쪽, 정답과 풀이 27쪽

01 단락 요약하기

❀ 2단락의 내용을 요약해 볼까요?

* 근거 [2]단락 ❶번째 문장: 자음자와 모음자를 가로나 세로로 합하여 쓰는 것을 '모아쓰기'라고 해요.

* 근거 [2]단락 ❸번째 문장: 예를 들어 '나비'의 ~ '고무'의 ~ 있습니다.

🍃 모아쓰기의 뜻과 예시를 들고 있으므로 2단락의 중심 낱말은 '모아쓰기'이고, 2단락을 요약하면 '모아쓰기의 뜻과 예시'입니다. 따라서 빈칸에 들어가기에 알맞은 말은 '모아쓰기'예요.

정답은 _____ 입니다.

02 내용 이해하기

❀ 모아쓰기와 풀어쓰기에 대해 설명한 문장을 살펴볼게요.

모아쓰기: 자음자와 모음자를 가로나 세로로 (㉠) 쓰는 것

* 근거 [2]단락 ❶번째 문장: 자음자와 모음자를 가로나 세로로 합하여 쓰는 것을 '모아쓰기'라고 해요.

풀어쓰기: 글자의 모양을 (㉡) 자음자와 모음자의 차례대로 늘어놓는 것

* 근거 [3]단락 ❶번째 문장: 모아쓰기와 반대로 글자의 모양을 풀어서 자음자와 모음자의 차례대로 늘어놓는 것은 '풀어쓰기'라고 해요.

정답은 ㉠: _____ ,

㉡: _____ 입니다.

03 글쓰기 방식 이해하기

❀ 각각의 선택지 내용을 순서대로 살펴볼게요.

① ~~풀어쓰기를 해야 하는~~ 때를 알려 주고 있다. (×)

🍃 이 글에서는 풀어쓰기를 해야 하는 때를 알려 주고 있지 않아요.

② 자음자와 모음자의 ~~종류를 나누어~~ 설명하고 있다. (×)

🍃 이 글에서는 자음자와 모음자의 종류를 나누어 설명하고 있지 않아요.

③ 모아쓰기와 풀어쓰기를 예시를 들어 설명하고 있다. (○)

* 근거 [2]단락 ❸~❺번째 문장: 예를 들어 ~ 모아쓰기라고 합니다.

* 근거 [3]단락 ❷번째 문장: 예를 들어 ~ 풀어쓰기이지요.

🍃 2단락과 3단락에서 모아쓰기와 풀어쓰기를 설명하며 각각에 대한 예시를 들고 있어요.

④ 글자를 쓸 때 ~~모아쓰기를 하는 까닭~~을 설명하고 있다. (×)

🍃 이 글에서는 글자를 쓸 때 모아쓰기를 하는 까닭을 설명하고 있지 않아요.

⑤ ~~반대되는 생각을 가진 두 사람~~에 대해 이야기하고 있다. (×)

🍃 이 글에서는 반대되는 생각을 가진 두 사람에 대해 이야기하고 있지 않아요.

정답은 _____ 입니다.

04 내용 적용하기

❀ 각각을 모아쓰기와 풀어쓰기 해 볼까요?

(1) ㄴ + ㅓ + ㄱ + ㅜ + ㄹ + ㅣ

🍃 주어진 자음자와 모음자를 차례대로 합하면 '너구리'가 돼요.

(2) 가수

🍃 '가수'를 풀어서 자음자와 모음자의 차례대로 늘어놓으면 'ㄱ, ㅏ, ㅅ, ㅜ'가 돼요.

정답은 (1) _____ ,

(2) _____, _____, _____, _____ 입니다.

빠른 정답 3쪽

지문 확인

"아야!" 명진이는 손가락을 문틈에 찧어서 다쳤어요. 결국 명진이의 새끼손톱이 부서져서 손톱의 반이 없어졌습니다. 그 이후로 한동안 명진이는 손톱이 있던 자리가 다른 데에 살짝 닿기만 해도 아팠어요.

• 1단락의 중심 문장에 표시해 보세요.

손톱과 발톱은 우리의 손가락과 발가락 끝에 작게 붙어 있어서 그 중요함을 잘 모르는 경우가 많아요. 하지만 명진이가 겪은 일을 통해 알 수 있듯 손톱과 발톱은 우리의 손과 발을 보호하는 역할을 해요. 또 손발로 어떤 물건의 느낌을 구분하거나 물건을 집을 때, 걸어 다닐 때 도움을 줍니다.

• 2단락의 중심 문장에 표시해 보세요.

그렇다면 여기서 문제! 손톱과 발톱은 뼈일까요, 피부일까요? 정답부터 알려드리면 손톱과 발톱은 피부입니다. 손톱과 발톱은 손가락과 발가락을 보호하기 위해 피부가 단단하게 변한 거예요. 손톱과 발톱을 잘라도 피가 나지 않고 아프지 않은 까닭은 ㈎이것들이 죽은 세포로 이루어져 있기 때문입니다.

• 3단락의 중심 문장에 표시해 보세요.

손톱과 발톱은 잘라도 계속 자라나요. 손톱, 발톱은 엄마 배 속에 있을 때부터 죽을 때까지 계속 자랍니다. 손톱과 발톱은 '케라틴'이라는 단백질로 되어 있는데, ㈏둘 중에서 손톱이 더 빨리 자란답니다. 손발톱을 보고 몸의 상태를 알 수도 있어요. 몸이 건강하거나 영양소가 많은 식사를 하면 손톱과 발톱이 빨리 자라기 때문이죠.

• 4단락의 중심 문장에 표시해 보세요.

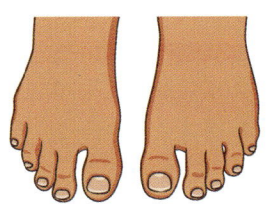

낱말 따라 쓰기

● 닫힌 문이 조금 벌어져 생긴 사이 : 문 틈 [門 – 문 문]

● 세게 부딪치다. : 찧 다
    예 나는 앞을 보지 않고 가다가 전봇대에 이마를 찧었다.

● (단단한 것이) 조그만 조각들이 되다. : 부 서 지 다

● 어떤 때로부터 뒤 : 이 후 [以 – 부터 이, 後 – 뒤 후]
    예 그는 저녁 8시 이후로는 음식을 먹지 않는다.

● 꽤 오랜 동안. 한참 : 한 동 안

● (어떤 것이 다른 것에) 가까이 가서 붙다. : 닿 다
    예 정전기 때문에 풍선이 머리카락에 닿는다.

● 큰 의미와 가치가 있다. : 중 요 하다
    [重 – 무거울 중, 要 – 구할 요]
    예 이 증거는 사건을 해결하는 데 중요하다.

01

2단락의 내용을 알맞게 요약한 것은 무엇인가요? ( )

① 손톱과 발톱의 길이
② 손톱과 발톱의 생김새
③ 손톱과 발톱이 하는 역할
④ 발톱이 손톱보다 큰 까닭
⑤ 손톱이 발톱보다 빨리 자라는 까닭

02

다음 중 손톱과 발톱에 대한 설명으로 알맞은 것을 모두 고른 것은 무엇인가요?

( )

> ㉠ 죽은 세포로 이루어져 있다.
> ㉡ '알부틴'이라는 단백질로 되어 있다.
> ㉢ 손톱과 발톱은 피부가 아니라 뼈이다.
> ㉣ 어떤 물건의 느낌을 구분하거나 물건을 집을 때 도움을 준다.

① ㉠, ㉡   ② ㉠, ㉣   ③ ㉡, ㉢   ④ ㉡, ㉣   ⑤ ㉢, ㉣

빠른 정답 3쪽, 정답과 풀이 28~29쪽

정답 콕콕 특강

01 단락 요약하기
2단락의 핵심 낱말을 포함한 핵심 내용을 간추려 보세요.

02 내용 이해하기
2~4단락의 곳곳에 있는 손톱과 발톱에 대한 설명을 잘 살펴보세요.

DAY
14

낱말 따라 쓰기

- 특별한 형편·사정·상황, 또는 실례 : 경 우

- 사람이나 사물이 위험·파괴·곤란을 당하지 않게 지키고 보살펴 주다. : 보 호 하다
  ㉑ 머리를 보호하기 위해 안전모를 썼다.

- 하기로 되어 있는 일, 또는 맡아서 하는 일 : 역 할
  ㉑ 이는 음식물을 씹는 역할을 한다.

- (어떤 대상을 일정한 기준으로) 갈라 나누다. : 구 분 하다
  [區-지경 구, 分-나눌 분]

- 한 식물이나 동물의 조직을 이루는 가장 작은 기본 단위 : 세 포

- (무엇이) 만들어지다. : 이 루 어 지 다
  ㉑ 그 계단은 대리석으로 이루어져 있다.

- 고분자 화합물로, 생물 세포를 구성하는 주요 물질 : 단 백 질

- 어떤 때에 사물이 보여 주는 모양이나 놓여 있는 형편 : 상 태 ㉑ 그는 거의 무방비 상태에서 공격을 당했다.

- 생물에게 영양이 되는 물질 : 영 양 소

- 사람에게 끼니가 되는 음식, 또는 그것을 먹는 것 : 식 사
  [食-밥 식, 事-일 사]

03

밑줄 친 (가)와 (나)가 공통으로 가리키는 것이 무엇인지 빈칸에 들어갈 알맞은 말을 차례대로 쓰세요.

(   )와/과 (   )

(   ), (   )

03 내용 추론하기
(가)와 (나)의 앞부분을 잘 살펴보면 (가)와 (나)가 무엇을 가리키는지 알 수 있어요.

04

다음은 이 글을 읽고 나눈 대화입니다. 글의 내용에 비추어 볼 때, 알맞지 <u>않은</u> 말을 한 사람은 누구인가요? (   )

① 주리: 어쩐지, 발톱이 손톱보다 더 느리게 자라더라.
② 세은: 발톱이 걸어 다닐 때 도움을 주다니, 놀라운걸?
③ 용훈: 손톱은 피부라서 살아 있는 세포로 이루어져 있네.
④ 지수: 손을 보호하는 손톱이 없어져서 명진이가 아픈 거구나.
⑤ 효수: 요즘 손톱이 느리게 자라는 걸 보니, 나 몸이 안 좋은가 봐.

04 알맞은 반응 찾기
이 글의 내용과 맞지 않은 말을 한 사람을 고르는 문제입니다.

05 서술형

'손톱과 발톱'이 하는 역할을 이 글에서 찾아 쓰세요.

_____

_____

_____

05 내용 이해하기
2단락에 손톱과 발톱이 하는 역할이 나와 있네요.

낱말 쑥쑥 테스트   DAY 13 + DAY 14 낱말

빠른 정답 3쪽

[01~05] 주어진 뜻풀이에 알맞은 낱말을 〈보기〉에서 찾아 쓰세요.

〈 보기 〉

흩다   세로   가로   식사   상태

01 (모여 있는 것을) 각각 이리저리 퍼뜨리다. :
_____

02 옆으로 이어지는 방향 : _____

03 곧바른 위나 아래의 방향 : _____

04 어떤 때에 사물이 보여 주는 모양이나 놓여 있는 형편 : _____

05 사람에게 끼니가 되는 음식, 또는 그것을 먹는 것 : _____

[06~09] 주어진 자음자와 뜻풀이를 보고, 빈칸에 알맞은 낱말을 쓰세요.

06 우리 반은 각자 맡은 ㅇㅎ 에 따라 청소를 하였다.
하기로 되어 있는 일, 또는 맡아서 하는 일

07 민수는 자신의 ㅊㄹ 이/가 되자 일어나서 발표를 했다. 어떤 원칙에 따라서 여럿을 하나씩 이어지게 벌여 놓은 것

어떤 사실에 대하여 남이 잘 이해할 수 있도록 말하는 것
08 나는 선생님의 ㅅㅁ 을/를 듣고 수학 계산을 더 잘 이해하게 되었다.

09 그 길고양이는 ㅎㄷㅇ 동네에서 보이지 않았다.
꽤 오랜 동안. 한참

[10~14] 주어진 뜻풀이에 알맞은 낱말을 연결하세요.

10 닫힌 문이 조금 벌어져 생긴 사이   •   • ㉠ 경우

11 특별한 형편·사정·상황, 또는 실례   •   • ㉡ 이루어지다

12 생물에게 영양이 되는 물질   •   • ㉢ 문틈

13 (무엇이) 만들어지다.   •   • ㉣ 합하다

14 더하여 하나로 만들다.   •   • ㉤ 영양소

[15~18] 주어진 문장의 빈칸에 알맞은 낱말을 〈보기〉에서 찾아 쓰세요.

〈 보기 〉

보호   중요   구분   이후

15 나는 연필을 색깔별로 □□ 해 놓았다.

16 우리는 자연을 □□ 하여 깨끗하게 해야 한다.

17 경일이가 전학 간 □□ 에 친구들은 경일이를 그리워했다.

18 아빠는 □□ 한 내용을 여러 번 반복해서 말씀하셨다.

공부 후 붙임딱지

알맞은 붙임딱지를 붙여 주세요.

공부한 날	월	일

빠른 정답 3쪽

지문 확인

우리나라는 1년에 사계절이 모두 있어요. 꽃이 피고 따뜻한 봄, 매미가 울고 더운 여름, 하늘이 높고 시원한 가을, 눈이 내리는 추운 겨울. 각 계절은 특징이 다르고, 계절마다 사람들이 입는 옷차림도 다릅니다. 계절에 따라 사람들의 옷차림이 달라지는 까닭은 계절마다 날씨가 다르기 때문이에요. 그럼 계절에 맞는 옷차림은 어떤 것일까요?

봄과 가을은 너무 덥지도, 너무 춥지도 않아서 멋을 내기 좋은 계절이에요. 봄 날씨는 맑고 따뜻해서 보통 얇고 화사한 옷을 입어요. 가을 날씨 역시 맑고 시원해서 긴소매를 입기는 하지만 두껍게 입지는 않아요. 하지만 봄에는 가끔 꽃샘추위가 찾아오고, 가을에는 아침과 저녁에 쌀쌀할 수 있으니 겉에 입을 얇은 외투를 챙기는 게 좋아요.

여름은 덥고 비가 많이 와서 습해요. 따라서 몸에 붙지 않고 길이가 짧은 옷을 입게 되죠. 또 햇볕을 가리기 위해 모자를 쓰거나 선글라스를 끼기도 해요. 신발은 바람이 잘 통하는 샌들을 많이 신습니다.

겨울은 춥고 건조하며, 눈이 와요. 그래서 두껍고 따뜻하게 옷을 입는답니다. 오리털로 된 점퍼나 스웨터를 입은 사람들을 겨울에 많이 볼 수 있어요. 여기에 내복을 입기도 하고, 털모자, 장갑, 귀마개, 목도리 등도 하게 돼요. 신발은 부츠를 많이 신습니다.

- 1단락의 중심 문장에 표시해 보세요.
- 2단락의 중심 문장에 표시해 보세요.
- 3단락의 중심 문장에 표시해 보세요.
- 4단락의 중심 문장에 표시해 보세요.

낱말 따라 쓰기

- 봄·여름·가을·겨울의 네 계절 : 사 계 절
  [四 – 넷 사, 季 – 끝 계, 節 – 마디 절]
- 특별히 눈에 띄거나 두드러진 점 : 특 징
- 옷을 차려입은 것. 또는 차려입은 그 모양 : 옷 차 림
  예 동생은 오늘따라 옷차림에 신경 쓴다.
- 세련되어 보기에 좋은 모양 : 멋
- 밝고 아름답다. : 화 사 하다

- 소매의 길이가 손목까지 내려오는 긴 소매의 옷 : 긴 소 매
- 이른 봄에 꽃이 필 무렵의 추위 : 꽃 샘 추 위
- 싸늘하게 느껴질 정도로 차다. : 쌀 쌀 하다
  예 비가 온 뒤 날씨가 쌀쌀하다.
- 추위를 막기 위해 입는 두툼한 겉옷 : 외 투
- 물기가 많아 축축하다. : 습 하다

STEP 3 단락 요약하기

빠른 정답 3쪽

★ **단락을 요약하는 방법**

1️⃣ 중심 문장을 선택하여 중심 낱말을 포함한 간단한 말로 표현하세요.

2️⃣ 대상의 의미, 구체적인 정보를 이야기하고 있다면 이 내용들을 모두 담을 수 있는 표현을 사용하여 정리하세요.

3️⃣ 구체적인 예시가 나온다면 이 예시를 통해 무엇을 이야기하려는 것인지 생각하여 정리해 보세요.

1단락

우리나라 사계절의 특징을 설명하고, 계절에 따라 사람들의 옷차림이 달라진다는 이야기를 하고 있으므로 1단락의 중심 낱말은 '계절에 맞는 옷차림'입니다.

우리나라의 봄, 여름, 가을, 겨울은 각각 특징이 다르고, 계절마다 사람들이 입는 옷차림도 달라진다고 했으므로 1단락을 요약하면 '1) [　｜　] 마다 다른 옷차림'입니다. (요약 방법 1️⃣ 적용)

2단락

봄과 가을의 날씨와 봄과 가을에 입는 옷차림을 이야기하고 있으므로 2단락의 중심 낱말은 '봄과 가을'입니다.

봄에는 얇고 화사한 옷을, 가을에는 두껍지 않은 긴소매를 입는다고 했으므로 2단락을 요약하면 '봄과 가을에 맞는 2) [　｜　｜　]'입니다. (요약 방법 2️⃣ 적용)

3단락

여름의 날씨와 여름에 입는 옷차림을 이야기하고 있으므로 3단락의 중심 낱말은 '여름'입니다.

여름에는 바람이 잘 통하고 길이가 짧은 옷을 입게 된다고 하네요. 또 햇볕을 가리기 위해 모자를 쓰거나 선글라스를 끼기도 하죠. 신발은 샌들을 많이 신습니다. 이렇게 여름에 맞는 옷차림을 설명하고 있으므로 3단락을 요약하면 '3) [　｜　] 에 맞는 옷차림'입니다. (요약 방법 2️⃣ 적용)

4단락

겨울의 날씨와 겨울에 입는 옷차림을 이야기하고 있으므로 4단락의 중심 낱말은 '겨울'입니다.

겨울에는 두껍고 따뜻하게 옷을 입고, 내복을 입거나 털모자, 장갑, 귀마개, 목도리 등도 하며, 신발은 부츠를 많이 신어요. 이렇게 겨울에 맞는 옷차림을 설명하고 있으므로 4단락을 요약하면 '4) [　｜　] 에 맞는 옷차림'입니다. (요약 방법 2️⃣ 적용)

★ 각 단락을 요약한 것 중에서 더 중요한 내용을 뽑아 다시 정리하면 글 전체의 내용을 요약한 것이 됩니다.

★ 이 글에서는 우리나라 사계절의 날씨와 그에 따른 사람들의 옷차림에 대해 설명하고 있어요. 그러므로 이 글 전체를 요약하면 '우리나라 계절에 맞는 옷차림'입니다.

— **낱말 따라 쓰기**

● 강한 햇빛으로부터 눈을 보호하거나, 멋을 내기 위해 쓰는 색깔 있는 안경 : [선｜글｜라｜스]

● 바닥에 달린 끈으로 발을 붙들어 매어 신는 간편한 신 : [샌｜들]

● 물기가 없이 마른 상태이다. : [건｜조] 하다

● 놀이나 운동하기에 알맞은 활동적인 웃옷 : [점｜퍼]

● 털실로 두툼하게 짠 윗옷 : [스｜웨｜터]

01

다음 중 2단락을 알맞게 요약한 친구의 이름을 쓰세요.

> 진영: 봄과 가을에 먹는 음식
> 우진: 봄과 가을에 하는 놀이
> 준우: 봄과 가을에 맞는 옷차림

(   )

빠른 정답 3쪽, 정답과 풀이 30~31쪽

정답 콕콕 특강

01 단락 요약하기
2단락의 중심 낱말을 포함하여 중심 내용을 간추린 내용을 찾아보세요.

02

다음 사진 속 물건이 어느 계절에 맞는 옷차림인지 써 보세요.

(1)   (2)   (3)

(   ) (   ) (   )

02 내용 적용하기
2단락에서 봄·가을에 맞는 옷차림, 3단락에서 여름에 맞는 옷차림, 4단락에서 겨울에 맞는 옷차림을 설명하고 있네요.

03

계절마다 사람들의 옷차림이 다른 까닭은 무엇인가요?   (   )

① 계절마다 꽃이 다르기 때문   ② 계절마다 집이 다르기 때문
③ 계절마다 차가 다르기 때문   ④ 계절마다 음식이 다르기 때문
⑤ 계절마다 날씨가 다르기 때문

03 내용 이해하기
1단락에 계절마다 사람들의 옷차림이 다른 까닭이 나와 있어요.

04 서술형

봄과 가을에 얇은 외투를 챙기는 게 좋은 까닭을 이 글에서 찾아 쓰세요.

_____

_____

04 내용 추론하기
봄과 가을의 옷차림은 2단락에서 알아볼 수 있어요.

[01~05] 주어진 뜻풀이에 알맞은 낱말을 연결하세요.

01 털실로 두툼하게 짠 윗옷 · · ㉠ 옷차림

02 봄·여름·가을· 겨울의 네 계절 · · ㉡ 꽃샘추위

03 옷을 차려입은 것. 또는 차려입 은 그 모양 · · ㉢ 사계절

04 싸늘하게 느껴질 정도로 차다. · · ㉣ 쌀쌀하다

05 이른 봄에 꽃이 필 무렵의 추위 · · ㉤ 스웨터

[06~10] 주어진 문장의 빈칸에 알맞은 낱말을 〈보기〉 에서 찾아 쓰세요.

〈보기〉
특징 멋 화사 습 건조

06 이전의 커튼이 어두워서 이번에는 □□ 한 색깔의 커튼을 샀다.

07 오랫동안 비가 오지 않아서 공기가 □□ 한 상태이다.

08 그 화가는 사람들의 □□ 을/를 잘 잡아 내어 그림을 그린다.

09 목욕탕 안은 따뜻하고 □ 했다.

10 누나는 오늘따라 □ 을/를 한껏 부렸다.

DAY
15

배경지식

우리나라의 날씨

우리나라는 사계절이 뚜렷한 나라입니다. 계절에 따라 날씨 도 다른데요, 계절별로 다른 성질을 띤 공기의 영향을 받기 때 문입니다. 육지에서 오는 공기는 건조하고, 바다에서 오는 공 기는 습해요. 또 남쪽에서 오는 공기는 따뜻하고, 북쪽에서 오 는 공기는 차갑죠.

계절에 따른 우리나라의 날씨를 자세히 알아볼까요? 먼저 봄 은 건조하고 따뜻하며 바람이 많이 붑니다. 봄에는 꽃샘추위가 오기도 하고, 중국이나 몽골에서 날아오는 황사가 발생하기도 해요. 여름은 덥고 습하며 비가 많이 내려요. 가을은 맑고 건조 하며 선선합니다. 겨울은 춥고 건조하며 눈이 내려요.

◀ 봄
◀ 여름
◀ 가을
◀ 겨울

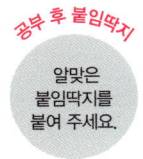

'고양이 두 명', '운동화 세 권', '자동차 한 채'. 이 말들이 올바르게 쓰인 것 같나요? 아마 어딘가 어색하게 느껴질 거예요. 모두 수나 양을 나타내는 단위를 잘못 썼기 때문이지요. 이처럼 낱말과 맞지 않는 단위를 쓰면 뜻이 제대로 전달되지 않을 수 있어요. 그래서 대상에 알맞은 수량의 단위를 사용하는 것은 매우 중요합니다. 그럼 수와 양을 표현하는 단위에는 어떤 것이 있는지 알아봐요.

먼저 '마리'와 '명'이 있습니다. '마리'는 짐승이나 물고기, 벌레 등을 세는 단위로, 예를 들어 '고양이 두 마리', '생선 한 마리'처럼 쓸 수 있어요. 반면 '명'은 '친구 다섯 명', '동생 한 명'처럼 사람을 세는 단위예요.

다음으로 '권'과 '켤레'입니다. '권'은 책을 세는 단위이며, '동화책 네 권', '교과서 두 권' 같이 쓰일 수 있지요. '켤레'는 신발이나 양말 등 짝이 되는 두 개를 하나로 셀 때 쓰는 단위예요. 그래서 '운동화 세 켤레', '양말 한 켤레'로 쓸 수 있답니다.

마지막으로 '대'와 '채'에 대해 알아볼까요? '대'는 '자동차 한 대'처럼 차와 관련된 수량을 나타내는 단위입니다. '채'는 집의 수량을 나타내는 단위이므로, '집 한 채'라고 쓸 수 있겠지요.

▲ 자동차 한 대   ▲ 집 한 채

지문 확인

• 1단락의 중심 문장에 표시해 보세요.

• 2단락의 중심 문장에 표시해 보세요.

• 3단락의 중심 문장에 표시해 보세요.

• 4단락의 중심 문장에 표시해 보세요.

낱말 따라 쓰기

● 잘 어울리지 않다. 불편한 느낌이 있다. : 어 색 하다
㉠ 언니 옷을 입었더니 어딘가 어색하다.

● 사람이나 물건을 하나하나 모두 세어서 얻는 값 : 수
[數－셀 수]

● 분량이나 수량 : 양 [量－헤아릴 양]

● 어떤 양을 비교하거나 계산하는 데 기초가 되는 수·양·무게 등의 일정한 기준 : 단 위 [單－홑 단, 位－자리 위]

● 정해진 규격·제도·모양에 맞게. 알맞은 정도나 수준으로 : 제 대 로
㉠ 빵을 제대로 만들려면 재료를 잘 넣어야 한다.

● (무엇이) 다른 사람이나 기관에 전하여져 이르게 되다. : 전 달 되 다 ㉠ 명령이 부하에게 전달되었다.

● 무엇의 상대나 목표가 되는 것 : 대 상
[對－상대 대, 象－모양 상]

01

빠른 정답 3쪽, 정답과 풀이 32~33쪽

✏️ 뜻을 정확히 모르는
낱말들을 적어 보세요!

다음의 요약 내용에 알맞은 단락을 연결해 보세요.

(1) 짐승을 세는 단위와 사람을 세는 단위 •   • ㉠ 1단락

(2) 책을 세는 단위와 신발, 양말을 세는 단위 •   • ㉡ 2단락

(3) 알맞은 수량의 단위를 사용하는 것의 중요성 •   • ㉢ 3단락

(4) 차를 세는 단위와 집을 세는 단위 •   • ㉣ 4단락

DAY
16

02

이 글의 내용으로 알맞지 <u>않은</u> 것은 무엇인가요?   (   )

① '권'은 책을 세는 단위이다.
② 집의 수량을 나타내는 단위는 '대'이다.
③ '마리'는 짐승이나 물고기, 벌레 등을 세는 단위이다.
④ 대상에 알맞은 수량의 단위를 사용하는 것은 중요하다.
⑤ 짝이 되는 두 신발을 하나로 셀 때 쓰는 단위는 '켤레'이다.

낱말 따라 쓰기

● 수와 양 : 수 량

● 느낌이나 생각을 말, 글, 예술 작품 등으로 나타내다. :
표 현 하다 [表-겉 표, 現-나타날 현]

● 사람이 아닌 동물 : 짐 승

● (개수를) 헤아리거나 알아내다. : 세 다

● 어떠한 사실과는 반대로, 다른 한편으로는 : 반 면
[反-되돌릴 반, 面-겉 면]

● 여럿이 서로 어떤 영향을 주고받도록 이어져 있다. :
관 련 되 다
㉮ 회의실에는 학예회와 <u>관련된</u> 회의가 열리고 있다.

빠른 정답 3쪽, 정답과 풀이 33쪽

✎ 뜻을 정확히 모르는
   낱말들을 적어 보세요!

03

다음 중 이 글에서 설명한 내용이 <u>아닌</u> 것은 무엇인가요?   (   )

① 집을 세는 단위   ② 책을 세는 단위
③ 벌레를 세는 단위   ④ 연필을 세는 단위
⑤ 자동차를 세는 단위

04

다음 중 수량을 나타내는 단위를 <u>잘못</u> 쓴 사람의 이름을 쓰고, 잘못 쓴 단위를 올바르게 고쳐서 써 보세요.

민철: 운동화 한 <u>권</u>을 사야겠어.
승훈: 나는 강아지 두 <u>마리</u>를 키워.
종현: 내가 사는 동네에는 <u>집</u>이 여러 <u>채</u> 있어.
인이: 우리집은 곧 <u>자동차 한 대</u>를 살 수 있을 것 같아.

(1) 잘못 쓴 사람: (   )
(2) 올바른 단위: (   )

05 서술형

대상에 알맞은 수량 단위를 사용하는 것이 중요한 까닭을 이 글에서 찾아 쓰세요.

_____

_____

_____

DAY 16 낱말 쑥쑥 테스트

빠른 정답 3쪽

[01~05] 주어진 뜻풀이에 알맞은 낱말을 〈보기〉에서 찾아 쓰세요.

〈 보기 〉
전달되다   관련되다   반면   수   세다

01 여럿이 서로 어떤 영향을 주고받도록 이어져 있다. : _____

02 (개수를) 헤아리거나 알아내다. : _____

03 어떠한 사실과는 반대로. 다른 한편으로는 : _____

04 (무엇이) 다른 사람이나 기관에 전하여져 이르게 되다. : _____

05 사람이나 물건을 하나하나 모두 세어서 얻는 값 : _____

[06~10] 주어진 자음자와 뜻풀이를 보고, 빈칸에 알맞은 낱말을 쓰세요.

06 그는 자신의 생각을 그림으로 ㅍ ㅎ 하는 데 재능이 있다.
느낌이나 생각을 말, 글, 예술 작품 등으로 나타내다.

07 서진이와 규리는 다툰 이후로 서로 ㅇ ㅅ 해한다.
잘 어울리지 않다. 불편한 느낌이 있다.

08 우리나라와 미국은 돈을 세는 ㄷ ㅇ 이/가 다르다.
어떤 양을 비교하거나 계산하는 데 기초가 되는 수·양·무게 등의 일정한 기준

09 나는 빵 굽기에 실패하고, ㅈ ㄷ ㄹ 다시 만들기 위해 연습했다.
정해진 규격·제도·모양에 맞게. 알맞은 정도나 수준으로

10 규현이의 이겨야 할 ㄷ ㅅ 은/는 바로 규현이 자신이다.
무엇의 상대나 목표가 되는 것

배경지식

화폐의 단위

'화폐'는 '돈'이랑 비슷한 뜻으로, 사회에서 물건을 사고팔고 값을 치르는 데에 쓰이는 지폐나 주화를 말해요. 우리나라뿐만 아니라 다른 나라들도 모두 각자의 화폐를 가지고 있습니다. 그런데 나라마다 화폐의 단위가 다르다는 점, 알고 계셨나요?

우리나라는 '원'이라는 화폐 단위를 써요. 예를 들어 '연필 한 자루에 500원', '음료수 한 캔에 천 원'처럼 쓰죠. '원'의 기호는 '₩'입니다.

미국의 화폐 단위는 '달러'예요. 기호로는 '$'를 씁니다. 미국이 아닌 나라 중에서도 달러를 화폐 단위로 쓰는 경우도 있어요.

유럽의 경우, 예전에는 유럽의 각 나라가 고유한 화폐를 사용했지만 지금은 '유로화'라는 공통된 화폐를 써요. 유로화의 화폐 단위는 '유로'이고, 기호는 '€'를 씁니다.

▲ 원화

▲ 유로화

공부 후 붙임딱지
알맞은
붙임딱지를
붙여 주세요.

공부한 날	월	일

빠른 정답 3쪽

지문 확인

여행을 가기로 한 날에 비가 오고, 나들이를 갔는데 황사가 있다면 어떨까요? 여행이나 나들이를 즐길 수 없겠죠. 날씨는 우리의 일상생활에 큰 영향을 끼치기 때문에 날씨를 모르면 우리는 불편함을 겪게 됩니다. 그래서 우리는 '일기 예보'를 통해 앞으로의 날씨를 미리 알고, 대비하는 거예요. 일기 예보는 기온, 바람, 비, 구름과 같은 날씨 정보를 미리 알려 주는 것을 말합니다.

- 1단락의 중심 문장에 표시해 보세요.

우리가 날마다 텔레비전, 인터넷 등을 통해 접하는 일기 예보는 기상청에서 발표해요. 기상청에서는 기온, 강수량, 기압, 습도, 바람의 방향과 속도 등을 관측하지요. 그런 다음, 세계에서 관측한 자료를 모아서 분석합니다. 우리나라의 날씨뿐만 아니라 다른 나라의 날씨 정보도 알아야 넓은 지역의 날씨를 정확히 예측할 수 있기 때문이에요. 이렇게 많은 자료를 바탕으로 일기 예보를 만드는 거랍니다.

- 2단락의 중심 문장에 표시해 보세요.

시기에 따른 일기 예보의 종류에는 1~3일 정도의 날씨를 예보하는 '일일 예보', 1주일의 날씨를 예보하는 '주간 예보', 그리고 1개월 동안의 날씨를 예보하는 '월간 예보'가 있습니다.

- 3단락의 중심 문장에 표시해 보세요.

공기나 날씨의 변화는 복잡하고, 언제든 바뀔 수 있어서 일기 예보가 항상 정확할 수는 없어요. 하지만 우리 생활에 꼭 필요하고 도움이 되는 정보이니 잘 활용하도록 해요.

- 4단락의 중심 문장에 표시해 보세요.

낱말 따라 쓰기

- 집을 떠나 이곳저곳을 두루 구경하며 다니는 일 : 여 행
- 잠깐 집을 떠나 다른 곳에 갔다 오는 일 : 나 들 이
- 봄철에 바람에 실려 중국으로부터 한국으로 날아오는 누런 모래 : 황 사 [黃-누를 황, 砂-모래 사]
- 늘 하는 생활 : 일 상 생 활
- 무엇에 원인이 되거나 힘을 미치어 반응이나 변화가 생기게 하는 것 : 영 향

- 남기다. : 끼 치 다
- 어떠한 일이 생기기 전에. 먼저 : 미 리
  예) 조퇴를 하기 전에 미리 선생님께 말씀드려야 한다.
- 앞으로 있을지도 모를 힘들거나 어려운 일을 겪지 않기 위해서 미리 준비하다. : 대 비 하다
  예) 이 건물은 지진에 대비해서 지은 것이다.
- (무엇을) 알게 되거나 경험하다. : 접 하다

01

각 단락을 요약한 것으로 맞으면 ○표, 틀리면 ✕표를 하세요.

(1) 1단락: 일기 예보는 날씨 정보를 미리 알려 주는 것을 말한다. (   )

(2) 2단락: 기상청에서 여러 과정을 거쳐 일기 예보를 만들고 발표한다.
(   )

(3) 3단락: 시기에 따라 일일 예보, 주간 예보, 월간 예보가 있다. (   )

(4) 4단락: 일기 예보는 항상 정확하기 때문에 생활에 도움이 된다.
(   )

02

다음은 기상청에서 일기 예보를 발표하기까지 하는 일을 정리한 것입니다. ㉠~
㉢을 올바른 순서대로 쓰세요.

> ㉠ 일기 예보를 만든다.
> ㉡ 세계에서 관측한 자료를 모아서 분석한다.
> ㉢ 기온, 강수량, 기압, 습도, 바람의 방향과 속도 등을 관측한다.

(   ) → (   ) → (   )

낱말 따라 쓰기 🍓

● 공기의 온도 : 기 온
　㉖ 북쪽으로 갈수록 <u>기온</u>이 떨어진다.

● 일정한 기간에 일정한 곳에 비나 눈의 형태로 떨어지는 물의
　양 : 강 수 량

● 대기의 압력 : 기 압

● 공기 중에 수증기가 포함되어 있는 정도, 또는 그것을 나타
　내는 수 : 습 도

● 어떤 물체나 현상이 움직이거나 변하는 빠르기의 정도 :
　속 도 [速 – 빠를 속, 度 – 법도 도]

● 자연 현상을 관찰하여 어떤 사실을 조사하거나 알아내다. :
　관 측 하다

● 책·강의 등을 작성하는 데 쓰는 여러 가지 사실이나 정보 :
　자 료 　㉖ 이 책은 기사를 <u>자료</u>로 삼아 쓰여진 것이다.

● 내용이 복잡하거나 어려운 것을 하나하나 따져서 밝히다. :
　분 석 하다 [分 – 나눌 분, 析 – 가를 석]

● 바르고 확실하게 : 정 확 히

● 앞으로 일어날 일을 미리 짐작하다. : 예 측 하다

● 어느 한때로부터 다른 때까지의 동안 : 시 기

● 미리 알리다. : 예 보 하다

● 무엇의 성질이나 모양이 달라짐. : 변 화

● 여럿이 겹치고 뒤섞여 있다. : 복 잡 하다

03

이 글에 대한 설명으로 알맞지 <u>않은</u> 것은 무엇인가요? ( )

① 일기 예보의 뜻을 설명하고 있다.
② 일기 예보의 종류를 시기로 나누어 소개하고 있다.
③ 일기 예보를 만드는 과정을 순서대로 설명하고 있다.
④ 일기 예보에 대한 다섯 사람의 생각을 드러내고 있다.
⑤ 날씨를 알지 못하면 생기는 불편함을 예를 들어 이야기하고 있다.

04

다음은 일기 예보입니다. 일기 예보를 <u>잘못</u> 이해한 사람은 누구인가요? ( )

> 오늘 날씨를 알려드리겠습니다. 현재 전국에 구름이 많은 가운데 오늘은 따뜻한 날씨가 이어지겠습니다. 다만 중국에서 불어오는 모래바람을 조심하셔야겠습니다.

① 지은: 이 일기 예보는 언제든 바뀔 수 있어.
② 수현: 시기에 따라 이 일기 예보는 주간 예보라고 할 수 있어.
③ 종훈: 모래바람은 다른 나라의 날씨 정보를 통해 알게 된 거네.
④ 주연: 이 일기 예보를 통해 앞으로의 날씨를 미리 알 수가 있어.
⑤ 민기: 기상청이 관측하고, 자료를 분석해서 만든 일기 예보일 거야.

05 서술형

기상청에서 일기 예보를 만들 때, 세계에서 관측한 자료를 모아서 분석하는 까닭을 이 글에서 찾아 쓰세요.

_____

_____

_____

낱말 쑥쑥 테스트

빠른 정답 3쪽

[01~05] 주어진 뜻풀이에 알맞은 낱말을 〈보기〉에서 찾아 쓰세요.

〈 보기 〉
분석하다   속도   시기   자료   일상생활

01 늘 하는 생활 : _____

02 어떤 물체나 현상이 움직이거나 변하는 빠르기의 정도 : _____

03 어느 한때로부터 다른 때까지의 동안 :
_____

04 내용이 복잡하거나 어려운 것을 하나하나 따져서 밝히다. : _____

05 책·강의 등을 작성하는 데 쓰는 여러 가지 사실이나 정보 : _____

[06~10] 주어진 자음자와 뜻풀이를 보고, 빈칸에 알맞은 낱말을 쓰세요.

06 영일이는 모든 문제를 | ㅈ | ㅎ | ㅎ | 맞혔다.
바르고 확실하게

07 나는 별을 | ㄱ | ㅊ | 하기 위해 산에 올라갔다.
자연 현상을 관찰하여 어떤 사실을 조사하거나 알아내다.

08 실타래가 | ㅂ | ㅈ | 하게 뒤엉켜 있다.
여럿이 겹치고 뒤섞여 있다.

09 유진이는 시험을 | ㄷ | ㅂ | 해 공부를 열심히 한다.
앞으로 있을지도 모를 힘들거나 어려운 일을 겪지 않기 위해서 미리 준비하다.

10 올챙이가 개구리로 | ㅂ | ㅎ | 했다.
무엇의 성질이나 모양이 달라짐.

구름은 어떻게 만들어질까?

하늘 위에 떠 있는 구름은 어떻게 만들어지는 걸까요? 강이나 바다, 호수의 물이 햇빛을 받으면 작은 물방울이 되어 하늘로 올라가요. 이 작은 물방울들이 뭉쳐서 구름을 이루게 된답니다.

하늘 위는 땅보다 기온이 훨씬 낮아요. 그래서 구름 속의 물방울들은 얼음 알갱이가 돼요. 이 얼음 알갱이들이 땅으로 떨어지는 것이 바로 눈이랍니다. 겨울처럼 춥지 않을 때에는 얼음 알갱이가 땅으로 내려오다가 따뜻한 공기와 만나 녹아서 비가 되기도 해요.

번개가 만들어지는 것도 구름이 있기 때문이에요. 무더운 여름날에 따뜻하고 습한 공기가 올라가면 산 모양으로 높게 치솟은 모양의 구름이 만들어져요. 그 속에서 공기와 물방울, 얼음 알갱이들이 부딪쳐 전기가 만들어지면서 번개가 치는 것이랍니다.

DAY 18

[STEP 3]
독해력 완성 테스트

공부 후 붙임딱지
알맞은 붙임딱지를 붙여 주세요.

공부한 날 　　월　　일

★★★ : 상　★★☆ : 중　★☆☆ : 하

[01~05] 다음 글을 읽고, 물음에 답하세요.

　마트에서 '1+1 행사'로 샀다가 남은 음식, 유통 기한이 가까워진 음식이 있다면 '푸드 뱅크'에 음식을 보내 보세요! 푸드 뱅크는 집이나 단체 급식소 등에서 남은 음식을 이웃과 나누기 위해 맡기는 은행이에요. 하지만 우리가 알고 있는 은행과 달리, 푸드 뱅크에 맡긴 음식을 다시 찾을 수는 없답니다. 우리가 푸드 뱅크에 맡긴 음식은 노숙인이나 혼자 지내시는 어르신들, 어려운 가정의 아이들, 사회 복지 시설 등 음식이 필요한 사람들에게 무료로 전달돼요.

　푸드 뱅크는 미국에서 처음 생겨났어요. 우리나라에서는 1990년대 후반에 노숙인과 어려운 가정의 아이들의 식사 문제를 해결하기 위해 푸드 뱅크가 시작되었지요. 지금은 전국에 450개 정도의 푸드 뱅크가 있답니다.

　우리는 푸드 뱅크를 통해 이웃을 도울 수 있어요. 또 남은 음식을 활용함으로써 자원의 낭비를 막을 수도 있지요. 푸드 뱅크에 꼭 많은 양의 음식을 기부해야 하는 것은 아닙니다. 적은 양의 음식도 푸드 뱅크에 기부할 수 있어요.

　푸드 뱅크에 음식을 기부하는 방법은 간단해요. 푸드 뱅크에 전화하면 가까운 푸드 뱅크로 바로 연결을 해 준답니다. 단, 푸드 뱅크에 기부가 가능한 음식 목록과 유통 기한 기준을 잘 확인하고 기부해야 한다는 점, 기억하세요!

01 ★☆☆

다음은 각 단락의 내용을 요약한 것입니다. 빈칸에 공통으로 들어가기에 알맞은 말을 쓰세요.

1단락	(　　　　)의 뜻과 특징
2단락	푸드 뱅크의 시작
3단락	푸드 뱅크의 좋은 점
4단락	(　　　　)에 음식을 기부하는 방법

(　　　　　　　　　　)

02 ★☆☆

다음은 푸드 뱅크의 뜻입니다. 1단락을 바탕으로 빈칸에 알맞은 말을 쓰세요.

> 집이나 단체 급식소 등에서 남은 (　　　　) 을/를 이웃과 나누기 위해 맡기는 은행

(　　　　　　　　　　)

03 ★★☆

다음 중 이 글에 나오지 <u>않는</u> 내용은 무엇인가요?

(　　　　)

① 푸드 뱅크의 뜻
② 푸드 뱅크의 위치
③ 푸드 뱅크에 기부하는 방법
④ 푸드 뱅크가 처음 시작된 나라
⑤ 우리나라에 있는 푸드 뱅크의 개수

04 ***

다음은 푸드 뱅크에 기부가 가능한 음식 목록과 유통 기한 기준을 정리한 표입니다. 표의 내용에 비추어 볼 때, 알맞지 <u>않은</u> 설명은 무엇인가요? ( )

음식	유통 기한 기준
껌, 초콜릿	유통 기한이 30일 넘게 남은 음식
파, 소시지	유통 기한이 7일 넘게 남은 음식
빵	유통 기한이 3일 넘게 남은 음식

① 유통 기한이 9일 남은 껌은 푸드 뱅크에 기부할 수 있다.
② 유통 기한이 5일 남은 빵은 푸드 뱅크에 기부할 수 있다.
③ 유통 기한이 4일 남은 파는 푸드 뱅크에 기부할 수 없다.
④ 유통 기한이 20일 남은 초콜릿은 푸드 뱅크에 기부할 수 없다.
⑤ 유통 기한이 20일 남은 소시지는 푸드 뱅크에 기부할 수 있다.

05 ***❀ 서술형

우리나라에서 푸드 뱅크가 시작된 때와 시작된 까닭을 2단락에서 찾아 쓰세요.

(1) 때: _____

(2) 까닭: _____
_____

낱말 따라 쓰기

● 여럿이 어떤 목적과 계획을 가지고 조직적인 모임이나 절차를 진행하는 것, 또는 그러한 큰일 : 행 사
[行 - 행할 행, 事 - 일 사]
● 먹을거리나 약 같은 상품이 시중에 쓰일 수 있는 기한 : 유 통 기 한
● 여러 사람이 모여서 이룬 무리 : 단 체
예 우리 학교는 단체로 수학여행을 갔다.
● 식사로 먹을 음식을 주는 곳 : 급 식 소
● (자기 물건을 어디에) 두어 보관하게 하다. : 맡 기 다
● 노숙하는 사람 : 노 숙 인
● 한집에서 함께 생활하는 가족이 이루는 한집안 : 가 정
● 모든 국민의 생활을 편안하게 하기 위한 사회적 정책 : 사 회 복 지
[社 - 단체 사, 會 - 모일 회, 福 - 복 복, 祉 - 복 지]
● 값이나 삯을 받지 않는 것 : 무 료
[無 - 없을 무, 料 - 셀 료]
예 우리 반은 무료로 봉사를 했다.
● 전체를 앞뒤로 둘로 나눈 것의 뒤 : 후 반
[後 - 뒤 후, 半 - 반 반]
● 사건이나 문제를 풀거나 처리하다. : 해 결 하다
예 새로운 문제를 어떻게 해결할지 고민이다.
● 온 나라. 나라 전체 : 전 국
[全 - 온전할 전, 國 - 나라 국]
● 사람의 생활과 생산에 필요한 물질·재료·노동력·기술 등 : 자 원 예 그 나라는 천연자원이 풍부하다.
● 돈·시간·물자 등을 아끼지 않고 함부로 쓰는 것 : 낭 비
예 물을 받아 놓고 쓰면 물 낭비를 줄일 수 있다.
● 많은 사람에게 도움이 되는 일에 돈이나 재산 등을 내어 주다. : 기 부 하다
예 안 입는 옷을 자선 시장에 기부했다.
● 서로 관련된 것들의 이름을 일정한 차례로 적은 것 : 목 록
● 종류를 나누거나 비교를 하거나 정도를 구별하기 위하여 따르는 일정한 원칙. 잣대 : 기 준

DAY 18

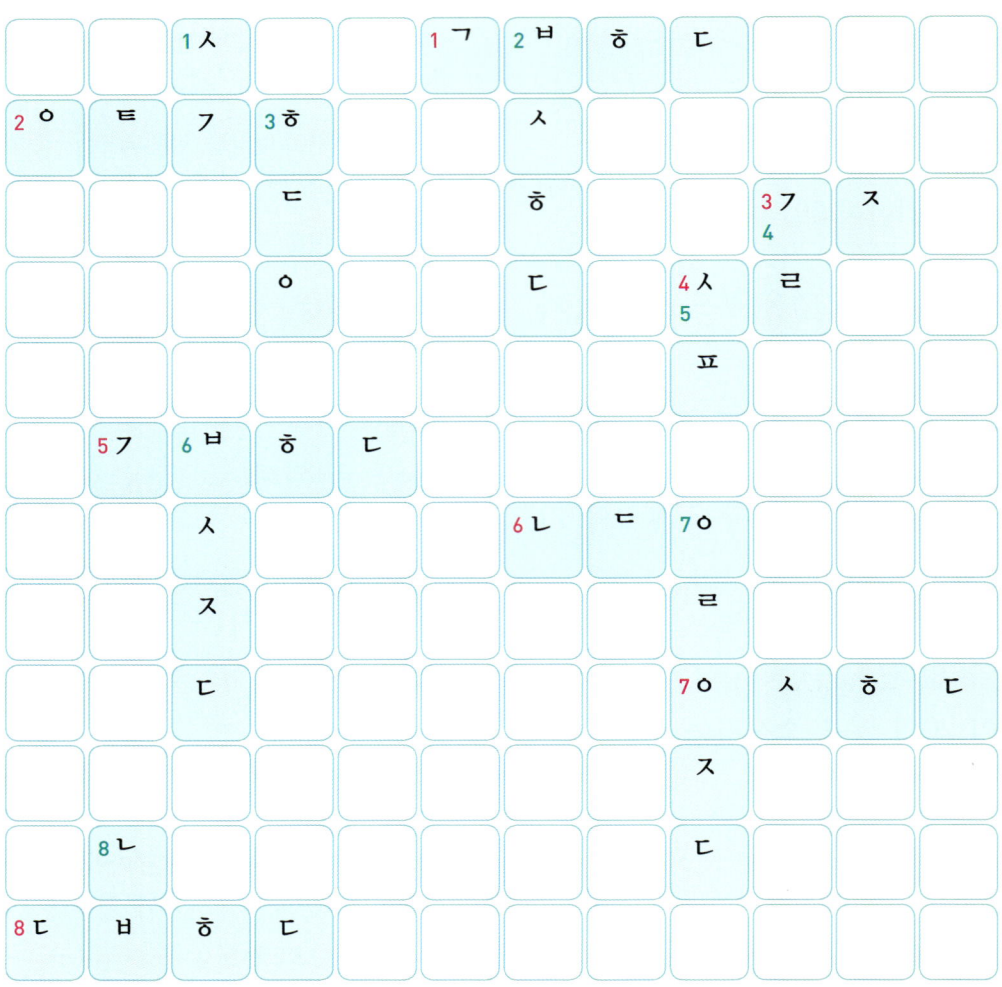

잠깐! 쉬어가기

빠른 정답 3쪽

* 다음 가로·세로 열쇠를 잘 읽고, 주어진 자음자를 참고하여 빈칸에 알맞은 답을 쓰세요.

가로 열쇠

1 (어떤 대상을 일정한 기준으로) 갈라 나누다.

2 먹을거리나 약 같은 상품이 시중에 쓰일 수 있는 기한

3 한집에서 함께 생활하는 가족이 이루는 한집안

4 곧바른 위나 아래의 방향

5 많은 사람에게 도움이 되는 일에 돈이나 재산 등을 내어 주다.

6 잠깐 집을 떠나 다른 곳에 갔다 오는 일

7 잘 어울리지 않다. 불편한 느낌이 있다.

8 앞으로 있을지도 모를 힘들거나 어려운 일을 겪지 않기 위해 미리 준비하다.

세로 열쇠

1 어느 한때로부터 다른 때까지의 동안

2 내용이 복잡하거나 어려운 것을 하나하나 따져서 밝히다.

3 꽤 오랜 동안. 한참

4 옆으로 이어지는 방향

5 한 식물이나 동물의 조직을 이루는 가장 작은 기본 단위

6 (단단한 것이) 조그만 조각들이 되다.

7 (무엇이) 만들어지다.

8 돈·시간·물자 등을 아끼지 않고 함부로 쓰는 것

STEP 4
단락 간의 관계 이해하기

단락 간의 관계를 이해하면 어떤 일이 되어 가는 단계, 대상이 변해 가는 과정 등 글의 흐름을 쉽게 알 수 있어요!

★ **단락 간의 관계 이해란?**

각 단락이 서로 어떻게 이어져 있는지 알아 보는 것입니다.

● **단락 간의 관계를 이해해야 하는 이유**

각 단락이 어떻게 연결되어 있는지를 이해 하면 글 전체에서 이야기하고자 하는 것이 무엇인지 쉽게 알 수 있어요.

⭐ **단락 간의 관계를 이해하는 방법**(이어 주는 말 확인)

– '그리고, 또, 또한, 마찬가지로' 등의 이어 주는 말이 나오면 앞의 내용과 비슷한 내용이 이어질 것을 알 수 있어요.

– '그러나, 하지만, 그렇지만, 그럼에도' 등의 이어 주는 말이 나오면 앞의 내용과 반대되거나 다른 방향의 내용이 이어 질 것을 알 수 있어요.

– '그러므로, 그래서, 따라서' 등의 이어 주는 말이 나오면 앞의 내용이 이유가 되는 결과가 이어질 것을 알 수 있어요.

– '즉, 정리하면' 등의 이어 주는 말이 나오면 앞의 내용을 요약하는 내용이 이어질 것을 알 수 있어요.

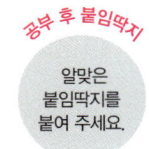

지문 확인

여러분은 어른을 마주치거나 친구를 만나면 가장 먼저 무엇을 하나요? 고개를 숙여 "안녕하세요?"라고 하거나, 반갑게 손을 흔들며 "안녕!"이라고 하지요. 우리는 사람들을 만날 때 제일 처음 인사를 주고받고, 헤어질 때도 인사를 나눕니다. 이처럼 인사는 예의를 표시하는 말이나 행동을 말합니다. 다양한 상황에서 우리는 어떻게 인사를 할까요?

우리는 고마운 일이나 미안한 일이 있을 때 그에 맞는 인사를 합니다. 깜빡하고 필통을 놓고 온 날, 친구가 연필을 빌려주었을 때 친구에게 "연필 빌려줘서 고마워."라고 인사를 전합니다. 동생과 다퉜을 때는 서로의 잘못을 인정하고, 화해하기 위해서 "아까 화내서 미안해."라고 사과의 인사를 해요.

직접 만나지 않고 전화로 말할 때도 인사를 해야 합니다. 전화를 받을 때는 "여보세요?"라고 말하며 자신의 이름을 밝힙니다. 그리고 전화로 통화하는 중간에 상대방의 말이 잘 안 들릴 때는 "죄송한데, 다시 한번 말씀해 주시겠어요?"라고 해요. 전화를 끊을 때는 "먼저 전화 끊겠습니다."라고 정중하게 인사를 전해야 합니다.

안녕하세요?

인사를 할 때는 상황에 맞게 말을 해야 하고, 바른 자세와 마음가짐으로 하는 것이 중요해요. 앞으로는 밝은 표정으로 상대방의 눈을 마주치고, 또렷한 목소리로 인사를 전하도록 해요.

• 1단락 요약 :
1) ☐☐ 의 뜻

• 2단락 요약 :
2) ☐☐☐ 일과 미안한 일이 있을 때 인사하는 법

• 3단락 요약 :
3) ☐☐ 할 때 인사하는 법

• 4단락 요약 :
4) ☐☐ 할 때의 자세와 마음가짐

낱말 따라 쓰기

● (누구와) 우연히, 또는 특별한 이유 없이 만나다. : 마 주 치 다

● 안부를 묻거나 절을 하고 예의를 나타내는 것 : 인 사

● 사회생활과 대인 관계에서 공손하고 조심하는 말씨와 몸가짐 : 예 의 ㉠ 언제 어디서나 예의를 갖춰야 한다.

● 어떤 일이 되어 가는 형편이나 모양 : 상 황

● (어떤 사실을) 옳다고 여겨 받아들이다. : 인 정 하다

● 서로 다투던 사람들이 서로를 이해하여 다시 사이좋게 되다. : 화 해 하다

STEP 4 단락 간의 관계 이해하기

빠른 정답 3쪽

단락 간의 관계 이해하기는 각 단락들이 서로 어떻게 이어져 있는지 알아보는 것입니다.

각 단락이 어떻게 연결되어 있는지를 이해하면 글 전체에서 이야기하고자 하는 것이 무엇인지 쉽게 알 수 있어요.

★ **단락 간의 관계를 이해하는 방법**(이어 주는 말 확인)

- '그리고, 또, 또한, 마찬가지로' 등이 나오면 앞의 내용과 비슷한 내용이 이어질 것을 알 수 있어요.
- '그러나, 하지만, 그렇지만, 그럼에도' 등이 나오면 앞의 내용과 반대되거나 다른 방향의 내용이 이어질 것을 알 수 있어요.
- '그러므로, 그래서, 따라서' 등이 나오면 앞의 내용으로 인해 나타나는 결과가 이어질 것을 알 수 있어요.
- '즉, 정리하면' 등이 나오면 앞의 내용을 요약하거나, 다시 한번 말하면서 강조하는 내용이 이어질 것을 알 수 있어요.
- '이, 그, 저, 이러한' 등이 나오면 이 표현들이 앞의 내용 중 무엇을 가리키는지 살펴보세요.

1단락

인사의 뜻을 설명하고 있어요. 그러므로 1단락을 요약하면 '인사의 뜻'입니다.

[단락 간의 관계] 인사의 뜻에 대해서 설명하고, '다양한 상황에서 우리는 어떻게 인사를 할까요?'라는 질문을 통해 상황에 따라 1) ☐☐ 하는 법이 이어질 것이라고 예상할 수 있어요.

2단락

고맙거나 미안할 때 인사하는 법을 예를 들어 설명하고 있네요. 그러므로 2단락을 요약하면 '고마운 일과 미안한 일이 있을 때 인사하는 법'입니다.

[단락 간의 관계] 1단락에서 말한 다양한 상황 중 고마운 일이 있을 때와 2) ☐☐☐ 일이 있을 때 인사하는 법을 설명하고 있어요.

3단락

전화할 때 인사하는 법을 예를 들어 설명하고 있어요. 그러므로 3단락을 요약하면 '전화할 때 인사하는 법'입니다.

[단락 간의 관계] 1단락에서 말한 다양한 상황 중 3) ☐☐ 할 때 인사하는 법을 설명하고 있네요.

4단락

앞 단락에서 설명한 내용을 요약하고 있어요. 그리고 바른 자세와 마음가짐으로 인사를 해야 한다고 말하고 있으므로 4단락을 요약하면 '인사할 때의 자세와 4) ☐☐☐☐'입니다.

[단락 간의 관계] 앞에서 설명한 내용을 요약하며 단락을 시작하고 있어요. 인사를 할 때 어떤 자세와 마음가짐으로 해야 하는지 설명하며 글을 마무리하고 있네요.

- 이 글은 1단락에서 글 전체의 중심 낱말인 '인사'의 뜻을 설명하고 있어요.
- 2단락과 3단락에서는 다양한 상황에서 인사하는 법 중 '고마운 일과 미안한 일이 있을 때', '전화할 때'에 대해 설명하고 있어요.
- 4단락에서는 앞의 내용을 요약하고, 인사할 때의 자세와 마음가짐을 설명하며 글을 마무리하고 있어요.

★ [단락 간의 관계] 정리

- 1단락: 인사의 뜻 — 중심 낱말 소개
- 2단락: 고마운 일과 미안한 일이 있을 때 인사하는 법
- 3단락: 전화할 때 인사하는 법
- 4단락: 인사할 때의 자세와 마음가짐 — 마무리

중심 낱말의 방법 설명

01

각 단락에 대한 설명으로 알맞지 <u>않은</u> 것은 무엇인가요?　　　(　　　)

① 1단락에서는 인사의 뜻을 설명하고 있다.
② 2단락과 3단락에서는 다양한 상황에 맞게 인사하는 법을 이야기하고 있다.
③ 4단락에서는 인사를 해야 하는 까닭을 알려 주고 있다.

02

다음 중 이 글의 내용에 맞으면 ○표, 틀리면 ×표를 하세요.

(1) 전화를 끊기 전에는 인사를 하지 않아도 된다.　　　(　　　)
(2) 사람들을 만나고 헤어질 때는 인사를 주고받는다.　　　(　　　)
(3) 인사는 예의를 표시하기 위해 하는 말이나 행동을 의미한다. (　　　)

03

다음은 지민이와 민수가 나눈 대화입니다. 빈칸에 들어갈 민수의 인사말로 알맞은 것은 무엇인가요?　　　(　　　)

> 지민: 민수야, 네 책상 밑에 이 지우개가 떨어져 있었는데, 혹시 네 지우개야?
> 민수: 내 지우개가 맞아! _____

① 내일 보자.　　　　　　　② 맛있게 먹어.
③ 주워 줘서 고마워.　　　　④ 대단하다. 축하해.
⑤ 내가 잘못했어. 미안해.

04

다음 중 이 글에 대한 설명으로 알맞은 것의 기호를 쓰세요.

> ㉠ 인사하는 순서를 소개하고 있다.
> ㉡ 우리나라의 전통 인사법을 이야기하고 있다.
> ㉢ 예시를 들어 인사하는 방법을 설명하고 있다.

(　　　)

✏️ 뜻을 정확히 모르는 낱말들을 적어 보세요!

●
●
●
●
●
●
●
●

낱말 따라 쓰기 🍬

● (모르거나 알려지지 않은 사실을) 알아내든가 증명하다. : 밝 히 다
● 전화로 말을 주고받다. : 통 화 하다
● 예의를 갖추어 점잖다. 조심스럽다. : 정 중 하다
● 사물을 대하는 마음가짐이나 태도 : 자 세
● 매우 분명하고 똑똑하다. : 또 렷 하다
　예 나는 지난 밤에 있었던 일을 <u>또렷하게</u> 기억한다.

문제 이해하고 풀기

01 단락 간의 관계 이해하기

각 단락을 요약해 보면 단락 간의 관계를 쉽게 이해할 수 있어요.

① 1단락에서는 인사의 뜻을 설명하고 있다. (○)

② 2단락과 3단락에서는 다양한 상황에 맞게 인사하는 법을 이야기하고 있다. (○)

③ 4단락에서는 인사를 해야 하는 까닭을 알려 주고 있다. (×)

🍃 인사를 해야 하는 까닭은 이 글에 나오지 않아요. ④단락에서는 인사할 때의 자세와 마음가짐에 대해 설명하고 있어요.

정답은 _____ **입니다.**

02 내용 이해하기

주어진 내용이 이 글의 내용과 맞는지를 고르는 문제입니다. 주어진 내용이 이 글의 어느 부분에 나오는지 찾아보세요.

🌸 각각의 내용을 순서대로 살펴볼게요.

(1) 전화를 끊기 전에는 인사를 하지 않아도 된다. (×)

＊근거 ③단락 ❹번째 문장: 전화를 끊을 때는 "먼저 전화 끊겠습니다."라고 정중하게 인사를 전해야 합니다.

🍃 전화를 받을 때와 전화를 끊을 때 모두 인사를 해야 한다고 했어요.

(2) 사람들을 만나고 헤어질 때는 인사를 주고받는다.
(○)

＊근거 ①단락 ❸번째 문장: 우리는 사람들을 만날 때 제일 처음 인사를 주고받고, 헤어질 때도 인사를 나눕니다.

(3) 인사는 예의를 표시하기 위해 하는 말이나 행동을 의미한다. (○)

＊근거 ①단락 ❹번째 문장: 이처럼 인사는 예의를 표시하는 말이나 행동을 말합니다.

정답은 (1) _____, (2) _____, (3) _____ **입니다.**

03 내용 적용하기

지민이가 책상 밑에 떨어진 민수의 지우개를 주워 민수에게 건네 준 상황이 나와 있네요.

🌸 상황에 맞는 인사말을 찾아볼까요?

① 내일 보자. (×)

🍃 친구와 헤어질 때 하는 인사말이에요.

② 맛있게 먹어. (×)

🍃 친구와 식사를 하기 전에 하는 인사말이에요.

③ 주워 줘서 고마워. (○)

🍃 민수는 지민이에게 '고마운 일이 있을 때' 하는 인사를 해야 하므로 빈칸에는 '주워 줘서 고마워.'가 들어가야 해요.

④ 대단하다. 축하해. (×)

🍃 친구에게 축하를 해 줄 때 하는 인사말이에요.

⑤ 내가 잘못했어. 미안해. (×)

🍃 친구에게 사과할 때 하는 인사말이에요.

정답은 _____ **입니다.**

04 글쓰기 방식 이해하기

🌸 ㉠～㉢의 내용을 순서대로 살펴볼게요.

㉠ 인사하는 순서를 소개하고 있다. (×)

🍃 인사하는 순서는 이 글에 나오지 않아요.

㉡ 우리나라의 전통 인사법을 이야기하고 있다. (×)

🍃 우리나라의 전통 인사법은 이 글에 나오지 않아요.

㉢ 예시를 들어 인사하는 방법을 설명하고 있다. (○)

＊근거 ②단락 ❷, ❸번째 문장: ～ "연필 빌려줘서 고마워." ～ "아까 화내서 미안해." ～

＊근거 ③단락 ❷～❹번째 문장: ～ "여보세요?" ～ "죄송한데, 다시 한번 말씀해 주시겠어요?" ～ "먼저 전화 끊겠습니다." ～

🍃 다양한 상황에 맞게 인사하는 방법을 예를 들어 설명하고 있어요.

정답은 _____ **입니다.**

DAY
19

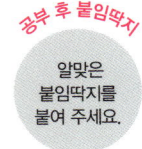
지문 확인

여름에 아무 이유 없이 기분이 나빠진 적이 있나요? 매미 소리도 듣기 싫고, 집 밖에 나가고 싶지도 않고, 친구가 가까이 와서 몸이 닿기라도 하면 짜증이 났을 수도 있어요. 햇빛이 강해서 더운 날씨가 이어지고, 장마가 와서 비가 많이 내리는 여름에는 사람들의 신경이 날카로워지기 쉽습니다. 이는 불쾌지수가 높아진 것이에요. 우리는 기온이나 습도, 햇빛 세기, 바람 속도 등에 따라 불쾌한 기분을 느끼는데, 이것을 숫자로 나타낸 것을 불쾌지수라고 해요.

• 1단락 요약 :
1) [ ][ ][ ][ ]
의 뜻

불쾌지수를 계산할 때는 기온과 습도만을 이용해요. 이 중에서 기온보다 습도의 영향이 크기 때문에, 기온이 높을 때보다 습도가 높을 때 불쾌지수가 더 높아집니다. 여름 장마철에 비가 오면 평소보다 기온은 높지 않지만 습도가 높기 때문에 불쾌감이 강하게 느껴지는 것이랍니다.

• 2단락 요약 :
기온과
2) [ ][ ] 이/가 불쾌지수
에 미치는 영향

불쾌지수가 80~83일 때 우리나라 사람의 절반 정도가 불쾌감을 느끼고, 불쾌지수가 83이 넘으면 사람들 모두가 불쾌감을 느껴요. 하루 중에는 오후 3시 정도에 불쾌지수가 가장 높답니다.

• 3단락 요약 :
불쾌지수의 값과
3) [ ][ ] 에 따른 불쾌
지수

그럼 불쾌한 기분을 어떻게 이겨 내고, 여름을 즐겁게 보낼 수 있을까요? 물을 많이 마시고, 아이스크림이나 빙수, 수박과 같은 시원한 것을 먹는 게 좋습니다. (㉠) 수영장이나 계곡, 바닷가에 가서 신나게 물놀이를 할 수도 있지요.

오늘은 불쾌지수가 높겠습니다.

33℃	34℃	35℃
26℃	26℃	27℃

• 4단락 요약 :
불쾌감을 이겨 내는 방법

낱말 따라 쓰기

● 마음속에 생기는 기쁨·슬픔·우울함 등의 감정 상태 :
[기][분] 예 기분에 따라 행동이 달라지기도 한다.

● 여러 날 계속하여 많은 비가 오는 것 : [장][마]

● 어떤 일을 느끼거나 생각하는 기능 : [신][경]
예 넘어지지 않으려고 신경을 쓰며 스케이트를 탔다.

● 몹시 사납고 다정하지 않다. 신경질이 있다. :
[날][카][롭][다]
예 수지는 피곤해서 모든 일에 날카롭게 반응했다.

● 공기의 온도 : [기][온] [氣-기운 기, 溫-따뜻할 온]

● 공기 중에 수증기가 포함되어 있는 정도 : [습][도]

● 어떤 물체나 현상이 움직이거나 변하는 빠르기의 정도 :
[속][도] [速-빠를 속, 度-법도 도]

● 기분이나 느낌이 언짢거나 싫다. : [불][쾌]하다
[不-아닐 불, 快-즐거울 쾌]
예 하수구 냄새가 불쾌한 느낌을 준다.

● 수를 셈하다. : [계][산]하다

01

각 단락을 정리할 때, (   ) 안에 들어가기에 알맞은 말에 ○표 하세요.

1단락에서는 불쾌지수의 (뜻 , 계산식)을 소개하고, 2단락에서는 기온과 습도가 불쾌지수에 미치는 영향을 설명하고 있다. 3단락에서는 불쾌지수의 값과 (장소 , 시간)에 따른 불쾌지수를 이야기하고, 4단락에서는 불쾌감을 이겨 내는 방법을 알려 주며 글을 마무리하고 있다.

빠른 정답 3쪽, 정답과 풀이 39~40쪽

정답 콕콕 특강

01 단락 간의 관계 이해하기
각 단락을 요약해 보면 단락 간의 관계를 쉽게 이해할 수 있어요.

02

이 글의 내용으로 알맞지 <u>않은</u> 것은 무엇인가요?　　　　　　(   )

① 불쾌지수는 기온과 습도를 이용하여 계산한다.
② 기온이 높을 때보다 습도가 높을 때 불쾌지수가 더 높다.
③ 여름 장마철에는 비가 많이 오므로 불쾌지수가 낮아진다.
④ 시원한 것을 먹으면 불쾌감을 이겨 내고 여름을 즐겁게 보낼 수 있다.
⑤ 불쾌지수가 80~83일 때 우리나라 사람의 절반 정도가 불쾌감을 느낀다.

02 내용 이해하기
선택지와 글의 내용을 비교해 보세요. 각각의 선택지 내용이 글의 어디에 나오는지 찾아보세요.

DAY
20

낱말 따라 쓰기

● 무엇에 원인이 되든가 힘을 미치어 반응이나 변화가 생기게 하는 것 : 영 향

● 일상생활을 하는 보통 때 : 평 소

● 언짢은 느낌, 싫어하는 마음 : 불 쾌 감
　[不 – 아닐 불, 快 – 즐거울 쾌, 感 – 느낄 감]

● 전체의 반 : 절 반

● (때를) 지내다. : 보 내 다
　예 명절은 가족과 함께 보냅시다.

● 잘게 부순 얼음에 삶은 팥, 설탕, 과일 등을 넣어 만든 음식 :
　빙 수 [氷 – 얼음 빙, 水 – 물 수]

03

4단락의 ㉠에 들어갈 이어 주는 말로 가장 알맞은 것은 무엇인가요?　（　　　）

① 또한　　　　　② 하지만　　　　　③ 그러나

④ 그래서　　　　⑤ 왜냐하면

03 올바른 접속어 찾기

㉠의 앞뒤에 나온 문장은 서로 비슷한 내용이므로 ㉠에는 이러한 내용들을 이어 주는 말이 들어가야 해요.

04

다음은 여름철 일기 예보입니다. 일기 예보를 <u>잘못</u> 이해한 사람은 누구인가요?

（　　　）

> 오늘의 불쾌지수는 85이며, 오늘부터 장마가 시작됩니다. 비가 많이 내리면서 기온은 낮아질 것으로 예상되지만, 습도는 매우 높아지겠습니다.

① 다빈: 습도가 높아지니 불쾌지수는 더 높아질 거야.

② 원준: 기온과 습도는 불쾌지수와 서로 관련이 없어.

③ 호연: 오늘은 사람들 모두가 불쾌감을 느낄 수 있어.

④ 지원: 85라는 값은 기온과 습도를 이용해서 계산한 거야.

⑤ 주영: 오늘 불쾌한 기분이 들 수 있으니 시원한 음식을 먹으며 이겨 내야겠어.

04 내용 적용하기

기온과 습도, 장마에 대한 내용은 2단락에 있고, 불쾌지수의 수치에 대해서는 3단락에서 다루고 있어요.

05 서술형

불쾌감을 이겨 내고 여름을 즐겁게 보내기 위해서 우리가 할 수 있는 일을 이 글에서 모두 찾아 쓰세요.

_____

_____

_____

05 내용 이해하기

4단락에서 불쾌한 기분을 이겨 내고, 여름을 즐겁게 보낼 수 있는 방법들을 설명하고 있네요.

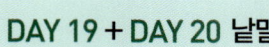

[01~04] 주어진 뜻풀이에 알맞은 낱말을 〈보기〉에서 찾아 쓰세요.

〈 보기 〉

| 기온　마주치다　또렷하다　상황 |

01 매우 분명하고 똑똑하다. : _____

02 공기의 온도 : _____

03 (누구와) 우연히, 또는 특별한 이유 없이 만나다. : _____

04 어떤 일이 되어 가는 형편이나 모양 :

_____

[05~09] 주어진 자음자와 뜻풀이를 보고, 빈칸에 알맞은 낱말을 쓰세요.

05 유미는 자기가 잘못했음을 ㅇ ㅈ 하였다.
(어떤 사실을) 옳다고 여겨 받아들이다.

06 언니는 찰흙 만들기에 ㅅ ㄱ 을/를 많이 썼다.
어떤 일을 느끼거나 생각하는 기능

07 재경이는 그녀의 말이 ㅂ ㅋ 했다.
기분이나 느낌이 언짢거나 싫다.

08 민지는 ㄱ ㅅ 하는 속도가 매우 빠르다.
수를 셈하다.

09 부모의 행동은 아이에게 ㅇ ㅎ 을/를 미친다.
무엇에 원인이 되든가 힘을 미치어 반응이나 변화가 생기게 하는 것

[10~13] 주어진 뜻풀이에 알맞은 낱말을 연결하세요.

10 사물을 대하는 마음가짐이나 태도　·　· ㉠ 장마

11 (때를) 지내다.　·　· ㉡ 인사

12 안부를 묻거나 절을 하고 예의를 나타내는 것　·　· ㉢ 보내다

13 여러 날 계속하여 많은 비가 오는 것　·　· ㉣ 자세

[14~17] 주어진 문장의 빈칸에 알맞은 낱말을 〈보기〉에서 찾아 쓰세요.

〈 보기 〉

| 정중　절반　평소　예의 |

14 나는 사과를 [　] (으)로 쪼갰다.

15 은하의 옷차림은 [　] 와/과 마찬가지로 화려하고 예뻤다.

16 전화를 잘못 걸었을 때에는 [　] 하게 사과해야 합니다.

17 어른에게 반말을 하는 것은 [　] 에 어긋나는 일이다.

공부 후 붙임딱지

알맞은 붙임딱지를 붙여 주세요.

공부한 날	월	일

빠른 정답 3쪽

지문 확인

명절이 되면 우리는 할아버지, 할머니 댁에 가서 맛있는 음식을 많이 먹어요. 여러분은 가을에 보낸 명절을 기억하나요? 풍성한 곡식과 과일을 수확한 것에 대해 감사하는 마음을 갖는 이 명절은 바로 추석입니다. 추석은 음력 8월 15일이며, '가을의 한가운데' 또는 '8월의 한가운데'를 뜻해요. 그럼 추석은 우리나라에만 있을까요? 이름과 의미는 조금씩 다르지만, 다른 나라에도 우리의 추석과 비슷한 명절이 있답니다.

• 1단락 요약 :
우리나라의 1) [　|　]

중국의 중추절은 우리나라의 추석과 똑같이 음력 8월 15일이에요. 우리가 추석에 송편을 만들어 먹듯이, 중국에서도 보름달처럼 둥근 떡인 월병을 만들어 먹습니다. 중국 사람들은 달을 바라보고 소원을 빌면서 명절을 마무리해요.

• 2단락 요약 :
2) [　|　] 의 중추절 소개

일본의 오봉은 양력 8월 15일로, 가을이 아닌 여름에 명절을 보내요. 조상의 산소에 찾아가 절을 하고 차례를 지내는 우리나라의 추석처럼 일본에서도 집 앞에 제사를 지낼 곳을 만들어 음식을 올립니다. 그리고 보름달을 닮은 동글동글한 당고를 만들어 먹어요.

• 3단락 요약 :
일본의 3) [　|　] 소개

미국의 추수 감사절은 가족, 이웃들과 농사지은 음식을 감사히 나누어 먹는 날이에요. 추수 감사절은 11월의 네 번째 목요일이며, 다 함께 칠면조 요리를 먹는답니다.

• 4단락 요약 :
4) [　|　] 의 추수 감사절 소개

낱말 따라 쓰기

● 설이나 추석처럼 전통적으로 해마다 일정하게 돌아오며, 국민이 일을 쉬고 특별한 음식을 해 먹고 즐기는 날 : [명|절]
　[名 - 이름 명, 節 - 마디 절]
● 아주 넉넉하고 만족스럽게 많다. : [풍|성] 하다
　㉠ 명절에는 항상 음식이 풍성하다.
● 쌀·보리·밀·콩과 같은 먹을거리 : [곡|식]
● 농작물·수산물·임산물 등을 거두어들이다. : [수|확] 하다

● 지구 주위를 도는 달의 주기를 기준으로 만든 달력 :
　[음|력] ㉠ 내 생일은 음력으로 2월이다.
● 이루어지기를 바라는 일 : [소|원]
● (생각한 대로 이루어지기를) 간절히 바라다. : [빌|다]
　㉠ 모든 일이 잘되시길 빌어요.
● 지구가 태양의 둘레를 한 바퀴 도는 시간을 1년으로 삼아 날짜를 계산하는 달력 : [양|력]

STEP 4 단락 간의 관계 이해하기

★ 단락 간의 관계를 이해하는 방법(이어 주는 말 확인)

• '그리고, 또, 또한, 마찬가지로' 등이 나오면 앞의 내용과 비슷한 내용이 이어질 것을 알 수 있어요.

• '그러나, 하지만, 그렇지만, 그럼에도' 등이 나오면 앞의 내용과 반대되거나 다른 방향의 내용이 이어질 것을 알 수 있어요.

• '그러므로, 그래서, 따라서' 등이 나오면 앞의 내용으로 인해 나타나는 결과가 이어질 것을 알 수 있어요.

• '즉, 정리하면' 등이 나오면 앞의 내용을 요약하거나, 다시 한번 말하면서 강조하는 내용이 이어질 것을 알 수 있어요.

• '이, 그, 저, 이러한' 등이 나오면 이 표현들이 앞의 내용 중 무엇을 가리키는지 살펴보세요.

1단락

우리나라의 추석에 대해 소개하면서 글을 시작하고 있어요. 그러므로 1단락을 요약하면 '우리나라의 1) [ ][ ]'입니다.

[단락 간의 관계] '그럼 추석은 우리나라에만 있을까요? 이름과 의미는 조금씩 다르지만, 다른 나라에도 우리의 추석과 비슷한 날이 있답니다.'라는 마지막 문장을 통해 우리나라의 추석과 비슷한 외국의 명절을 소개할 것을 예상할 수 있어요.

2단락

중국의 중추절은 언제이며, 중추절에 무엇을 하는지 설명하고 있네요. 그러므로 2단락을 요약하면 '중국의 중추절 소개'입니다.

[단락 간의 관계] 우리나라의 추석과 비슷한 다른 나라의 명절로 2) [ ][ ]의 중추절을 설명하고 있어요.

3단락

일본의 오봉은 언제이며, 오봉에 무엇을 하는지 설명하고 있네요. 그러므로 3단락을 요약하면 '일본의 오봉 소개'입니다.

[단락 간의 관계] 우리나라의 추석과 비슷한 다른 나라의 명절로 일본의 3) [ ][ ]을/를 설명하고 있어요.

4단락

미국의 추수 감사절은 언제이며, 추수 감사절에 무엇을 하는지 설명하고 있네요. 그러므로 4단락을 요약하면 '미국의 추수 감사절 소개'입니다.

[단락 간의 관계] 우리나라의 추석과 비슷한 다른 나라의 명절로 4) [ ][ ]의 추수 감사절을 설명하고 있어요.

• 이 글은 1단락에서 글 전체의 중심 낱말인 '추석'을 설명하며 추석과 비슷한 다른 나라의 명절을 알아보자고 하고 있어요.

• 2단락에서는 중국의 중추절을 소개하고 있어요.

• 3단락에서는 일본의 오봉을 소개하고 있어요.

• 4단락에서는 미국의 추수 감사절을 소개하고 있어요.

★ [단락 간의 관계] 정리

• 1단락: 우리나라의 추석 — 중심 낱말 소개

• 2단락: 중국의 중추절 소개 ┐

• 3단락: 일본의 오봉 소개   ├ 중심 낱말과 관련된 외국의 명절 소개

• 4단락: 미국의 추수 감사절 소개 ┘

DAY 21

01

각 단락을 정리할 때, (   ) 안에 들어가기에 알맞은 말에 ○표 하세요.

> 1단락에서는 우리나라의 추석을 설명하고, 2단락에서는 (중국 , 영국)
> 의 중추절을, 3단락에서는 일본의 (오봉 , 설날)을 소개하고 있다. 4단
> 락에서는 미국의 추수 감사절에 대해 이야기하고 있다.

02

이 글의 내용으로 알맞지 <u>않은</u> 것은 무엇인가요?   (   )

① 일본의 오봉은 가을이다.

② 추석은 음력 8월 15일이다.

③ 추석은 '가을의 한가운데'라는 뜻이다.

④ 미국의 추수 감사절에는 칠면조 요리를 먹는다.

⑤ 중국의 중추절은 우리나라의 추석과 날짜가 같다.

03

다음 음식을 먹는 나라와 먹는 명절 이름을 바르게 짝지은 것은 무엇인가요?

(   )

▲ 당고

① 일본 – 오봉

② 한국 – 설날

③ 한국 – 추석

④ 중국 – 중추절

⑤ 미국 – 추수 감사절

04 서술형

우리나라의 추석과 비슷한 미국의 명절 이름과, 그 날짜를 이 글에서 찾아 쓰세요.

(1) 이름: _____

(2) 날짜: _____

빠른 정답 3쪽, 정답과 풀이 41~42쪽

정답 콕콕 특강

01 단락 간의 관계 이해하기
각 단락을 요약해 보면 단락 간의 관계를 쉽게 이해할 수 있어요.

02 내용 이해하기
선택지와 글의 내용을 비교해 보고, 각각의 선택지 내용이 글의 어디에 나오는지 찾아보세요.

03 내용 적용하기
'당고'에 대한 내용은 3단락에서 찾을 수 있어요.

04 내용 이해하기
4단락에서 우리나라의 추석과 비슷한 미국의 명절에 대해 이야기하고 있어요.

낱말 따라 쓰기

● 한 가족의 여러 대에서 할아버지보다 먼저 산 사람 :
  조 상 [祖–할아비 조, 上–위 상]

● '무덤'을 높여 이르는 말 : 산 소

● 주로 추석·설날과 같은 명절과 조상의 생일 아침에 간단하게 지내는 집안의 제사 : 차 례

● 농사를 직업으로 삼다. : 농 사 짓 다

낱말 쑥쑥 테스트

[01~05] 주어진 뜻풀이에 알맞은 낱말을 〈보기〉에서 찾아 쓰세요.

〈 보기 〉
조상   풍성하다   농사짓다   곡식   산소

01 '무덤'을 높여 이르는 말 : _____

02 아주 넉넉하고 만족스럽게 많다. : _____

03 농사를 직업으로 삼다. : _____

04 한 가족의 여러 대에서 할아버지보다 먼저 산 사람 : _____

05 쌀·보리·밀·콩과 같은 먹을거리 : _____

[06~10] 주어진 자음자와 뜻풀이를 보고, 빈칸에 알맞은 낱말을 쓰세요.

06 우리 가족이 건강하기를 [ㅂ | ㄷ].
(생각한 대로 이루어지기를) 간절히 바라다.

07 추석은 [ㅇ | ㄹ] 8월 15일이다.
지구 주위를 도는 달의 주기를 기준으로 만든 달력

08 우리 집은 설날에 [ㅊ | ㄹ] 을/를 지낸다.
주로 추석·설날과 같은 명절과 조상의 생일 아침에 간단하게 지내는 집안의 제사

09 가을이 되면 다 익은 벼를 [ㅅ | ㅎ] 한다.
농작물·수산물·임산물 등을 거두어들이다.

10 내가 제일 좋아하는 [ㅁ | ㅈ] 은/는 설날이다.
설이나 추석처럼 전통적으로 해마다 일정하게 돌아오며, 국민이 일을 쉬고 특별한 음식을 해 먹고 즐기는 날

DAY 21

배경지식

두 개의 달을 품은 송편의 유래

추석에 먹는 음식하면 여러분은 무엇이 가장 먼저 떠오르나요? 우리나라에서는 옛날부터 추석에 가족들과 옹기종기 모여 앉아 송편을 만들어 먹었어요. 우리가 흔히 볼 수 있는 송편은 반달 모양이지요. 이런 반달 모양의 송편은 언제부터, 그리고 왜 만들게 된 걸까요?

백제 시대 때 잠자리에 들었던 의자왕이 수상한 바람 소리를 듣고 바깥으로 나가 보니, 밤하늘에 이상한 도깨비불이 날아다녔어요. 다음 날, 그곳을 파 보자 '백제는 만월이요, 신라는 반달이다.'라는 말이 쓰인 거북이가 발견되었어요. 그 뜻을 둘러싸고 백제가 성할 것이라는 의견과 신라가 성할 것이라는 의견으로 갈렸어요. 이 말을 들은 신라 사람들이 신라가 성하기를 바라면서 반달 모양의 떡을 만들었는데, 이것이 바로 송편이 되었답니다.

옛날 사람들은 달을 아주 중요하게 생각했어요. 그래서 자연스럽게 달의 모양을 닮은 송편을 빚게 되었던 것이지요. 송편에 소를 넣기 전에는 보름달 모양이고, 소를 넣고 접으면 반달 모양이 되니 송편은 보름달과 반달을 모두 담았다고 할 수 있습니다.

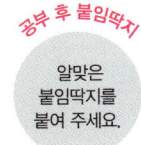

지문 확인

손목 안쪽을 자세히 본 적이 있나요? 손목 안쪽이나 손등을 잘 보면 푸른색의 혈관이 눈에 띕니다. 혈관은 피가 지나다니는 통로예요. 그렇다면 우리의 피는 파란색일까요? 오징어나 문어, 새우 같은 동물들은 파란색 피를 가지고 있어요. 하지만 우리 몸에 상처가 났을 때 피가 나오는 것을 보면, 우리의 피는 진한 **빨간색**이라는 걸 알 수 있지요. 그런데 왜 피는 **빨간색**이고, 피가 지나다니는 길인 혈관은 파란색일까요?

• 1단락 요약 :

피와 1)□□의 색깔에 대한 궁금증

먼저, 피가 **빨간색**으로 보이는 까닭은 피에 들어 있는 헤모글로빈 때문이에요. 헤모글로빈은 온몸을 다니면서 산소를 나르는 역할을 합니다. 이 헤모글로빈이 공기 중에 있는 산소와 만나면 **빨간색**으로 변해요. ___(가)___ 우리 눈에 피가 **빨간색**으로 보이는 거랍니다.

• 2단락 요약 :

피가 **빨간색**으로 보이는 까닭

그럼 피가 **빨간색**이니까 피가 다니는 통로인 혈관도 **빨간색**으로 보여야 하는 것 아닐까요? 하지만 우리가 보는 혈관은 파란색입니다. 이 혈관의 이름은 정맥인데, 정맥을 흐르는 피는 우리 몸속에 있는 노폐물과 이산화 탄소를 실어 나르는 역할을 하지요.

• 3단락 요약 :

2)□□의 역할

정맥에 있는 피는 노폐물과 이산화 탄소를 포함한 깨끗하지 않은 피이기 때문에 검붉은색을 띱니다. 이 피가 우리의 살 색깔과 합쳐져 보이므로 우리의 눈에는 혈관이 파란색으로 보이게 된답니다.

• 4단락 요약 :

혈관이 3)□□색으로 보이는 까닭

낱말 따라 쓰기

• 다닐 수 있게 트인 길 : 통 로
  [通-통할 통, 路-길 로]
  예 좁은 <u>통로</u>를 지나갈 때는 조심해야 한다.

• 몸을 다쳐서 상한 자리 : 상 처

• 생물이 숨 쉬는 공기 속에 많이 들어 있고 물과 여러 가지 먹을거리의 중요한 성분인 원소 : 산 소

• (짐이나 사람을) 다른 데로 옮기다. : 나 르 다
  예 제가 이삿짐 <u>나르는</u> 것을 도와 드릴게요.

• (조직이나 기관에서 어떤 자격으로, 또는 어떤 처지에서) 하기로 되어 있는 일, 또는 맡아서 하는 일 : 역 할

• (물이나 공기가) 이어서 움직이다. : 흐 르 다
  예 영호의 이마에 땀이 <u>흐른다</u>.

• 생물의 몸에 들어온 여러 물질 중 필요한 것을 흡수하여 쓰고 남은 찌꺼기 : 노 폐 물
  예 얼굴에 있는 <u>노폐물</u>을 세수할 때 잘 씻어 내야 한다.

• 탄소와 산소의 화합물 : 이 산 화 탄 소

01

각 단락에 대한 설명으로 알맞지 <u>않은</u> 것은 무엇인가요?　　　　（　　　）

① 1단락에서는 피와 혈관의 색깔에 대한 궁금증을 드러내고 있다.

② 2단락에서는 피가 **빨간색**으로 보이는 까닭을 설명하고 있다.

③ 3단락에서는 헤모글로빈의 역할을 설명하고 있다.

④ 4단락에서는 혈관이 파란색으로 보이는 까닭을 설명하고 있다.

빠른 정답 3쪽, 정답과 풀이 43~44쪽

✏️ 뜻을 정확히 모르는 낱말들을 적어 보세요!

02

다음은 '피가 **빨간색**으로 보이는 까닭'을 정리한 내용입니다. ㉠, ㉡에 들어가기에 알맞은 말을 이 글에서 찾아 쓰세요.

㉠		㉡	
피에 들어 있으며, 온몸을 다니면서 산소를 나르는 역할을 함.	+	생물이 숨 쉬는 공기 중에 많이 들어 있음.	→ 피가 **빨간색**으로 보임.

㉠: (　　　　　　　　　), ㉡: (　　　　　　　　　)

낱말 따라 쓰기

● (무엇을) 차·배·수레 등의 운반 기구에 올려놓다. : 실 다

　㉘ 우리는 차 트렁크에 짐을 <u>실었다</u>.

● 무엇을 한 무리에 끼워 넣다. : 포 함 하다

　㉘ 우리 가족은 나를 <u>포함해서</u> 모두 다섯이다.

● 때나 먼지가 없다. (지저분하지 않고) 말끔하다. :

　깨 끗 하다 ㉘ 그릇이 <u>깨끗한</u> 것을 보니 뿌듯하다.

● 검은빛을 띠면서 붉다. : 검 붉 다

● (어떠한 빛깔을) 지니거나 나타내다. : 띠 다

DAY 22

빠른 정답 3쪽, 정답과 풀이 44쪽

✎ 뜻을 정확히 모르는
낱말들을 적어 보세요!

03

2단락의 밑줄 친 (가)에 들어갈 이어 주는 말로 가장 알맞은 것은 무엇인가요?

( )

① 또한　　　　　② 그리고　　　　　③ 하지만
④ 그래서　　　　　⑤ 왜냐하면

04

이 글에 대한 설명으로 알맞지 <u>않은</u> 것은 무엇인가요?　　　( )

① 혈관을 종류별로 나누어 소개하고 있다.
② 헤모글로빈의 역할에 대해 이야기하고 있다.
③ 정맥을 흐르는 피의 역할에 대해 이야기하고 있다.
④ 혈관의 색깔이 파란색을 띠는 까닭을 설명하고 있다.
⑤ 물음을 던지고 그 물음에 스스로 답하는 방법을 사용하고 있다.

05 서술형

정맥을 흐르는 피가 하는 역할이 무엇인지 이 글에서 찾아 쓰세요.

_____

_____

_____

[01~05] 주어진 뜻풀이에 알맞은 낱말을 〈보기〉에서 찾아 쓰세요.

〈 보기 〉
실다   통로   나르다   띠다   포함하다

01 (어떠한 빛깔을) 지니거나 나타내다. : _____

02 다닐 수 있게 트인 길 : _____

03 (무엇을) 차·배·수레 등의 운반 기구에 올려 놓다. : _____

04 무엇을 한 무리에 끼워 넣다. : _____

05 (짐이나 사람을) 다른 데로 옮기다. : _____

[06~10] 주어진 자음자와 뜻풀이를 보고, 빈칸에 알맞은 낱말을 쓰세요.

06 오랜만에 청소를 했더니 방이 | ㄲ | ㄲ | 하게 되었다.
때나 먼지가 없다. (지저분하지 않고) 말끔하다.

07 | ㅅ | ㅊ | 에 약을 발라야 빨리 낫는다.
몸을 다쳐서 상한 자리

08 노을이 | ㄱ | ㅂ | 은 빛을 내고 있다.
검은빛을 띠면서 붉다.

09 | ㅇ | ㅅ | ㅎ | ㅌ | ㅅ | 은/는 지구 온난화의 주범이다.
탄소와 산소의 화합물

10 그 병은 몸에 쌓인 | ㄴ | ㅍ | ㅁ | 이/가 원인이다.
생물의 몸에 들어온 여러 물질 중 필요한 것을 흡수하여 쓰고 남은 찌꺼기

배경지식

피가 나면 왜 딱지가 앉을까?

달리기를 하다가 넘어져서 상처가 나면 새빨간 피가 나기 시작합니다. 시간이 지나면 피가 멈추고, 한동안 따끔따끔하다가 어느샌가 피가 난 자리에 딱지가 앉게 되지요. 거기서 시간이 더 흐르면 상처가 완전히 낫지만, 그새를 못 참고 딱지를 뜯으면 다시 피가 나기도 해요. 그렇다면 딱지는 왜 생기는 걸까요?

우리 몸에 상처가 생겨서 피가 나면, 피에 있는 혈소판이 상처로 모여들어요. 혈소판은 피 안에 있는 매우 작은 단백질 조각입니다. 피 한 방울에는 무려 1500만 개의 혈소판이 있어서, 상처가 나면 그 주위가 혈소판으로 가득 차게 돼요.

이때 혈소판은 피를 멈추게 하는 역할을 합니다. 혈소판 속의 피를 멈추게 하는 물질이 피부 표면에서 딱딱하게 굳은 것이 딱지랍니다. 딱지 아래에서는 상처를 치료하기 위한 일이 일어나요. 딱지는 상처가 빨리 나을 수 있도록 밖에 있는 나쁜 병균이 상처 속으로 들어오지 못하게 막는 역할을 합니다. 그러니까 딱지가 앉으면 떼어 내지 말고 상처가 완전히 나을 때까지 기다려야겠지요?

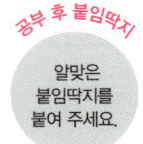
공부 후 붙임딱지

알맞은 붙임딱지를 붙여 주세요.

공부한 날	월	일

빠른 정답 3쪽

지문 확인

여러분은 우리나라를 대표하는 음식이 무엇이라고 생각하나요? 다양한 음식이 있지만, 오래전부터 우리 밥상에 빠지지 않고 등장하는 우리나라의 대표 음식으로는 '김치'가 있습니다. 김치는 소금에 절인 무, 배추 등을 양념에 섞어서 담근 음식이에요. 우리에게는 매우면서도 상큼한 빨간 김치가 가장 익숙하지요. 그런데 김치가 처음부터 빨간색은 아니었답니다. 우리나라는 언제부터 빨간 김치를 먹기 시작했을까요?

우리나라가 맨 처음으로 김치를 먹기 시작했을 때는 삼국 시대입니다. 하지만 이때의 김치는 소금에 절인 백김치 같은 것이었어요. 또 고려 시대의 기록을 통해서 채소에 마늘이나 생강 같은 향신료를 섞은 김치가 있었던 것도 짐작할 수 있어요.

시간이 지나고 조선 시대에 들어온 후, 일본을 통해 우리나라에 고추가 전해졌어요. 이후 김치에 고추를 넣으면서 지금과 같은 빨간 김치를 만들게 되었답니다.

그럼 김치는 어떻게 담글까요? 먼저 배추를 적당한 크기로 쪼갠 후, 소금물에 절입니다. 절인 배추를 물로 깨끗하게 씻고, 물기를 빼요. 그런 다음, 가늘게 썬 무채에 고춧가루,  마늘, 파, 젓갈 등을 넣고 간을 맞춰 버무립니다. 이것을 절인 배춧잎 사이사이에 고르게 넣어 주면 완성이에요. 앞으로 김치를 먹을 때 이런 내용을 생각하면서 먹어 봐요.

• 1단락 요약 :
1) [ ][ ]의 소개와 빨간 김치에 대한 궁금증

• 2단락 요약 :
삼국 시대와 고려 시대의 김치

• 3단락 요약 :
2) [ ][ ] 김치를 만들게 된 배경

• 4단락 요약 :
3) [ ][ ]을/를 담그는 방법

낱말 따라 쓰기

• 전체의 성질을 잘 나타내다. : 대 표 하다
  [代 – 대신할 대, 表 – 겉 표]

• 색깔·모양·내용 등이 서로 다른 것이 많다. : 다 양 하다

• 밥과 반찬을 올려놓고 먹는 상 : 밥 상

• 중요한 일에 관련된 새로운 인물이나 사물이 세상에 나타나다. : 등 장 하다

• (채소에 소금물이) 배어들게 하다. : 절 이 다

• 음식의 맛을 돋우기 위해 쓰는 간장·마늘·파·고추·설탕 등의 조미료 : 양 념

• (김치·술·장 같은) 음식을 삭히거나 익히려고 재료들을 뒤섞어 만들다. : 담 그 다
  예 멸치로 젓갈을 담글 것이다.

• (자주 보거나 들어서) 자연스럽든가 낯이 익다. : 익 숙 하다 예 나는 도시 생활에 아주 익숙하다.

✏️ 뜻을 정확히 모르는 낱말들을 적어 보세요!

01

각 단락을 정리할 때, (　　　) 안에 들어가기에 알맞은 말에 ○표 하세요.

1단락에서는 김치의 소개와 빨간 김치에 대한 궁금증을 이야기하고, 2단락에서는 삼국 시대와 (고려 시대 , 조선 시대)의 김치를 설명하고 있다. 3단락에서는 (백김치 , 빨간 김치)를 만들게 된 배경을 소개하고, 4단락에서는 김치를 담그는 법을 설명하고 있다.

02

다음에서 설명하는 김치가 각각 어느 시대에 해당하는지 연결해 보세요.

(1) ［ 고추를 넣은 김치 ］ •　　　　• ㉠ 삼국 시대

(2) ［ 소금에 절인 백김치 ］ •　　　　• ㉡ 고려 시대

(3) ［ 마늘, 생강을 섞은 김치 ］ •　　　　• ㉢ 조선 시대

낱말 따라 쓰기 🍬

● (우리나라 역사에서) 고구려·백제·신라의 세 나라로 갈라져 있던 시대 : ［삼］［국］［시］［대］
　[三 – 셋 삼, 國 – 나라 국, 時 – 때 시, 代 – 시대 대]

● 생각이나 사실에 대하여 적는 것, 또는 그 글 : ［기］［록］

● 고추·후추·파·마늘·깨 등과 같이 음식물에 맵거나 향기로운 맛을 더하는 재료 : ［향］［신］［료］

● 사정이나 형편 등을 대강 알아차리다. : ［짐］［작］하다
　㉠ 유물을 통해 옛날의 생활 모습을 짐작할 수 있다.

● (무엇을) 몇 조각으로 나누거나 가르다. : ［쪼］［개］［다］

● 물이 묻든가 스며 있는 축축한 기운 : ［물］［기］

● 채칼 따위로 치거나 가늘게 썬 무. 또는 그것으로 만든 반찬 : ［무］［채］

● 음식물에 넣는 소금·간장·된장 등의 짠맛이 있는 양념 : ［간］ ㉠ 계란찜의 간이 짭짤하다.

● (여러 가지를) 골고루 뒤섞어 만들다. : ［버］［무］［리］［다］

● 모양이 들쭉날쭉하지 않고 가지런하다. 한결같다. : ［고］［르］［다］ ㉠ 수진이는 이가 고르게 나 있다.

빠른 정답 3쪽, 정답과 풀이 46쪽

✏️ 뜻을 정확히 모르는 낱말들을 적어 보세요!

03

이 글에 대한 설명으로 알맞지 <u>않은</u> 것은 무엇인가요? ( )

① 빨간 김치를 먹게 된 때를 이야기하고 있다.
② 지역별로 가장 유명한 김치를 설명하고 있다.
③ 김치를 담그는 과정을 단계별로 소개하고 있다.
④ 기록을 통해 고려 시대의 김치에 대해 설명하고 있다.
⑤ 김치가 발전해 온 과정을 시간 순서대로 설명하고 있다.

04

다음은 김치를 담그는 과정을 보여 주는 사진입니다. 이 글에서 설명한 김치를 담그는 순서에 맞게 차례대로 기호를 쓰세요.

양념 버무리기   양념을 배추에 넣기   절인 배추 씻기

( ) → ( ) → ( )

05 서술형

우리나라에서 빨간 김치를 만들게 된 배경을 이 글에서 찾아 쓰세요.

_____

_____

_____

DAY 23 낱말 쑥쑥 테스트

빠른 정답 3쪽

[01~04] 주어진 뜻풀이에 알맞은 낱말을 연결하세요.

01 (무엇을) 몇 조각으로 나누거나 가르다. • • ㉠ 버무리다

02 (여러 가지를) 골고루 뒤섞어 만들다. • • ㉡ 쪼개다

03 (채소에 소금물이) 배어들게 하다. • • ㉢ 고르다

04 모양이 들쭉날쭉하지 않고 가지런하다. 한결같다. • • ㉣ 절이다

[05~09] 주어진 자음자와 뜻풀이를 보고, 빈칸에 알맞은 낱말을 쓰세요.

05 이 동네는 나에게 [ㅇ][ㅅ]한 곳이다.
(자주 보거나 들어서) 자연스럽든가 낯이 익다.

06 경찰이 사건 [ㄱ][ㄹ]을/를 들춰 봤다.
생각이나 사실에 대하여 적는 것, 또는 그 글

07 이것은 우리나라 음악을 [ㄷ][ㅍ]하는 노래이다.
전체의 성질을 잘 나타내다.

08 나는 머리를 감고 수건으로 [ㅁ][ㄱ]을/를 닦아 냈다.
물이 묻든가 스며 있는 축축한 기운

09 나는 그 영화에서 이어질 내용이 무엇일지 [ㅈ][ㅈ]해 봤다.
사정이나 형편 등을 대강 알아차리다.

배경지식

지역마다 다른 김치

김치는 우리나라를 대표하는 음식인 만큼 종류가 다양해요. 그런데 지역에 따라 김치가 다르다는 사실, 알고 있나요? 우리나라는 지역마다 기후와 지형이 달라서 이에 맞게 김치 또한 각기 다른 특성을 가진답니다.

날씨가 추운 북부 지방에서는 소금 간을 싱겁게 하고, 양념도 담백하게 하여 김치를 만들어요. 그래서 북부 지방의 김치는 채소의 신선함이 가득하지요. 반면, 날씨가 따뜻한 남부 지방에서는 김치를 짜게 담가서 김치가 상하지 않고 천천히 익도록 해요.

전국의 김치에 대해 구체적으로 알아볼까요? 먼저 경기도에는 짜지도 않고, 싱겁지도 않은 온갖 김치가 모여 있어요. 강원도의 김치는 소금과 가는 고추만을 사용하고, 오징어와 북어, 명태 같은 해물이 많이 들어갑니다. 충청도의 김치는 양념을 많이 쓰지 않으며, 담백하고 구수한 맛이 특징이에요. 전라도와 경상도의 김치는 간이 세고 매운 편이랍니다.

[STEP 4]
독해력 완성 테스트

공부 후 붙임딱지
알맞은 붙임딱지를 붙여 주세요.

| 공부한 날 | 월 | 일 |

✿✿✿ :상　**✿✿❀** :중　**✿❀❀** :하

[01~05] 다음 글을 읽고, 물음에 답하세요.

숫자가 없는 세상을 상상해 본 적이 있나요? 숫자가 없다면 날짜나 시간, 키, 몸무게, 개수 등 숫자로 이루어진 많은 것들을 나타낼 수 없었을 거예요. 숫자가 있어서 우리는 더 편리하게 무언가를 표현할 수 있지요. 그렇다면 숫자가 만들어지기 전에 옛날 사람들은 어떻게 수를 세었을까요?

옛날 사람들은 수를 셀 때 몸의 기관들을 이용했습니다. 눈과 코와 입과 귀로 수를 말했지요. 예를 들어 눈이 세 개면 사람이 세 명, 귀가 네 개면 새가 네 마리, 이렇게요. 그리고 손과 발도 이용했습니다. 손과 발은 각각 5로 세고, 빗금은 하나씩 세는 방식이었지요. 예를 들어 손 하나와 빗금 두 개가 있으면 물고기가 일곱 마리라는 것을 알 수 있었어요.

사람들은 수를 셀 때마다 몸을 이용하는 것이 번거로워서 나중에는 돌이나 막대기 같은 도구를 가지고 수를 말했어요. 하지만 세야 할 수가 점점 커지면서 수를 편리하고 정확하게 세기 위해 숫자가 생겼답니다.

---

01 ✿❀❀

각 단락에 대한 설명으로 알맞지 <u>않은</u> 것은 무엇인가요?　　　　（　　　）

① 1단락에서는 옛날 사람들이 수를 세는 방법에 대해 질문을 하고 있다.

② 2단락에서는 눈과 코와 입과 귀, 손과 발을 이용해서 수를 세는 방법을 소개하고 있다.

③ 3단락에서는 숫자가 생긴 이후에 대해 이야기하고 있다.

02 ✿✿✿

이 글에 대한 설명으로 알맞지 <u>않은</u> 것은 무엇인가요?　　　　（　　　）

① 질문을 하며 글을 시작하고 있다.

② 물음을 던지고 스스로 그 물음에 답을 하고 있다.

③ 옛날 사람들이 수를 셀 때 이용한 것을 설명하고 있다.

④ 옛날 사람들이 수를 세는 방법을 예를 들어 설명하고 있다.

⑤ 옛날 사람들이 수를 세는 방법의 좋은 점과 안 좋은 점을 알려 주고 있다.

03 *✿✿

다음은 옛날 사람들이 수를 세는 방법을 정리한 것입니다. ㉠에 들어가기에 알맞은 말을 쓰세요.

몸을 이용하는 방법	(㉠)을/를 이용하는 방법
눈, 코, 입, 귀, 손, 발	돌이나 막대기

(   )

04 ***

이 글의 내용에 비추어 볼 때, 아래 그림이 나타내는 수가 무엇인지 쓰세요.

(   )

05 **✿ 서술형

옛날 사람들이 몸과 도구를 이용해서 수를 세다가 숫자로 수를 세게 된 까닭을 3단락에서 찾아 쓰세요.

_____

_____

_____

낱말 따라 쓰기

● 사람들이 모여서 사는 사회 : 세 상
[世-인간 세, 上-위 상]
예 **세상**은 넓고, 할 일은 많다.

● 실제로는 없든가 보이지 않는 것의 모양을 생각 속에 꾸미다. : 상 상 하다 [想-생각할 상, 像-모양 상]
예 동물원에 가서 본 코끼리는 **상상한** 것보다 훨씬 컸다.

● 하나씩 셀 때의 물건의 수 : 개 수
예 선생님은 학생들에게 똑같은 **개수**의 연필을 주셨다.

● (어떤 일을 하는 것이) 힘이 들지 않고 이용하기 쉽다. : 편 리 하다 [便-편할 편, 利-이로울 리]
예 주택보다는 아파트가 살기에 **편리하다**.

● 느낌이나 생각을 말, 글, 예술 작품 등으로 나타내다. : 표 현 하다 [表-겉 표, 現-나타날 현]
예 자신의 생각을 글로 잘 **표현하기**는 쉽지 않다.

● (개수를) 헤아리다. (수를) 알아내다. : 세 다
예 이 종이학이 몇 개인지 **세어** 보아라.

● (생물의 몸에서) 일정한 모양과 기능을 가지고 있는 부분 : 기 관 [器-그릇 기, 官-기관 관]
예 식물의 뿌리는 물과 양분을 빨아들이는 **기관**이다.

● 필요에 맞게 이롭게 쓰다. : 이 용 하다
[利-이로울 이, 用-쓸 용]
예 병뚜껑을 딸 때 병따개를 **이용하면** 편하다.

● 어떤 평면에 비스듬하게 그은 금 : 빗 금
예 길 위에 노란색으로 **빗금**이 그어져 있다.

● 무엇을 제대로 하거나 알맞게 다루는 방법이나 형식 : 방 식 [方-방향 방, 式-법 식]
예 그 **방식**은 오래되어서 요즘은 잘 쓰지 않는다.

● 귀찮을 만큼 복잡하고 분주하다. : 번 거 롭 다
예 차를 세 번이나 갈아타고 가는 것은 너무 **번거롭다**.

● 일을 할 때 쓰는 연장 : 도 구
[道-길 도, 具-갖출 구]
예 바닥을 닦기 위해 청소 **도구**를 찾았다.

● 바르고 확실하여 틀림이 없다. : 정 확 하다
예 예지는 자신이 쓴 숫자가 **정확한지** 몇 번이나 확인하였다.

DAY 24

잠깐! 쉬어가기

✳ **주어진 자음자와 뜻풀이에 알맞은 낱말을 쓰고, 글자판에서 찾아 ○표를 하세요(가로, 세로).**

(1) 어떤 일이 되어 가는 형편이나 모양 : | ㅅ | ㅎ |

(2) 매우 분명하고 똑똑하다. : | ㄸ | ㄹ | ㅎ | ㄷ |

(3) 기분이나 느낌이 언짢거나 싫다. : | ㅂ | ㅋ | ㅎ | ㄷ |

(4) 일상생활을 하는 보통 때 : | ㅍ | ㅅ |

(5) 아주 넉넉하고 만족스럽게 많다. : | ㅍ | ㅅ | ㅎ | ㄷ |

(6) 다닐 수 있게 트인 길 : | ㅌ | ㄹ |

(7) 생각이나 사실에 대하여 적는 것, 또는 그 글 : | ㄱ | ㄹ |

(8) 사람들이 모여서 사는 사회 : | ㅅ | ㅅ |

(9) 무엇을 제대로 하거나 알맞게 다루는 방법이나 형식 : | ㅂ | ㅅ |

랄	통	로	교	알	종	불	쾌	하	다
동	원	치	참	또	사	십	바	적	키
콩	드	상	지	렷	반	기	록	입	서
카	속	황	겨	하	혀	꾸	라	없	혜
얄	화	민	싸	다	항	니	미	재	세
으	준	정	수	억	있	기	중	산	상
일	율	절	효	양	간	문	현	압	선
풍	성	하	다	재	송	공	평	카	숙
불	찰	도	밈	과	차	충	소	사	잉
과	인	안	덮	방	식	지	과	보	념

글의 구조를 이해하면 글의 내용을 어떤 상황에 적용하거나 내용을 짐작하는 문제도 쉽게 풀 수 있어요!

STEP 5

글의 구조 이해하기

★ 글의 구조 이해란?

단락 간의 관계를 바탕으로 글의 짜임을 살펴보는 것입니다.

● 글의 구조를 이해해야 하는 이유

글의 구조를 이해하면 글쓴이가 무엇을 이야기하기 위해, 어떤 방식으로 글을 썼는지 알 수 있어요.

글의 구조를 이해하는 방법

① 먼저, 각 단락의 내용을 요약하여 단락 간의 관계를 살펴보세요.

② 단락 간의 관계를 바탕으로 글의 구조를 따져 보고, 이를 구조도로 정리하세요.
   – 단락마다 다른 이야기가 이어진다면 각 단락을 기차 모양(☐ → ☐ → ☐ → ☐)으로 나란히 놓으세요.
   – 앞 단락의 내용을 뒷 단락에서 자세히 설명하면 앞 단락과 뒷 단락을 나란히(☐ → ☐) 놓으세요.
   – 같은 종류의 내용을 다루는 단락끼리는 묶을 수(☐ ☐) 있어요.

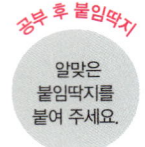

꽃이 피기 시작하는 봄이 되면, 옷차림이 가벼워지고 왠지 모르게 마음도 들떠요. 하지만 들뜬 마음도 잠시, 매년 봄마다 우리에게는 반갑지 않은 손님이 찾아옵니다. 황사, 미세먼지와 같은 먼지바람이 바로 그것이지요. 먼지바람은 무엇이며, 어디서 오는 걸까요?

먼저, 황사는 중국이나 몽골의 사막에서 시작돼요. 강한 바람으로 인해 자연적으로 만들어진 모래와 흙먼지가 우리나라까지 날아오는 것이 황사이지요. 황사는 무려 180만 년 전부터 봄마다 우리나라를 찾아오고 있어요. 최근 들어 사막이 점점 넓어지면서 황사가 이전보다 더 심하게, 더 자주 발생하고 있답니다.

미세먼지는 산업 시설이나 자동차의 배기가스 등 사람들이 활동하면서 생기는 아주 작은 먼지를 말해요. 호흡기에 병을 일으키고, 알레르기나 눈병이 나게 하는 등 건강에 좋지 않은 영향을 줄 수 있다는 점에서 황사와 공통점이 있습니다. 하지만 생기는 원인이 다르다는 점에서 차이점이 있답니다.

황사와 미세먼지가 심한 날에는 되도록 외출을 하지 않는 것이 좋아요. 꼭 밖에 나가야 할 때는 마스크를 쓰고, 피부가 겉으로 드러나는 것을 막기 위해 긴 옷을 입습니다. ___(가)___ 집으로 돌아오면 깨끗이 씻어야 해요.

지문 확인

- **1단락 중심 낱말 :**
  1) 　　　　

- **2단락 중심 낱말 :**
  2) 　　

- **3단락 중심 낱말 :**
  3) 　　　　

- **4단락 중심 낱말 :**
  황사와 미세먼지

낱말 따라 쓰기

- 옷을 차려입은 것이나 모양 : 옷 차 림
- 마음이나 분위기가 조용하지 않고 흥분하다. : 들 뜨 다
  예) 나는 소풍 가기 일주일 전부터 마음이 들떠 있었다.
- 한 해 한 해. 해마다 : 매 년 [每-늘 매, 年-해 년]
- 아주 메말라서 식물이 거의 자라지 않으며, 모래와 돌로 뒤덮인 매우 넓은 땅 : 사 막
- 인공을 가하지 않은 자연 그대로의 것 : 자 연 적
  [自-스스로 자, 然-그럴 연, 的-과녁 적]

- (지금을 기준으로 하여) 가장 나중에 지나간 때나 기간, 바로 얼마 전 : 최 근
- 어떤 일이 일어나다. : 발 생 하다
- 농업·공업·임업·수산업·광업처럼 자연에서 자원을 얻거나 이를 이용하여 생활에 필요한 물자를 생산하는 일 : 산 업
- 많은 사람이 같이 편리하게 쓰도록 만들어 놓은 큰 장치나 도구 : 시 설
- 자동차에서 밖으로 내보내는 가스 : 배 기 가 스

STEP 5 글의 구조 이해하기

빠른 정답 4쪽

글의 구조 이해하기는 단락 간의 관계를 바탕으로 글의 짜임을 살펴보는 것입니다.

★ 글의 구조를 이해하는 방법

① 먼저, 각 단락의 내용을 요약하여 단락 간의 관계를 살펴보세요.

② 단락 간의 관계를 바탕으로 글의 구조를 따져 보고, 이를 구조도로 정리하세요.

- 단락마다 다른 이야기가 이어진다면 각 단락을 기차 모양(☐→☐→☐→☐)으로 나란히 놓으세요.
- 앞 단락의 내용을 뒷 단락에서 자세히 설명하면 앞 단락과 뒷 단락을 나란히(☐→☐) 놓으세요.
- 같은 종류의 내용을 다루는 단락끼리는 묶을 수(☐☐) 있어요.

[1단락]

봄에 불어오는 먼지바람에 대해 이야기하고 있어요. 그러므로 1단락을 요약하면 [1) ☐☐☐☐]에 대한 소개 및 궁금증'입니다.

[단락 간의 관계]

'먼지바람은 무엇이며, 어디서 오는 걸까요?'라는 말을 통해 먼지바람인 황사와 미세먼지에 대한 내용이 이어질 것을 알 수 있어요.

[2단락]

중국이나 몽골의 사막에서 우리나라로 날아오는 모래와 흙먼지가 황사라고 이야기하고 있으므로 2단락을 요약하면 '2) ☐☐의 뜻과 발생'입니다.

[3단락]

미세먼지의 뜻을 설명한 후 황사와의 공통점 및 차이점을 설명하고 있어요. 그러므로 3단락을 요약하면 '3) ☐☐☐☐의 뜻과 황사와의 비교'입니다.

[4단락]

황사와 미세먼지가 심한 날에 우리가 해야 할 행동을 설명하고 있으므로 4단락을 요약하면 '황사와 미세먼지가 심할 때 해야 할 일'입니다.

[단락 간의 관계]

4단락에서는 2, 3단락의 내용에 이어서 황사와 미세먼지가 심한 날에 해야 할 일에 대해 이야기하고 있어요.

[글의 구조]

- 1단락에서 중심 낱말인 '먼지바람'을 소개하고, 먼지바람에 대한 궁금증을 나타내고 있어요.
- 2단락에서는 황사에 대해, 3단락에서는 미세먼지에 대해 설명하고 있어요.
- ★ 황사를 다루는 2단락과 미세먼지를 다루는 3단락은 모두 먼지바람에 대한 내용이므로 묶을 수 있어요.
- 4단락에서는 황사와 미세먼지가 심한 날 우리가 해야 할 일들을 설명하면서 글을 마무리하고 있어요.

★ 글의 구조도를 그리면 다음과 같습니다.

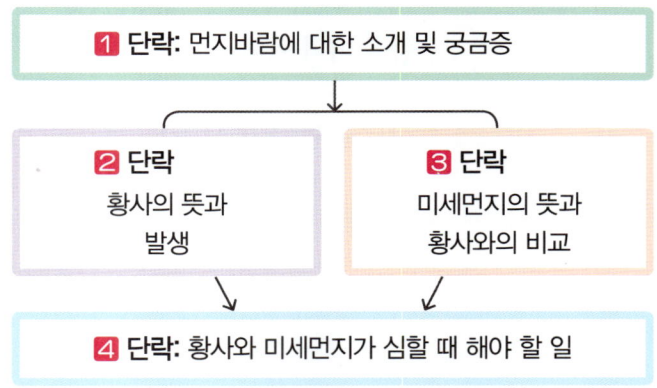

1 단락: 먼지바람에 대한 소개 및 궁금증

2 단락 황사의 뜻과 발생

3 단락 미세먼지의 뜻과 황사와의 비교

4 단락: 황사와 미세먼지가 심할 때 해야 할 일

DAY 25

01

⊙~㉣은 각 단락을 정리한 문장입니다. ⊙~㉣을 단락의 순서에 맞게 쓰세요.

> ⊙ 황사의 뜻과 발생
> ㉡ 먼지바람에 대한 소개 및 궁금증
> ㉢ 미세먼지의 뜻과 황사와의 비교
> ㉣ 황사와 미세먼지가 심할 때 해야 할 일

(   ) → (   ) → (   ) → (   )

빠른 정답 4쪽, 정답과 풀이 49쪽

✏ 뜻을 정확히 모르는
낱말들을 적어 보세요!

●

●

●

●

●

02

이 글에 대한 설명으로 알맞지 <u>않은</u> 것은 무엇인가요?　(　　)

① 황사와 미세먼지의 뜻에 대해 설명하고 있다.
② 황사와 미세먼지가 생기는 원인을 밝히고 있다.
③ 봄에 생기는 먼지바람 두 가지를 소개하고 있다.
④ 먼지바람을 막을 수 있는 방법을 알려 주고 있다.
⑤ 황사와 미세먼지의 공통점과 차이점을 설명하고 있다.

낱말 따라 쓰기

● 생물의 몸 안에서 호흡을
맡은 기관 :
| 호 | 흡 | 기 |

● 어떤 물질에 대하여 몸
이 지나치게 예민하게 반
응하여 생기는 탈 :
| 알 | 레 | 르 | 기 |

● 눈에 생긴 병 : | 눈 | 병 |

● 무엇에 원인이 되거나 힘
을 미치어 반응이나 변화
가 생기게 하는 것 :
| 영 | 향 |

● 서로 비슷하거나 같은 점 :
| 공 | 통 | 점 |

03

다음은 먼지바람 두 가지를 정리한 표입니다. ㉮, ㉯에 알맞은 쓰세요.

황사	– 강한 바람으로 인해 자연적으로 만들어진 모래와 흙먼지가 우리나라로 날아오는 것 – 중국이나 몽골의 (　㉮　)에서 시작된다.
미세먼지	– 사람들이 활동하면서 생기는 아주 작은 (　㉯　) – 산업 시설이나 자동차의 배기가스 등으로 인해 생긴다.

㉮: (   ), ㉯: (   )

● 어떤 현상이나 결과를 생
기게 하는 요소 :
| 원 | 인 |

● 차이가 나는 점이나 부분,
또는 특징 :
| 차 | 이 | 점 |

04

4단락의 밑줄 친 (가)에 들어갈 이어 주는 말로 가장 알맞은 것은 무엇인가요?
(　　)

① 하지만　② 그러나　③ 그리고　④ 그런데　⑤ 왜냐하면

● 볼일이 있어서 집 밖으
로 나가는 것 : | 외 | 출 |
[外-밖 외, 出-날 출]

문제 이해하고 풀기

빠른 정답 4쪽, 정답과 풀이 49쪽

01 글의 구조 이해하기

1단락에서는 먼지바람을 소개하고, 먼지바람에 대한 궁금증을 드러내고 있어요.(ⓒ에 해당)

2단락에서는 황사를 설명하고(㉠에 해당), 3단락에서는 미세먼지를 설명하면서 황사와 비교하고 있네요.(ⓒ에 해당)

4단락에서는 황사와 미세먼지가 심한 날에 우리가 해야 할 일들을 설명하고 있어요.(㉣에 해당)

정답은 _____ → _____ → _____ → _____ 입니다.

02 글쓰기 방식 이해하기

❀ 각각의 선택지 내용을 순서대로 살펴볼게요.

① 황사와 미세먼지의 뜻에 대해 설명하고 있다. (○)

✳ 근거 ②단락 ❷번째 문장: ~ 날아오는 것이 황사이지요.

✳ 근거 ③단락 ❶번째 문장: 미세먼지는 ~ 말해요.

② 황사와 미세먼지가 생기는 원인을 밝히고 있다.
(○)

✳ 근거 ②단락 ❷번째 문장: 강한 바람으로 인해 ~

✳ 근거 ③단락 ❶번째 문장: ~ 산업 시설이나 자동차의 배기가스 등 사람들이 활동하면서 생기는 ~ 말해요.

③ 봄에 생기는 먼지바람 두 가지를 소개하고 있다.
(○)

✳ 근거 ①단락 ❸번째 문장: 황사, 미세먼지와 같은 먼지바람이 바로 그것이지요.

④ 먼지바람을 막을 수 있는 방법을 알려 주고 있다.
(×)

🍃 이 글에 먼지바람을 막을 수 있는 방법은 나오지 않아요.

⑤ 황사와 미세먼지의 공통점과 차이점을 설명하고 있다. (○)

✳ 근거 ③단락 ❷, ❸번째 문장: ~ 점에서 황사와 공통점이 있습니다. 하지만 ~ 점에서 차이점이 있답니다.

정답은 _____ 입니다.

03 내용 이해하기

먼지바람인 황사와 미세먼지에 대한 내용을 이해하고, 이를 정리한 표의 ㉮, ㉯에 알맞은 말을 쓰는 문제입니다.

🌸 황사와 미세먼지를 설명하는 문장을 찾아볼까요?

〈황사〉

✳ 근거 ②단락 ❶번째 문장: 먼저, 황사는 중국이나 몽골의 사막에서 시작돼요.

〈미세먼지〉

✳ 근거 ③단락 ❶번째 문장: 미세먼지는 산업 시설이나 자동차의 배기가스 등 사람들이 활동하면서 생기는 아주 작은 먼지를 말해요.

정답은 ㉮: _____,

㉯: _____ 입니다.

04 올바른 접속어 찾기

🌸 각각의 선택지 내용을 순서대로 살펴볼게요.

① 하지만 (×)

🍃 '하지만'은 서로 같지 않은 사실을 나타내는 두 문장을 이어 주는 말이에요.

② 그러나 (×)

🍃 '그러나'는 서로 반대되는 내용을 말할 때 쓰는 이어 주는 말이에요.

③ 그리고 (○)

🍃 ㉮의 앞 문장과 뒤 문장 모두 황사와 미세먼지가 심한 날 해야 할 일에 대해서 설명하고 있어요. 따라서 비슷한 내용을 나란히 연결하는 '그리고'가 들어가야 합니다.

④ 그런데 (×)

🍃 '그런데'는 앞의 내용과 다른 방향으로 문장을 이끌어 갈 때 쓰는 이어 주는 말이에요.

⑤ 왜냐하면 (×)

🍃 '왜냐하면'은 뒤 문장이 앞 문장의 원인이 될 때 쓰는 이어 주는 말이에요.

정답은 _____ 입니다.

DAY 25

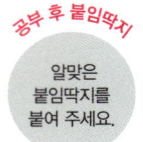
영주는 짝꿍의 물병 안에 들어 있는 게 물인지 탄산음료인지 궁금했어요. 그래서 짝꿍에게 '네 물병 안에 들어 있는 거 물이야!'라고 쪽지를 써서 주었어요. (가) 쪽지를 본 짝꿍은 이상하게 생각했어요. 왜 그랬을까요? 영주의 쪽지에 문장 부호가 잘못 쓰여 있어서 뜻이 제대로 전달되지 못했기 때문이랍니다. 이처럼 문장의 뜻을 잘 이해하기 위해서 사용하는 여러 가지 부호를 문장 부호라고 해요.

문장 부호는 종류에 따라 쓰임이 달라요. 먼저, 마침표(.)는 설명하는 문장의 끝에 사용합니다. '오늘은 금요일입니다.'와 같이 쓸 수 있지요. 마침표와 비슷하지만 점에 꼬리가 있는 모양인 쉼표(,)는 문장에서 조금 쉬어 읽을 때 쓰여요. 부르는 말이나 대답하는 말 뒤에도 쉼표가 쓰인답니다. 예를 들어 '친구야, 같이 가자.'처럼 쓸 수 있어요.

다음으로 물음표(?)는 묻는 문장의 끝에 사용해요. 앞에서 영주는 물병 안에 들어 있는 게 무엇인지 물어보려고 했으니까 '네 물병 안에 들어 있는 거 물이야?'라고 해야 맞는 것이지요.

마지막으로 느낌표(!)는 느낌을 나타내는 문장의 끝에 사용합니다. 느낌표를 사용해서 기쁨이나 슬픔, 놀람 등을 표현할 수 있어요. 예를 들어 '꽃이 참 예쁘구나!'와 같이 쓸 수 있겠지요.

지문 확인

- 1단락 중심 낱말 :
  1) ☐☐ ☐☐

- 2단락 중심 낱말 :
  마침표, 2) ☐☐

- 3단락 중심 낱말 :
  3) ☐☐☐

- 4단락 중심 낱말 :
  4) ☐☐☐

낱말 따라 쓰기

- 톡 쏘는 맛이 나는 시원한 음료수 : 탄 산 음 료

- 작은 종잇조각 : 쪽 지

- 정상이 아니다. : 이 상 하다
  [異 – 다를 이, 常 – 항상 상]
  ㉠ 겨울에 여름옷을 입는 것은 이상하다.

- 생각을 말로 표현할 때 하나의 정리된 뜻을 나타내는 말의 단위 : 문 장

- 일정한 방식에 따라 어떤 뜻을 나타내거나 정보 전달에 쓰이는 일정한 소리·글자·그림 등 : 부 호

- (알맞은 정도나 수준으로 : 제 대 로
  ㉠ 치킨을 제대로 먹기 위해서는 손으로 뜯어야 한다.

- (무엇이) 다른 사람이나 기관에 이르게 되다. : 전 달 되다

- 어떤 기준에 따라 여러 가지 사물을 나눈 갈래 : 종 류
  ㉠ 직업의 종류는 매우 많다.

01

빠른 정답 4쪽, 정답과 풀이 50~51쪽

다음은 이 글의 구조를 정리한 것입니다. ㉠, ㉡에 들어가기에 알맞은 말을 쓰세요.

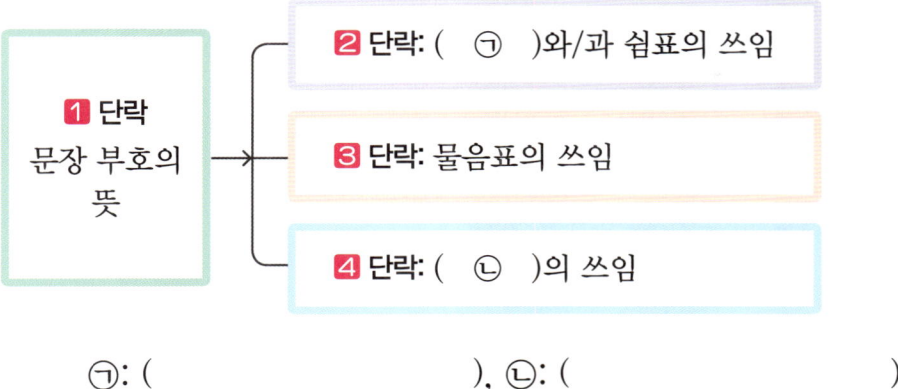

1 단락
문장 부호의
뜻

2 단락: (㉠)와/과 쉼표의 쓰임

3 단락: 물음표의 쓰임

4 단락: (㉡)의 쓰임

㉠: (   ), ㉡: (   )

01 글의 구조 이해하기
각 단락을 정리한 문장과 글을 비교하며 읽어 보세요.

02

이 글의 내용으로 알맞지 **않은** 것은 무엇인가요?　　　　　(　)

① 문장 부호는 종류별로 쓰임이 다르다.
② 문장에서 조금 쉬어 읽을 때 쉼표를 쓰면 된다.
③ 점에 꼬리가 있는 마침표는 부르는 말 뒤에 쓰인다.
④ 문장 부호를 잘못 쓰면 뜻을 제대로 전달할 수 없다.
⑤ 기쁨이나 슬픔, 놀람 등을 표현하기 위해 느낌표를 쓴다.

02 내용 이해하기
2단락에서 마침표는 (.)라고 했어요.

DAY
26

낱말 따라 쓰기

● 무엇에 쓰이는 데, 또는 쓰이는 성질 : 쓰 임

● 어떤 사실에 대하여 남이 잘 이해할 수 있도록 말하다. :
설 명 하다 [說-말씀 설, 明-밝을 명]

● (남의 주의를 끌려고 무엇을) 말하거나 소리 내어 외치다. :
부 르 다

● 물음·부름·요구에 응하여 어떤 말을 하다. : 대 답 하다
[對-대답할 대, 答-대답할 답]

● 느껴지는 것, 또는 느낀 것 : 느 낌
㉲ 지금은 아무런 느낌도 없다.

● 느낌이나 생각을 말, 글, 예술 작품 등으로 나타내다. :
표 현 하다 [表-겉 표, 現-나타날 현]

● 예를 들어 보이는 것 : 예 시
[例-보기 예, 示-보일 시]

● 특별한 형편·사정·상황, 또는 실례 : 경 우

03

이 글에 대한 설명으로 알맞지 <u>않은</u> 것은 무엇인가요?　　　　(　)

① 문장 부호 네 가지를 소개하고 있다.
② 각각의 문장 부호가 쓰이는 예시를 들고 있다.
③ 문장 부호가 생겨나게 된 배경을 설명하고 있다.
④ 문장 부호를 잘못 쓴 경우로 글을 시작하고 있다.
⑤ 문장 부호를 쓰임에 따라 종류별로 나누어 설명하고 있다.

03 글쓰기 방식 이해하기
선택지에서 말하고 있는 내용과 표현이 글에 나오는지 확인해 보세요.

04

다음은 준호의 일기입니다. ㉮~㉭ 중 문장 부호가 <u>잘못</u> 쓰인 것의 기호를 쓰고, 알맞은 문장 부호로 고쳐 쓰세요.

04 내용 적용하기
3단락에 물음표의 쓰임이 나와 있어요. 부르는 말 뒤에는 어떤 문장 부호가 쓰이나요?

> 날짜: 20○○년 ○월 ○일　　　　　　　　　　　　　　날씨: 맑음
>
> 　오늘은 재희네 집에 놀러 ㉮ 갔다.
> 　재희 방에서 장난감을 가지고 놀던 중에 재희가
> "㉯ 준호야? 이거 너 ㉰ 가질래?"라고 말하며 아끼는 장난감을 나에게
> 주었다.
> 　나는 너무 ㉱ 기뻤다!

(1) 잘못 쓰인 것: _____

(2) 알맞은 문장 부호: _____

05 　서술형

영주의 짝꿍이 1단락의 밑줄 친 ㉮처럼 생각한 까닭을 이 글에서 찾아 쓰세요.

05 내용 추측하기
영주의 쪽지 내용이 무엇이었는지 1단락에서 찾아볼 수 있어요.

_____

_____

_____

[01~04] 주어진 뜻풀이에 알맞은 낱말을 〈보기〉에서 찾아 쓰세요.

〈 보기 〉
산업　들뜨다　부르다　부호

01 마음이나 분위기가 조용하지 않고 흥분하다.

: _____

02 (남의 주의를 끌려고 무엇을) 말하거나 소리 내어 외치다. : _____

03 일정한 방식에 따라 어떤 뜻을 나타내거나 정보 전달에 쓰이는 일정한 소리·글자·그림 등 : _____

04 농업·공업·임업·수산업·광업처럼 자연에서 자원을 얻거나 이를 이용하여 생활에 필요한 물자를 생산하는 일 : _____

[10~13] 주어진 뜻풀이에 알맞은 낱말을 연결하세요.

10 물음·부름·요구에 응하여 어떤 말을 하다.　•
　　•㉠ 원인

11 어떤 현상이나 결과를 생기게 하는 요소　•
　　•㉡ 공통점

12 서로 비슷하거나 같은 점　•
　　•㉢ 대답하다

13 많은 사람이 같이 편리하게 쓰도록 만들어 놓은 큰 장치나 도구　•
　　•㉣ 시설

[05~09] 주어진 자음자와 뜻풀이를 보고, 빈칸에 알맞은 낱말을 쓰세요.

05 일본에서 큰 지진이 ㅂ ㅅ 하였다.
어떤 일이 일어나다.

06 ㅊ ㄱ 에 환경에 대한 관심이 늘어났다.
(지금을 기준으로 하여) 가장 나중에 지나간 때나 기간, 바로 얼마 전

07 고무줄은 ㅆ ㅇ 이/가 다양하다.
무엇에 쓰이는 데, 또는 쓰이는 성질

08 나는 심부름할 거리를 ㅉ ㅈ 에 적었다.
작은 종잇조각

09 오늘따라 피아노의 소리가 ㅇ ㅅ 하다.
정상이 아니다.

[14~17] 주어진 문장의 빈칸에 알맞은 낱말을 〈보기〉에서 찾아 쓰세요.

〈 보기 〉
외출　제대로　전달　경우

14 한눈팔면 일을 □□ 할 수 없다.

15 지진 때의 진동이 우리 몸까지 □□ 됐다.

16 진수는 □□ 준비를 하고 있다.

17 불이 났을 □□ 에는 얼른 119에 신고해야 한다.

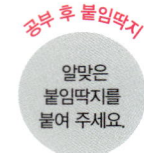

지문 확인

여러분이 좋아하는 음악은 무엇인가요? 아이돌 음악, 밴드 음악, 트로트 등 음악의 장르는 매우 다양해요. 그런데 우리나라에 예전부터 전해져 내려오는 음악이 있다는 사실, 알고 있었나요? 바로 풍물놀이와 사물놀이가 우리나라의 고유 음악입니다. 그럼 풍물놀이와 사물놀이가 각각 무엇인지 알아볼까요?

풍물놀이는 꽹과리, 장구, 북, 징, 나발, 태평소, 소고 등을 불거나 치면서 춤추는 놀이를 말합니다. 옛날에 농사를 시작할 때나 추수를 할 때, 농사일을 즐겁게 하고 마을의 안녕을 기원하기 위해 풍물놀이를 하였지요.

그렇다면 사물놀이는 무엇일까요? 사물놀이는 1978년에 김덕수 등 네 명의 사람들이 한 소극장에서 징, 꽹과리, 북, 장구의 네 가지 악기만으로 연주한 것에서 비롯해요. 다시 말해, 사물놀이는 징, 꽹과리, 북, 장구의 네 가지 악기로 연주하는 음악을 뜻합니다.

풍물놀이와 사물놀이는 두 가지 차이점이 있어요. 첫째, 사용하는 악기의 수가 달라요. 사물놀이는 네 가지 악기만을 사용해요. 반면 풍물놀이는 네 가지 악기 외에 소고, 태평소 등 다양한 악기를 가지고 연주한답니다. 둘째, 연주하는 장소가 달라요. 풍물놀이는 밖에서 여러 명이 어울려 연주하는 반면, 사물놀이는 실내에서 네 명이 연주합니다.

- 1단락의 중심 문장에 표시해 보세요.
- 2단락의 중심 문장에 표시해 보세요.
- 3단락의 중심 문장에 표시해 보세요.
- 4단락의 중심 문장에 표시해 보세요.

낱말 따라 쓰기

● 예술 양식의 갈래 : 장 르

● (종류는 같으면서) 색깔·모양·내용 등이 서로 다른 것이 많다. : 다 양 하다

● 오래된 집단이나 사물이 본래부터 지니고 있는 것. 어떤 것에만 있는 것 : 고 유

● 가을에 익은 곡식을 거두어들이는 일 : 추 수
[秋-가을 추, 收-거둘 수]

● 아무런 탈이나 걱정 없이 편안한 것 : 안 녕

● 신에게 소원이 이루어지기를 간절히 바라다. : 기 원 하다
㉔ 할아버지께서 건강하게 오래 사시기를 기원합니다.

● 청중 앞에서 악기를 다루어 음악을 들려주다. : 연 주 하다
㉔ 나는 바이올린을 연주할 줄 안다.

● (어떤 사실이 어디에서) 처음 시작하다. : 비 롯 하다
㉔ 그 일은 우리의 실수에서 비롯하였다.

STEP 5 글의 구조 이해하기

빠른 정답 4쪽

★ **글의 구조를 이해하는 방법**

① 먼저, 각 단락의 내용을 요약하여 단락 간의 관계를 살펴보세요.

② 단락 간의 관계를 바탕으로 글의 구조를 따져 보고, 이를 구조도로 정리하세요.

- 단락마다 다른 이야기가 이어진다면 각 단락을 기차 모양(□→□→□→□)으로 나란히 놓으세요.
- 앞 단락의 내용을 뒷 단락에서 자세히 설명하면 앞 단락과 뒷 단락을 나란히(□→□) 놓으세요.
- 같은 종류의 내용을 다루는 단락끼리는 묶을 수(⌐□□⌐) 있어요.

1단락

우리나라의 고유 음악인 풍물놀이와 사물놀이를 소개하고 있어요. 그러므로 1단락을 요약하면 '풍물놀이와 1) [   ]의 소개'입니다.

[단락 간의 관계] 풍물놀이와 사물놀이를 알아보자고 했으므로 이어지는 단락에서는 이에 대해 이야기할 것임을 알 수 있어요.

2단락

풍물놀이의 뜻과 시작된 배경을 설명하고 있으므로 2단락을 요약하면 '2) [   ]의 뜻과 배경'입니다.

3단락

사물놀이의 뜻과 시작된 배경을 설명하고 있으므로 3단락을 요약하면 '3) [   ]의 뜻과 배경'입니다.

4단락

풍물놀이와 사물놀이의 두 가지 차이점을 이야기하고 있네요. 그러므로 4단락을 요약하면 '풍물놀이와 사물놀이의 4) [   ]'입니다.

[글의 구조]

- 1단락에서는 글 전체의 중심 낱말인 '풍물놀이와 사물놀이'를 소개하고 있어요.
- 2단락에서는 풍물놀이가 무엇인지 설명하고 있어요.
- 3단락에서는 사물놀이가 무엇인지 설명하고 있어요.

★ 2단락과 3단락은 각각 우리나라의 고유 음악인 풍물놀이와 사물놀이를 다루고 있으므로 두 단락을 묶을 수 있어요.

- 4단락에서는 풍물놀이와 사물놀이의 차이점을 두 가지로 나누어 이야기하고 있어요.

★ 글의 구조도를 그리면 다음과 같습니다.

```
┌─────────────────────────────────────┐
│ 1 단락: 풍물놀이와 사물놀이의 소개      │
└─────────────────────────────────────┘
                   │
        ┌──────────┴──────────┐
┌──────────────┐      ┌──────────────┐
│ 2 단락: 풍물놀이의 │      │ 3 단락: 사물놀이의 │
│     뜻과 배경     │      │     뜻과 배경     │
└──────────────┘      └──────────────┘
        │                      │
        ↓                      ↓
┌─────────────────────────────────────┐
│ 4 단락: 풍물놀이와 사물놀이의 차이점    │
└─────────────────────────────────────┘
```

낱말 따라 쓰기

- 차이가 나는 점이나 부분, 또는 특징 : 차 이 점
- 함께 사귀어 잘 지내다. : 어 울 리 다
- 방이나 건물의 안 : 실 내 [室 – 집 실, 內 – 안 내]
- (어떤 일을) 실제로 하다. : 행 하다 [行 – 일할 행]

01

㉮~㉱는 각 단락을 정리한 문장입니다. ㉮~㉱를 단락의 순서에 맞게 쓰세요.

> ㉮ 풍물놀이의 뜻과 배경
> ㉯ 사물놀이의 뜻과 배경
> ㉰ 풍물놀이와 사물놀이의 소개
> ㉱ 풍물놀이와 사물놀이의 차이점

(   ) → (   ) → (   ) → (   )

빠른 정답 4쪽, 정답과 풀이 52~53쪽

정답 콕콕 특강

01 글의 구조 이해하기
각 단락에서 어떤 이야기를 하고 있는지 살펴보세요. 먼저 각 단락의 중심 낱말이 무엇인지 찾는 게 좋아요.

02

이 글의 내용으로 알맞지 <u>않은</u> 것은 무엇인가요?   (   )

① 사물놀이는 네 가지 악기로만 이루어진다.
② 사물놀이는 네 명의 사람들이 밖에서 연주한다.
③ 풍물놀이와 사물놀이는 우리나라의 전통 음악이다.
④ 풍물놀이는 농사일을 즐겁게 하기 위해서 행해졌다.
⑤ 풍물놀이와 사물놀이는 연주하는 악기의 수가 다르다.

02 내용 이해하기
선택지와 글의 내용을 비교해 보고, 각각의 내용이 어디에 나오는지 찾아보세요.

03

이 글의 내용에 비추어 볼 때, 각각의 사진이 풍물놀이와 사물놀이 중 무엇에 해당하는지 쓰세요.

(1)

(2)

(   )   (   )

03 내용 적용하기
풍물놀이에 대한 내용은 2단락에, 사물놀이에 대한 내용은 3단락에 나와 있고, 둘의 차이점을 4단락에서 다루고 있어요.

04 서술형

'사물놀이'에 사용되는 악기를 모두 쓰세요.

_____

_____

04 내용 이해하기
사물놀이에 대한 내용은 3단락에 나와 있어요.

낱말 쑥쑥 테스트

빠른 정답 4쪽

[01~04] 주어진 뜻풀이에 알맞은 낱말을 〈보기〉에서 찾아 쓰세요.

〈 보기 〉
어울리다   고유   차이점   추수

01 함께 사귀어 잘 지내다. : _____

02 차이가 나는 점이나 부분, 또는 특징 :

_____

03 가을에 익은 곡식을 거두어들이는 일 :

_____

04 오래된 집단이나 사물이 본래부터 지니고 있는 것. 어떤 것에만 있는 것

: _____

[05~09] 주어진 자음자와 뜻풀이를 보고, 빈칸에 알맞은 낱말을 쓰세요.

05 제과점에 | ㄷ | ㅇ | 한 종류의 빵이 있다.

(종류는 같으면서) 색깔·모양·내용 등이 서로 다른 것이 많다.

06 | ㅅ | ㄴ | 에서는 신발을 벗어야 한다.

방이나 건물의 안

07 친구의 병이 빨리 낫기를 | ㄱ | ㅇ | 했다.

신에게 소원이 이루어지기를 간절히 바라다.

08 그는 기타를 | ㅇ | ㅈ | 하는 실력이 뛰어나다.

청중 앞에서 악기를 다루어 음악을 들려주다.

09 바른 행동은 바른 마음가짐에서 | ㅂ | ㄹ | 한다.

(어떤 사실이 어디에서)
처음 시작하다.

DAY
27

배경지식

우리 고유의 음악, 판소리

우리나라의 전통 음악인 판소리를 알고 있나요? 판소리는 〈심청전〉이나 〈흥부전〉과 같은 이야기가 나오게 된 노래이기도 해요. 원래는 〈심청전〉과 〈흥부전〉이라는 판소리로 있었거든요. 판소리는 여러 사람이 모인 넓은 놀이판을 무대로 하여 소리꾼이 북 장단에 맞추어 몸짓과 이야기를 섞어 가면서 부르는 노래입니다.
    판소리는 소리꾼과 고수가 이끌어 나가며, 관객까지 참여해요. 소리꾼은 소릿광대라고도 하며 큰 목소리로 소리를 하고, 노래에 맞는 몸짓도 하고, 이야기도 한답니다. 고수는 소리꾼 옆에서 소리꾼이 박자를 맞출 수 있도록 북을 쳐요. 가끔 소리꾼의 상대자 역할도 해 주며, '얼씨구'와 같은 말을 하며 흥을 돋우기도 하지요. 관객은 소리꾼과 고수의 판소리를 지켜보다가 흥이 나면 판소리에 함께 참여한답니다.

공부 후 붙임딱지
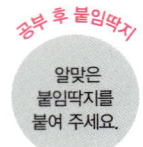
알맞은 붙임딱지를 붙여 주세요.

공부한 날   월   일

빠른 정답 4쪽

지문 확인

• 1단락의 중심 문장에 표시해 보세요.

• 2단락의 중심 문장에 표시해 보세요.

• 3단락의 중심 문장에 표시해 보세요.

  18세기 독일의 한 초등학교 교실에서 이런 일이 있었어요. 선생님이 잠시 교실을 나가 있는 동안 학생들을 조용히 시키기 위해 '1부터 100까지 더하시오.'라는 문제를 냈어요. 1부터 100까지 더해야 하니 선생님은 시간이 오래 걸릴 것으로 생각했지요. (㉠) 선생님이 교실 문밖으로 나가기도 전에 답을 구해서 말한 학생이 있었어요. 이 학생은 바로 '계산의 천재'라고 불린 독일의 수학자 가우스였답니다.

  가우스는 어떻게 문제를 빨리 풀 수 있었을까요? 1부터 100까지 차례대로 덧셈을 했던 다른 학생들과 달리, 가우스는 새로운 방법을 발견하여 문제를 풀었습니다. 그 방법은 1과 100, 2와 99, 3과 98 등 두 수를 서로 짝지어 더하는 것이었어요. 이렇게 하면 101이라는 수가 총 50개 나오게 되니, 빠르고 간편한 계산이 가능했지요.

$$
\begin{array}{r}
1+\ 2+\ 3+\ 4+\ 5+ \cdots\cdots +\ 50 \\
+100+\ 99+\ 98+\ 97+\ 96+ \cdots\cdots +\ 51 \\
\hline
101+101+101+101+101+ \cdots\cdots +101
\end{array}
$$

  이후에도 가우스는 수학 문제를 푸는 새로운 방법을 만들어 냈어요. 또 가우스는 소행성의 궤도를 계산하는 데에도 업적을 세웠어요. 1801년에 소행성 '세레스'가 발견되고 갑자기 사라지자, 가우스는 소행성의 궤도를 계산해서 다음에 소행성이 나타날 곳을 정확하게 예측했답니다.

낱말 따라 쓰기

• (기원후를 기준으로 하여 그 전과 후의 시간을 100년씩으로 나누어 매긴 차례를 나타내는 숫자 뒤에 써서) ~번째의 100년 : 세 기

• 짧은 시간 동안(에) : 잠 시

• (답이나 수치를) 알아내다. : 구 하다 [求-구할 구]

• 수를 셈하는 것 : 계 산 [計-셀 계, 算-셀 산]

• 타고난 뛰어난 재능, 또는 그러한 재능을 가진 사람 : 천 재 [天-하늘 천, 才-재주 재]

• 이름이 붙여지다. : 불 리 다

• 이제까지 찾아내지 못했거나 세상에 알려지지 않은 것을 처음으로 찾아내든가 알아내다. : 발 견 하다 [發-밝힐 발, 見-볼 견]

• 간단하고 편하다. 쉽다. : 간 편 하다
  ㉮ 주부들은 요즘 조리가 간편한 식품을 선호한다.

• 할 수 있거나 될 수 있다. : 가 능 하다 [可-옳을 가, 能-능할 능]

01

다음은 이 글의 구조를 정리한 것입니다. 빈칸에 공통으로 들어가기에 알맞은 말을 쓰세요.

빠른 정답 4쪽, 정답과 풀이 54~55쪽

✏️ 뜻을 정확히 모르는 낱말들을 적어 보세요!

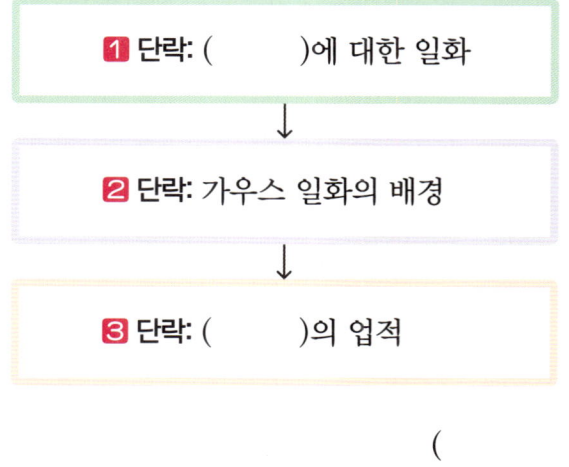

1 단락: (   )에 대한 일화

↓

2 단락: 가우스 일화의 배경

↓

3 단락: (   )의 업적

(   )

02

1단락에 ㉠에 들어갈 이어 주는 말로 가장 알맞은 것은 무엇인가요? (   )

① 또한   ② 따라서   ③ 그런데

④ 그러므로   ⑤ 왜냐하면

DAY
28

──────── **낱말 따라 쓰기**

● 화성과 목성 사이에서 태양의 둘레를 도는 작은 행성 : 소 행 성 [小–작을 소, 行–갈 행, 星–별 성]

● 사물이 따라서 움직이도록 정해진 길 : 궤 도

● 열심히 일하여 이룩해 놓은 결과 : 업 적
㉐ 위인은 위대한 업적을 남긴 사람이다.

● 바르고 확실하여 틀림이 없다. : 정 확 하다

● 앞으로 일어날 일을 미리 짐작하다. : 예 측 하다
㉐ 이번 시합은 어느 반이 이길지 예측하기가 어렵다.

● 어떤 사람이나 사건에 관련된, 세상에 널리 알려지지 않은 흥미로운 이야기 : 일 화

빠른 정답 4쪽, 정답과 풀이 55쪽

✏️ 뜻을 정확히 모르는 낱말들을 적어 보세요!

03

다음 중 '가우스'에 대한 설명으로 맞으면 ○표, 틀리면 ✕표를 하세요.

(1) 가우스는 독일 사람이다. ( )

(2) 가우스는 우주 탐험가이다. ( )

(3) 가우스는 수학 문제를 푸는 방법을 한 번만 만들어 냈다. ( )

04

이 글에 대한 설명으로 알맞지 <u>않은</u> 것은 무엇인가요? ( )

① 가우스의 계산 방법을 설명하고 있다.

② 두 명의 수학자를 비교하며 설명하고 있다.

③ 가우스가 세운 업적에 대해 소개하고 있다.

④ 소개할 대상과 관련된 일화로 글을 시작하고 있다.

⑤ 질문하고 그에 대해 답하는 방법을 사용하고 있다.

05 서술형

가우스가 소행성과 관련하여 세운 업적을 이 글에서 찾아 쓰세요.

_____

_____

_____

[01~05] 주어진 뜻풀이에 알맞은 낱말을 〈보기〉에서 찾아 쓰세요.

〈 보기 〉

| 궤도 | 가능하다 | 잠시 | 천재 | 업적 |

01 짧은 시간 동안(에) : _____

02 열심히 일하여 이룩해 놓은 결과

: _____

03 할 수 있거나 될 수 있다. : _____

04 사물이 따라서 움직이도록 정해진 길

: _____

05 타고난 뛰어난 재능, 또는 그러한 재능을 가진 사람 : _____

[06~10] 주어진 자음자와 뜻풀이를 보고, 빈칸에 알맞은 낱말을 쓰세요.

06 아무도 [ㅇ][ㅊ] 하지 못한 일이 일어났다.

앞으로 일어날 일을 미리 짐작하다.

07 이 제품은 포장을 벗겨 바로 먹을 수 있어서 매우 [ㄱ][ㅍ] 하다.

간단하고 편하다. 쉽다.

08 그 책은 감동적인 [ㅇ][ㅎ] 을/를 다루고 있다.

어떤 사람이나 사건에 관련된, 세상에 널리 알려지지 않은 흥미로운 이야기

09 책상의 가로 길이가 몇 센티인지 [ㄱ] 해 보세요.

(답이나 수치를) 알아 내다.

10 친구들 중에서 '키다리'라고 [ㅂ][ㄹ] 는 사람은 '진호'이다.

이름이 붙여지다.

배경지식

공룡의 적은 소행성?

소행성은 태양 주위를 도는 천체 중 크기가 행성보다 훨씬 작은 것을 말하며, 주로 화성과 목성 사이에 퍼져 있어요. 소행성의 크기는 지름이 10미터 정도로 작은 것부터 약 530킬로미터에 이르는 거대한 것까지 다양합니다.

소행성이 다른 천체들보다 주목을 받는 까닭은 공룡을 멸종시킨 6,500만 년 전 중생대 백악기 대멸종의 원인으로 추측되기 때문이에요. 미국의 물리학자 루이스 앨버레즈와 그의 아들인 지질학자 월터 앨버레즈는 공룡 멸종 당시의 지층에 우주에서 온 '이리듐'이라는 원소가 많다는 사실을 발견했어요. 여기서 실마리를 찾아, 우주에서 날아온 소행성의 충돌로 공룡이 멸종했다고 발표했습니다.

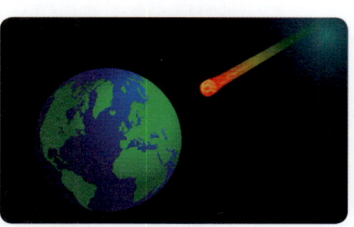

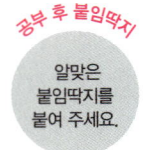

공부 후 붙임딱지
알맞은
붙임딱지를
붙여 주세요.

| 공부한 날 | 월 | 일 |

빠른 정답 4쪽

텔레비전에서 북한 방송이나 북한 사람이 말하는 것을 본 적이 있나요? 북한의 말은 우리 남한의 말과 조금 다른 것 같이 느껴져요. 남한과 북한은 같은 민족인데 왜 사용하는 말이 달라졌을까요? (㉠) 남한과 북한은 오랫동안 남과 북으로 분단되어 있었기 때문입니다. 그래서 남한의 말과 북한의 말이 달라진 것이지요. 북한의 말이 우리 남한의 말과 어떻게 다른지 알아볼까요?

북한에서는 영어를 거의 쓰지 않습니다. 우리가 그대로 쓰는 영어 표현을 북한은 순우리말이나 한자어로 바꿔서 써요. 예를 들어 '도넛'은 '가락지빵'이라고 하는데, 도넛이 가락지(반지)와 비슷한 모양이어서 그렇답니다. 또 '에스컬레이터'는 '계단승강기', '다이빙'은 '뛰여들기'라고 해요.

그러다 보니 북한에서 쓰는 축구 용어도 우리와 달라요. '패스'는 '연락'으로, '코너킥'은 '구석차기', '오프사이드'는 '공격어김', '슛'은 '차넣기', '골키퍼'는 '문지기' 등으로 바꾸어 부릅니다.

서술어도 남한말과 북한말 사이에는 많은 차이가 있습니다. 우리의 '괜찮다'라는 말은 북한에서 '일없다'라고 하고, '가르치다'는 '배워주다', '아리송하다'는 '새리새리하다'라고 한답니다. 그럼 '다이어트를 하다'는 북한에서 뭐라고 할까요? 바로 '몸깐다'라고 해요.

지문 확인

• **1단락 요약 :**
남한말과
1) ☐ ☐ ☐ 이/가
다른 까닭

• **2단락 요약 :**
북한말의 예시 ①
2) ☐ ☐ 표현

• **3단락 요약 :**
북한말의 예시 ②
3) ☐ ☐ 용어

• **4단락 요약 :**
북한말의 예시 ③
4) ☐ ☐ ☐

낱말 따라 쓰기

- 라디오나 텔레비전처럼 전파를 통해 소리나 그림을 대중에게 전달하는 것 : 방 송

- 오랜 세월 동안 일정한 지역에서 대대로 함께 삶으로써 독특한 언어·풍습·문화·역사 등을 가지게 된 사람들의 공동체 : 민 족 [民-백성 민, 族-겨레 족]
  ㉣ 남북 분단은 우리 민족에게 큰 아픔을 주었다.

- 한 나라나 민족이 둘 이상으로 나뉘어 갈라지다. : 분 단 되 다

- (영국·미국·캐나다 등의 공용어로서) 영국에서 발생한 언어 : 영 어 [英-꽃부리 영, 語-말씀 어]

- 한자어나 외래어가 아닌, 원래부터 있었던 우리말로만 이루어진 말 : 순 우 리 말 [純-순수할 순]

- 높은 건물 등에서 동력을 이용하여 사람이나 짐을 아래위로 나르는 시설 : 승 강 기

- 어떤 분야에서 주로 사용하는 말 : 용 어 [用-쓸 용, 語-말씀 어]

빠른 정답 4쪽, 정답과 풀이 56~57쪽

✏️ 뜻을 정확히 모르는 낱말들을 적어 보세요!

01

다음은 이 글의 구조를 정리한 것입니다. 빈칸에 들어가기에 알맞은 말을 쓰세요.

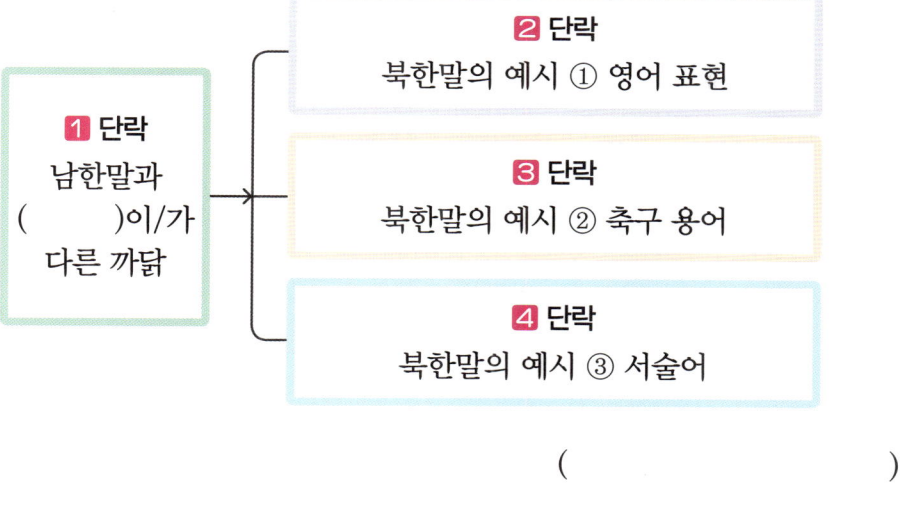

1 단락
남한말과
(   )이/가
다른 까닭

2 단락
북한말의 예시 ① 영어 표현

3 단락
북한말의 예시 ② 축구 용어

4 단락
북한말의 예시 ③ 서술어

(   )

02

1단락의 ㉠에 들어갈 이어 주는 말로 가장 알맞은 것은 무엇인가요?   (   )

① 또한   ② 그리고   ③ 하지만
④ 그래서   ⑤ 왜냐하면

DAY
29

낱말 따라 쓰기

● 통신이나 남을 통하여 어떤 소식을 알려 주는 것 : 　연　락

● 문장 안에서 주어의 성질·상태·움직임을 나타내는 말 :
　서　술　어

● 서로 같지 않고 다른 것 : 　차　이
　[差－어긋날 차, 異－다를 이]

● (그런 것 같기도 하고 저런 것 같기도 하여) 분간하기 어렵
다. : 　아　리　송　하다

● 건강이나 몸매를 위해 음식을 먹는 양이나 종류를 제한하는
일 : 　다　이　어　트

● 방송국 밖에서의 상황을 방송국이 연결하여 내보내는 방송 :
　중　계　방　송

● (몸이나 마음이) 괴롭고 아프다. : 　고　통　스　럽　다
　예 나는 숙제를 못해서 마음이 고통스러웠다.

03

다음의 우리가 쓰는 말이 각각 어떤 북한말에 해당하는지 연결해 보세요.

(1) 도넛 •

(2) 아리송하다 •

(3) 가르치다 •

(4) 에스컬레이터 •

• ㉠ 새리새리하다

• ㉡ 계단승강기

• ㉢ 가락지빵

• ㉣ 배워주다

04

다음은 축구 중계방송 내용입니다. 밑줄 친 부분을 북한말로 바꾸어 쓴 것 중에서 잘못 쓴 것은 무엇인가요? (　　　)

> 7번 선수가 11번 선수에게 패스를 받았습니다.
> → ① 연락
> 7번 선수, 이제 슛을 하려고 하는데요.
> → ② 차넣기
> 상대편 선수가 발을 걸어 골키퍼 바로 앞에서 넘어지고 맙니다!
> → ③ 문지기
> 매우 고통스러워 보이는 7번 선수, 하지만 "괜찮습니다."라고 말하네요.
> → ④ 일있습니다.

05 서술형

남한말과 북한말이 달라진 까닭을 이 글에서 찾아 쓰세요.

_____

_____

_____

[01~04] 주어진 뜻풀이에 알맞은 낱말을 연결하세요.

01 문장 안에서 주어의 성질·상태·움직임을 나타내는 말 • • ㉠ 서술어

02 어떤 분야에서 주로 사용하는 말 • • ㉡ 순우리말

03 한자어나 외래어가 아닌, 원래부터 있었던 우리말로만 이루어진 말 • • ㉢ 아리송하다

04 (그런 것 같기도 하고 저런 것 같기도 하여) 분간하기 어렵다. • • ㉣ 용어

[05~09] 주어진 자음자와 뜻풀이를 보고, 빈칸에 알맞은 낱말을 쓰세요.

05 오빠는 살을 빼기 위해 ㄷ ㅇ ㅇ ㅌ 중이다.
건강이나 몸매를 위해 음식을 먹는 양이나 종류를 제한하는 일

06 사소한 의견 ㅊ ㅇ (으)로 나는 친구와 사이가 멀어졌다.
서로 같지 않고 다른 것

07 남북이 ㅂ ㄷ 되면서 이산가족이 생겨났다.
한 나라나 민족이 둘 이상으로 나뉘어 갈라지다.

08 그 프로그램은 시청률이 낮아 ㅂ ㅅ 이/가 중단됐다.
라디오나 텔레비전처럼 전파를 통해 소리나 그림을 대중에게 전달하는 것

09 나는 감기에 걸려 목이 부었기 때문에 밥을 넘기기가 ㄱ ㅌ ㅅ ㄹ ㄷ.
(몸이나 마음이) 괴롭고 아프다.

─ 배경지식 ─

DAY 29

지역마다 다른 말, 방언

남한과 북한의 말이 조금씩 다르듯이, 우리 남한 안에서도 지역마다 말이 조금씩 달라요. 이렇게 어느 한 지역에서만 쓰는 표준어가 아닌 말을 '방언' 또는 '사투리'라고 해요.

방언이 생겨난 가장 큰 까닭은 지역이 서로 강이나 산으로 나누어져서 다른 지역의 사람들끼리 잘 만나지 않았기 때문이에요. 옛날에는 사람들이 평생 동안 자기가 태어난 고향을 떠나지 않는 경우가 많았어요. 특히 다른 지역에 오고 가기 힘든 곳에 사는 사람들은 더욱 그랬지요.

그렇다 보니 그 지역에서만 독특하게 사용하는 말이 생겨났어요. 한 지역에서 사용하는 말은 다른 지역에서 사용하는 말과 높낮이가 다르거나, 사용하는 낱말이 조금씩 달라지기 시작했지요. 이렇게 해서 방언이 생겨난 것이랍니다.

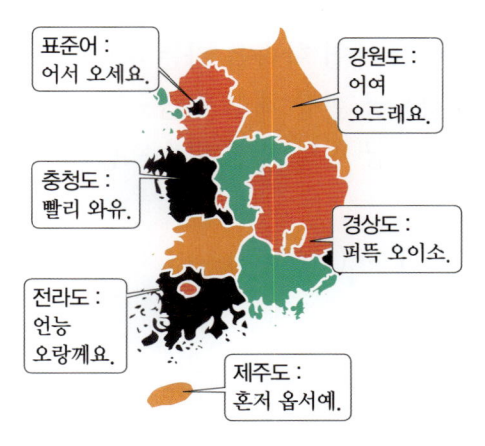

표준어 : 어서 오세요.
강원도 : 어여 오드래요.
충청도 : 빨리 와유.
경상도 : 퍼뜩 오이소.
전라도 : 언능 오랑께요.
제주도 : 혼저 옵서예.

DAY
30

[STEP 5]
독해력 완성 테스트

공부 후 붙임딱지
알맞은
붙임딱지를
붙여 주세요.

공부한 날   월   일

✿✿✿ : 상   ✿✿❀ : 중   ✿❀❀ : 하

[01~05] 다음 글을 읽고, 물음에 답하세요.

'백문이 불여일견'이라는 말을 들어본 적 있나요? '백 번 듣는 것보다 한 번 보는 것이 낫다.'라는 뜻을 가진 고사성어예요. 듣기만 하는 것보다는 눈으로 직접 보아야 확실히 알 수 있다는 말이지요. 이 말처럼 우리는 교실에 앉아 무언가를 배울 수도 있지만, 직접 눈으로 보고 몸으로 느끼며 많은 것을 배울 수 있어요. 학교 밖에서 체험을 하며 학습이 이루어지는 것을 '현장 체험 학습'이라고 해요.

현장 체험 학습은 왜 가는 걸까요? (㉠) 교실에서 할 수 없는 것을 직접 눈으로 볼 수 있고, 여러 가지를 몸으로 체험하며 더 잘 기억하기 위해서 가는 것이랍니다.

그럼 우리 경복궁으로 현장 체험 학습을 떠나 볼까요? 준비물로는 필기도구와 편한 운동화, 물, 사진기가 필요해요. 먼저 경복궁의 정문인 광화문을 통과해서 들어가면, 경복궁에서 가장 큰 건물인 근정전이 나옵니다. 근정전 내부에서 임금이 앉던 자리와, 그 뒤에 있는 그림을 직접 볼 수 있어요.

다음은 인공 연못 안에 있는 누각인 경회루로 가 볼까요? 경회루의 아름다운 모습을 사진으로 담아 볼 수 있을 거예요. 마지막으로 명성황후가 일본인들에게 죽임을 당한 곳인 건청궁을 둘러보며 숙연함과 함께 어떤 생각이 드는지 적어 보도록 해요.

01 ✿✿✿

㉮~㉭는 각 단락을 정리한 문장입니다. ㉮~㉭를 단락의 순서에 맞게 쓰세요.

> ㉮ 현장 체험 학습의 뜻
> ㉯ 현장 체험 학습을 가는 까닭
> ㉰ 경복궁 현장 체험 학습 – 경회루, 건청궁
> ㉱ 경복궁 현장 체험 학습 – 광화문, 근정전

(   ) → (   ) → (   ) → (   )

02 ✿✿✿

이 글에 대한 설명으로 알맞지 <u>않은</u> 것은 무엇인가요?
(   )

① 현장 체험 학습에 대해 설명하고 있다.
② 고사성어를 소개하며 글을 시작하고 있다.
③ 현장 체험 학습을 가는 까닭을 설명하고 있다.
④ 경복궁의 건물을 지어진 시대별로 설명하고 있다.
⑤ 경복궁 현장 체험 학습을 공간의 변화에 따라 설명하고 있다.

03 ✱✱✽

2단락의 ㉠에 들어갈 이어 주는 말로 가장 알맞은 것은 무엇인가요? (   )

① 또한   ② 하지만   ③ 그러나
④ 그런데   ⑤ 왜냐하면

04 ✱✱✱

다음은 이 글의 내용에 따라 경복궁 현장 체험 학습 과정을 나타낸 것입니다. ㈎, ㈏에 해당하는 장소가 무엇인지 쓰세요.

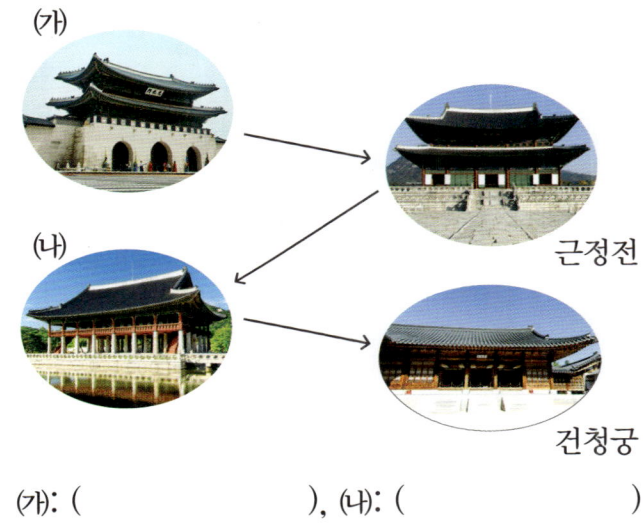

(가)

(나)   근정전

                                 건청궁

㈎: (   ), ㈏: (   )

05 ✱✱✽ 서술형

현장 체험 학습을 가는 까닭을 이 글에서 찾아 쓰세요.

_____

_____

_____

낱말 따라 쓰기

● 옛이야기에서 유래한, 한자로 이루어진 말 :
  고 사 성 어
  [故－옛 고, 事－일 사, 成－이룰 성, 語－말씀 어]

● 사이에 남이나 다른 사물이 끼이지 않게 바로 : 직 접
  예 구영이는 공책에 직접 그림을 그려 가며 설명했다.

● 분명하게 : 확 실 히

● 직접 겪은 일 : 체 험

● 지식이나 기술 등을 배우고 익히는 일 : 학 습
  [學－배울 학, 習－익힐 습]

● 어떠한 일이 직접 이루어지거나 일어난 장소 : 현 장
  [現－나타날 현, 場－마당 장]
  예 범인은 반드시 사건 현장에 나타난다.

● 자기가 몸소 겪다. : 체 험 하다

● 필기하는 데에 쓰는 종이·먹·붓·볼펜·연필 등 :
  필 기 도 구

● 사람이나 차들이 주로 드나드는 문 : 정 문
  [正－바를 정, 門－문 문]

● 일정한 장소나 시간을 통하여 지나가다. : 통 과 하다
  예 그 차는 지금 문을 통과했다.

● 사물의 안이나 속 부분 : 내 부
  [內－안 내, 部－거느릴 부]

● 사람의 힘으로 만들어 낸 것 : 인 공
  [人－사람 인, 工－만들 공]

● 지붕만 있고 문과 벽이 없어 주위를 둘러보기에 편하게 높이 지은 집 : 누 각

● 나타내다. 들어 있게 하다. : 담 다
  예 속담은 교훈을 담고 있다.

● 조용하고 엄숙하다. : 숙 연 하다
  예 장례식장은 매우 숙연했다.

● 어떤 기준에 따라 구분된 역사의 기간 : 시 대
  [時－때 시, 代－시대 대]

● 특정한 사물이 들어 있지 않은, 비어 있는 곳이나 자리 :
  공 간   [空－빌 공, 間－틈 간]
  예 테이블을 옆으로 치워서 공간을 더 만들었다.

● 무엇의 성질이나 모양이 달라지는 것 : 변 화

DAY 30

잠깐!
쉬어가기

빠른 정답 4쪽, 정답과 풀이 72쪽

✱ 주어진 자음자와 뜻풀이에 알맞은 낱말을 쓰고, 글자판에서 찾아 ○표를 하세요(가로, 세로).

(1) 옷을 차려입은 것이나 모양 : | ㅇ | ㅊ | ㄹ |

(2) 어떤 일이 일어나다. : | ㅂ | ㅅ | ㅎ | ㄷ |

(3) 정상이 아니다. : | ㅇ | ㅅ | ㅎ | ㄷ |

(4) 알맞은 정도나 수준으로 : | ㅈ | ㄷ | ㄹ |

(5) 가을에 익은 곡식을 거두어들이는 일 : | ㅊ | ㅅ |

(6) 타고난 뛰어난 재능, 또는 그러한 재능을 가진 사람 : | ㅊ | ㅈ |

(7) 라디오나 텔레비전처럼 전파를 통해 소리나 그림을 대중에게 전달하는 것 : | ㅂ | ㅅ |

(8) 한자어나 외래어가 아닌, 원래부터 있었던 우리말로만 이루어진 말 : | ㅅ | ㅇ | ㄹ | ㅁ |

(9) 옛이야기에서 유래한, 한자로 이루어진 말 : | ㄱ | ㅅ | ㅅ | ㅇ |

옷	차	림	키	통	분	진	압	호	발
원	치	참	속	옴	십	바	으	키	생
드	이	지	유	조	타	사	입	면	하
속	상	계	면	제	대	로	없	헤	다
코	하	싸	색	하	니	루	재	상	돌
준	다	수	억	있	기	중	추	수	네
상	당	허	난	로	방	의	차	순	풍
누	천	재	희	차	송	단	사	우	돼
인	안	홍	우	와	지	과	보	리	립
고	사	성	어	채	준	하	너	말	발

STEP 6

주제 알아보기

글의 주제를 알면 글쓴이의 의도를 이해하는 문제를 쉽게 풀 수 있어요!

★ 주제란?

글쓴이가 한 편의 글을 통해 전달하고자 하는 중심 내용입니다.

● 주제를 알아야 하는 이유

주제를 아는 것은 곧 글의 핵심 내용을 이해하는 것이에요. 따라서 주제를 알아내면 글을 완벽히 독해했다고 할 수 있습니다.

⭐ 주제를 알아보는 방법

① 각 단락을 요약하여 글의 구조를 알아보세요.
② 글의 구조를 바탕으로 글 전체에서 주로 이야기하는 내용이 무엇인지 살펴보세요.
③ 살펴본 내용을 글 전체의 중심 낱말을 포함한 간단한 말로 정리하면 글의 주제가 돼요.

[봄 · 여름]

DAY 31

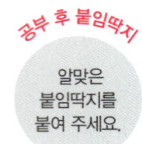
빠른 정답 4쪽

지문 확인

음식을 먹고 배가 아파 하루 종일 설사를 하거나, 심지어 열도 나고 구토까지 한다면 '식중독'을 의심해 보아야 합니다. 식중독은 음식을 잘못 먹어서 탈이 나는 것을 뜻해요.

식중독은 왜 걸리는 걸까요? 상한 음식을 먹거나 독이 들어 있는 음식을 먹으면 식중독에 걸릴 수 있어요. 또 농약이 많이 뿌려진 채소를 먹어도 생길 수 있지요. 여름에는 날씨가 더워 음식이 상하기 쉬우므로, 식중독에 걸리지 않게 더욱 조심해야 한답니다.

식중독을 예방하기 위해서 우리가 할 수 있는 방법에는 여러 가지가 있어요. 먼저, 음식의 유통 기한을 살펴보고 음식을 먹어야 합니다. 만들어 놓은 음식도 빨리 먹는 게 좋겠지요. (㉠) 음식을 보관할 때 뜨거운 음식은 60도 이상으로, 찬 음식은 4도 이하로 보관해야 합니다. 물은 끓여서 마시는 것이 좋고, 과일이나 채소는 흐르는 물에 꼼꼼히 여러 번 씻어야 해요. 또한 음식을 요리하거나 보관하고 저장할 때는 반드시 손을 씻어야 한답니다.

만약 식중독에 걸렸다면 병원에 가서 치료해야 해요. 심하지 않은 구토나 설사가 있을 때는 저절로 회복이 되니 물을 많이 마시도록 합니다.

손 씻기　　끓여 먹기

- 1단락 중심 낱말 :
식중독

- 2단락 중심 낱말 :
1) [　][　][　]

- 3단락 중심 낱말 :
2) [　][　][　]

- 4단락 중심 낱말 :
식중독

낱말 따라 쓰기

● 배탈 등으로 누는 묽은 똥, 또는 그런 똥을 누는 것 : [설][사]

● 그보다 더 심하게는. 더 나아가서 : [심][지][어]

● 먹은 음식물을 토하는 것 : [구][토]

● 무엇을 이상하게 여겨 믿을 수 없다. : [의][심]하다

● 몸에 생긴 병 : [탈]

● 온전하지 못하다. : [상]하다

● 건강이나 생명을 위태롭게 하는 물질 : [독]

● 농작물에 해로운 벌레나 잡초 등을 쫓거나 죽이는 약품 : [농][약]

● 병이나 사고 같은 것이 생기지 않도록 미리 막다. : [예][방]하다　예 사고는 사전에 예방해야 한다.

● 먹을거리나 약 같은 상품이 쓰일 수 있는 기한 : [유][통] [기][한]
예 그는 유통 기한이 지난 식품을 정리하였다.

● 남의 물건이나 돈을 맡아 잘 간직하여 두다. : [보][관]하다
예 박물관은 각종 문화재를 보관하고 전시하는 곳이다.

STEP 6 주제 알아보기

빠른 정답 4쪽

주제란 글쓴이가 한 편의 글을 통해 전달하고자 하는 중심 내용입니다.

★ 주제를 알아보는 방법

① 각 단락을 요약하여 글의 구조를 알아보세요.

② 글의 구조를 바탕으로 글 전체에서 주로 이야기하는 내용이 무엇인지 살펴보세요.

③ 살펴본 내용을 글 전체의 중심 낱말을 포함한 간단한 말로 정리하면 글의 주제가 돼요.

1 단락

식중독의 증상을 이야기하며 식중독이 무엇인지 설명하고 있으므로 1단락을 요약하면 '[1) ☐☐☐]의 뜻과 증상'입니다.

2 단락

식중독에 왜 걸리는지를 설명하고 있네요. 그러므로 2단락을 요약하면 '[2) ☐☐☐]에 걸리는 까닭'입니다.

3 단락

식중독을 예방하기 위해서 우리가 할 수 있는 방법을 소개하고 있어요. 그러므로 3단락을 요약하면 '식중독을 [3) ☐☐]하는 방법'입니다.

4 단락

식중독에 걸렸을 때 우리가 어떻게 해야 하는지를 설명하고 있으므로 4단락을 요약하면 '식중독에 걸렸을 때 해야 할 일'입니다.

[글의 구조]

• 1단락에서 식중독의 증상을 이야기하며 식중독의 뜻에 대해 설명하고 있어요.

• 2단락에서는 식중독에 걸리는 까닭을 질문하고, 이에 대한 답을 주고 있어요.

• 3단락에서는 식중독을 예방하기 위한 방법들을 설명하고 있어요.

• 4단락에서는 식중독에 걸렸을 때 어떻게 해야 하는지를 이야기하며 글을 마무리하고 있어요.

★ 1~4단락의 내용은 모두 식중독과 관련이 있어요. 다만 각 단락에서 식중독에 대해 조금씩 다른 이야기가 이어지고 있어요.

★ 글의 구조도를 그리면 다음과 같습니다.

1 단락: 식중독의 뜻과 증상
↓
2 단락: 식중독에 걸리는 까닭
↓
3 단락: 식중독을 예방하는 방법
↓
4 단락: 식중독에 걸렸을 때 해야 할 일

[주제]

★ 이 글에 많이 나오는 말 중에서 가장 중심이 되는 말이 식중독이므로, 이 글 전체의 중심 낱말은 '식중독'입니다.

★ 이 글은 식중독이 무엇이며, 왜 생기고, 어떻게 예방하고 치료할 수 있는지를 설명하고 있어요. 이 내용을 중심 낱말을 포함하는 말로 정리하면 주제가 됩니다. 그러므로 이 글의 주제는 '[4) ☐☐☐]의 예방 및 치료 방법'입니다.

빠른 정답 4쪽, 정답과 풀이 60쪽

 뜻을 정확히 모르는
낱말들을 적어 보세요!

01

다음은 이 글의 주제입니다. 빈칸에 들어가기에 알맞은 말을 쓰세요.

(   )의 뜻과 예방 및 치료 방법

(   )

-
-
-
-
-

02

다음 중 이 글의 내용에 맞는 것은 ○표, 틀린 것은 ✕표를 하세요.

(1) 겨울에는 날씨가 더워 음식이 상하기 쉽다.   (   )

(2) 식중독을 예방하기 위해서 손을 씻어야 한다.   (   )

(3) 식중독에 걸렸다면 병원에 가서 치료해야 한다.   (   )

03

3단락의 ㉠에 들어갈 이어 주는 말로 가장 알맞은 것은 무엇인가요?   (   )

① 하지만   ② 그러나   ③ 그리고   ④ 그런데   ⑤ 왜냐하면

04 서술형

다음은 이 글을 읽고 나눈 대화입니다. 글의 내용에 비추어 볼 때, 잘못 말한 사람의 이름을 쓰고, 그 내용을 알맞게 고쳐 보세요.

수영: 음식의 유통 기한을 꼭 지켜서 음식을 먹어야 해.
채린: 식중독을 예방하려고 뜨거운 음식을 36도로 보관했어.
호영: 사과를 먹을 때 흐르는 물에 여러 번 씻어서 먹어야 해.
정인: 요리를 하거나 음식을 보관·저장할 때는 손을 씻어야 해.

(1) 잘못 말한 사람: _____

(2) 알맞게 고친 것: _____

_____

- 그 보다 더 많은 것. 그 범위를 넘어선 것 :
  [이] [상]

- 일정한 기준을 포함하여 그것보다 적거나 아래인 것 : [이] [하]

- (나중에 쓰기 위하여) 물질이나 물건을 모아 보관하다. : [저] [장] 하다

- 절반이 훨씬 넘어 전체에 가까운 수효나 분량 :
  [대] [부] [분]

- 일정한 공간에 사람, 사물, 냄새 등을 가득하게 하다. : [채] [우] [다]

- 남의 힘을 빌리지 않고 제 스스로, 또는 사람이 일부러 힘을 들이지 않고 자연적으로 : [저] [절] [로]

- 약해지거나 나빠진 상태를 예전의 좋은 상태로 되돌리는 것 : [회] [복]

문제 이해하고 풀기

01 주제 알아보기

❀ 이 글의 전체적인 내용을 떠올려 볼까요?

1단락에서는 식중독의 뜻과 증상을 소개하고 있어요. 2단락에서는 식중독에 걸리는 까닭을 설명하고 있어요. 3단락에서는 식중독을 예방하는 방법을, 4단락에서는 식중독에 걸렸을 때 해야 할 일을 설명하고 있어요. 따라서 빈칸에 들어갈 말은 '식중독'입니다.

정답은 ＿＿＿＿＿＿＿＿＿＿＿＿입니다.

02 내용 이해하기

❀ 각각의 내용을 순서대로 살펴볼게요.

(1) 겨울에는 날씨가 더워 음식이 상하기 쉽다. (×)

＊근거 2단락 ❹번째 문장: 여름에는 날씨가 더워 음식이 상하기 쉬우므로, ~ 한답니다.

🍃 날씨가 더워 음식이 상하기 쉬운 계절은 '여름'이에요.

(2) 식중독을 예방하기 위해서 손을 씻어야 한다. (○)

＊근거 3단락 ❻번째 문장: ~ 반드시 손을 씻어야 한답니다.

(3) 식중독에 걸렸다면 병원에 가서 치료해야 한다. (○)

＊근거 4단락 ❶번째 문장: 만약 식중독에 걸렸다면 병원에 가서 치료해야 해요.

정답은 (1) ＿＿＿, (2) ＿＿＿, (3) ＿＿＿입니다.

03 올바른 접속어 찾기

❀ 각각의 선택지를 순서대로 살펴볼게요.

① 하지만 (×)

🍃 '하지만'은 서로 같지 않은 사실을 나타내는 두 문장을 이어 주는 말이에요.

② 그러나 (×)

🍃 '그러나'는 서로 반대되는 내용을 말할 때 쓰는 이어 주는 말이에요.

③ 그리고 (○)

🍃 ㉠의 앞 문장과 뒤 문장 모두 식중독을 예방하는 방법을 소개하고 있어요. 따라서 ㉠에 들어갈 말은 비슷한 내용을 이어 주는 '그리고'예요.

④ 그런데 (×)

🍃 '그런데'는 앞의 내용과 다른 방향으로 문장을 이끌어 갈 때 쓰는 이어 주는 말이에요.

⑤ 왜냐하면 (×)

🍃 '왜냐하면'은 뒤 문장이 앞 문장의 원인이 될 때 쓰는 이어 주는 말이에요.

정답은 ＿＿＿＿＿＿입니다.

04 내용 적용하기

❀ 사람들의 대화를 하나씩 살펴볼게요.

수영: 음식의 유통 기한을 꼭 지켜서 음식을 먹어야 해. (○)

＊근거 3단락 ❷번째 문장: 먼저, 음식의 유통 기한을 살펴보고 음식을 먹어야 합니다.

채린: 식중독을 예방하려고 뜨거운 음식을 36도로 보관했어. (×)

＊근거 3단락 ❹번째 문장: 음식을 보관할 때 뜨거운 음식은 60도 이상으로, ~ 보관해야 합니다.

🍃 뜨거운 음식은 60도 이상으로 보관해야 하므로, '36도'를 '60도 이상'으로 고쳐야 해요.

호영: 사과를 먹을 때 흐르는 물에 여러 번 씻어서 먹어야 해. (○)

＊근거 3단락 ❺번째 문장: ~ 과일이나 채소는 흐르는 물에 꼼꼼히 여러 번 씻어야 해요.

정인: 요리를 하거나 음식을 보관·저장할 때는 손을 씻어야 해. (○)

＊근거 3단락 ❻번째 문장: 또한 음식을 요리하거나 보관하고 저장할 때는 반드시 손을 씻어야 한답니다.

정답은 (1) ＿＿＿＿＿＿, (2) ＿＿＿＿＿＿＿

＿＿＿＿＿＿＿＿＿＿＿＿＿＿＿입니다.

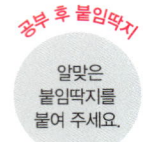

빠른 정답 4쪽

지문 확인

오늘 선생님께서 "내일은 낱말 받아쓰기 시험을 보고 짝꿍과 서로 바꾸어서 채점을 해 볼 거예요."라고 하셨어요. 받아쓰기를 할 때마다 받침을 엉망으로 썼던 지훈이는 이번 시험을 잘 보기 위해서 누나에게 받침에 대해 급히 배우기로 했어요.

낱말에 쓰이는 받침은 크게 3가지 경우로 나눌 수 있습니다. 먼저 자음자가 한 개인 받침이에요. '놀이터'의 '놀'에 쓰인 'ㄹ', '모래성'의 '성'에 쓰인 'ㅇ'이 이에 해당해요.

두 번째는 같은 자음자가 두 개인 받침입니다. '낚시'의 '낚'에 쓰인 'ㄲ', '있다'의 '있'에 쓰인 'ㅆ'이 이에 해당해요. 여기까지는 지훈이도 쉽게 따라 쓰면서 자신감이 생겼어요.

마지막으로 다른 자음자가 두 개인 받침입니다. '맑다'의 '맑'에 쓰인 'ㄺ'이 이에 해당해요. 지훈이는 서로 다른 두 개의 자음자로 이루어진 '겹받침' 문제에서 소리 나는 대로 적었다가 틀린 적이 많아요. 겹받침은 뒤에 이어 나오는 글자에 따라 다양하게 발음하기 때문에 낱말의 기본형을 잘 알고 있어야 한답니다.

지훈이는 받침이 있는 낱말을 공부하면서 하루 만에 받아쓰기를 잘하려고 하는 것은 욕심이라는 것을 깨달았어요. 누나와 함께 평소에 책을 많이 읽으면서 낱말을 익혀 다음 받아쓰기 시험에서는 꼭 100점을 받겠다고 다짐했답니다.

• 1단락의 중심 문장에 표시해 보세요.

• 2단락의 중심 문장에 표시해 보세요.

• 3단락의 중심 문장에 표시해 보세요.

• 4단락의 중심 문장에 표시해 보세요.

• 5단락의 중심 문장에 표시해 보세요.

낱말 따라 쓰기

● 올바른 맞춤법을 익히기 위해, 문장이나 낱말 등을 선생님께서 천천히 부르는 대로 적는 일 : 받 아 쓰 기

● 짝을 이루거나 관계를 맺고 있는 상대 : 서 로

● 점수를 매기는 것 : 채 점

● (한글에서) 한 음절의 끝소리가 되는 자음자 : 받 침

● 일이나 물건이 헝클어지고 뒤죽박죽이 되어 있는 상태 : 엉 망 예) 청소를 안 했더니 방이 엉망이다.

● 몹시 서둘러. 급하게 : 급 히

● (어떠한 조건이 있는) 특별한 형편·사정·상황, 또는 실례 : 경 우

● 자음을 나타내는 글자 : 자 음 자
[子-아들 자, 音-소리 음, 字-글자 자]

● 무엇에 잘 어울리거나 바로 들어맞다. : 해 당 하다
예) 다음 그림에서 해당하는 낱말을 써 봅시다.

01

다음 중 이 글의 주제는 무엇인가요? ( )

① 자음자의 뜻

② 모음자의 종류

③ 모음자를 발음하는 법

④ 낱말에 쓰인 여러 가지 받침

⑤ 각각의 자음자를 발음하는 법

빠른 정답 4쪽, 정답과 풀이 61~62쪽

정답 <u>콕콕</u> 특강

01 주제 알아보기

이 글의 중심 낱말은 '받침'이에요. 중심 낱말을 포함하여 주요 내용을 간추린 것을 찾아보세요.

02

다음 설명이 이 글의 내용에 맞으면 ○표, 틀리면 ✕표 하세요.

(1) 겹받침은 발음하는 방법이 하나이다. ( )

(2) '모래성'에는 같은 자음자가 2개인 받침이 있다. ( )

(3) 낱말에 쓰이는 받침은 크게 3가지 경우로 나눌 수 있다. ( )

02 내용 이해하기

문제의 내용이 2~4단락에 나와 있으므로, 해당 단락을 잘 살펴보세요.

낱말 따라 쓰기

● 자기가 어떠한 일을 할 수 있다고 스스로 믿는 마음 : 자 신 감

[自 – 스스로 자, 信 – 믿을 신, 感 – 느낄 감]

● (먼지 등의 더러운 것이 섞이지 않아) 깨끗하다. : 맑 다

● '그다음에' · '뒤따라서'의 뜻을 나타낸다. : 잇 다

㉠ 선수 입장에 <u>이어</u> 축하 공연이 있겠습니다.

● (종류는 같으면서) 색깔·모양·내용 등이 서로 다른 것이 많다. : 다 양 하다

● (목청·혀·이·입술 등을 이용하여) 말의 소리를 내다. :

발 음 하다 [發 – 쏠 발, 音 – 소리 음]

● '먹다' · '가다' · '납작하다'처럼 어떤 말의 기본이 되는 꼴 : 기 본 형

● (모르고 있던 사실을) 느껴서 알거나 알아차리다. :

깨 닫 다

● 일상생활을 하는 보통 때 : 평 소

● (어떤 일을) 능숙하게 할 수 있도록 배우거나 공부하다. : 익 히 다

㉠ 도희는 자전거 타는 법을 <u>익히는</u> 중이다.

● 마음이나 뜻을 굳게 정하다. : 다 짐 하다

㉠ 나는 한번 <u>다짐</u>한 것은 최대한 지키려고 노력한다.

● 모음을 나타내는 글자 : 모 음 자

[母 – 어미 모, 音 – 소리 음, 字 – 글자 자]

● (여럿을 하나씩 따로 나누어서) 하나하나 : 각 각

[各 – 각기 각]

● (무엇을) 어떤 일이나 모임에서 빠지게 하다. : 빼 다

● 일생에서 육체적 성장이 최고에 도달하는 시기에 있다. 나이가 많지 않다. : 젊 다

● 전체에서 한 부분을 빼놓고 남은 부분 : 나 머 지

● 일반적 규칙에서 벗어나는 것 : 예 외 적

DAY

32

03

다음 중 다른 자음자가 두 개인 받침이 들어 있는 낱말은 무엇인가요?　(　　)

① 빼다　　　　② 쌓다　　　　③ 젊다

④ 나머지　　　⑤ 예외적

03 내용 적용하기

다른 자음자가 두 개인 받침에 대해서는 4단락에 나와 있어요.

04

이 글에 대한 설명으로 알맞은 것은 무엇인가요?　　　　　　(　　)

① 자음자가 변한 과정을 설명하고 있다.

② 낱말에 쓰이는 받침을 나누어 설명하고 있다.

③ 시간이 흐르면서 모음자가 변한 까닭을 설명하고 있다.

④ 그림을 이용하여 자음자를 발음하는 방법을 설명하고 있다.

⑤ 받아쓰기를 잘하는 방법에 대한 여러 사람의 생각을 알려 주고 있다.

04 글쓰기 방식 이해하기

이 글에 나오는 내용이 무엇인지 확인해 보세요.

05 서술형

'겹받침'의 뜻을 4단락에서 찾아 쓰세요.

_____

_____

_____

05 내용 이해하기

4단락에서 겹받침이 무엇인지 설명하고 있어요.

[01~04] 주어진 뜻풀이에 알맞은 낱말을 〈보기〉에서 찾아 쓰세요.

〈 보기 〉
상하다   심지어   유통 기한   독

01 그보다 더 심하게는. 더 나아가서 :

_____

02 건강이나 생명을 위태롭게 하는 물질 :

_____

03 온전하지 못하다. : _____

04 먹을거리나 약 같은 상품이 쓰일 수 있는 기한 : _____

[05~08] 주어진 자음자와 뜻풀이를 보고, 빈칸에 알맞은 낱말을 쓰세요.

05 휴대폰에 사진을 ㅈ ㅈ 하였다.
(나중에 쓰기 위하여) 물질이나 물건을 모아 보관하다.

06 나는 독감을 ㅇ ㅂ 하기 위해 주사를 맞았다.
병이나 사고 같은 것이 생기지 않도록 미리 막다.

07 철구는 어디를 ㄱ ㅎ 뛰어갔다.
몹시 서둘러. 급하게

08 나는 친구의 말을 ㅇ ㅅ 했다.
무엇을 이상하게 여겨 믿을 수 없다.

[09~12] 주어진 뜻풀이에 알맞은 낱말을 연결하세요.

09 몸에 생긴 병   •   • ㉠ 이상

10 그 보다 더 많은 것. 그 범위를 넘어선 것   •   • ㉡ 평소

11 (한글에서) 한 음절의 끝소리가 되는 자음자   •   • ㉢ 탈

12 일상생활을 하는 보통 때   •   • ㉣ 받침

[13~16] 주어진 문장의 빈칸에 알맞은 낱말을 〈보기〉에서 찾아 쓰세요.

〈 보기 〉
서로   보관   각각   대부분

13 학생들은 ☐☐ 다른 곳에 앉았다.

14 지희의 말은 ☐☐☐ 사실이었다.

15 우리는 ☐☐ 힘을 합해 바위를 들었다.

16 청아는 가방에 돈을 ☐☐했다.

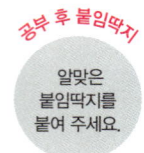

공부 후 붙임딱지

알맞은
붙임딱지를
붙여 주세요.

| 공부한 날 | 월 | 일 |

빠른 정답 4쪽

지문 확인

우리나라 서쪽과 남쪽에 있는 해안은 바닷물이 빠져나가면 넓고 평평한 땅이 드러나요. 이 땅을 갯벌이라고 하는데, 갯벌에는 687종의 동물이 살고 있습니다. 갯벌 동물은 사는 곳에 따라 나눌 수 있어요. 갯벌에 어떤 동물들이 살고 있는지 알아볼까요?

먼저, 갯벌 위에 사는 동물로 갯우렁이가 있습니다. 단단한 껍데기를 가지고 있는 갯우렁이는 전체적으로 흑갈색이지만, 껍데기 입구 부분은 밝은 황갈색이나 흰색을 띠는 것이 많아요. 갯우렁이는 갯벌 바닥에 얕게 숨은 상태로 기어 다닌답니다.

다음으로, 갯벌 속과 위를 드나들면서 사는 동물도 있어요. (가)'갯벌의 싸움꾼'이라고 불리는 방게가 대표적이지요. 방게는 다른 게나 갯벌 동물들과 다투는 일이 많고, 심할 때는 집게발이 잘려 나갈 정도로 싸워서 갯벌의 싸움꾼이라 불려요. 방게는 등에 'H'자 모양의 뚜렷한 홈이 있는 것이 특징이에요. 다른 게보다 훨씬 두껍고 튼튼한 집게발을 이용해 갯벌에 굴을 파고, 흙을 구멍 둘레에 쌓아 놓는 습성이 있습니다.

마지막으로, 갯벌 속에서만 사는 동물로 조개가 있습니다. 조개는 움직이지 않는 것처럼 보이기도 하지만, 근육질로 된 도끼 모양의 발을 가지고 움직인답니다. 조개껍데기는 안쪽에 있는 살을 보호하는 역할을 해요.

- 1단락의 중심 문장에 표시해 보세요.

- 2단락의 중심 문장에 표시해 보세요.

- 3단락의 중심 문장에 표시해 보세요.

- 4단락의 중심 문장에 표시해 보세요.

낱말 따라 쓰기

- 바다와 육지가 만나는 곳 : 해 안

- (높은 데와 낮은 데가 없이) 바닥이 고르고 반듯하게 퍼져 있다. : 평 평 하다 [平 – 평평할 평]

- 공통되는 성질들을 함께 가지고 있어 하나의 개념으로 묶일 수 있는 개체들 : 종 [種 – 종류 종]

- 전체를 나타내는 것 : 전 체 적

- 들어가는 어귀나 문 : 입 구

- (어떠한 빛깔을) 지니거나 나타내다. : 띠 다

- 어떤 때에 사물이 보여 주는 모양이나 놓여 있는 형편 : 상 태 예 음식 메뉴는 아직 결정되지 않은 상태이다.

- (어떤 곳에) 자꾸 들어갔다 나왔다 하다. : 드 나 들 다

- 가장 두드러지거나 뛰어나 대표가 될 만한 것 : 대 표 적

- 누구나 알 수 있을 만큼 확실하다. : 뚜 렷 하다

- 물체에 오목하고 길게 팬 자리 : 홈

- 어느 한곳에서 비슷한 거리에 있는 모든 곳 : 둘 레 예 나는 접시 둘레를 꾸몄다.

STEP 6 주제 알아보기

빠른 정답 4쪽

★ **주제를 알아보는 방법**

① 각 단락을 요약하여 글의 구조를 알아보세요.

② 글의 구조를 바탕으로 글 전체에서 주로 이야기하는 내용이 무엇인지 살펴보세요.

③ 살펴본 내용을 글 전체의 중심 낱말을 포함한 간단한 말로 정리하면 글의 주제가 돼요.

1단락

갯벌이 무엇이며, 갯벌에 얼마나 많은 동물이 살아가는지를 알려 주고 있어요. 또 갯벌 동물을 사는 곳에 따라 나눌 수 있다고 하네요. 그러므로 1단락을 요약하면 '¹⁾ ☐☐ 의 뜻과 갯벌 동물'입니다.

2단락

갯벌 위에 사는 동물로 '갯우렁이'를 소개하고 있어요. 그러므로 2단락을 요약하면 '갯벌 ²⁾ ☐에 사는 갯우렁이'입니다.

3단락

갯벌 속과 위를 드나들면서 사는 동물인 '방게'를 소개하고 있네요. 그러므로 3단락을 요약하면 '갯벌 속과 위를 드나들며 사는 방게'입니다.

4단락

갯벌 속에서만 사는 동물로 '조개'가 있다고 설명하고 있어요. 따라서 4단락을 요약하면 '갯벌 ³⁾ ☐에서만 사는 조개'입니다.

[글의 구조]

• 1단락에서 갯벌의 뜻을 설명하고, 갯벌 동물이 사는 곳에 따라 나누어질 수 있다고 이야기하며, 갯벌 동물에 대해 알아보자고 하고 있어요.

• 2단락에서는 갯벌 위에 사는 동물인 갯우렁이를 설명하고 있어요.

• 3단락에서는 갯벌 속과 위를 드나들며 사는 동물인 방게를 설명하고 있어요.

• 4단락에서는 갯벌 속에서만 사는 동물인 조개를 설명하고 있어요.

★ 2~4단락은 모두 갯벌 동물을 다루고 있으므로 묶을 수 있어요.

★ 글의 구조도를 그리면 다음과 같습니다.

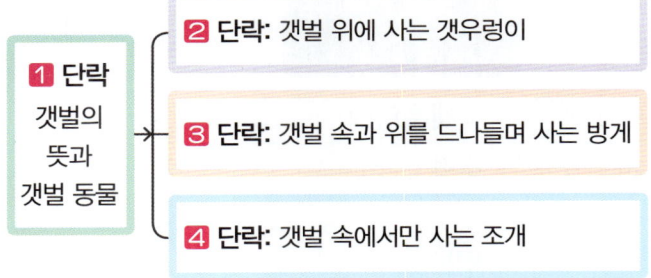

1 단락 갯벌의 뜻과 갯벌 동물
2 단락: 갯벌 위에 사는 갯우렁이
3 단락: 갯벌 속과 위를 드나들며 사는 방게
4 단락: 갯벌 속에서만 사는 조개

[주제]

★ 이 글에서 가장 중심이 되는 말이 갯벌 동물이므로, 이 글 전체의 중심 낱말은 '갯벌 동물'입니다.

★ 이 글은 갯벌을 소개하고, 갯벌 동물을 사는 곳에 따라 나누어 소개하고 있어요. 이 내용을 중심 낱말을 포함하는 말로 정리하면 주제가 됩니다. 그러므로 이 글의 주제는 '사는 곳에 따라 나누어지는 ⁴⁾ ☐☐ ☐☐', 입니다.

빠른 정답 4쪽, 정답과 풀이 63~64쪽

01

다음은 이 글의 주제입니다. 빈칸에 들어가기에 알맞은 말을 쓰세요.

> 사는 곳에 따라 나누어지는 (   ) 동물

(   )

02

다음 괄호 안에 들어가기에 알맞은 말을 골라 ○표 하세요.

(1) 이 글은 (갯벌 동물 , 갯벌 식물)을 소개하고 있다.
(2) 갯벌 동물을 (먹는 것 , 사는 곳)에 따라 나누어 설명하고 있다.

03

다음은 갯벌 동물의 사진과 사는 곳을 정리한 것입니다. 이 글의 내용에 비추어 볼 때, ㉠, ㉡에 들어가기에 알맞은 말을 쓰세요.

이름	갯우렁이	(㉡)	조개
사는 곳	갯벌 (㉠)	갯벌 속과 위	갯벌 속

㉠: (   ), ㉡: (   )

04 서술형

'방게'가 2단락의 밑줄 친 ㈎와 같은 별명을 얻게 된 까닭을 찾아 쓰세요.

_____

_____

_____

정답 콕콕 특강

01 주제 알아보기
이 글의 중심 낱말은 '갯벌 동물'입니다. 이것에 대해 어떤 이야기를 하고 있는지 떠올려 보세요.

02 내용 이해하기
선택지의 내용이 1단락에 나와 있어요.

03 내용 적용하기
2~4단락에서 갯벌 동물들의 이름과 사는 곳을 설명하고 있어요.

04 내용 추론하기
방게에 대한 설명은 3단락에 나와 있어요.

낱말 따라 쓰기

● 동물의 한 종류에 공통되는 고유한 성질 : 습 성

● 근육이 발달된 몸 : 근 육 질

● 사람이나 사물이 위험·파괴·곤란을 당하지 않게 지키고 보살펴 주다. : 보 호 하다

낱말 쏙쏙 테스트

빠른 정답 4쪽

[01~05] 주어진 뜻풀이에 알맞은 낱말을 〈보기〉에서 찾아 쓰세요.

〈 보기 〉
습성 평평하다 해안 드나들다 띠다

01 (높은 데와 낮은 데가 없이) 바닥이 고르고 반듯하게 퍼져 있다. : _____

02 동물의 한 종류에 공통되는 고유한 성질 : _____

03 바다와 육지가 만나는 곳 : _____

04 (어떤 곳에) 자꾸 들어갔다 나왔다 하다. : _____

05 (어떠한 빛깔을) 지니거나 나타내다. : _____

[06~10] 주어진 자음자와 뜻풀이를 보고, 빈칸에 알맞은 낱말을 쓰세요.

06 나는 박물관 ㅇ ㄱ 에서 사진을 찍었다.
들어가는 어귀나 문

07 국자를 바닥에 떨어뜨려서 바닥에 ㅎ 이/가 패었다.
물체에 오목하고 길게 팬 자리

08 하루 종일 밖에 있다 와서 나는 매우 피곤한 ㅅ ㅌ 이다.
어떤 때에 사물이 보여 주는 모양이나 놓여 있는 형편

09 경호원이 대통령을 ㅂ ㅎ 하고 있다.
사람이나 사물이 위험·파괴·곤란을 당하지 않게 지키고 보살펴 주다.

10 주변이 어두웠지만 불빛만은 ㄸ ㄹ 하게 보였다.
누구나 알 수 있을 만큼 확실하다.

배경지식

갯벌이 검은 기름으로 뒤덮였어요!

우리나라 서해안에 위치한 갯벌 중 하나인 태안 갯벌이 검은 기름으로 뒤덮인 적이 있다는 사실을 알고 있나요? 2007년 태안반도 앞바다에서 석유를 운반하던 배와 해상 크레인이 충돌해서 약 1만 3천 톤의 기름이 바다로 흘러 나가는 사고가 발생했었답니다.

기름이 바다로 흘러가면 바다에 얇은 막을 만들면서 넓게 퍼져 바닷속에 산소가 부족해져요. 그래서 태안 기름 유출 사고로 인해 바다에 살고 있는 동물뿐만 아니라 갯벌에 살고 있는 동물까지 많이 죽게 되었어요. 이로 인해 갯벌이 터전인 사람들 또한 수입이 없어져 생계가 어려워졌죠.

당시 환경 전문가들은 태안반도가 다시 전처럼 돌아가기 위해서는 적어도 10년의 시간이 걸릴 것이라고 이야기했어요. 하지만 전국 각지에서 130만 명의 자원봉사자가 몰려들어 함께 힘을 합친 결과, 태안반도는 2년 만에 제 모습으로 회복될 수 있었지요. 세계 사람들은 이것을 '태안의 기적'이라고 불렀답니다.

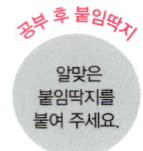

공부 후 붙임딱지

알맞은
붙임딱지를
붙여 주세요.

| 공부한 날 | 월 | 일 |

빠른 정답 4쪽

지문 확인

만약 우리의 일상에 시계가 없다면 어떨까요? 약속을 정하거나 지키기가 어렵고, 언제 무엇을 해야 할지 정확한 때를 몰라 혼란스러울 거예요. (㉠) 시각을 알려 주는 시계는 우리 생활에 꼭 필요하답니다.

시계는 두 개의 시곗바늘과 열두 개의 숫자로 이루어져 있어요. 1부터 12까지의 숫자가 순서대로 시계판에 새겨져 있고, 시곗바늘은 짧은 것인 '시침'과 긴 것인 '분침'이 있지요. '시침'은 '시'를 나타내고, '분침'은 '분'을 나타내요. 그럼 이 시곗바늘과 숫자를 보고 어떻게 시각을 읽을 수 있을까요?

시침은 시를 나타낸다고 했죠? 만약 시침이 숫자 2를 가리키면 2시, 3을 가리키면 3시입니다. 이를 통해 한 시간이 지나는 동안 시침은 숫자 한 칸만큼 움직인다는 것을 알 수 있어요.

이제 분침에 대해 살펴봅시다. 분침이 숫자 1을 가리키면 5분, 2는 10분이에요. 즉 두 개의 숫자 사이는 5개의 작은 칸으로 나뉘고, 이 작은 칸 하나가 1분입니다. 이를 통해 오 분이 지나는 동안 분침은 숫자 한 칸만큼 움직인다는 것을 알 수 있어요.

그럼 시계를 실제로 읽어 볼까요? 시침이 숫자 3을 가리키고, 분침이 숫자 12를 가리키면 3시입니다. 시침이 숫자 3과 4 사이를 가리키고, 분침이 숫자 6을 가리키면 3시 30분이겠죠?

- **1단락 요약 :**
  1) [　｜　]의 필요성
- **2단락 요약 :**
  시계의 구성
- **3단락 요약 :**
  2) [　｜　]이/가 가리키는 것
- **4단락 요약 :**
  3) [　｜　]이/가 가리키는 것
- **5단락 요약 :**
  시계 읽기

낱말 따라 쓰기

- 비슷하거나 늘 있는 일이 벌어지는 매일 : [일][상]
  [日－날 일, 常－항상 상]
  예) 지루한 일상에서 벗어나 보자.
- 어떤 일을 하기로 누구와 다짐하고 미리 정하는 것 :
  [약][속] 예) 그는 매번 약속을 어긴다.
- (마음이나 뜻) 굳히다. 결정하다. : [정]하다
  [定－정할 정]
- 바르고 확실하여 틀림이 없다. : [정][확]하다

- 어떤 일이 생기는 시간 : [때]
- 질서가 없다. 뒤섞여서 어지럽다. : [혼][란][스][럽][다]
- 시간의 흐름에서의 어느 한 때 : [시][각]
- 꼭 있어야 하거나 갖추어야 하는 바가 있다. : [필][요]하다
  예) 민수는 사회에 꼭 필요한 사람이 되겠다고 말했다.
- 몇 가지 부분이나 요소가 모여 일정한 성질이나 모양을 가진 존재가 되다. : [이][루][어][지][다]

01

다음은 이 글의 주제를 이해하는 과정입니다. 빈칸에 공통으로 들어가기에 알맞은 말을 쓰세요.

> 이 글에서는 우리 생활에 꼭 필요한 시계의 구성과 (   )을/를 읽는 방법을 설명하고 있다. 따라서 이 글 전체의 중심 낱말은 '(   )'이고, 주제는 '시계의 구성과 시계를 읽는 방법'이다.

(   )

빠른 정답 4쪽, 정답과 풀이 65~66쪽

✏️ 뜻을 정확히 모르는 낱말들을 적어 보세요!

02

1단락의 ㉠에 들어갈 이어 주는 말로 가장 알맞은 것은 무엇인가요? (   )

① 그러나　　　② 그래서　　　③ 하지만

④ 그런데　　　⑤ 왜냐하면

낱말 따라 쓰기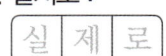

● (글씨·그림·무늬 등을 나무·돌·쇠붙이에) 파서 나타내다. :

　새　기　다　예 장인은 도자기에 문양을 새겼다.

● (시계나 온도계의 바늘이 시간이나 온도를) 알려 주다. :

　가　리　키　다　예 나침반이 남쪽을 가리키고 있다.

● 거짓이나 상상이 아니고 현실적으로. 진짜로. 실지로 :

　실　제　로

● 여러 사람이나 몇 가지 요소를 모아 하나의 전체를 이루는 일, 또는 그렇게 이루어진 사물 :　구　성

03

다음 중 이 글의 내용에 알맞은 설명을 모두 고른 것은 무엇인가요?　（　　　）

> ㉮ 시곗바늘 중 짧은 것은 '분침', 긴 것은 '시침'이다.
> ㉯ 오 분이 지나는 동안 분침은 숫자 한 칸만큼 움직인다.
> ㉰ 한 시간이 지나는 동안 시침은 숫자 한 칸만큼 움직인다.
> ㉱ 시계는 두 개의 시곗바늘과 열 개의 숫자로 이루어져 있다.

① ㉮, ㉯　　　② ㉮, ㉰　　　③ ㉯, ㉰　　　④ ㉯, ㉱　　　⑤ ㉰, ㉱

04

다음을 보고, 각각이 나타내는 시각을 쓰세요.

(1)

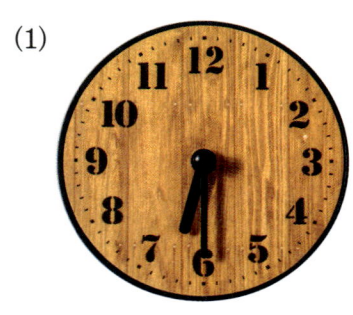

_____시 _____분

(2)

_____시

05 　서술형

시계가 없으면 생길 수 있는 일들을 이 글에서 찾아 쓰세요.

_____

_____

_____

낱말 쑥쑥 테스트

빠른 정답 4쪽

[01~04] 주어진 뜻풀이에 알맞은 낱말을 〈보기〉에서 찾아 쓰세요.

〈 보기 〉
구성   정하다   때   가리키다

01 여러 사람이나 몇 가지 요소를 모아 하나의 전체를 이루는 일, 또는 그렇게 이루어진 사물 : _____

02 (시계나 온도계의 바늘이 시간이나 온도를) 알려 주다. : _____

03 (마음이나 뜻을) 굳히다. 결정하다. : _____

04 어떤 일이 생기는 시간 : _____

[05~09] 주어진 자음자와 뜻풀이를 보고, 빈칸에 알맞은 낱말을 쓰세요.

05 어제 뉴스에 나온 일은 | ㅅ | ㅈ | ㄹ | 일어 난 것이다.
거짓이나 상상이 아니고 현실적으로, 진짜로, 실지로

06 요리사의 손대중은 | ㅈ | ㅎ | 하다.
바르고 확실하여 틀림이 없다.

비슷하거나 늘 있는 일이 벌어지는 매일
07 우리 | ㅇ | ㅅ | 에서 컴퓨터는 없어서는 안 될 존재이다.

08 지금 아이들에게 | ㅍ | ㅇ | 한 것은 휴식이다.
꼭 있어야 하거나 갖추어야 하는 바가 있다.

09 어느새 자정이 넘은 | ㅅ | ㄱ | 이/가 되었다.
시간의 흐름에서의 어느 한 때

배경지식

옛날 사람들의 시계

옛날에는 우리가 지금 사용하는 것과 같은 시계가 없었어요. 하지만 현재의 시계가 만들어지기 전에도 사람들은 시간을 재서 시간에 맞게 생활했답니다. 옛날 사람들은 어떻게 시간을 잴 수 있었을까요?

옛날 사람들은 자연을 시간의 기준으로 삼았어요. 하늘에 뜬 해와 달, 별을 보면서 시간을 알 수 있었지요. 특히 낮 동안에는 해를 이용하여 시간을 잴 수 있었어요. 해가 하늘에서 이동하는 위치와 해가 만들어 내는 그림자를 통해 시간을 짐작할 수 있었는데, 이 원리로 만들어진 시계가 바로 해시계입니다.

우리나라는 조선 세종 때 '앙부일구'라는 해시계를 발명했어요. 솥 모양처럼 생긴 앙부일구는 시간을 알려 줄 뿐만 아니라 어떤 절기인지도 표시하여 알려 줄 수 있었어요. 시간이 흐른 뒤, 좀 더 간편한 휴대용 해시계도 생겼답니다.

앙부일구 외에도 조선 세종 때는 물을 이용한 '자격루'를 발명했어요. 자격루는 '시각을 스스로 쳐서 알리는 물시계'라는 뜻이에요. 일정한 시각이 되면 스스로 소리를 내도록 만들었지요. 해가 지면 사용할 수 없었던 앙부일구 대신 자격루는 유용하게 쓰였답니다.

▲ 앙부일구(해시계)

▲ 자격루(물시계)

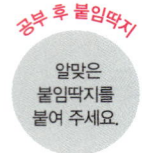
독서를 즐길 수 있는 도서관과 음악을 감상할 수 있는 연주회장은 다른 사람들과 함께 이용하기 때문에 예절을 지키는 것이 중요해요. 도서관과 연주회장에서 지켜야 할 예절에는 어떤 것이 있을까요?

먼저, 도서관은 책을 보고 빌릴 수 있는 곳이에요. 따라서 읽을 책만 꺼내 읽고, 다 읽은 책은 제자리에 꽂아 놓거나 정해진 자리에 올려 두어야 합니다. 다른 사람에게 피해를 줄 수 있으니 큰 목소리로 대화하거나 휴대 전화 소리를 내면 안 되겠지요? 또 도서관에서 책을 빌렸다면 대출 기한을 꼭 지켜야 해요.

연주회장에서는 어떤 예절을 지켜야 할까요? 먼저, 연주가 시작되기 전에 자리에 앉아야 합니다. 연주가 시작된 후에 자리를 찾으면 다른 사람의 감상을 방해하게 돼요. 그리고 연주 중에는 대화를 하거나 큰 소리를 내면 안 됩니다. 아무리 귓속말이라고 해도 주변 사람들이 피해를 보게 돼요. 연주자의 연주에 영향을 미칠 수 있으니 연주 중에는 사진 촬영도 하지 말아야 해요.

연주회장에서는 연주가 끝나고 연주자가 인사를 할 때 찬사를 보내기 위해 '브라보', '브라바', '브라비'라고 외치기도 해요. 이들은 이탈리아에서 온 말로, 남성에게는 '브라보', 여성에게는 '브라바', 남녀가 섞인 혼성이라면 '브라비'라고 한답니다.

지문 확인

- 1단락 요약 :
  도서관과 연주회장에서
  1) ☐☐ 을/를 지키는
  것의 중요성

- 2단락 요약 :
  2) ☐☐☐ 에서 지
  켜야 할 예절

- 3단락 요약 :
  3) ☐☐☐☐
  에서 지켜야 할 예절 ①

- 4단락 요약 :
  4) ☐☐☐☐
  에서 지켜야 할 예절 ②

낱말 따라 쓰기

- 책을 읽는 것 : 독 서

- 예술 작품의 아름다움을 느끼고 즐기고 이해하다. :
  감 상 하다 예 영화를 감상하고 소감을 말해 보자.

- 필요에 맞게 이롭게 쓰다. : 이 용 하다
  [利 – 이로울 이, 用 – 쓸 용]

- 사회생활에서 지켜야 하는 바르고 공손한 말씨와 몸가짐 :
  예 절 [禮 – 예도 예, 節 – 마디 절]

- (일정한 곳에) 끼워 넣다. : 꽂 다

- (재산·명예·건강 등에) 나쁜 영향이나 손해를 입는 것 :
  피 해 예 이번 산불로 마을의 피해가 크다.

- 도서관에서 책이나 자료를 빌려주는 것 : 대 출
  예 나는 이 책을 대출하기 위해 한 시간을 기다렸다.

- (주로 돈을 주거나 일을 하기로 한) 미리 정해 놓은 때 :
  기 한 예 숙제를 내야 할 기한은 내일까지이다.

- 청중 앞에서 악기를 다루어 음악을 들려주는 일 : 연 주
  예 민석이는 드럼을 기가 막히게 연주한다.

01

빠른 정답 4쪽, 정답과 풀이 67~68쪽

✏️ 뜻을 정확히 모르는 낱말들을 적어 보세요!

다음은 이 글의 주제를 이해하는 과정입니다. 빈칸에 공통으로 들어가기에 알맞은 말을 쓰세요.

> 이 글에서는 도서관과 연주회장에서 ( )을/를 지켜야 하는 것이 중요하다고 이야기하며, 도서관에서 지켜야 할 예절과 연주회장에서 지켜야 할 예절에 대해 설명하고 있다. 따라서 이 글의 주제는 '도서관과 연주회장에서 지켜야 할 ( )'이다.

( )

02

이 글의 내용으로 알맞지 <u>않은</u> 것은 무엇인가요? ( )

① 도서관에서 큰 목소리로 대화하면 안 된다.
② 도서관에서 책을 빌린 후 대출 기한을 지켜야 한다.
③ 도서관과 연주회장은 다른 사람들과 함께 이용한다.
④ 연주회장에서 연주가 시작되면 귓속말로 대화해야 한다.
⑤ 연주회장에서 연주가 끝난 후 연주자에게 찬사를 보내기도 한다.

DAY
35

낱말 따라 쓰기

● 어떤 대상의 둘레 부근 : 주 변
  예 학교 <u>주변</u>에는 진달래가 피어 있다.
● 무엇에 원인이 되거나 힘을 미치어 반응이나 변화가 생기게
  하는 것 : 영 향
  예 아이는 부모의 <u>영향</u>을 많이 받는다.

● 칭찬하는 말이나 글 : 찬 사
● 큰 소리로 말하다. : 외 치 다
● (노래를 할 때) 남자와 여자의 목소리를 합한 것 : 혼 성
● (빌리거나 꾼 것을) 다시 돌려주거나 갚다. : 반 납 하다

03

다음은 연주회장에서 연주자에게 보내는 찬사의 말입니다. 각각의 말이 누구에게 해당하는지 연결해 보세요.

(1) 브라비 •   • ㉠ 남성

(2) 브라보 •   • ㉡ 혼성

(3) 브라바 •   • ㉢ 여성

빠른 정답 4쪽, 정답과 풀이 68쪽

✏️ 뜻을 정확히 모르는 낱말들을 적어 보세요!

04

다음은 이 글을 읽고 나눈 대화입니다. 글의 내용에 비추어 볼 때, 알맞지 <u>않은</u> 말을 한 사람은 누구인가요?   (   )

① 소연: 내일 도서관에 가서 책을 읽은 후 제자리에 두고 와야겠어.
② 민철: 도서관에서 빌린 책의 대출 기한이 다가왔으니 반납해야겠다.
③ 주희: 연주가 시작되기 전에 자리에 앉을 수 있도록 서둘러 출발하자.
④ 해진: 연주회장에서 연주를 감상하는 중에 남성 연주자에게 '브라보'라고 할 거야.
⑤ 노민: 연주자가 놀랄 수 있으니 연주를 감상하는 동안에는 사진을 찍지 말아야지.

05 서술형

도서관에서 큰 목소리로 대화하거나 휴대 전화 소리를 내면 안 되는 까닭을 이 글에서 찾아 쓰세요.

_____

_____

_____

[01~05] 주어진 뜻풀이에 알맞은 낱말을 연결하세요.

01 칭찬하는 말이나 글 • • ㉠ 외치다

02 도서관에서 책이나 자료를 빌려주는 것 • • ㉡ 피해

03 큰 소리로 말하다. • • ㉢ 찬사

04 (재산·명예·건강 등에) 나쁜 영향이나 손해를 입는 것 • • ㉣ 대출

05 책을 읽는 것 • • ㉤ 독서

[06~10] 주어진 자음자와 뜻풀이를 보고, 빈칸에 알맞은 낱말을 쓰세요.

06 피카소의 그림을 실제로 ㄱ ㅅ 해 보고 싶다.
예술 작품의 아름다움을 느끼고 즐기고 이해하다.

07 마을 사람들이 물을 ㅇ ㅇ 하기 위해 우물을 팠다.
필요에 맞게 이롭게 쓰다.

08 청중의 돌발 행동으로 피아노 ㅇ ㅈ 이/가 중단됐다.
청중 앞에서 악기를 다루어 음악을 들려주는 일

09 요즘에는 남자와 여자가 섞인 ㅎ ㅅ 그룹이 많지 않다.
(노래를 할 때) 남자와 여자의 목소리를 합한 것

10 어른께 ㅇ ㅈ 을/를 갖춰 인사해야 한다.
사회생활에서 지켜야 하는 바르고 공손한 말씨와 몸가짐

------------------- 배경지식 -

인터넷 예절을 지켜요!

여러분은 언제 어디서나 예절을 잘 지키고 있나요? 예절은 사회생활에서 지켜야 하는 말과 행동을 뜻해요. 얼굴을 마주하고 직접 만날 때도 예절을 지켜야 하지만, 서로를 직접 볼 수 없고 서로가 누구인지 모르는 인터넷 세상에서도 예절은 꼭 필요하답니다. 그럼 인터넷에서는 어떤 예절을 지켜야 할까요?

게시판에 글을 쓸 때는 정확하지 않은 내용은 쓰지 말아야 합니다. 채팅할 때는 자기 자신을 먼저 소개한 뒤 대화하며, 반말을 사용하지 않도록 해요. 특히 욕설을 하거나 다른 사람을 헐뜯는 말은 하면 안 되겠지요. 또, 자신의 개인 정보를 함부로 올리거나 다른 사람의 개인 정보를 수집하면 안 됩니다. 그리고 다른 사람이 만든 창작물을 허락 없이 사용해서도 안 된답니다.

DAY 35

DAY 36

[STEP 6]
독해력 완성 테스트

공부 후 붙임딱지
알맞은
붙임딱지를
붙여 주세요.

공부한 날   월   일

✿✿✿ : 상   ✿✿✿ : 중   ✿✿✿ : 하

[01~05] 다음 글을 읽고, 물음에 답하세요.

여러분은 물건이 떨어지는 소리를 뭐라고 표현하나요? '우당탕'이라고 하지 않나요? 동물이 내는 소리로 닭은 '꼬꼬댁', 오리는 '꽥꽥', 염소는 '음메'라고 할 거예요. 이렇게 사람이나 사물의 소리를 흉내 낸 말을 의성어라고 해요. 그럼 거북이가 기어가는 모습을 '엉금엉금'으로, 지렁이를 '꿈틀꿈틀'로 표현한 것은 뭘까요? 사람이나 사물의 모양 혹은 움직임을 흉내 낸 말은 의태어라고 합니다.

의성어에는 무엇이 있는지 알아봅시다. '시계는 하루 종일 똑딱똑딱'이라는 말에서 '똑딱똑딱'은 시계가 돌아가는 소리를 따라 한 것이에요. '개굴개굴'은 개구리가 우는 소리를, '철썩철썩'은 파도가 치는 소리를 흉내 낸 의성어랍니다.

별을 보고 '반짝반짝' 빛난다고 하고, 발소리를 내지 않고 조심스럽게 걷는 사람을 보며 '살금살금' 걸어간다고 하지요. 아기가 '아장아장' 걸음마를 하고, 토끼가 '깡충깡충' 뛰어다닌다고 말하는 것은 모두 의태어를 사용한 예시입니다.

우리말은 의성어와 의태어가 아주 잘 발달해 있어요. 의성어와 의태어는 한 낱말 안에서 같은 발음이 반복되는 경우가 많습니다. 이 경우에 의성어와 의태어는 반복되는 리듬을 가지게 되어 말의 재미를 살려 쓸 수 있기 때문에 적절하게 사용하면 말이나 글을 더 실감 나게 표현할 수 있답니다.

---

01 ✿✿✿

다음은 이 글의 주제입니다. ㉠, ㉡에 들어가기에 알맞은 말을 쓰세요.

> 흉내 내는 말인 (㉠)와/과 (㉡)

㉠: (   ), ㉡: (   )

02 ✿✿✿

다음의 설명이 각각 의성어인지 의태어인지 1단락에서 찾아 쓰세요.

(1) 사람이나 사물의 소리를 흉내 낸 말
(   )

(2) 사람이나 사물의 모양 혹은 움직임을 흉내 낸 말
(   )

03 ✿✿✿

다음은 이 글에 나온 의성어와 의태어입니다. 각각에 알맞은 것을 골라 쓰세요.

| 반짝반짝 | 똑딱똑딱 | 꽥꽥 | 아장아장 |
| 엉금엉금 | 철썩철썩 | 꼬꼬댁 | 살금살금 |

(1) 의성어: _____

_____

(2) 의태어: _____

_____

04 ★★★

이 글에 대한 설명으로 알맞지 <u>않은</u> 것은 무엇인가요?

( )

① 의성어와 의태어의 뜻을 설명하고 있다.

② 의성어와 의태어의 예시를 소개하고 있다.

③ 의성어와 의태어가 생긴 까닭을 설명하고 있다.

④ 설명할 내용과 관련된 질문으로 글을 시작하고 있다.

⑤ 의성어와 의태어 사용의 장점으로 글을 마무리하고 있다.

05 ★★★❀ 서술형

의성어와 의태어를 통해 말을 재미를 살려 쓸 수 있는 까닭을 이 글에서 찾아 쓰세요.

_____

_____

_____

_____

_____

낱말 따라 쓰기

● 느낌이나 생각을 말, 글, 예술 작품 등으로 나타내다. :

표 현 하다 [表–겉 표, 現–나타날 현]

● 세상의 온갖 것 : 사 물

[事–일 사, 物–만물 물]

● (남이 하는 말이나 행동을) 그대로 따라서 하다. :

흉 내 내 다

예 저 앵무새는 사람 말을 잘 흉내 낸다.

● (어디로) 기어서 가다. : 기 어 가 다

예 동생은 아직 걷지 못해서 기어간다.

● 사람·사물·움직임 등이 눈에 보이는 꼴 : 모 습

예 나는 고양이가 자는 모습을 바라보았다.

● 매우 조심하는 태도가 있다. : 조 심 스 럽 다

예 처음 간 연주회장에서 조심스럽게 행동했다.

● 어린아이가 처음 걸음을 배울 때의 걸음 : 걸 음 마

● 예를 들어 보이는 것 : 예 시

[例–법식 예, 示–보일 시]

예 설명할 때 예시를 들면 좋다.

● 사물이 이전보다 더 좋게, 크게 또는 복잡하게 변하다. :

발 달 하다 [發–필 발, 達–통달할 달]

예 서울은 교통이 발달한 도시이다.

● (목청·혀·이·입술 등을 이용하여) 말의 소리를 내는 일 :

발 음 [發–쏠 발, 音–소리 음]

● 같은 일이 되풀이되다. : 반 복 되 다

예 며칠간 악몽이 반복되고 있다.

● (어떠한 조건이 있는) 특별한 형편·사정·상황, 또는 실례 :

경 우

예 이런 경우에는 어떻게 해야 할지 잘 모르겠다.

● 소리의 높낮이와 세기가 일정한 사이를 두고 거듭되는 것

: 리 듬 예 그는 기타 리듬에 맞춰 노래를 부른다.

● 아주 알맞다. : 적 절 하다

예 그곳은 휴식을 취하기에 적절한 장소이다.

● 실제인 것처럼 느껴지다. : 실 감 나 다

예 이 VR 게임은 매우 실감 난다.

● 좋거나 나은 점 : 장 점

[長–나을 장, 點–점 점]

잠깐!
쉬어가기

빠른 정답 4쪽

✱ '○○○자로 끝나는 말은?' 놀이를 하려고 합니다. 다음 뜻풀이에 해당하는 낱말을 빈칸에 쓰세요.

1 한 한 '한'자로 끝나는 말은?

(1) 먹을거리나 약 같은 상품이 쓰일 수 있는 기한 : ☐ ☐ ☐ 한

(2) (주로 돈을 주거나 일을 하기로 한) 미리 정해 놓은 때 : ☐ 한

2 자 자 '자'자로 끝나는 말은?

(1) 자음을 나타내는 글자 : ☐ 음 자

(2) 모음을 나타내는 글자 : ☐ 음 자

3 각 각 '각'자로 끝나는 말은?

(1) (여럿을 하나씩 따로 나누어서) 하나하나 : ☐ 각

(2) 시간의 흐름에서의 어느 한 때 : ☐ 각

4 적 적 '적'자로 끝나는 말은?

(1) 전체를 나타내는 것 : ☐ ☐ 적

(2) 가장 두드러지거나 뛰어나 대표가 될 만한 것 : ☐ ☐ 적

(3) 일반적 규칙에서 벗어나는 것 : ☐ ☐ 적

5 성 성 '성'자로 끝나는 말은?

(1) 동물의 한 종류에 공통되는 고유한 성질 : ☐ 성

(2) 여러 사람이나 몇 가지 요소를 모아 하나의 전체를 이루는 일, 또는 그렇게 이루어 진 사물 : ☐ 성

(3) (노래를 할 때) 남자와 여자의 목소리를 합한 것 : ☐ 성

붙임딱지 활용법 ★ 문제를 풀고 채점한 후에 알맞은 붙임딱지를 붙여 보세요.

다 맞았을 때

1문제 틀렸을 때

2문제 틀렸을 때

3문제 이상 틀렸을 때

◉ (주)수경출판사의 모든 교재에는 **마인드 트리**가 있습니다.

◉ 교재의 **마인드 트리** 5개를 모아서 보내 주시는 모든 분께 선물을 드립니다.

◉ 각각 다른 교재의 **마인드 트리**를 보내 주셔야 합니다.

≫ 다빈치 융합 학습 만화 도서 중
1권을 드립니다.

*오려서 보내 주세요.

자이스토리 초등 국어
독해력 쑥쑥+낱말 쑥쑥 1학년

자이스토리
Mind Tree
5개를 모아 보내 주세요!
(각각 다른 교재로)

풀이나 스카치 테이프를 이용해 붙여 주세요.

우 편 봉 함 엽 서

보내는 사람
*주소 _____

*이름 _____ *학년 (_____)

☐ ☐ ☐ ☐ ☐

우표

받는 사람
서울시 영등포구 양평로 21길 26(양평동 5가)
IS비즈타워 807호
(주)수경출판사 교재 기획실
0 7 2 0 7

자이스토리 초등 국어 **독해력 쑥쑥 + 낱말 쑥쑥 1학년**

---

1. 이 책을 구입하게 된 동기는 무엇입니까? [교재명 :   ]
   ① 서점에서 다른 책들과 비교해 보고   ② 광고를 보고/듣고   ③ 학교/학원 보충 교재 [학교명(학원명):   ]
   ④ 선생님의 추천   ⑤ 친구/선배의 권유   ⑥ 기타 [   ]

2. 교재를 선택할 때 가장 큰 기준이 되는 것은?(복수 응답 가능)
   ① 유명 출판사   ② 교재 내용   ③ 디자인   ④ 난이도
   ⑤ 교재 분량   ⑥ 정답과 풀이   ⑦ 동영상 강의   ⑧ 기타 [   ]

3. 이 책의 전반적인 부분에 대한 질문입니다.
   ◆ 표지 디자인: 좋다☐   보통이다☐   좋지 않다☐   ◆ 본문 디자인: 좋다☐   보통이다☐   좋지 않다☐
   ◆ 문제 난이도 : 어렵다☐   알맞다☐   쉽다☐   ◆ 교재의 분량: 많다☐   알맞다☐   적다☐

4. 이 책의 구성 요소를 평가한다면?
   • 교과 연계 지문 (   )   • 지문 술술 이해 (   )   • 정답 콕콕 특강 (   )
   • 낱말 따라 쓰기 (   )   • 낱말 쑥쑥 테스트 (   )   • 배경지식 (   )
   • 독해력 완성 테스트 (   )   • 낱말 쑥쑥 총정리 (   )

   ① 매우 만족   ② 만족   ③ 보통   ④ 불만   ⑤ 매우 불만

5. 이 책에서 추가되어야 할 점이 있다면 무엇입니까?

_____
_____
_____

6. 최근 본인이 크게 도움을 받은 책이 있다면?(또는 가장 인기 있는 교재는?)

교재명 :   과목 :

_____
_____

7. 내가 원하는 교재가 있다면?

_____
_____
_____
_____

이름 :   연락처 :   이메일 :
                      학 교 :   학 년 :

Fighting!

국어를 공부하는 즐거움을
찾는 건 멋진 일이랍니다.

❄ **마인드 트리**를 붙이고 원하는 교재를 체크하세요.

mind tree 1	mind tree 2	mind tree 3	mind tree 4	mind tree 5

※ 원하는 교재를 **1권** 체크

다빈치 융합 학습 만화

☐ 국어 3학년	☐ 국어 4학년	☐ 국어 5학년	☐ 국어 6학년
☐ 수학 3학년	☐ 수학 4학년	☐ 수학 5학년	☐ 수학 6학년
☐ 사회 3학년	☐ 사회 4학년	☐ 사회 5학년	☐ 사회 6학년
☐ 과학 3학년	☐ 과학 4학년	☐ 과학 5학년	☐ 과학 6학년

초등
국어 독해력 쑥쑥 +낱말쑥쑥

정답과 풀이

1 학년

수경출판사

이 책의 차례

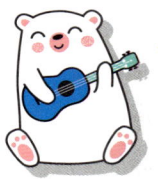

이 책의 정답과 풀이

★글의 내용을 완벽히 이해시키는 입체 첨삭 해설

전체 중심 낱말 전체 중심 낱말을 확인할 수 있습니다. ⬭ 표시

전체 중심 문장 글 전체에서 가장 중요한 중심 문장을 알려 줍니다. ▬ 표시

각 단락 중심 문장 각 단락의 중심 문장을 알아볼 수 있습니다. [ ] 표시

각 단락 중심 낱말 각 단락의 중심 낱말을 확인할 수 있습니다. ⬭ 표시

단락 요약 각 단락의 중심 내용을 요약하여 알려 줍니다.

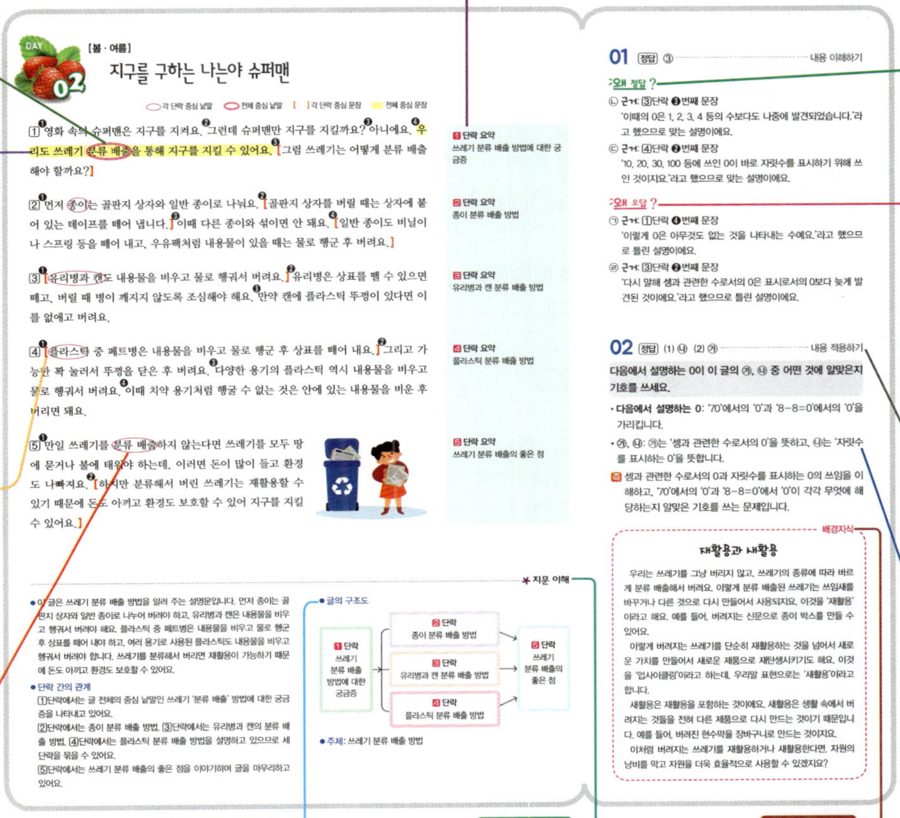

DAY 02 [봄 · 여름]

지구를 구하는 나는야 슈퍼맨

⬭각 단락 중심 낱말 ⬭전체 중심 낱말 [ ]각 단락 중심 문장 ▬ 전체 중심 문장

1 ❶영화 속의 슈퍼맨은 지구를 지켜요. ❷그런데 슈퍼맨만 지구를 지킬까요? ❸아니에요. ❹우리도 쓰레기 분류 배출을 통해 지구를 지킬 수 있어요. ❺[그럼 쓰레기는 어떻게 분류 배출해야 할까요?]

2 ❶먼저 종이는 골판지 상자와 일반 종이로 나눠요. ❷[골판지 상자를 버릴 때는 상자에 붙어 있는 테이프를 떼어 냅니다.] ❸이때 다른 종이와 섞이면 안 돼요. ❹[일반 종이도 비닐이나 스프링 등을 떼어 내고, 우유팩처럼 내용물이 있을 때는 물로 헹군 후 버려요.]

3 ❶[유리병과 캔도 내용물을 비우고 물로 헹궈서 버려요.] ❷유리병은 상표를 뗄 수 있으면 떼고, 버릴 때 병이 깨지지 않도록 조심해야 해요. ❸만약 캔에 플라스틱 뚜껑이 있다면 이를 없애고 버려요.

4 ❶[플라스틱 중 페트병은 내용물을 비우고 물로 헹군 후 상표를 떼어 내요.] ❷그리고 가능한 꽉 눌러서 뚜껑을 닫은 후 버려요. ❸다양한 용기의 플라스틱 역시 내용물을 비우고 물로 헹궈서 버려요. ❹이때 치약 용기처럼 헹굴 수 없는 것은 안에 있는 내용물을 비운 후 버리면 돼요.

5 ❶만일 쓰레기를 분류 배출하지 않는다면 쓰레기를 모두 땅에 묻거나 불에 태워야 하는데, 이러면 돈이 많이 들고 환경도 나빠져요. ❷[하지만 분류해서 버린 쓰레기는 재활용할 수 있기 때문에 돈도 아끼고 환경도 보호할 수 있어 지구를 지킬 수 있어요.]

1 단락 요약: 쓰레기 분류 배출 방법에 대한 궁금증
2 단락 요약: 종이 분류 배출 방법
3 단락 요약: 유리병과 캔 분류 배출 방법
4 단락 요약: 플라스틱 분류 배출 방법
5 단락 요약: 쓰레기 분류 배출의 좋은 점

★ 지문 이해

- 이 글은 쓰레기 분류 배출 방법을 알려 주는 설명문입니다. 먼저 종이는 골판지 상자와 일반 종이로 나누어 버려야 하고, 유리병과 캔은 내용물을 비우고 헹궈서 버려야 해요. 플라스틱 중 페트병은 내용물을 비우고 물로 헹군 후 상표를 떼어 내야 하고, 여러 용기로 사용된 플라스틱도 내용물을 비우고 헹궈서 버려야 합니다. 쓰레기를 분류해서 버리면 재활용이 가능하기 때문에 돈도 아끼고 환경도 보호할 수 있어요.
- 단락 간의 관계
  1단락에서는 글 전체의 중심 낱말인 쓰레기 '분류 배출' 방법에 대한 궁금증을 나타내고 있어요.
  2단락에서는 종이 분류 배출 방법, 3단락에서는 유리병과 캔의 분류 배출 방법, 4단락에서는 플라스틱 분류 배출 방법을 설명하고 있으므로 세 단락을 묶을 수 있어요.
  5단락에서는 쓰레기 분류 배출의 좋은 점을 이야기하며 글을 마무리하고 있어요.
- 글의 구조도
  1 단락 쓰레기 분류 배출 방법에 대한 궁금증 → 2 단락 종이 분류 배출 방법 / 3 단락 유리병과 캔 분류 배출 방법 / 4 단락 플라스틱 분류 배출 방법 → 5 단락 쓰레기 분류 배출의 좋은 점
- 주제: 쓰레기 분류 배출 방법

01 정답 ③ ········ 내용 이해하기

왜 정답?
㉡ 근거: 3단락 ❸번째 문장
'이때의 0은 1, 2, 3, 4 등의 수보다도 나중에 발견되었습니다.'라고 했으므로 맞는 설명이에요.
㉢ 근거: 4단락 ❷번째 문장
'10, 20, 30, 100 등에 쓰인 0이 바로 자릿수를 표시하기 위해 쓰인 것이지요.'라고 했으므로 맞는 설명이에요.

왜 오답?
㉠ 근거: 1단락 ❹번째 문장
'이렇게 0은 아무것도 없는 것을 나타내는 수예요.'라고 했으므로 틀린 설명이에요.
㉣ 근거: 3단락 ❷번째 문장
'다시 말해 셈과 관련한 수로서의 0은 표시로서의 0보다 늦게 발견된 것이에요.'라고 했으므로 틀린 설명이에요.

02 정답 (1) ㉯ (2) ㉮ ········ 내용 적용하기

다음에서 설명하는 0이 이 글의 ㉮, ㉯ 중 어떤 것에 알맞은지 기호를 쓰세요.

- **다음에서 설명하는 0**: '70'에서의 '0'과 '8−8=0'에서의 '0'을 가리킵니다.
- ㉮, ㉯: ㉮는 '셈과 관련한 수로서의 0'을 뜻하고, ㉯는 '자릿수를 표시하는 0'을 뜻합니다.

즉 셈과 관련한 수로서의 0과 자릿수를 표시하는 0의 쓰임을 이해하고, '70'에서의 '0'과 '8−8=0'에서 '0'이 각각 무엇에 해당하는지 알맞은 기호를 쓰는 문제입니다.

배경지식

재활용과 새활용

우리는 쓰레기를 그냥 버리지 않고, 쓰레기의 종류에 따라 바르게 분류 배출해서 버려요. 이렇게 분류 배출된 쓰레기는 쓰임새를 바꾸거나 다른 것으로 다시 만들어서 사용되지요. 이것을 '재활용'이라고 해요. 예를 들어, 버려지는 신문으로 종이 박스를 만들 수 있어요.

이렇게 버려지는 쓰레기를 단순히 재활용하는 것을 넘어서 새로운 가치를 만들어서 새로운 제품으로 재탄생시키기도 해요. 이것을 '업사이클링'이라고 하는데, 우리말 표현으로는 '새활용'이라고 합니다.

새활용은 재활용을 포함하는 것이에요. 새활용은 생활 속에서 버려지는 것들을 전혀 다른 제품으로 다시 만드는 것이기 때문입니다. 예를 들어, 버려진 현수막을 장바구니로 만드는 것이지요.

이처럼 버려지는 쓰레기를 재활용하거나 새활용한다면, 자원의 낭비를 막고 자원을 더욱 효율적으로 사용할 수 있겠지요?

왜 정답? 정답인 이유를 근거와 함께 알기 쉽고 자세하게 풀이했습니다.

왜 오답? 왜 틀렸는지 확실히 이해할 수 있도록 근거와 함께 자세하게 설명했습니다.

문제 유형 다양한 문제의 유형을 알려 줍니다.

문제 분석 어려운 유형의 문제를 쉽게 이해시켜 문제를 어떻게 풀어가야 하는지 알려 줍니다.

글의 구조도 글 전체의 내용과 구조를 한눈에 파악할 수 있습니다.

지문 이해 지문 내용, 단락 간의 관계, 주제를 스스로 익힐 수 있게 정리했습니다.

배경지식 지문과 관련된 다양한 자료로 학습과 생각의 깊이를 더할 수 있습니다.

빠른 정답

DAY 01

지문 쏙쏙 이해 1) 한글 2) 원리 3) 자음 4) 모음 5) 사람 6) 한글

문제 정답 ＋정답 쏙쏙 특강 01 한글 02 ④ 03 (1) 다문 (2) ㅗ 04 ⑤

DAY 02

지문 확인 1) 종이 2) 유리병, 캔 3) 플라스틱 4) 분류

문제 정답 01 분류 배출 02 ㉠ 물 ㉡ 상표 03 ㉯ 04 ⑤ 05 ㉠ 쓰레기를 분류 배출하지 않으면 쓰레기를 모두 땅에 묻거나 불에 태워야 하기 때문이다.

━━━━ 낱말 쑥쑥 테스트

01 ㉢ 02 ㉠ 03 ㉣ 04 ㉡ 05 내용물 06 기관 07 환경 08 용기
09 백성 10 탄생 11 분류 12 보호 13 합치 14 헹구 15 다물 16 상표
17 고유

DAY 03

지문 쏙쏙 이해 1) 동물 2) 사육사 3) 사료 4) 책임감 5) 사육사

문제 정답 01 사육사 02 (1) ○ (2) × (3) ○ 03 ① 04 ㉠ 동물을 사랑하는 마음, 책임감, 체력

━━━━ 낱말 쑥쑥 테스트

01 ㉡ 02 ㉢ 03 ㉠ 04 ㉣ 05 편안히 06 보통 07 출근 08 기록
09 과정 10 밤새

DAY 04

문제 정답 01 ④ 02 ㉠ 인도 ㉡ 아라비아 ㉢ 유럽 03 ⑤ 04 ③
05 ㉠ 아라비아 숫자가 유럽에 알려진 이후, 유럽의 수학은 아주 빠르게 발전할 수 있었고, 수학의 발전은 인류의 발전에도 큰 공을 세웠기 때문이다.

━━━━ 낱말 쑥쑥 테스트

01 ㉣ 02 ㉢ 03 ㉠ 04 ㉤ 05 ㉡ 06 교류 07 표현 08 중 09 역사상

DAY 05

문제 정답 01 과일, 채소 02 ㉠ 나무 ㉡ 밭 03 ④ 04 (1) 채소
(2) 과일 05 ㉠ 딸기는 밭에서 길러 먹는 식물이기 때문이다.

━━━━ 낱말 쑥쑥 테스트

01 밭 02 수분 03 식물 04 상황 05 가꾸다 06 포함 07 해당
08 대부분 09 대표 10 관찰

DAY 06

문제 정답 01 ② 02 ④ 03 ㉡, ㉠, ㉢, ㉣ 04 ④ 05 ㉠ 옷의 색이 화려하면 나쁜 일을 막을 수 있다고 믿었기 때문이다.

잠깐! 쉬어가기 ━━━━━━━━━━━━━━━━▶ 본문 32쪽
(1) 내용물 (2) 보통 (3) 식물 (4) 상인 (5) 원리 (6) 거뜬히
(7) 어우러지다 (8) 다물다 (9) 상표

DAY 07

지문 확인 1) ＋, － 2) ＋, －

지문 쏙쏙 이해 1) ＋ 2) － 3) 덧셈 4) 뺄셈 5) 셈

문제 정답 ＋정답 쏙쏙 특강
01 ① 02 ㉣ 03 (1) et (2) 모자라다 04 원효, 민희

DAY 08

지문 확인 1) 명절 2) 설날 3) 추석

문제 정답 01 ① 02 ㉯ 03 ㉠ 1 ㉡ 강강술래 04 ④ 05 ㉠ 떡국은 하얀 떡과 국물로 작년의 안 좋은 일은 잊어버리고 새로 시작한다는 뜻을 담고 있기 때문이다.

━━━━ 낱말 쑥쑥 테스트

01 무심코 02 친척 03 기호 04 묵다 05 복습 06 간단 07 작년
08 대표적 09 ㉢ 10 ㉠ 11 ㉣ 12 ㉡ 13 편리 14 금세 15 성묘
16 양력

DAY 09

지문 확인 1) 모음자

지문 쏙쏙 이해 1) 모음자 2) ㅏ 3) ㅓ 4) 모음자

문제 정답 01 ③ 02 (1) × (2) ○ (3) ○ 03 (1) 알록달록
(2) 북적북적 04 ㉠ 어둡고 크고 무거운 느낌이 든다.

━━━━ 낱말 쑥쑥 테스트

01 ㉡ 02 ㉠ 03 ㉢ 04 ㉣ 05 어울리 06 비슷 07 확실히
08 번쩍번쩍 09 얼룩덜룩

DAY 10

지문 확인 1) 친척 2) 친척

문제 정답 01 ① 02 ② 03 성우 04 큰아버지 05 ㉠ 부모님과 혈연으로 맺어진 사람인데, 결혼이나 출산으로 새롭게 생기기도 한다.

━━━━ 낱말 쑥쑥 테스트

01 아내 02 혈연 03 결혼식 04 남편 05 새롭다 06 호칭 07 자녀
08 출산 09 중심 10 각각 11 형제 12 난처

DAY 11

지문 확인 1) 반려견 2) 반려견

문제 정답 01 ① 02 ⑤ 03 목줄, 배변 봉투 04 ㉣ 05 ㉠ 다른 사람에게 함께 타도 괜찮은지 묻고, 함께 타게 되면 반려견을 안고 있거나 반려견을 벽 쪽으로 해야 한다.

━━━━ 낱말 쑥쑥 테스트

01 ㉢ 02 ㉠ 03 ㉤ 04 ㉣ 05 ㉡ 06 공동 주택 07 불편 08 산책
09 위험 10 기르

DAY 12

문제 정답 01 ① 02 전기 03 (1) × (2) ○ (3) × 04 ㉣ 05 ㉠ 전기를 만들 때 석유나 석탄 같은 연료를 태우게 되는데, 이런 연료들을 태우면 해로운 물질이 나오기 때문이다.

잠깐! 쉬어가기 ━━━━━━━━━━━━━━━━▶ 본문 56쪽
1 (1) 덧 (2) 뺄 2 (1) 수학 (2) 모음 (3) 보호 3 (1) 대표 (2) 북적북
4 (1) 주 (2) 용 (3) 배 5 (1) 음 (2) 양

DAY 13

지문 확인
• 1단락 중심 문장: 3, 4번째 문장　　• 2단락 중심 문장: 1번째 문장
• 3단락 중심 문장: 1번째 문장

지문 쏙쏙 이해 1) 모음자 2) 모아쓰기 3) 풀어쓰기

문제 정답 +정답 콕콕 특강 01 모아쓰기 02 ㉠ 합하여 ㉡ 풀어서
03 ③ 04 (1) 너구리 (2) ㄱ, ㅏ, ㅅ, ㅜ

DAY 14

지문 확인
• 1단락 중심 문장: 2번째 문장
• 2단락 중심 문장: 2, 3번째 문장
• 3단락 중심 문장: 3번째 문장
• 4단락 중심 문장: 1, 4번째 문장

문제 정답 01 ③ 02 ② 03 손톱, 발톱 04 ③ 05 예 우리의 손과 발을 보호하는 역할을 한다. 또 손발로 어떤 물건의 느낌을 구분하거나 물건을 집을 때, 걸어 다닐 때 도움을 준다.

낱말 쑥쑥 테스트

01 흘다 02 가로 03 세로 04 상태 05 식사 06 역할 07 차례
08 설명 09 한동안 10 ㉢ 11 ㉠ 12 ㉤ 13 ㉡ 14 ㉣ 15 구분
16 보호 17 이후 18 중요

DAY 15

지문 확인
• 1단락 중심 문장: 3번째 문장
• 2단락 중심 문장: 2, 3번째 문장
• 3단락 중심 문장: 2번째 문장
• 4단락 중심 문장: 2번째 문장

지문 꿀꺽 이해 1) 계절 2) 옷차림 3) 여름 4) 겨울

문제 정답 01 준우 02 (1) 여름 (2) 겨울 (3) 겨울 03 ⑤ 04 예 봄에는 가끔 꽃샘추위가 찾아오고, 가을에는 아침과 저녁에 쌀쌀할 수 있기 때문이다.

낱말 쑥쑥 테스트

01 ㉤ 02 ㉢ 03 ㉠ 04 ㉣ 05 ㉡ 06 화사 07 건조 08 특징
09 습 10 멋

DAY 16

지문 확인
• 1단락 중심 문장: 6번째 문장
• 2단락 중심 문장: 2, 3번째 문장
• 3단락 중심 문장: 2, 3번째 문장
• 4단락 중심 문장: 2, 3번째 문장

문제 정답 01 (1) ㉡ (2) ㉢ (3) ㉠ (4) ㉣ 02 ② 03 ④ 04 (1) 민철
(2) 운동화 한 켤레 05 예 낱말과 맞지 않는 단위를 쓰면 뜻이 제대로 전달되지 않을 수 있기 때문이다.

낱말 쑥쑥 테스트

01 관련되다 02 세다 03 반면 04 전달되다 05 수 06 표현
07 어색 08 단위 09 제대로 10 대상

DAY 17

지문 확인
• 1단락 중심 문장: 5번째 문장
• 2단락 중심 문장: 1번째 문장
• 3단락 중심 문장: 1번째 문장
• 4단락 중심 문장: 1번째 문장

문제 정답 01 (1) ○ (2) ○ (3) ○ (4) × 02 ㉢, ㉡, ㉠ 03 ④ 04 ②
05 예 우리나라의 날씨뿐만 아니라 다른 나라의 날씨 정보도 알아야 넓은 지역의 날씨를 정확히 예측할 수 있기 때문이다.

낱말 쑥쑥 테스트

01 일상생활 02 속도 03 시기 04 분석하다 05 자료 06 정확히
07 관측 08 복잡 09 대비 10 변화

DAY 18

문제 정답 01 푸드 뱅크 02 음식 03 ② 04 ① 05 (1) 1990년대 후반 (2) 예 노숙인과 어려운 가정의 아이들의 식사 문제를 해결하기 위해서이다.

잠깐! 쉬어가기 ────────────────────▶ 본문 80쪽

가로 열쇠 1 구분하다 2 유통기한 3 가정 4 세로 5 기부하다
6 나들이 7 어색하다 8 대비하다

세로 열쇠 1 시기 2 분석하다 3 한동안 4 가로 5 세포
6 부서지다 7 이루어지다 8 낭비

DAY 19

지문 확인 1) 인사 2) 고마운 3) 전화 4) 인사
지문 꿀꺽 이해 1) 인사 2) 미안한 3) 전화 4) 마음가짐
문제 정답 +정답 콕콕 특강
01 ③ 02 (1) × (2) ○ (3) ○ 03 ③ 04 ㉢

DAY 20

지문 확인 1) 불쾌지수 2) 습도 3) 시간
문제 정답 01 뜻, 시간 02 ③ 03 ① 04 ② 05 예 물을 많이 마신다.
/ 아이스크림이나 빙수, 수박과 같은 시원한 것을 먹는다. / 수영장이나 계곡, 바닷가에 가서 신나게 물놀이를 한다.

낱말 쑥쑥 테스트

01 또렷하다 02 기온 03 마주치다 04 상황 05 인정 06 신경 07 불쾌
08 계산 09 영향 10 ㉣ 11 ㉢ 12 ㉡ 13 ㉠ 14 절반 15 평소 16 정중
17 예의

DAY 21

지문 확인 1) 추석 2) 중국 3) 오봉 4) 미국
지문 꿀꺽 이해 1) 추석 2) 중국 3) 오봉 4) 미국
문제 정답 01 중국, 오봉 02 ① 03 ① 04 (1) 추수 감사절
(2) 예 11월의 네 번째 목요일

낱말 쑥쑥 테스트

01 산소 02 풍성하다 03 농사짓다 04 조상 05 곡식 06 빌다
07 음력 08 차례 09 수확 10 명절

DAY 22

지문 확인 1) 혈관 2) 정맥 3) 파란
문제 정답 01 ③ 02 ㉠ 헤모글로빈 ㉡ 산소 03 ④ 04 ① 05 예 우리 몸속에 있는 노폐물과 이산화 탄소를 실어 나르는 역할을 한다.

낱말 쑥쑥 테스트

01 띠다 02 통로 03 싣다 04 포함하다 05 나르다 06 깨끗 07 상처
08 검붉 09 이산화 탄소 10 노폐물

DAY 23

지문 확인 1) 김치 2) 빨간 3) 김치
문제 정답 01 고려 시대, 빨간 김치 02 (1) ㉢ (2) ㉠ (3) ㉡ 03 ②
04 ㉢, ㉠, ㉡ 05 예 조선 시대에 들어온 후, 일본을 통해 우리나라에 고추가 전해졌다. 이후 김치에 고추를 넣으면서 빨간 김치를 만들게 되었다.

낱말 쑥쑥 테스트

01 ㉡ 02 ㉠ 03 ㉣ 04 ㉢ 05 익숙 06 기록 07 대표 08 물기
09 짐작

DAY 24

문제 정답 01 ③ 02 ⑤ 03 도구 04 13 05 예 세야 할 수가 점점 커지면서 수를 편리하고 정확하게 세기 위해서이다.

잠깐! 쉬어가기 ────────────────────▶ 본문 104쪽

(1) 상황 (2) 또렷하다 (3) 불쾌하다 (4) 평소 (5) 풍성하다
(6) 통로 (7) 기록 (8) 세상 (9) 방식

지문 확인 1) 먼지바람 2) 황사 3) 미세먼지

지문 쏙쏙 이해 1) 먼지바람 2) 황사 3) 미세먼지

문제 정답 ＋정답 콕콕 특강

01 ㉡, ㉠, ㉢, ㉣ 02 ④ 03 ㉮ 사막 ㉯ 먼지 04 ③

DAY 26

지문 확인 1) 문장 부호 2) 쉼표 3) 물음표 4) 느낌표

문제 정답 01 ㉠ 마침표 ㉡ 느낌표 02 ③ 03 ③ 04 (1) ㉯
(2) 준호야, 05 ㉮ 영주의 쪽지에 문장 부호가 잘못 쓰여 있어서 뜻이
제대로 전달되지 못했기 때문이다.

━━━━━━━━━━━━━━━━━━━━━━━━ 낱말 쑥쑥 테스트

01 들뜨다 02 부르다 03 부호 04 산업 05 발생 06 최근 07 쓰임
08 쪽지 09 이상 10 ㉢ 11 ㉠ 12 ㉡ 13 ㉣ 14 제대로 15 전달
16 외출 17 경우

DAY 27

지문 확인
• 1단락 중심 문장: 4번째 문장
• 2단락 중심 문장: 1번째 문장
• 3단락 중심 문장: 3번째 문장
• 4단락 중심 문장: 1번째 문장

지문 쏙쏙 이해 1) 사물놀이 2) 풍물놀이 3) 사물놀이 4) 차이점

문제 정답 01 ㉰, ㉮, ㉯, ㉱ 02 ② 03 (1) 풍물놀이 (2) 사물놀이
04 ㉮ 징, 꽹과리, 북, 장구

━━━━━━━━━━━━━━━━━━━━━━━━ 낱말 쑥쑥 테스트

01 어울리다 02 차이점 03 추수 04 고유 05 다양 06 실내
07 기원 08 연주 09 비롯

DAY 28

지문 확인
• 1단락 중심 문장: 5번째 문장
• 2단락 중심 문장: 2번째 문장
• 3단락 중심 문장: 1, 2번째 문장

문제 정답 01 가우스 02 ③ 03 (1) ○ (2) × (3) × 04 ②
05 ㉮ 가우스는 소행성의 궤도를 계산해서 다음에 소행성이 나타날 곳
을 정확하게 예측했다.

━━━━━━━━━━━━━━━━━━━━━━━━ 낱말 쑥쑥 테스트

01 잠시 02 업적 03 가능하다 04 궤도 05 천재 06 예측 07 간편
08 일화 09 구 10 불리

DAY 29

지문 확인 1) 북한말 2) 영어 3) 축구 4) 서술어

문제 정답 01 북한말 02 ⑤ 03 (1) ㉢ (2) ㉠ (3) ㉣ (4) ㉡ 04 ④
05 ㉮ 남한과 북한은 오랫동안 남과 북으로 분단되어 있었기 때문이다.

━━━━━━━━━━━━━━━━━━━━━━━━ 낱말 쑥쑥 테스트

01 ㉠ 02 ㉣ 03 ㉡ 04 ㉢ 05 다이어트 06 차이 07 분단 08 방송
09 고통스럽다

DAY 30

문제 정답 01 ㉮, ㉯, ㉱, ㉰ 02 ④ 03 ⑤ 04 ㉮ 광화문 ㉯ 경회루
05 ㉮ 교실에서 할 수 없는 것을 직접 눈으로 볼 수 있고, 여러 가지를
몸으로 체험하며 더 잘 기억하기 위해서이다.

잠깐! 쉬어가기 ━━━━━━━━━━━━━━━━━ ▶ 본문 128쪽
(1) 옷차림 (2) 발생하다 (3) 이상하다 (4) 제대로 (5) 추수 (6) 천재
(7) 방송 (8) 순우리말 (9) 고사성어

DAY 31

지문 확인 1) 식중독 2) 식중독

지문 쏙쏙 이해 1) 식중독 2) 식중독 3) 예방 4) 식중독

문제 정답 ＋정답 콕콕 특강

01 식중독 02 (1) × (2) ○ (3) ○ 03 ③ 04 (1) 채린 (2) ㉮ 식중독을
예방하려고 뜨거운 음식을 60도 이상으로 보관했어.

DAY 32

지문 확인
• 1단락 중심 문장: 2번째 문장
• 2단락 중심 문장: 2번째 문장
• 3단락 중심 문장: 1번째 문장
• 4단락 중심 문장: 1번째 문장
• 5단락 중심 문장: 2번째 문장

문제 정답 01 ④ 02 (1) × (2) × (3) ○ 03 ③ 04 ② 05 ㉮ 서로
다른 두 개의 자음자로 이루어진 받침

━━━━━━━━━━━━━━━━━━━━━━━━ 낱말 쑥쑥 테스트

01 심지어 02 독 03 상하다 04 유통 기한 05 저장 06 예방 07 급히
08 의심 09 ㉢ 10 ㉠ 11 ㉣ 12 ㉡ 13 각각 14 대부분 15 서로
16 보관

DAY 33

지문 확인
• 1단락 중심 문장: 1, 2번째 문장
• 2단락 중심 문장: 1번째 문장
• 3단락 중심 문장: 1, 2번째 문장
• 4단락 중심 문장: 1번째 문장

지문 쏙쏙 이해 1) 갯벌 2) 위 3) 속 4) 갯벌 동물

문제 정답 01 갯벌 02 (1) 갯벌 동물 (2) 사는 곳 03 ㉠ 위 ㉡ 방게
04 ㉮ 방게는 다른 게나 갯벌 동물들과 다투는 일이 많고, 심할 때는 집
게발이 잘려 나갈 정도로 싸우기 때문이다.

━━━━━━━━━━━━━━━━━━━━━━━━ 낱말 쑥쑥 테스트

01 평평하다 02 습성 03 해안 04 드나들다 05 띠다 06 입구
07 홈 08 상태 09 보호 10 뚜렷

DAY 34

지문 확인 1) 시계 2) 시침 3) 분침

문제 정답 01 시계 02 ② 03 ③ 04 (1) 6, 30 (2) 12 05 ㉮ 약속을
정하거나 지키기가 어렵고, 언제 무엇을 해야 할지 정확한 때를 몰라 혼
란스럽다.

━━━━━━━━━━━━━━━━━━━━━━━━ 낱말 쑥쑥 테스트

01 구성 02 가리키다 03 정하다 04 때 05 실제로 06 정확 07 일상
08 필요 09 시각

DAY 35

지문 확인 1) 예절 2) 도서관 3) 연주회장 4) 연주회장

문제 정답 01 예절 02 ④ 03 (1) ㉡ (2) ㉠ (3) ㉢ 04 ④
05 ㉮ 다른 사람에게 피해를 줄 수 있기 때문이다.

━━━━━━━━━━━━━━━━━━━━━━━━ 낱말 쑥쑥 테스트

01 ㉢ 02 ㉣ 03 ㉠ 04 ㉡ 05 ㉤ 06 감상 07 이용 08 연주
09 혼성 10 예절

DAY 36

문제 정답 01 ㉠ 의성어(의태어) ㉡ 의태어(의성어) 02 (1) 의성어
(2) 의태어 03 (1) 똑딱똑딱, 꽥꽥, 철썩철썩, 꼬꼬댁
(2) 반짝반짝, 아장아장, 엉금엉금, 살금살금 04 ③ 05 ㉮ 의성어와 의
태어는 한 낱말 안에서 같은 발음이 반복되는 경우가 많다. 이 경우에 의
성어와 의태어는 반복되는 리듬을 가지게 되기 때문이다.

잠깐! 쉬어가기 ━━━━━━━━━━━━━━━━━ ▶ 본문 152쪽
1 (1) 유통 기 (2) 기 2 (1) 자음 (2) 모음 3 (1) 각 (2) 시 4 (1) 전체
(2) 대표 (3) 예외 5 (1) 습 (2) 구 (3) 혼

자랑스러운 우리 글자, 한글의 탄생

◯ 각 단락 중심 낱말   ⬭ 전체 중심 낱말   [ ] 각 단락 중심 문장   🟨 전체 중심 문장

① 미희는 친구들과 자음자 맞히기 놀이를 했습니다. [놀이가 끝난 후 미희는 (한글)이 어떻게 만들어졌는지 궁금해졌는데요, 한글은 어떻게 탄생했을까요?]

*1단락 요약: 한글의 탄생에 대한 궁금증

② 🟨(한글)은 1443년 세종 대왕이 '훈민정음'이라는 이름으로 만든 우리나라 고유의 글자로, 훈민정음은 '백성을 가르치는 바른 소리'라는 뜻이에요.🟨 이때는 우리 글자가 없어서 중국의 한자를 썼는데 한자는 배우기 어려웠어요. 그래서 세종 대왕은 백성들이 쉽게 배우고 쓸 수 있는 글자를 만들었어요.

*2단락 요약: 한글의 뜻과 한글이 만들어진 배경

③ 세종 대왕이 (한글을 만든 원리)는 무엇일까요? [자음은 자음을 소리 내는 기관을 본떠서 만들었어요.] 'ㄱ'은 혀뿌리가 목구멍을 막는 모양, 'ㄴ'은 혀끝이 윗잇몸에 붙는 모양, 'ㅁ'은 다문 입의 모양, 'ㅅ'은 이의 모양, 'ㅇ'은 목의 모양을 본떠서 만들었어요. [모음은 하늘의 모양을 본뜬 'ㆍ', 땅의 모양을 본뜬 'ㅡ', 사람의 모양을 본뜬 'ㅣ'를 만들고, 이 글자들을 합쳐서 나머지 모음을 만들었어요.] 예를 들어 'ㅏ'는 'ㅣ'에 'ㆍ'를 합치고, 'ㅗ'는 'ㆍ'에 'ㅡ'를 합쳐서 만든 거예요.

*3단락 요약: 한글이 만들어진 원리

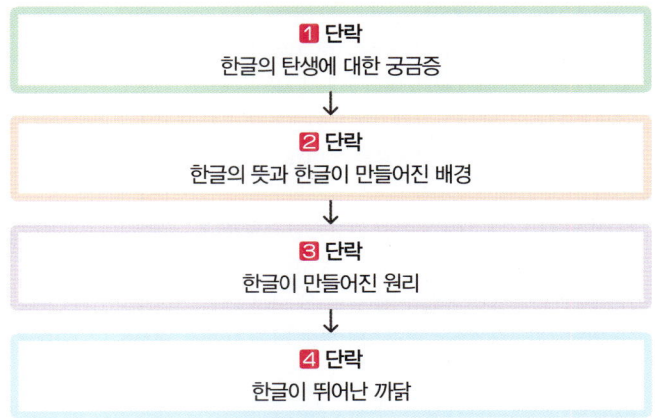

④ [이처럼 (한글)은 글자를 만든 사람과 만든 때, 만든 까닭과 만든 원리까지 알 수 있는데, 전 세계에 이런 글자는 한글뿐이랍니다.] 이제는 한글을 쓸 때 한글의 뛰어남을 떠올릴 수 있겠죠?

*4단락 요약: 한글이 뛰어난 까닭

01 정답 한글

②단락 ❶번째 문장에서 '한글은 1443년 세종대왕이 ~'라고 했어요.
④단락 ❶번째 문장에서 '이처럼 한글은 ~'이라고 했어요.

02 정답 ④

③단락 ❷번째 문장에서 '자음은 자음을 소리 내는 기관을 본떠서 만들었어요.'라고 했어요.

03 정답 (1) 다문 (2) ㅗ

③단락 ❸번째 문장에서 "ㅁ'은 다문 입의 모양'을 본떠서 만들었다고 했어요. 그리고 ③단락 ❹, ❺번째 문장을 근거로 'ㆍ'에 'ㅡ'를 합하면 'ㅗ'가 됨을 알 수 있어요.

04 정답 ⑤

④단락 ❶번째 문장에서 '한글은 글자를 만든 사람과 만든 때, 만든 까닭과 만든 원리까지 알 수 있는데, 전 세계에 이런 글자는 한글뿐이랍니다.'라고 했어요.

✱ 지문 이해

● 이 글은 한글이 만들어진 배경과 원리, 한글이 뛰어난 까닭에 대해서 알려 주는 설명문입니다. 한글은 1443년 세종 대왕이 '훈민정음'이라는 이름으로 만든 우리나라 고유의 글자로, 백성들이 쉽게 배우고 쓸 수 있는 글자예요. 자음은 자음을 소리 내는 기관을 본떠서 만들었고, 모음은 하늘, 땅, 사람의 모양을 본떠서 만들었습니다. 글자를 만든 사람과 만든 때, 만든 까닭과 만든 원리까지 알 수 있는 글자는 전 세계에 한글뿐이에요.

● 단락 간의 관계
①단락에서는 글 전체의 중심 낱말인 '한글'의 탄생에 대한 궁금증을 나타내고 있어요.
②단락에서는 한글의 뜻과 한글이 만들어진 배경을 설명하고 있어요.
③단락에서는 한글이 만들어진 원리를 자음과 모음으로 나누어 설명하고 있어요.
④단락에서는 한글이 뛰어난 까닭에 대해 이야기하며 글을 마무리하고 있어요.

● 글의 구조도

1 단락
한글의 탄생에 대한 궁금증

↓

2 단락
한글의 뜻과 한글이 만들어진 배경

↓

3 단락
한글이 만들어진 원리

↓

4 단락
한글이 뛰어난 까닭

● 주제: 한글이 만들어진 배경과 원리

지구를 구하는 나는야 슈퍼맨

◯ 각 단락 중심 낱말 ◯ 전체 중심 낱말 [ ] 각 단락 중심 문장 ▢ 전체 중심 문장

① ❶영화 속의 슈퍼맨은 지구를 지켜요. ❷그런데 슈퍼맨만 지구를 지킬까요? ❸아니에요. ❹우리도 쓰레기 분류 배출을 통해 지구를 지킬 수 있어요. ❺[그럼 쓰레기는 어떻게 분류 배출해야 할까요?]

② ❶먼저 종이는 골판지 상자와 일반 종이로 나눠요. ❷[골판지 상자를 버릴 때는 상자에 붙어 있는 테이프를 떼어 냅니다.] ❸이때 다른 종이와 섞이면 안 돼요. ❹[일반 종이도 비닐이나 스프링 등을 떼어 내고, 우유팩처럼 내용물이 있을 때는 물로 헹군 후 버려요.]

③ ❶[유리병과 캔도 내용물을 비우고 물로 헹궈서 버려요.] ❷유리병은 상표를 뗄 수 있으면 떼고, 버릴 때 병이 깨지지 않도록 조심해야 해요. ❸만약 캔에 플라스틱 뚜껑이 있다면 이를 없애고 버려요.

④ ❶[플라스틱 중 페트병은 내용물을 비우고 물로 헹군 후 상표를 떼어 내요.] ❷그리고 가능한 꽉 눌러서 뚜껑을 닫은 후 버려요. ❸다양한 용기의 플라스틱 역시 내용물을 비우고 물로 헹궈서 버려요. ❹이때 치약 용기처럼 헹굴 수 없는 것은 안에 있는 내용물을 비운 후 버리면 돼요.

⑤ ❶만일 쓰레기를 분류 배출하지 않는다면 쓰레기를 모두 땅에 묻거나 불에 태워야 하는데, 이러면 돈이 많이 들고 환경도 나빠져요. ❷[하지만 분류해서 버린 쓰레기는 재활용할 수 있기 때문에 돈도 아끼고 환경도 보호할 수 있어 지구를 지킬 수 있어요.]

1 단락 요약
쓰레기 분류 배출 방법에 대한 궁금증

2 단락 요약
종이 분류 배출 방법

3 단락 요약
유리병과 캔 분류 배출 방법

4 단락 요약
플라스틱 분류 배출 방법

5 단락 요약
쓰레기 분류 배출의 좋은 점

✱ 지문 이해

● 이 글은 쓰레기 분류 배출 방법을 알려 주는 설명문입니다. 먼저 종이는 골판지 상자와 일반 종이로 나누어 버려야 하고, 유리병과 캔은 내용물을 비우고 헹궈서 버려야 해요. 플라스틱 중 페트병은 내용물을 비우고 물로 헹군 후 상표를 떼어 내야 하고, 여러 용기로 사용된 플라스틱도 내용물을 비우고 헹궈서 버려야 합니다. 쓰레기를 분류해서 버리면 재활용이 가능하기 때문에 돈도 아끼고 환경도 보호할 수 있어요.

● **단락 간의 관계**
①단락에서는 글 전체의 중심 낱말인 쓰레기 '분류 배출' 방법에 대한 궁금증을 나타내고 있어요.
②단락에서는 종이 분류 배출 방법, ③단락에서는 유리병과 캔의 분류 배출 방법, ④단락에서는 플라스틱 분류 배출 방법을 설명하고 있으므로 세 단락을 묶을 수 있어요.
⑤단락에서는 쓰레기 분류 배출의 좋은 점을 이야기하며 글을 마무리하고 있어요.

● **글의 구조도**

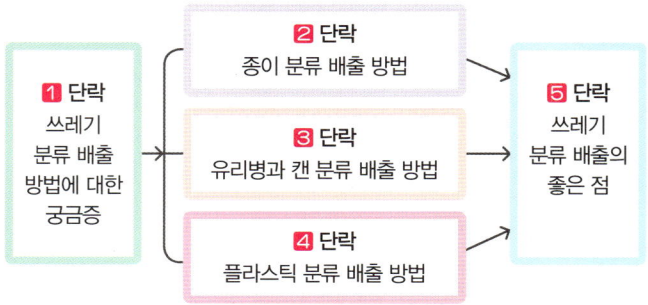

1 단락
쓰레기 분류 배출 방법에 대한 궁금증
→
2 단락 종이 분류 배출 방법
3 단락 유리병과 캔 분류 배출 방법
4 단락 플라스틱 분류 배출 방법
→
5 단락 쓰레기 분류 배출의 좋은 점

● **주제:** 쓰레기 분류 배출 방법

01 [정답] 분류 배출 ··· 중심 낱말 찾기

왜 정답?

* **근거**: [1]단락 ❹, ❺번째 문장

[1]단락에서 '우리도 쓰레기 분류 배출을 통해 지구를 지킬 수 있어요. 그럼 쓰레기는 어떻게 분류 배출해야 할까요?'라고 질문한 후, [2]~[4]단락에 걸쳐 쓰레기의 종류별 분류 배출 방법을 설명하고, [5]단락에서는 쓰레기 분류 배출의 좋은 점을 이야기하고 있어요.

그러므로 이 글에서 가장 중심이 되는 낱말은 '분류 배출'이에요.

02 [정답] ㉠ 물 ㉡ 상표 ···························· 내용 이해하기

왜 정답?

㉠ **근거**: [2]단락 ❹번째 문장

'~ 우유팩처럼 내용물이 있을 때는 물로 헹군 후 버려요.'라고 했어요. 따라서 ㉠에 들어가기에 알맞은 말은 '물'이에요.

㉡ **근거**: [3]단락 ❷번째 문장

'유리병은 상표를 뗄 수 있으면 떼고, ~'라고 했어요. 따라서 ㉡에 들어가기에 알맞은 말은 '상표'예요.

03 [정답] ④ ································· 글쓰기 방식 이해하기

왜 정답?

④ 이 글은 반대되는 생각을 가진 두 사람에 대해 이야기하고 있지 않아요.

왜 오답?

㉮ **근거**: [5]단락 ❷번째 문장

'하지만 분류해서 버린 쓰레기는 재활용할 수 있기 때문에 돈도 아끼고 환경도 보호할 수 있어 ~'라고 하면서 쓰레기를 분류 배출했을 때의 좋은 점을 설명하고 있으므로 맞는 설명이에요.

㉰ [2]단락에서는 종이의 분류 배출 방법을, [3]단락에서는 유리병과 캔의 분류 배출 방법을, [4]단락에서는 플라스틱의 분류 배출 방법을 설명하고 있으므로 맞는 설명이에요.

㉱ **근거**: [1]단락 ❺번째 문장

[1]단락에서 '그럼 쓰레기는 어떻게 분류 배출해야 할까요?'라고 물음을 던지고, [2]~[4]단락에 걸쳐 쓰레기 분류 배출 방법을 설명하고 있으므로 맞는 설명이에요.

04 [정답] ⑤ ································· 알맞은 반응 찾기

왜 정답?

⑤ **근거**: [4]단락 ❶번째 문장

'플라스틱 중 페트병은 내용물을 비우고 물로 헹군 후 ~'라고 했어요. 따라서 주스를 마신 후 페트병을 물에 씻어서 버린 것은 바르게 실천한 것이에요.

왜 오답?

① **근거**: [2]단락 ❶, ❸번째 문장

'먼저 종이는 골판지 상자와 일반 종이로 나눠요.', '이때 다른 종이와 섞이면 안 돼요.'라고 했으므로 골판지 상자와 신문지를 섞어서 버린 것은 잘못 실천한 것이에요.

② **근거**: [4]단락 ❹번째 문장

'이때 치약 용기처럼 헹굴 수 없는 것은 안에 있는 내용물을 비운 후 버리면 돼요.'라고 했으므로 치약이 남아 있는 용기를 그대로 버린 것은 잘못 실천한 것이에요.

③ **근거**: [2]단락 ❹번째 문장

'일반 종이도 비닐이나 스프링 등을 떼어 내고, ~ 버려요.'라고 했으므로 공책에 달린 스프링을 떼지 않고 버린 것은 잘못 실천한 것이에요.

④ **근거**: [3]단락 ❷번째 문장

'유리병은 상표를 뗄 수 있으면 떼고, ~'라고 했으므로 유리로 된 약병의 상표를 붙인 채로 버린 것은 잘못 실천한 것이에요.

05 [정답] 예 쓰레기를 분류 배출하지 않으면 쓰레기를 모두 땅에 묻거나 불에 태워야 하기 때문이다.

[서술형] 채점 기준 - 근거: [5]단락 ❶번째 문장

'만일 쓰레기를 분류 배출하지 않는다면 쓰레기를 모두 땅에 묻거나 불에 태워야 하는데, 이러면 돈이 많이 들고 환경도 나빠져요.'라고 했어요.

따라서 '쓰레기를 분류 배출하지 않으면 쓰레기를 모두 땅에 묻거나 불에 태워야 한다.'라는 내용이 들어가면 정답이에요.

배경지식

재활용과 새활용

우리는 쓰레기를 그냥 버리지 않고, 쓰레기의 종류에 따라 바르게 분류 배출해서 버려요. 이렇게 분류 배출된 쓰레기는 쓰임새를 바꾸거나 다른 것으로 다시 만들어서 사용되지요. 이것을 '재활용'이라고 해요. 예를 들어, 버려지는 신문으로 종이 박스를 만들 수 있어요.

이렇게 버려지는 쓰레기를 단순히 재활용하는 것을 넘어서 새로운 가치를 만들어서 새로운 제품으로 재탄생시키기도 해요. 이것을 '업사이클링'이라고 하는데, 우리말 표현으로는 '새활용'이라고 합니다.

새활용은 재활용을 포함하는 것이에요. 새활용은 생활 속에서 버려지는 것들을 전혀 다른 제품으로 다시 만드는 것이기 때문입니다. 예를 들어, 버려진 현수막을 장바구니로 만드는 것이지요.

이처럼 버려지는 쓰레기를 재활용하거나 새활용한다면, 자원의 낭비를 막고 자원을 더욱 효율적으로 사용할 수 있겠지요?

동물 친구들을 보살펴요.

⬭ 각 단락 중심 낱말 ◯ 전체 중심 낱말 [ ] 각 단락 중심 문장 🟨 전체 중심 문장

1 종수는 주말에 가족들과 동물원을 다녀 왔어요. [동물원에는 코끼리, 원숭이 등 많은 동물들이 있었는데, 동물 우리 안으로 들어가 동물을 쓰다듬고 우리 안을 치우는 등 동물을 보살피는 분도 계셨어요. 이 사람은 누구일까요?]

1 단락 요약
사육사에 대한 궁금증

2 이렇게 동물원에서 동물을 기르고 돌보는 일을 하시는 분을 사육사라고 합니다. 사육사는 보통 오전에 출근해서 자신이 맡은 동물을 살펴보는 것으로 일과를 시작해요. 밤새 동물들이 아프지 않고 잘 있었는지를 살펴보는 일은 동물의 건강을 위해 매우 중요해요.

2 단락 요약
사육사의 뜻과 하는 일 ①

3 [또 사육사는 동물이 먹을 사료를 준비하고, 동물이 싼 똥과 오줌을 치우며 우리 안을 청소해요. 그런 다음 동물에게 맞는 여러 가지 훈련과 교육을 합니다.] 훈련은 하루에 여러 번 하기도 해요. 여기서 끝나는 것이 아니라 이 모든 과정을 꼼꼼히 기록해 두어요. 이렇게 기록한 것을 바탕으로 동물들이 더 편안히 지낼 수 있도록 다른 사육사들과 생각을 나눕니다.

3 단락 요약
사육사가 하는 일 ②

4 [사육사가 되기 위해서는 동물을 사랑하는 마음이 제일 중요해요.] 하지만 단순히 동물을 예뻐하기만 하는 것이 아니라 동물의 건강과 생명을 지키는 일인 만큼 책임감이 있어야 합니다. 또한 많은 양의 사료를 준비하고, 넓은 우리를 청소하는 일을 매일 해야 하기 때문에 체력도 좋아야 해요.

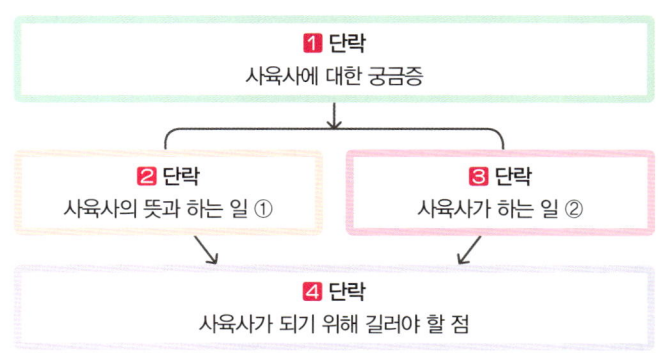

4 단락 요약
사육사가 되기 위해 길러야 할 점

✱ **지문 이해**

● 이 글은 사육사의 뜻과 사육사가 하는 일, 사육사가 되기 위해서 필요한 점에 대해 알려 주는 설명문이에요. 사육사는 동물원에서 동물을 기르고 돌보는 일을 해요. 동물이 먹을 사료를 준비하고, 동물이 싼 똥과 오줌을 치우고, 동물에게 맞는 훈련과 교육을 시킵니다. 사육사가 되기 위해서 가장 중요한 점은 동물을 사랑하는 마음이에요. 이 밖에도 책임감이 있어야 하고, 체력도 좋아야 해요.

● **단락 간의 관계**
1 단락에서는 글 전체의 중심 낱말인 '사육사'에 대한 궁금증을 드러내고 있어요.
2 단락에서는 사육사의 뜻을 설명하고, 사육사가 하는 일에 대해 알려 주고 있어요.
3 단락에서는 사육사가 하는 일에 대해 이야기하고 있어요.
2, 3 단락에서는 모두 사육사가 하는 일에 대해 설명하고 있으므로 묶을 수 있어요.
4 단락에서는 사육사가 되기 위해 길러야 할 점에 대해 설명하며 글을 마무리하고 있어요.

● **글의 구조도**

| **1 단락** |
| 사육사에 대한 궁금증 |

| **2 단락** | **3 단락** |
| 사육사의 뜻과 하는 일 ① | 사육사가 하는 일 ② |

| **4 단락** |
| 사육사가 되기 위해 길러야 할 점 |

● **주제:** 사육사가 하는 일

01 [정답] 사육사 ·· 중심 낱말 찾기

＞왜 정답?

* 근거: ②단락 ❶, ❷번째 문장, ③단락 ❶, ❷번째 문장

②단락에서 '이렇게 동물원에서 동물을 기르고 돌보는 일을 하시는 분을 '사육사'라고 합니다. 사육사는 보통 오전에 출근해서 자신이 맡은 동물을 살펴보는 것으로 일과를 시작해요.'라고 했고, ③단락에서 '또 사육사는 동물이 먹을 사료를 준비하고, ～ 우리 안을 청소해요. ～ 동물에게 맞는 여러 가지 훈련과 교육을 합니다.'라고 했어요.

그러므로 빈칸에 공통으로 들어가기에 알맞은 말은 '사육사'예요.

02 [정답] (1) ○ (2) ✕ (3) ○ ················· 내용 이해하기

＞왜 정답?

(1) 근거: ③단락 ❹번째 문장

'～ 이 모든 과정을 꼼꼼히 기록해 두어요.'라고 했으므로 맞는 내용이에요.

(2) 근거: ③단락 ❸번째 문장

'훈련은 하루에 여러 번 하기도 해요.'라고 했으므로 동물 훈련을 하루에 한 번만 한다는 것은 틀린 내용이에요.

(3) 근거: ②단락 ❷번째 문장

'사육사는 보통 오전에 출근해서 자신이 맡은 동물을 살펴보는 것으로 일과를 시작해요.'라고 했으므로 맞는 내용이에요.

03 [정답] ① ·· 내용 이해하기

＞왜 정답?

① 근거: ②단락 ❶번째 문장

②단락에서 '이렇게 동물원에서 동물을 기르고 돌보는 일을 하시는 분을 '사육사'라고 합니다.'라고 했어요.

따라서 사육사가 기르고 돌보는 것은 '동물'이에요.

＞왜 오답?

②～⑤ '나무', '버섯', '과일', '선인장'은 이 글에 나오지 않아요.

04 [정답] 예 동물을 사랑하는 마음, 책임감, 체력

서술형 채점 기준 - 근거: ④단락

④단락에서 사육사가 되기 위해서 길러야 할 점에 대해 설명하고 있어요. ❶번째 문장에서는 '사육사가 되기 위해서는 동물을 사랑하는 마음이 제일 중요해요.'라고 했어요. ❷번째 문장에서는 '하지만 ～ 동물의 건강과 생명을 지키는 일인 만큼 책임감이 있어야 합니다.'라고 했어요. ❸번째 문장에서는 '또한 많은 양의 사료를 준비하고, 넓은 우리를 청소하는 일을 매일 해야 하기 때문에 체력도 좋아야 해요.'라고 했어요. 따라서 '동물을 사랑하는 마음', '책임감', '체력'이 들어가야 정답이에요.

배경지식

스트레스로 가득한 동물원의 동물들

동물원에 있는 동물들은 아무 이유 없이 몸을 앞뒤로 흔들고, 우리 안을 왔다 갔다 하기도 해요. 여러분은 갑자기 좁은 공간에 갇혀서 아무것도 할 수 없게 된다면 어떨 것 같나요? 굉장히 답답하고 스트레스를 많이 받을 거예요.

동물원의 동물들은 제한된 공간에서 하루 종일 하는 일이 없어서 스트레스를 받아 '정형 행동'을 보이기도 해요. 정형 행동은 틀에 박힌 것 같이 반복되는 행동을 말해요. 예를 들어 동물원의 원숭이가 계속해서 자신의 털을 뽑고 있거나, 곰이 같은 장소를 왕복하는 것이지요.

야생에 사는 동물들에 비해 동물원의 동물들은 좁은 우리에서 살아가요. 영국의 동물원을 대상으로 조사한 결과, 동물원의 코끼리는 야생 코끼리보다 1000배 좁은 곳에서, 동물원의 북극곰은 야생 북극곰보다 100만 배 좁은 곳에서 생활하고 있다고 해요.

동물원의 동물들이 야생에서 살 때보다 많이 움직이지 못하기 때문에 몸도 약해지고, 무기력해져서 정형 행동이 나타나는 것이지요. 스트레스를 받은 동물원의 동물들은 자신의 손가락이나 꼬리를 물어뜯기도 해요.

▲ 북극곰

아라비아 숫자가 뭐지?

⚪ 각 단락 중심 낱말 ⬭ 전체 중심 낱말 [ ] 각 단락 중심 문장 🟨 전체 중심 문장

1 ❶ 우리가 수학에서 쓰는 0, 1, 2, 3, 4, 5, 6, 7, 8, 9의 열 개 숫자를 '아라비아 숫자'라고 합니다. ❷ 왜 이 숫자들을 아라비아 숫자라고 부를까요? ❸ 원래 이 숫자는 인도 사람들이 만들었어요. ❹ [그런데 이 숫자들이 아라비아에 소개되었고, 이후 아라비아 상인들이 이 숫자를 유럽에 전하기 시작했어요. ❺ 그래서 유럽 사람들이 이 숫자를 '아라비아 숫자'라고 부르게 되었고, 이후 아라비아 숫자라고 하게 된 것이에요.]

1 단락 요약
'아라비아 숫자'라는 이름의 유래

2 ❶ 그렇다면 인도나 아라비아가 아닌 다른 곳에는 숫자가 없었던 걸까요? ❷ 그렇지 않아요. ❸ 그때에는 이집트 숫자, 바빌로니아 숫자 등 여러 나라의 숫자가 쓰이고 있었어요. ❹ 그런데 다른 숫자들은 수가 늘어나면 그때마다 새로운 숫자를 만들어 내야 했어요. ❺ [반면 아라비아 숫자는 열 개의 숫자로 어떤 수든 표현할 수 있었죠.] ❻ 이 덕분에 사람들은 덧셈, 뺄셈은 물론 복잡한 셈까지도 거뜬히 할 수 있게 되었어요. ❼ [그래서 여러 숫자들 중에 아라비아 숫자가 가장 널리 전해진 것이에요.]

2 단락 요약
아라비아 숫자가 널리 전해진 까닭

3 ❶ 아라비아 숫자가 유럽에 알려진 이후, 유럽의 수학은 아주 빠르게 발전할 수 있었어요. ❷ 그리고 수학의 발전은 인류의 발전에도 큰 공을 세웠지요. ❸ [따라서 아라비아 숫자는 인류의 역사상 매우 대단한 발명이라고 할 수 있어요.]

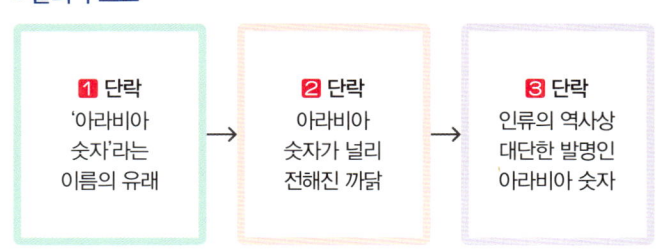

3 단락 요약
인류의 역사상 대단한 발명인 아라비아 숫자

✱ 지문 이해

● 이 글은 아라비아 숫자에 대해 알려 주는 설명문입니다. 아라비아 숫자는 0부터 9까지 열 개의 숫자로, 인도 사람들이 만들고 아라비아 사람들이 유럽에 전해 '아라비아 숫자'라는 이름이 붙었어요. 아라비아 숫자는 다른 숫자들과 달리 새로운 숫자를 만들지 않고도 어떤 수든 표현할 수 있어요. 그래서 가장 널리 전해질 수 있었고, 유럽에 알려진 이후에는 수학의 발전에 큰 도움이 되었답니다. 아라비아 숫자는 인류의 역사상 대단한 발명이라고 할 수 있어요.

● 단락 간의 관계
1단락에서는 '아라비아 숫자'라는 이름이 어떻게 붙게 되었는지 소개하고 있어요.
2단락에서는 아라비아 숫자가 널리 전해진 까닭에 대해 설명하고 있어요.
3단락에서는 아라비아 숫자가 인류의 역사상 대단한 발명이라고 이야기하며 글을 마무리하고 있어요.

● 글의 구조도

1 단락		2 단락		3 단락
'아라비아 숫자'라는 이름의 유래	→	아라비아 숫자가 널리 전해진 까닭	→	인류의 역사상 대단한 발명인 아라비아 숫자

● 주제: 아라비아 숫자의 소개

01 [정답] ④ ·········· 중심 낱말 찾기

>왜 정답?
④ 이 글은 ①단락에서는 '아라비아 숫자'라는 이름의 유래를, ②단락에서는 아라비아 숫자가 가장 널리 전해진 까닭을, ③단락에서는 아라비아 숫자가 대단한 발명이라는 이야기를 하고 있어요. 따라서 이 글은 '아라비아 숫자'에 관한 내용이에요.

02 [정답] ㉠ 인도 ㉡ 아라비아 ㉢ 유럽 ······ 내용 이해하기

>왜 정답?
* 근거: ①단락 ❸, ❹번째 문장
'원래 이 숫자는 인도 사람들이 만들었어요. 그런데 이 숫자들이 아라비아에 소개되었고, 이후 아라비아 상인들이 이 숫자를 유럽에 전하기 시작했어요.'라고 했어요.
따라서 빈칸에 들어갈 말은 차례대로 '인도', '아라비아', '유럽'이에요.

03 [정답] ⑤ ·········· 내용 이해하기

>왜 정답?
㉢ 근거: ②단락 ❹, ❺번째 문장
'그런데 다른 숫자들은 수가 늘어나면 그때마다 새로운 숫자를 만들어 내야 했어요. 반면 아라비아 숫자는 열 개의 숫자로 어떤 수든 표현할 수 있었죠.'라고 했어요.
따라서 아라비아 숫자는 수가 늘어나더라도 새로운 숫자를 만들 필요가 없다는 것을 알 수 있어요.
㉣ 근거: ②단락 ❺, ❻번째 문장
'반면 아라비아 숫자는 열 개의 숫자로 어떤 수든 표현할 수 있었죠. 이 덕분에 사람들은 덧셈, 뺄셈은 물론 복잡한 셈까지도 거뜬히 할 수 있게 되었어요.'라고 했어요.
따라서 아라비아 숫자 덕분에 복잡한 셈을 거뜬히 할 수 있게 되었음을 알 수 있어요.

>왜 오답?
㉠ 근거: ①단락 ❸번째 문장
'원래 이 숫자는 인도 사람들이 만들었어요.'라고 했으므로 유럽 사람이 만든 숫자라는 설명은 틀려요.
㉡ 근거: ①단락 ❶번째 문장
'우리가 수학에서 쓰는 0, 1, 2, 3, 4, 5, 6, 7, 8, 9의 열 개 숫자를 '아라비아 숫자'라고 합니다.'라고 했으므로 1부터 9까지 아홉 개의 숫자를 말한다는 설명은 틀려요.

04 [정답] ③ ·········· 내용 적용하기

>왜 정답?
③ 근거: ②단락 ❶~❸번째 문장
'그렇다면 인도나 아라비아가 아닌 다른 곳에는 숫자가 없었던 걸까요? 그렇지 않아요. 그때에는 이집트 숫자, 바빌로니아 숫자 등 여러 나라의 숫자가 쓰이고 있었어요.'라고 했어요.
아라비아 숫자가 만들어진 시기에 다른 여러 나라의 숫자도 쓰이고 있었으므로 알맞지 않은 내용이에요.

>왜 오답?
① 근거: ②단락 ❼번째 문장
'그래서 여러 숫자들 중에 아라비아 숫자가 가장 널리 전해진 것이에요.'라고 했으므로 알맞은 내용이에요.
② 근거: ①단락 ❹번째 문장
'그런데 이 숫자들이 아라비아에 소개되었고, 이후 아라비아 상인들이 이 숫자를 유럽에 전하기 시작했어요.'라고 했어요. 교류란 '사람들이 서로 자주 만나거나 연락하면서 의견이나 물건을 주고받고 하는 것'이라는 뜻이에요. 따라서 당시에 아라비아와 유럽 사이에 교류가 있었음을 알 수 있어요.
④ 근거: ②단락 ❼번째 문장
'그래서 여러 숫자들 중에 아라비아 숫자가 가장 널리 전해진 것이에요.'라고 했으므로 바빌로니아 숫자는 아라비아 숫자보다 널리 전해지지 못했음을 알 수 있어요.
⑤ 근거: ②단락 ❸, ❹번째 문장
'그때에는 이집트 숫자, 바빌로니아 숫자 등 여러 나라의 숫자가 쓰이고 있었어요. 그런데 다른 숫자들은 수가 늘어나면 그때마다 새로운 숫자를 만들어 내야 했어요.'라고 했어요. 이때 '다른 숫자'는 이집트 숫자, 바빌로니아 숫자 등 아라비아 숫자가 아닌 숫자들을 뜻하므로 알맞은 내용이에요.

05 [정답] 예 아라비아 숫자가 유럽에 알려진 이후, 유럽의 수학은 아주 빠르게 발전할 수 있었고, 수학의 발전은 인류의 발전에도 큰 공을 세웠기 때문이다.

[서술형] 채점 기준 – 근거: ③단락
③단락에서 '아라비아 숫자가 유럽에 알려진 이후, 유럽의 수학은 아주 빠르게 발전할 수 있었어요. 그리고 수학의 발전은 인류의 발전에도 큰 공을 세웠지요. 따라서 아라비아 숫자는 인류의 역사상 매우 대단한 발명이라고 할 수 있어요.'라고 했어요. 따라서 '아라비아 숫자가 유럽에 알려진 이후, 유럽의 수학은 아주 빠르게 발전할 수 있었고, 수학의 발전은 인류의 발전에도 큰 공을 세웠기 때문이다.'라는 내용이 들어가면 정답이에요.

[봄·여름]

과일과 채소는 무엇이 다를까요?

⬭ 각 단락 중심 낱말   ◯ 전체 중심 낱말   [ ] 각 단락 중심 문장   🟨 전체 중심 문장

1️⃣ 수미는 학교 뒷동산에서 친구와 봄에 만날 수 있는 식물을 관찰하고 있어요. ❷ 그러다 친구가 "봄을 대표하는 과일에는 무엇이 있을까?"라고 수미에게 물었고, 수미는 "딸기!"라고 대답했어요. ❸ [그러자 친구가 "딸기는 채소야."라고 했고, 수미는 "딸기가 왜 채소야? 과일이지."라고 했어요. ❹ 누구의 말이 맞는 걸까요?]

2️⃣ ❶ [과일은 나무를 가꾸어 얻으며, 사람이 먹을 수 있는 열매를 말합니다.] ❷ 대부분의 과일은 수분이 많고, 단맛이나 신맛이 나며, 향기가 강해요. ❸ 과일에는 배, 사과, 밤, 복숭아, 귤, 바나나 등이 포함됩니다.

3️⃣ ❶ [한편 채소는 밭에서 길러 먹는 식물로, 그 식물의 잎, 줄기, 뿌리, 열매가 모두 채소에 해당돼요.] ❷ 잎이나 줄기를 먹는 채소에는 상추, 배추, 시금치, 파 등이 있고, 뿌리를 먹는 채소에는 무, 당근, 고구마 등이 있어요. ❸ 그리고 열매를 먹는 채소에는 딸기, 토마토, 가지, 수박, 오이 등이 있답니다.

4️⃣ ❶ 정리하면 🟨과일은 나무에서 나는 열매이고, 채소는 밭에서 나는 식물이에요. ❷ 그럼 수미와 친구의 상황으로 다시 돌아가 볼까요? ❸ 딸기는 밭에서 길러 먹는 식물이므로 채소에 해당되네요. ❹ 따라서 친구의 말이 맞았어요.

1️⃣ 단락 요약	딸기가 채소인지 과일인지에 대한 궁금증
2️⃣ 단락 요약	과일의 뜻과 특징
3️⃣ 단락 요약	채소의 뜻과 특징
4️⃣ 단락 요약	과일과 채소의 구별

✖ 지문 이해

● 이 글은 과일과 채소가 어떻게 다른지를 알려 주는 설명문입니다. 과일은 나무에서 나는 열매로, 수분이 많고, 단맛이나 신맛이 나며, 향기가 강하다는 특징이 있어요. 채소는 밭에서 나는 식물로, 상추, 배추, 시금치, 파 등의 잎줄기채소와 무, 당근, 고구마 등의 뿌리채소, 딸기, 토마토, 가지, 수박, 오이 등의 열매채소로 나눌 수 있어요.

● **단락 간의 관계**
　1️⃣단락에서는 수미와 친구의 대화를 통해 딸기가 채소인지 과일인지에 대한 궁금증을 드러내고 있어요.
　2️⃣단락에서는 과일의 뜻과 특징, 종류를 설명하고, 3️⃣단락에서는 채소의 뜻과 특징, 종류를 설명하고 있으므로 두 단락을 묶을 수 있어요.
　4️⃣단락에서는 과일과 채소의 차이점을 다시 정리하며 글을 마무리하고 있어요.

● **글의 구조도**

1️⃣ 단락
딸기가 채소인지 과일인지에 대한 궁금증

2️⃣ 단락	3️⃣ 단락
과일의 뜻과 특징	채소의 뜻과 특징

4️⃣ 단락
과일과 채소의 구별

● **주제:** 과일과 채소의 구별

01 [정답] 과일, 채소 ·········· 중심 낱말 찾기

>왜 정답?

①단락에서는 딸기가 채소인지 과일인지에 대한 궁금증을 드러내고, ②단락에서는 과일에 대해, ③단락에서는 채소에 대해 설명하고 있으므로 이 글에서 중심이 되는 낱말은 '과일'과 '채소'예요.

02 [정답] ㉠ 나무 ㉡ 밭 ·········· 내용 이해하기

>왜 정답?

㉠ 근거: ②단락 ❶번째 문장
'과일은 나무를 가꾸어 얻으며, 사람이 먹을 수 있는 열매를 말합니다.'라고 했어요. 따라서 ㉠에 들어갈 알맞은 말은 '나무'예요.

㉡ 근거: ③단락 ❶번째 문장
'한편 채소는 밭에서 길러 먹는 식물로, 그 식물의 잎, 줄기, 뿌리, 열매가 모두 채소에 해당돼요.'라고 했어요. 따라서 ㉡에 들어갈 알맞은 말은 '밭'이에요.

03 [정답] ④ ·········· 글쓰기 방식 이해하기

>왜 정답?

④ ①단락에서 수미와 친구의 대화를 통해 딸기가 채소인지 과일인지에 대한 궁금증은 드러내고 있지만, 이 글에서 딸기가 자라는 과정을 시간 순서대로 설명하고 있지는 않아요.

>왜 오답?

① 근거: ②단락 ❶번째 문장, ③단락 ❶번째 문장
②단락에서 '과일은 나무를 가꾸어 얻으며, 사람이 먹을 수 있는 열매를 말합니다.'라고 하며 과일의 뜻을 설명하고, ③단락에서 '한편 채소는 밭에서 길러 먹는 식물로, 그 식물의 잎, 줄기, 뿌리, 열매가 모두 채소에 해당돼요.'라고 하며 채소의 뜻을 설명하고 있으므로 맞는 설명이에요.

② 근거: ④단락 ❶번째 문장
'정리하면 과일은 나무에서 나는 열매이고, 채소는 밭에서 나는 식물이에요.'라고 하며 과일과 채소의 다른 점을 설명하고 있으므로 맞는 설명이에요.

③ 근거: ②단락 ❸번째 문장, ③단락 ❷, ❸번째 문장
②단락에서 '과일에는 배, 사과, 밤, 복숭아, 귤, 바나나 등이 포함됩니다.'라고 하며 과일을 예시를 들어 설명하고 있어요. ③단락에서는 '잎이나 줄기를 먹는 채소에는 상추, 배추, 시금치, 파 등이 있고, 뿌리를 먹는 채소에는 무, 당근, 고구마 등이 있어요. 그리고 열매를 먹는 채소에는 딸기, 토마토, 가지, 수박, 오이 등이 있답니다.'라고 하며 채소를 예시를 들어 설명하고 있어요. 따라서 맞는 설명이에요.

⑤ ①단락에서 수미와 친구의 대화를 통해 흥미를 이끌어 내고 있으므로 맞는 설명이에요.

04 [정답] (1) 채소 (2) 과일 ·········· 내용 적용하기

>왜 정답?

(1) 근거: ③단락 ❶번째 문장
문제에 주어진 설명에 '호박은 밭에서 자라는 식물로, ~ 잎과 순, 열매를 먹는다.'라고 했어요. ③단락 ❶번째 문장에서 '한편 채소는 밭에서 길러 먹는 식물로, 그 식물의 잎, 줄기, 뿌리, 열매가 모두 채소에 해당돼요.'라고 했으므로 호박은 '채소'에 해당해요.

(2) 근거: ②단락 ❶번째 문장
문제에 주어진 설명에 '포도는 나무에서 자라는 열매로, ~'라고 했어요. ②단락 ❶번째 문장에서 '과일은 나무를 가꾸어 얻으며, 사람이 먹을 수 있는 열매를 말합니다.'라고 했으므로 포도는 '과일'에 해당해요.

05 [정답] 예 딸기는 밭에서 길러 먹는 식물이기 때문이다.

[서술형] 채점 기준 – 근거: ④단락 ❸번째 문장
'딸기는 밭에서 길러 먹는 식물이므로 채소에 해당되네요.'라고 했어요. 따라서 '딸기는 밭에서 길러 먹는 식물이다.'라는 내용이 들어가면 정답이에요.

배경지식

과일과 채소에 관련된 속담

우리나라의 속담 중에는 과일과 채소에 관련된 것들이 많아요. 어떤 것들이 있고, 무슨 뜻을 가지고 있는지 알아볼까요?

먼저 '수박 겉 핥기'라는 속담이 있어요. 수박은 밭에서 자라는 채소이지요. 우리는 여름에 시원하고 달콤한 수박을 즐겨 먹어요. 하지만 두껍고 딱딱한 수박의 겉만 핥으면 껍질 속에 있는 달콤한 맛을 느낄 수 없겠지요? 이렇게 '수박 겉 핥기'는 사물의 속은 모르고 겉만 건드린다는 뜻을 가지고 있어요.

다음으로 '감나무 밑에 누워서 홍시 떨어지기를 기다린다.'라는 속담이 있어요. 아무런 노력도 하지 않고 좋은 결과를 얻기를 바라는 것을 뜻하는 속담입니다. 나뭇가지에 달린 홍시를 먹기 위해서는 손을 뻗거나 나무를 흔들어야겠지요. 하지만 이러한 노력을 하지 않으면서 저절로 감나무에서 홍시가 떨어지기만을 바란다는 말이에요.

마지막으로 '작은 고추가 더 맵다.'라는 속담이 있습니다. 고추 중에서도 크기가 작은 청양고추는 다른 고추보다 훨씬 맵지요. 그래서 몸집이 작은 사람이 큰 사람보다 재주가 뛰어나고 야무질 때 쓰는 속담이랍니다.

[가을 · 겨울]
우리나라 고유의 옷, 한복

◯ 각 단락 중심 낱말   ◯ 전체 중심 낱말   [ ] 각 단락 중심 문장   ▨ 전체 중심 문장

1 옛날 우리 조상들은 평상시에 한복을 입었지만 요즘은 한복을 특별한 날이나 명절에 주로 입어요. 친척의 결혼식이나 생일 잔치에 한복을 입고 가거나, 설날에 한복을 입고 세배를 하죠. [알록달록하고 고운 한복에 대해 더 알아볼까요?]

2 한복은 우리나라 고유의 옷으로 선이 아름답습니다. 곧은 선과 굽은 선이 서로 잘 어우러져 화려하면서도 단정한 느낌을 줘요. [또 한복은 품이 넉넉해서 몸을 조이지 않고, 바람이 잘 통해요.]

3 한복은 색이 다양하다는 특징도 있어요. 빨간색, 노란색, 파란색, 검정색, 흰색 등 여러 색을 사용해서 알록달록하고 곱죠. 우리 조상들은 옷의 색이 화려하면 나쁜 일을 막을 수 있다고 믿었어요.

4 [그럼 한복은 어떻게 입을까요?] 먼저 여자는 아래에 속바지를 입은 후 치마를 입어요. 위에는 저고리를 입는데 저고리는 보통 짧은 편이에요. 발에는 버선을 신고, 밖에 나가거나 예절을 차려야 할 때는 겉에 두루마기를 입어요. 남자는 바지를 입고 아래쪽을 대님이라는 끈으로 묶어요. 위에는 통이 허리까지 오는 저고리를 입어요. 여자와 마찬가지로 발에는 버선을 신고, 두루마기를 입기도 해요.

5 [앞으로 한복을 입을 때는 위에서 말한 한복 입는 방법에 따라 입고, 한복의 아름다움을 몸소 느껴 보기로 해요.]

1 단락 요약	한복의 소개
2 단락 요약	한복의 특징 ① 선, 품
3 단락 요약	한복의 특징 ② 색
4 단락 요약	한복을 입는 방법
5 단락 요약	한복의 아름다움 느끼기

✶ 지문 이해

● 이 글은 우리나라 고유의 옷인 한복에 대해 알려 주는 설명문입니다. 한복은 곧은 선과 굽은 선이 잘 어우러져 화려하면서도 단정한 느낌을 주고, 품이 넉넉해서 몸을 조이지 않고 바람이 잘 통해요. 또한 한복은 색이 다양해요. 한복을 입는 방법은 여자의 경우 속바지를 입은 후 치마와 저고리를 입고, 발에는 버선을 신어요. 남자는 바지를 입고 아래쪽을 대님으로 묶은 후 저고리를 입고, 발에는 버선을 신어요. 여자와 남자 모두 겉에 두루마기를 입기도 해요. 이렇게 올바른 방법으로 한복을 입고, 한복의 아름다움을 느낄 수 있어요.

● 단락 간의 관계
1단락에서는 글 전체의 중심 낱말인 '한복'에 대해 소개하고 있어요.
2단락과 3단락에서는 한복의 특징을 설명하고 있으므로 두 단락을 묶을 수 있어요.
4단락에서는 한복을 입는 방법을 설명하고 있어요.
5단락에서는 올바른 방법으로 한복을 입고, 한복의 아름다움을 느껴 보자고 하며 글을 마무리하고 있어요.

● 글의 구조도

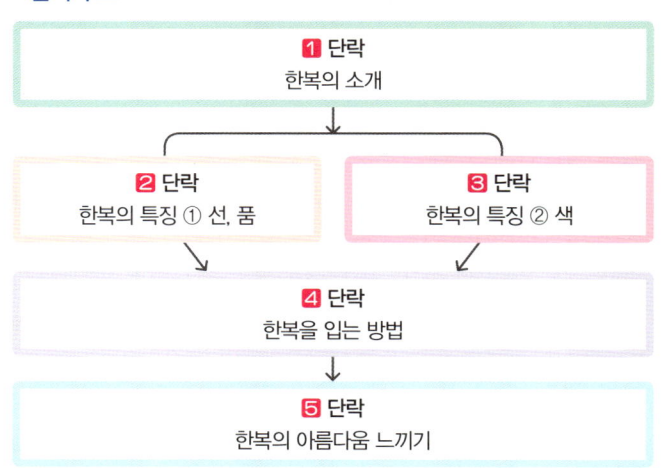

● 주제: 한복의 특징과 입는 방법

01 [정답] ② ······················· 중심 낱말 찾기

>왜 정답?

② 근거: 1단락 ❸번째 문장

1단락에서 '알록달록 고운 한복에 대해 더 알아볼까요?'라고 하며 한복에 대해 소개하고 있어요.

2단락과 3단락에서는 한복의 특징에 대해 설명하고, 4단락에서는 한복을 입는 방법에 대해 알려 주고 있어요.

5단락에서는 올바른 방법으로 한복을 입고, 한복의 아름다움을 느끼는 것에 대해 이야기하고 있어요

그러므로 이 글의 중심 낱말은 '한복'이에요.

02 [정답] ④ ······················· 내용 이해하기

>왜 정답?

④ 근거: 2단락 ❸번째 문장

'또 한복은 품이 넉넉해서 몸을 조이지 않고, 바람이 잘 통해요.'라고 했어요. 따라서 한복이 품이 좁아서 몸을 조인다는 설명은 알맞지 않아요.

>왜 오답?

① 근거: 3단락 ❶번째 문장

'한복은 색이 다양하다는 특징도 있어요.'라고 했으므로 알맞은 설명이에요.

② 근거: 2단락 ❸번째 문장

'또 한복은 품이 넉넉해서 몸을 조이지 않고, 바람이 잘 통해요.'라고 했으므로 알맞은 설명이에요.

③ 근거: 2단락 ❶번째 문장

'한복은 우리나라 고유의 옷으로 ~'라고 했으므로 알맞은 설명이에요.

⑤ 근거: 2단락 ❷번째 문장

'곧은 선과 굽은 선이 서로 잘 어우러져 화려하면서도 단정한 느낌을 줘요.'라고 했으므로 알맞은 설명이에요.

03 [정답] ㉡, ㉠, ㉢, ㉣ ······················· 내용 이해하기

>왜 정답?

＊ 근거: 4단락 ❷~❹번째 문장

4단락 ❷번째 문장에서 '먼저 여자는 아래에 속바지를 입은 후 치마를 입어요.'라고 했고, ❸번째 문장에서 '위에는 저고리를 입는데 ~'라고 했어요. 또 ❹번째 문장에서 '발에는 버선을 신고, 밖에 나가거나 예절을 차려야 할 때는 겉에 두루마기를 입어요.'라고 했어요.

따라서 여자는 한복을 입을 때 '속바지', '치마', '저고리', '두루마기' 순으로 입는 것을 알 수 있어요.

04 [정답] ④ ······················· 내용 적용하기

다음은 이 글을 읽은 학생이 쓴 글입니다. ①~④ 중 글의 내용에 비추어 볼 때, 알맞지 <u>않은</u> 내용은 무엇인가요?

• **이 글**: 이 글은 한복의 특징과 한복을 입는 방법에 대해 설명하고 있습니다.

• **학생이 쓴 글**: 이 글을 읽은 후, 한복과 관련된 자신의 경험을 쓴 글입니다.

즉 학생이 쓴 글에서 이 글의 내용과 맞지 않는 것을 고르는 문제입니다.

>왜 정답?

④ 근거: 4단락 ❼번째 문장

'여자와 마찬가지로 발에는 버선을 신고, 두루마기를 입기도 해요.'라고 했으므로 남자도 발에 버선을 신는 것을 알 수 있어요.

따라서 남자니까 버선은 신지 말아야겠다는 내용은 알맞지 않아요.

>왜 오답?

① 근거: 1단락 ❷번째 문장

'친척의 결혼식이나 생일 잔치에 한복을 입고 가거나, ~'라고 했으므로 알맞은 내용이에요.

② 근거: 1단락 ❷번째 문장

'~ 설날에 한복을 입고 세배를 하죠.'라고 했으므로 알맞은 내용이에요.

③ 근거: 3단락

'한복은 색이 다양하다는 특징도 있어요. 빨간색, 노란색, 파란색, 검정색, 흰색 등 여러 색을 사용해서 알록달록하고 곱죠. 우리 조상들은 옷의 색이 화려하면 나쁜 일을 막을 수 있다고 믿었어요.'라고 했어요.

따라서 우리 조상들이 알록달록한 색의 한복을 입었다는 것을 알 수 있으므로 알맞은 내용이에요.

05 [정답] 예) 옷의 색이 화려하면 나쁜 일을 막을 수 있다고 믿었기 때문이다.

[서술형] 채점 기준 – 근거: 3단락 ❸번째 문장

'우리 조상들은 옷의 색이 화려하면 나쁜 일을 막을 수 있다고 믿었어요.'라고 했어요.

따라서 '옷의 색이 화려하면 나쁜 일을 막을 수 있다고 믿었다.'라는 내용이 들어가면 정답이에요.

덧셈과 뺄셈 기호는 어디에서 왔을까?

◯ 각 단락 중심 낱말   ◯ 전체 중심 낱말   [ ] 각 단락 중심 문장   ▨ 전체 중심 문장

① 1 세라는 오늘 학교에서 덧셈과 뺄셈을 배웠어요. ② 배운 내용을 복습하기 위해 세라는 여러 개의 덧셈식과 뺄셈식을 풀어 보았습니다. ③ '4+5=☐', '8-7=☐' 등을 풀다 보니 세라는 덧셈 기호인 '+'와 뺄셈 기호인 '-'가 어디에서 왔는지 궁금해졌어요. ④ [쓰기도 쉽고 모양도 재미나게 생긴 '+'와 '-'는 어디에서 왔을까요?]

*1단락 요약: '+'와 '-'가 어디에서 왔는지에 대한 궁금증

② 1 먼저 덧셈 기호인 ⊕는 라틴어 'et'에서 왔어요. ② 'et'은 '~와/과'라는 뜻이에요. ③ '+' 기호가 생기기 전에는 '7 더하기 8'을 '7 et 8', 즉 '7과 8'로 썼어요. ④ 그러다 'et'을 빨리 쓰다 보니 '+' 모양이 되었습니다. ⑤ 그래서 '+'를 더하기를 뜻하는 기호로 쓰게 된 것이에요.

*2단락 요약: '+'가 생겨난 배경

③ 1 뺄셈 기호인 '⊖'는 라틴어 'minus'에서 왔어요. ② 'minus'는 '모자라다'라는 뜻이에요. ③ 과거 사람들은 'minus'를 '-m'으로 줄여 쓰고는 했는데, 독일의 수학자 비드만이 '-m'에서 '-'만 따서 사용하기 시작했어요. ④ 이때부터 '-'를 빼기를 뜻하는 기호로 쓰게 된 것이에요.

*3단락 요약: '-'가 생겨난 배경

④ 1 ['+'와 '-'를 이용하면 셈을 간단하게 표현할 수 있으며, 문제의 뜻을 금세 알아차릴 수 있어요.] ② 그동안 무심코 썼던 '+'와 '-'가 우리 생활을 편리하게 해 준 기호라니, 기특하죠?

*4단락 요약: '+'와 '-'를 사용했을 때의 좋은 점

01 [정답] ①

이 글은 '+'와 '-'가 어디에서 왔는지에 대한 내용을 다루고 있어요. 그러므로 '뺄셈 기호인 '-'는 라틴어 'minus'에서 왔어요.'가 ③단락의 중심 문장이에요.

02 [정답] ㄹ

①단락에서 '+'와 '-'가 어디에서 왔는지를 묻고, ②, ③단락에서 '+'와 '-'가 생겨난 배경을 설명하고 있어요.

03 [정답] (1) et
(2) 모자라다

(1) ②단락 ❶번째 문장에서 '먼저 덧셈 기호인 '+'는 라틴어 'et'에서 왔어요.'라고 했어요.
(2) ③단락 ❷번째 문장에서 "minus'는 '모자라다'라는 뜻이에요.'라고 했어요.

04 [정답] 원효, 민희

④단락 ❶번째 문장에서 "+'와 '-'를 이용하면 셈을 간단하게 표현할 수 있으며, 문제의 뜻을 금세 알아차릴 수 있어요.'라고 했어요.

✱ 지문 이해

● 이 글은 덧셈 기호인 '+'와 뺄셈 기호인 '-'가 어떻게 생겨났는지에 대해 알려 주는 설명문입니다. 먼저 덧셈 기호인 '+'는 '~와/과'를 뜻하는 라틴어 'et'을 빨리 쓰다 보니 '+' 모양이 되어서 더하기를 뜻하는 기호로 쓰게 되었어요. 뺄셈 기호인 '-'는 '모자라다'라는 뜻의 라틴어 'minus'를 '-m'으로 줄여 쓰던 것을 수학자 비드만이 '-'만 따서 사용하면서 빼기를 뜻하는 기호로 쓰게 되었어요. '+'와 '-'를 사용하면 셈을 간단히 표현하고, 문제의 뜻을 금방 알아차릴 수 있어요.

● 단락 간의 관계
①단락에서는 글 전체의 중심 낱말인 '+'와 '-'가 어디에서 왔는지에 대한 궁금증을 드러내고 있어요.
②단락에서는 '+'가 생겨난 배경을, ③단락에서는 '-'가 생겨난 배경을 설명하고 있으므로 묶을 수 있어요.
④단락에서는 '+'와 '-'를 사용했을 때의 좋은 점을 이야기하며 글을 마무리하고 있어요.

● 글의 구조도

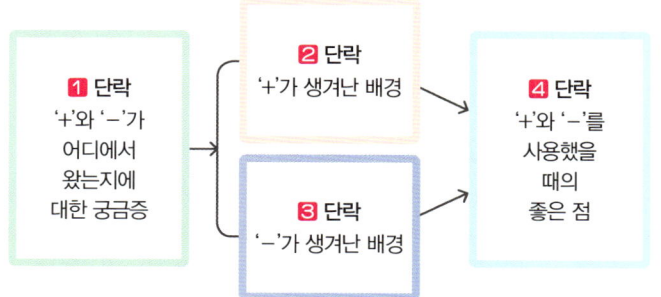

1 단락
'+'와 '-'가 어디에서 왔는지에 대한 궁금증

→

2 단락
'+'가 생겨난 배경

3 단락
'-'가 생겨난 배경

→

4 단락
'+'와 '-'를 사용했을 때의 좋은 점

● 주제: '+'와 '-'가 생겨난 배경

[가을·겨울]

DAY 08

우리나라의 대표적인 명절을 소개해요.

◯ 각 단락 중심 낱말   ⬭ 전체 중심 낱말   [ ] 각 단락 중심 문장   🟨 전체 중심 문장

➀ ①명절에는 가족과 친척들이 모여 인사를 나누고 맛있는 음식도 먹습니다. ②우리나라의 대표적인 명절에는 설날과 추석이 있으며, 대보름날, 단오, 동짓날도 있어요.

➁ ①먼저 설날에 대해 알아볼까요? ②[설날은 우리나라의 가장 큰 명절로, 음력 1월 1일이에요.] ③설날 아침에는 어른들께 세배를 드리고 떡국을 먹어요. ④떡국은 하얀 떡과 국물로 작년의 안 좋은 일은 잊어버리고 새로 시작한다는 뜻을 담고 있지요. ⑤설날에 하는 놀이로는 윷놀이, 팽이치기, 연날리기가 있어요.

➂ ①[다음으로 추석은 음력 8월 15일로, 농사가 잘된 것에 대해 감사하는 마음을 갖는 명절입니다.] ②추석에는 벌초를 하고, 성묘를 가며, 저녁에는 보름달을 보며 소원도 빌어요. ③추석에는 햇곡식과 햇과일로 만든 음식을 먹는데, 대표적으로 송편이 있어요. ④추석에 하는 놀이로는 강강술래와 씨름이 있답니다.

▲ 강강술래

➃ ①대보름날, 단오, 동짓날에 대해서도 알아봅시다. ②[대보름날은 음력 1월 15일로, 달맞이를 하고, 오곡밥과 묵은 나물을 먹으며, 부럼을 깨요. ③단오는 음력 5월 5일로, 여자는 창포물에 머리를 감고 그네를 뛰며, 남자는 씨름을 합니다. ④동짓날은 양력 12월 22일로, 1년 중 낮이 가장 짧고 밤이 가장 긴 날이에요. ⑤동짓날에는 팥죽을 쑤어 먹습니다.]

1 단락 요약
우리나라의 대표적인 명절 소개

2 단락 요약
설날에 하는 일

3 단락 요약
추석에 하는 일

4 단락 요약
대보름날, 단오, 동짓날에 하는 일

✱ 지문 이해

● 이 글은 우리나라의 대표적인 명절인 설날, 추석, 대보름날, 단오, 동짓날에 대해 알려 주는 설명문입니다. 우리나라의 가장 큰 명절인 설날은 음력 1월 1일이에요. 설날에는 어른들께 세배를 드리고, 떡국을 먹고, 윷놀이, 팽이치기, 연날리기와 같은 놀이를 해요. 추석은 음력 8월 15일로, 벌초를 하고, 성묘를 가며, 보름달을 보고 소원을 빌어요. 햇곡식과 햇과일로 만든 음식도 먹고, 강강술래, 씨름과 같은 놀이도 하지요. 대보름날은 음력 1월 15일로, 달맞이를 하고, 오곡밥과 묵은 나물을 먹으며, 부럼을 깨요. 단오는 음력 5월 5일로, 여자는 창포물에 머리를 감고 그네를 뛰며, 남자는 씨름을 해요. 동짓날은 양력 12월 22일로, 팥죽을 쑤어 먹어요.

● **단락 간의 관계**
1단락에서는 우리나라의 대표적인 명절을 소개하고 있어요.
2단락에서는 설날에 하는 일을, 3단락에서는 추석에 하는 일을, 4단락에서는 대보름날, 단오, 동짓날에 하는 일을 알려 주고 있어요.

● **글의 구조도**

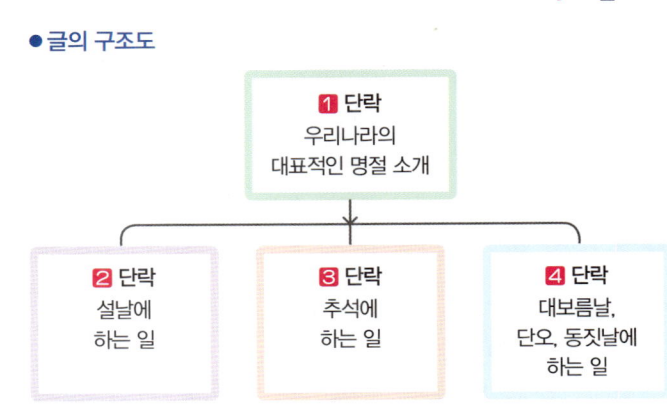

```
              1 단락
            우리나라의
        대표적인 명절 소개
                 │
      ┌──────────┼──────────┐
   2 단락       3 단락       4 단락
  설날에        추석에      대보름날,
  하는 일       하는 일    단오, 동짓날
                            하는 일
```

● **주제**: 우리나라의 대표적인 명절 소개

01 정답 ① .... 중심 문장 찾기

왜 정답?
① 근거: ③단락 ❶번째 문장

③단락에 등장하는 중심 낱말에 대한 설명이 중심 문장으로 가장 알맞아요. ③단락의 중심 낱말은 '추석'이므로 중심 문장은 '다음으로 추석은 음력 8월 15일로, 농사가 잘된 것에 대해 감사하는 마음을 갖는 명절입니다.'예요.

02 정답 ④ .... 글쓰기 방식 이해하기

왜 정답?
④ 근거: ①단락 ❷번째 문장

①단락에서 '우리나라의 대표적인 명절에는 설날과 추석이 있으며, 대보름날, 단오, 동짓날도 있어요.'라고 한 후, ②단락에서는 설날에 대해, ③단락에서는 추석에 대해, ④단락에서는 대보름날, 단오, 동짓날에 대해 설명하고 있어요.
따라서 우리나라의 명절을 소개하고 있다는 내용은 알맞아요.

왜 오답?
㉮ 이 글은 반대되는 생각을 이야기하고 있지 않아요.
㉰ 이 글은 다른 나라의 명절을 소개하고 있지 않아요.
㉱ 이 글은 명절의 좋은 점과 안 좋은 점을 설명하고 있지 않아요.

03 정답 ㉠ 1 ㉡ 강강술래 .... 내용 이해하기

왜 정답?
㉠ 근거: ②단락 ❷번째 문장

'설날은 우리나라의 가장 큰 명절로, 음력 1월 1일이에요.'라고 했어요.
따라서 ㉠에 들어가기에 알맞은 말은 '1'이에요.
㉡ 근거: ③단락 ❹번째 문장

'추석에 하는 놀이로는 강강술래와 씨름이 있답니다.'라고 했어요.
따라서 ㉡에 들어가기에 알맞은 말은 '강강술래'예요.

04 정답 ④ .... 알맞은 반응 찾기

왜 정답?
④ 근거: ②단락 ❸번째 문장

'설날 아침에는 어른들께 세배를 드리고 떡국을 먹어요.'라고 했으므로 설날 저녁에 어른들께 세배를 드린다는 것은 알맞지 않은 반응이에요.

왜 오답?
① 근거: ④단락 ❺번째 문장

'동짓날에는 팥죽을 쑤어 먹습니다.'라고 했으므로 알맞은 반응이에요.
② 근거: ④단락 ❷번째 문장

'대보름날은 ~ 부럼을 깨요.'라고 했으므로 알맞은 반응이에요.
③ 근거: ②단락 ❺번째 문장

'설날에 하는 놀이로는 윷놀이, 팽이치기, 연날리기가 있어요.'라고 했으므로 알맞은 반응이에요.
⑤ 근거: ③단락 ❷번째 문장

'추석에는 ~ 저녁에는 보름달을 보며 소원도 빌어요.'라고 했으므로 알맞은 반응이에요.

05 정답 예 떡국은 하얀 떡과 국물로 작년의 안 좋은 일은 잊어버리고 새로 시작한다는 뜻을 담고 있기 때문이다.

서술형 채점 기준 – 근거: ②단락 ❸, ❹번째 문장

②단락 ❸번째 문장에서 '설날 아침에는 ~ 떡국을 먹어요.'라고 했고, ❹번째 문장에서 '떡국은 하얀 떡과 국물로 작년의 안 좋은 일은 잊어버리고 새로 시작한다는 뜻을 담고 있지요.'라고 했어요.
따라서 '떡국은 하얀 떡과 국물로 작년의 안 좋은 일은 잊어버리고 새로 시작한다는 뜻을 담고 있다.'라는 내용이 들어가면 정답이에요.

--------- 배경지식

옛날 우리나라의 명절은 어땠을까요?

우리가 지금 설날, 추석과 같은 명절을 보내는 것처럼, 옛날에도 우리나라에 명절이 있었어요. 옛날의 우리나라에는 어떤 명절이 있었는지 알아봅시다.

지금으로부터 약 2,000년 전에 우리나라에는 '부여'라는 나라가 있었어요. 부여에는 12월에 '영고'라는 명절이 있었습니다. 그 당시에는 곡식의 생산량이 지금처럼 많지 않았어요. 그래서 농사를 잘 지어 먹을 것을 많이 수확할 수 있도록 제사를 지내고, 농작물을 얻을 수 있게 해 준 하늘에 감사했지요. 영고에는 모든 백성이 모여 하늘에 제사를 지내고, 춤과 노래를 즐겼어요.

또, '고구려'에서는 매년 10월에 '동맹'이라는 명절을 지냈어요. 동맹에도 부여의 영고와 마찬가지로, 한 해의 수확에 감사하며 하늘에 제사를 지냈어요. 백성들은 햇곡식으로 만든 음식을 먹으며 신나게 놀았다는 기록이 남아있답니다.

마지막으로 '동예'라는 나라에는 매년 음력 10월에 '무천'이라는 명절이 있었어요. 무천에는 밤낮으로 춤을 추고 술을 마시면서 한 해의 수확을 축하하고 하늘에 감사하는 마음을 표현했어요.

느낌이 있는 모음, 알록달록 vs 얼룩덜룩

⭕ 각 단락 중심 낱말　⭕ 전체 중심 낱말　[　] 각 단락 중심 문장　🟨 전체 중심 문장

① '호호', '허허', '하하', '후후'. 혜미는 웃음소리에 들어 있는 ⭕모음자에 따라 다른 느낌을 받았어요. ❸[모음자가 바뀌면 낱말의 느낌이 달라지는데요, 어떻게 달라질까요?]

② ①'ㅏ, ㅗ'가 들어가면 밝고 작고 가벼운 느낌이 들어요. ❷반대로 'ㅓ, ㅜ'가 들어가면 어둡고 크고 무거운 느낌이 들지요. ❸'ㅏ, ㅗ'가 들어간 낱말들을 살펴볼까요? ❹'알록달록', '복작복작'에 'ㅏ, ㅗ'가 들어 있네요. ❺그럼 'ㅓ, ㅜ'가 들어간 낱말에는 무엇이 있을까요? ❻'얼룩덜룩', '북적북적'이 있네요. ❼'알록달록 – 얼룩덜룩', '복작복작 – 북적북적' 이렇게 짝을 지어서 비교해 보세요. ❽확실히 'ㅏ'나 'ㅗ'가 들어간 낱말이 'ㅓ'나 'ㅜ'가 들어간 낱말보다 밝고 작고 가벼운 느낌이 들지요?

③ ①그런데 위에서 예로 든 낱말을 보면 비슷한 느낌의 ⭕모음자끼리 어울리고 있어요. ❷'알록달록', '복작복작'은 'ㅏ'와 'ㅗ'가 함께 쓰였고, '얼룩덜룩', '북적북적'은 'ㅓ'와 'ㅜ'가 함께 쓰였네요. ❸'반짝반짝'과 '번쩍번쩍'으로도 이런 모습을 살필 수 있어요. ❹'반짝반짝'은 'ㅏ'와 'ㅏ'끼리, '번쩍번쩍'은 'ㅓ'와 'ㅓ'끼리 함께 쓰였어요. ❺이렇듯 모음자는 비슷한 느낌의 모음자끼리 어울리는 특징을 가지고 있답니다.

1 단락 요약
모음자에 따라 낱말의 느낌이 달라지는 것에 대한 궁금증

2 단락 요약
'ㅏ, ㅗ'와 'ㅓ, ㅜ'가 들어간 낱말의 느낌

3 단락 요약
비슷한 느낌의 모음자끼리 어울리는 특징

✖ **지문 이해**

● 이 글은 모음자에 따라 낱말의 느낌이 달라지고, 비슷한 느낌의 모음자끼리 어울리는 것을 알려 주는 설명문입니다. '알록달록', '복작복작'과 같이 'ㅏ, ㅗ'가 들어간 낱말은 밝고 작고 가벼운 느낌이 들어요. '얼룩덜룩', '북적북적'과 같이 'ㅓ, ㅜ'가 들어간 낱말은 어둡고 크고 무거운 느낌이 들어요. 그리고 모음자는 비슷한 느낌의 모음자끼리 어울리는 특징도 가지고 있어요.

● **단락 간의 관계**
1 단락에서는 글 전체의 중심 낱말인 '모음자'에 따라 낱말의 느낌이 달라지는 것에 대한 궁금증을 드러내고 있어요.
2 단락에서는 'ㅏ, ㅗ'가 들어간 낱말과 'ㅓ, ㅜ'가 들어간 낱말의 느낌을 설명하고 있어요.
3 단락에서는 비슷한 느낌의 모음자끼리 어울리는 특징을 이야기하며 글을 마무리하고 있어요.

● **글의 구조도**

┌─────────────────────────────────┐
│ **1 단락**
│ 모음자에 따라 낱말의 느낌이 달라지는 것에 대한 궁금증 │
└─────────────────────────────────┘
↓
┌─────────────────────────────────┐
│ **2 단락**
│ 'ㅏ, ㅗ'와 'ㅓ, ㅜ'가 들어간 낱말의 느낌 │
└─────────────────────────────────┘
↓
┌─────────────────────────────────┐
│ **3 단락**
│ 비슷한 느낌의 모음자끼리 어울리는 특징 │
└─────────────────────────────────┘

● **주제**: 모음자에 따른 낱말의 느낌

01 [정답] ③ ·· 중심 문장 찾기

>왜 정답?

③ 근거: ③단락 ❶, ❺번째 문장

③단락에서 이야기하고자 하는 내용이 무엇인지 알아야 해요. ③단락의 중심 낱말은 '모음자'이고, 중심 내용은 비슷한 느낌의 모음자끼리 어울린다는 특징을 예시를 들어 설명하는 것이에요. 따라서 ③단락의 중심 문장은 '이렇듯 모음자는 비슷한 느낌의 모음자끼리 어울리는 특징을 가지고 있답니다.'예요.

02 [정답] (1) ✕ (2) ◯ (3) ◯ ·········· 내용 이해하기

>왜 정답?

(1) 근거: ③단락 ❺번째 문장

'이렇듯 모음자는 비슷한 느낌의 모음자끼리 어울리는 특징을 가지고 있답니다.'라고 했으므로 반대되는 느낌의 모음자끼리 어울린다는 내용은 틀려요.

(2) 근거: ②단락 ❷번째 문장

"ㅓ, ㅜ'가 들어가면 어둡고 크고 무거운 느낌이 들지요.'라고 했으므로 맞는 내용이에요.

(3) 근거: ②단락 ❼, ❽번째 문장

②단락 ❼번째 문장에서는 "'알록달록 – 얼룩덜룩', '복작복작 – 북적북적' 이렇게 짝을 지어서 비교해 보세요.'라고 했고, ❽번째 문장에서는 '확실히 'ㅏ'나 'ㅗ'가 들어간 낱말이 'ㅓ'나 'ㅜ'가 들어간 낱말보다 밝고 작고 가벼운 느낌이 들지요?'라고 했어요. 따라서 '알록달록'이 '얼룩덜룩'보다 밝고 작고 가벼운 느낌이 든다는 내용은 맞아요.

03 [정답] (1) 알록달록 (2) 북적북적 ·········· 내용 이해하기

>왜 정답?

(1) 근거: ②단락 ❸, ❹번째 문장

"ㅏ, ㅗ'가 들어간 낱말들을 살펴볼까요? '알록달록', '복작복작'에 'ㅏ, ㅗ'가 들어 있네요.'라고 했어요. 따라서 'ㅏ, ㅗ' 들어간 낱말은 '알록달록'이에요.

(2) 근거: ②단락 ❺, ❻번째 문장

'그럼 'ㅓ, ㅜ'가 들어간 낱말에는 무엇이 있을까요? '얼룩덜룩', '북적북적'이 있네요.'라고 했어요. 따라서 'ㅓ, ㅜ'가 들어간 낱말은 '북적북적'이에요.

04 [정답] 예 어둡고 크고 무거운 느낌이 든다.

서술형 채점 기준 – 근거: ②단락 ❶, ❷번째 문장

②단락 ❶번째 문장에서 "ㅏ, ㅗ'가 들어가면 밝고 작고 가벼운 느낌이 들어요.'라고 했고, ❷번째 문장에서 "ㅓ, ㅜ'가 들어가면 어둡고 크고 무거운 느낌이 들지요.'라고 했으므로 'ㅏ'와 'ㅏ'가 쓰인 '반짝반짝'과 비교했을 때 'ㅓ'와 'ㅓ'가 쓰인 '번쩍번쩍'이 어둡고 크고 무거운 느낌이 드는 것을 알 수 있어요. 따라서 '어둡고 크고 무거운 느낌이 든다.'가 들어가면 정답이에요.

------ 배경지식

울림소리

우리 한글에는 '울림소리'라는 것이 있어요. 울림소리는 발음할 때 목청이 떨려 울리는 소리를 말하지요.

모든 모음자는 울림소리에 속해요. 지금 목에 손을 가져다 대고 '아, 야, 어, 여'의 모음자를 발음해 보세요. 목청에서 전해져 오는 떨림이 손에 느껴지나요? 이렇게 모든 모음자를 발음할 때는 목청이 떨려 울린답니다.

그렇다면 모든 자음자도 울림소리일까요? 아니에요. 자음자 중에서는 'ㄴ', 'ㄹ', 'ㅁ', 'ㅇ' 이렇게 네 가지 자음만 울림소리입니다. 우리가 'ㄴ', 'ㄹ', 'ㅁ', 'ㅇ'을 발음할 때 목청이 떨려 울림이 생기게 되지요.

이처럼 울림소리인 네 가지 자음자를 제외한 나머지 자음자는 '안울림소리'라고 해요. 'ㄴ', 'ㄹ', 'ㅁ', 'ㅇ' 외의 자음자는 모두 발음할 때 목청이 떨리지 않아 울림이 생기지 않지요.

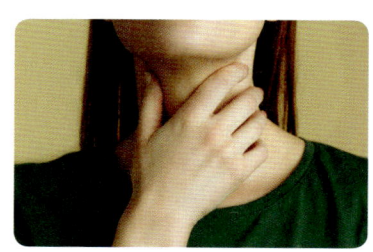

[봄 · 여름]

우리는 한 가족

○ 각 단락 중심 낱말 ◯ 전체 중심 낱말 [ ] 각 단락 중심 문장 ▨ 전체 중심 문장

1 ❶'진수는 가족과 함께 고모의 결혼식에 갔어요. ❷진수는 고모의 남편이 되시는 분께 "결혼 축하드려요!"라고 인사했어요. ❸그런데 진수는 고모의 남편을 뭐라고 불러야 할지 몰라 난처했습니다. ❹[집으로 돌아온 진수는 친척의 호칭을 알아보기로 했어요.]

2 ❶[친척은 부모님과 혈연으로 맺어진 사람인데, 결혼이나 출산으로 새롭게 생기기도 해요.] ❷고모는 아버지와 혈연으로 맺어진 사람입니다. ❸고모의 남편은 결혼으로, 고모의 자녀는 출산으로 새롭게 생긴 친척이에요.

3 ❶그럼 '나'를 중심으로 친척을 부르는 말을 알아볼까요? ❷[친척은 크게 아버지 쪽의 친척과 어머니 쪽의 친척으로 나눌 수 있는데요, 아버지 쪽의 호칭을 먼저 살펴볼게요.] ❸아버지의 형은 '큰아버지', 큰아버지의 아내는 '큰어머니'라고 합니다. ❹아버지의 남동생과 그 아내는 각각 '작은아버지', '작은어머니'라고 하죠. ❺아버지의 여자 형제는 '고모', 고모의 남편은 '고모부'라고 해요.

4 ❶[이제 어머니 쪽의 호칭을 살펴봅시다.] ❷어머니의 남자 형제와 그 아내는 각각 '(외)삼촌', '(외)숙모'라고 해요. ❸어머니의 여자 형제는 '이모', 이모의 남편은 '이모부'라고 합니다.

5 ❶[그럼 큰아버지, 작은아버지, 고모, (외)삼촌, 이모의 자녀들은 뭐라고 부를까요? ❷바로 사촌이라고 해요.]

1 단락 요약
친척의 호칭에 대한 궁금증

2 단락 요약
친척의 개념

3 단락 요약
아버지 쪽의 친척을 부르는 말

4 단락 요약
어머니 쪽의 친척을 부르는 말

5 단락 요약
친척 호칭 중 '사촌'

✖ **지문 이해**

● 이 글은 친척의 호칭에 대해 알려 주는 설명문입니다. 친척은 부모님과 혈연으로 맺어지거나, 결혼이나 출산으로 생겨요. 아버지 쪽의 친척 호칭을 보면, 아버지의 형은 '큰아버지', 큰아버지의 아내는 '큰어머니', 아버지의 남동생과 그 아내는 각각 '작은아버지', '작은어머니', 아버지의 여자 형제와 그 남편은 각각 '고모', '고모부'라고 해요. 어머니 쪽의 친척 호칭을 보면, 어머니의 남자 형제와 그 아내는 각각 '(외)삼촌', '(외)숙모', 어머니의 여자 형제와 그 남편은 각각 '이모', '이모부'라고 해요. 큰아버지, 작은아버지, 고모, (외)삼촌, 이모의 자녀들은 '사촌'이라고 해요.

● **단락 간의 관계**
1단락에서는 글 전체의 중심 낱말인 '친척의 호칭'에 대한 궁금증을 드러내고 있어요.
2단락에서는 혈연, 결혼, 출산으로 생기는 친척의 개념을 설명하고 있어요.
3단락에서는 아버지 쪽의 친척을 부르는 말을, 4단락에서는 어머니 쪽의 친척을 부르는 말을 알려 주고 있어요.
3단락과 4단락은 모두 친척의 호칭을 알려 주므로 묶을 수 있어요.
5단락에서는 '사촌'이라는 친척 호칭을 알려 주며 글을 마무리하고 있어요.

● **글의 구조도**

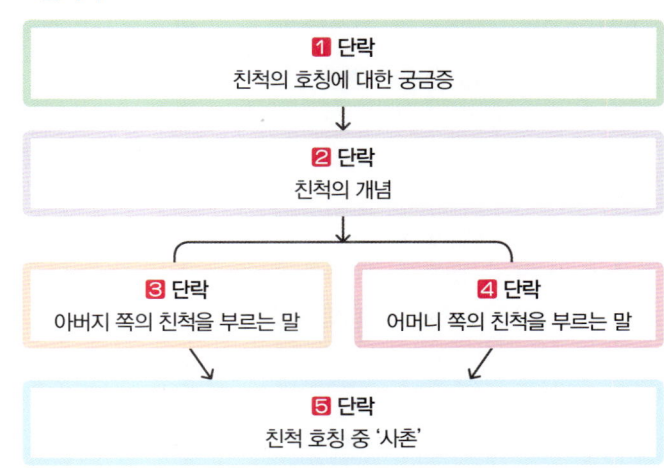

```
┌─────────────────────────┐
│ 1 단락                   │
│ 친척의 호칭에 대한 궁금증  │
└─────────────────────────┘
            ↓
┌─────────────────────────┐
│ 2 단락                   │
│ 친척의 개념               │
└─────────────────────────┘
            ↓
┌──────────────┐  ┌──────────────┐
│ 3 단락        │  │ 4 단락        │
│ 아버지 쪽의    │  │ 어머니 쪽의    │
│ 친척을 부르는 말│  │ 친척을 부르는 말│
└──────────────┘  └──────────────┘
            ↓
┌─────────────────────────┐
│ 5 단락                   │
│ 친척 호칭 중 '사촌'        │
└─────────────────────────┘
```

● **주제**: 친척을 부르는 말

01 [정답] ① ·· 중심 문장 찾기

>왜 정답?

① 근거: ②단락 ❶번째 문장

　②단락의 중심 낱말은 '친척'이고, 중심 내용은 친척의 개념에 대한 설명이에요. 그러므로 이 내용을 포함한 ②단락의 중심 문장은 '친척은 부모님과 혈연으로 맺어진 사람인데, 결혼이나 출산으로 새롭게 생기기도 해요.'예요.

02 [정답] ② ·· 내용 이해하기

>왜 정답?

② 근거: ①단락 ❹번째 문장

　①단락에서 '집으로 돌아온 진수는 친척의 호칭을 알아보기로 했어요.'라고 한 후, ②단락에서는 혈연, 결혼, 출산으로 생기는 친척의 개념을 이야기하고, ③단락에서는 아버지 쪽의 친척을 부르는 말, ④단락에서는 어머니 쪽의 친척을 부르는 말에 대해 설명하고, ⑤단락에서는 '사촌'이라는 친척 호칭을 알려 주고 있어요. 따라서 이 글에서 설명하는 내용은 '친척을 부르는 말'이에요.

>왜 오답?

① 이 글에서 친척의 필요성은 설명하고 있지 않아요.
③ 이 글에서 친척과 친하게 지내는 법은 설명하고 있지 않아요.
④ 이 글에서 친척의 결혼식에 입고 갈 옷은 설명하고 있지 않아요.
⑤ 이 글에서 친척과 함께할 수 있는 놀이는 설명하고 있지 않아요.

03 [정답] 성우 ·· 알맞은 반응 찾기

>왜 정답?

성우 근거: ③단락 ❹번째 문장

　'아버지의 남동생과 그 아내는 각각 '작은아버지', '작은어머니'라고 하죠.'라고 했으므로 작은어머니는 아버지 쪽의 친척임을 알 수 있어요.

>왜 오답?

동현 근거: ⑤단락 ❶, ❷번째 문장

　'그럼 큰아버지, 작은아버지, 고모, (외)삼촌, 이모의 자녀들은 뭐라고 부를까요? 바로 '사촌'이라고 해요.'라고 했으므로 알맞은 말이에요.

솔지 근거: ④단락 ❸번째 문장

　'어머니의 여자 형제는 '이모', 이모의 남편은 '이모부'라고 합니다.'라고 했어요. 따라서 어머니의 여자 형제인 '엄마의 언니'는 이모이고, 이모의 남편은 이모부이므로 알맞은 말이에요.

나미 근거: ②단락 ❸번째 문장

　'고모의 남편은 결혼으로, 고모의 자녀는 출산으로 새롭게 생긴 친척이에요.'라고 했으므로 고모의 남편인 고모부는 결혼으로 새롭게 생긴 친척임을 알 수 있어요.

04 [정답] 큰아버지 ·· 내용 적용하기

다음은 친척 관계를 그림으로 나타낸 것입니다. ㉠이 아버지의 형일 때, ㉠에 들어가기에 알맞은 호칭을 쓰세요.

• 그림: '나'를 중심으로 친척 관계를 나타낸 그림입니다. 왼쪽에는 아버지 쪽의 친척이, 오른쪽에는 어머니 쪽의 친척이 있습니다.
• ㉠: ㉠은 아버지의 형입니다. 아버지 쪽 친척을 부르는 말에 대해서는 ③단락에 나와 있습니다.
[즉] 나의 아버지의 형을 부르는 말을 쓰는 문제입니다.

>왜 정답?

* 근거: ③단락 ❸번째 문장

　㉠은 아버지의 형이고, ③단락 ❸번째 문장에서 '아버지의 형은 '큰아버지' ~'라고 했어요. 따라서 ㉠에 들어갈 알맞은 말은 '큰아버지'예요.

05 [정답] 예 부모님과 혈연으로 맺어진 사람인데, 결혼이나 출산으로 새롭게 생기기도 한다.

[서술형] 채점 기준 – 근거: ②단락 ❶번째 문장

'친척은 부모님과 혈연으로 맺어진 사람인데, 결혼이나 출산으로 새롭게 생기기도 해요.'라고 했으므로 '부모님과 혈연으로 맺어진 사람인데, 결혼이나 출산으로 새롭게 생기기도 한다.'라는 내용이 들어가면 정답이에요.

배경지식

가까운 이웃이 먼 친척보다 낫대요.

　우리 속담 중에는 '가까운 이웃이 먼 친척보다 낫다.'라는 속담이 있어요. 친척은 우리와 혈연 관계, 혹은 결혼과 출산으로 맺어진 사람들이에요. 우리와 피를 나눈 사람들 중에서 가족 다음으로 가까운 사람은 친척인데, 왜 이런 속담이 생기게 되었을까요?

　'이웃'은 서로 가까운 곳에 사는 사람이에요. 가까운 곳에 살기 때문에 자주 만날 수 있지요. 그래서 서로에게 생긴 기쁜 일이나 슬픈 일을 가장 잘 아는 사람들이기도 합니다. 특히, 어려운 일이 생겼을 때 가장 빨리 도움을 줄 수 있지요.

　가족 다음으로 가까운 사람이라고 하더라도, 친척이 먼 곳에 살고 있으면, 급한 일이 생겼을 때 당장 와 줄 수 없어서 도움을 받기 힘들어요. 그래서 '가까운 이웃이 먼 친척보다 낫다.'라는 속담은 이웃과 서로 사이좋게 지내면 먼 곳에 있는 친척보다 낫다는 뜻이랍니다.

이웃과 더불어 살기 위한 반려견 예절

⬭ 각 단락 중심 낱말   ⬯ 전체 중심 낱말   [ ] 각 단락 중심 문장   🟨 전체 중심 문장

① ❶ 우리 주변을 보면 반려견을 기르는 집이 많아요. ❷ 반려견은 사람이 친구나 가족처럼 여기며 가까이 두고 기르는 개를 말해요. ❸ 그런데 요즘 반려견으로 인해 이웃 간에 다툼이 일어나는 경우를 종종 보게 됩니다. ❹ 반려견을 기를 때 지켜야 할 예절에는 무엇이 있을까요?

② ❶ [첫 번째로 (가) 반려견과 산책을 할 때는 반려견에게 목줄을 매야 해요.] ❷ 개를 무서워하는 사람이 있을 수 있고, 개가 사람을 공격할 수도 있기 때문이에요. ❸ 또 목줄을 하면 개가 위험한 곳으로 가는 행동을 막을 수 있답니다.

③ ❶ [두 번째로 반려견이 산책 도중 용변을 보면 반려견의 배설물을 치워야 해요.] ❷ 배설물을 치우지 않으면 냄새가 나고 보기에도 안 좋으며, 다른 사람이 밟을 수도 있어요. ❸ 그러므로 반려견과 나가기 전에는 배설물을 치우기 위한 배변 봉투나 휴지를 챙기도록 합시다.

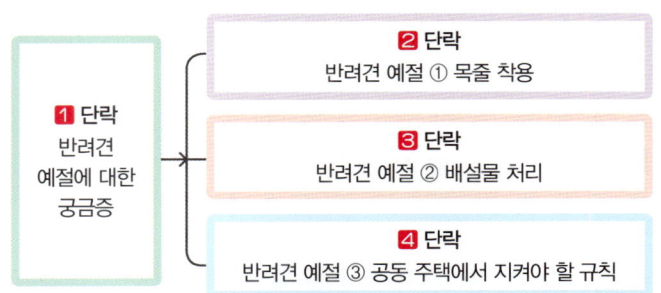

④ ❶ [세 번째로 공동 주택에서 반려견을 기르는 경우, 반려견이 집에서 자주 짖지 않도록 훈련하는 것이 중요해요.] ❷ 반려견이 짖는 소리는 이웃에게 듣기 싫은 소리가 될 수 있어요. ❸ [또 반려견과 엘리베이터를 탈 때는 다른 사람에게 함께 타도 괜찮은지 묻고, 함께 타게 되면 반려견을 안고 있거나 반려견을 벽 쪽으로 하여 다른 사람이 불편하지 않도록 해야 합니다.]

1 단락 요약
반려견 예절에 대한 궁금증

2 단락 요약
반려견 예절 ① 목줄 착용

3 단락 요약
반려견 예절 ② 배설물 처리

4 단락 요약
반려견 예절 ③ 공동 주택에서 지켜야 할 규칙

✖ 지문 이해

● 이 글은 반려견을 기를 때 지켜야 할 예절에 대해 알려 주는 설명문입니다. 반려견 예절의 첫 번째로, 반려견과 산책을 할 때는 반려견에게 목줄을 매야 해요. 두 번째로, 반려견이 산책 도중 용변을 보면 반려견의 배설물을 치워야 합니다. 세 번째로, 공동 주택에서 반려견을 기르는 경우, 반려견이 집에서 자주 짖지 않도록 훈련하는 것이 중요해요. 또, 반려견과 엘리베이터를 탈 때는 다른 사람에게 함께 타도 괜찮은지 묻고, 함께 타게 되면 반려견을 안고 있거나 반려견을 벽 쪽으로 하여 다른 사람이 불편하지 않도록 해야 해요.

● **단락 간의 관계**
① 단락에서는 반려견에 대한 소개와 반려견 예절에 대한 궁금증을 드러내고 있어요.
② 단락에서는 반려견 예절 중 목줄 착용에 대해 설명하고 있어요.
③ 단락에서는 반려견 예절 중 배설물 처리에 대해 설명하고 있어요.
④ 단락에서는 반려견 예절 중 공동 주택에서 지켜야 할 규칙에 대해 설명하고 있어요.
② ~ ④ 단락은 모두 반려견 예절에 대한 내용이므로 묶을 수 있어요.

● **글의 구조도**

1 단락
반려견 예절에 대한 궁금증

→

2 단락
반려견 예절 ① 목줄 착용

3 단락
반려견 예절 ② 배설물 처리

4 단락
반려견 예절 ③ 공동 주택에서 지켜야 할 규칙

● **주제:** 반려견을 기를 때 지켜야 할 예절

01 [정답] ① ································ 중심 문장 찾기

>왜 정답?

① **근거:** ②단락 ❶번째 문장

②단락의 중심 낱말은 '반려견'이고, 중심 내용은 반려견과 산책할 때 반려견에게 목줄을 매야 한다는 것이에요.

따라서 이 내용이 담겨 있는 중심 문장은 '첫 번째로 반려견과 산책을 할 때는 반려견에게 목줄을 매야 해요.'예요.

02 [정답] ⑤ ································ 내용 이해하기

>왜 정답?

⑤ **근거:** ④단락 ❸번째 문장

'또 반려견과 엘리베이터를 탈 때는 다른 사람에게 함께 타도 괜찮은지 묻고, 함께 타게 되면 반려견을 안고 있거나 반려견을 벽 쪽으로 하여 다른 사람이 불편하지 않도록 해야 합니다.'라고 했어요.

따라서 반려견과 엘리베이터를 탈 때 반려견을 문 쪽에 내려놓아야 한다는 것은 잘못된 설명이에요.

>왜 오답?

① **근거:** ④단락 ❶번째 문장

'세 번째로 공동 주택에서 반려견을 기르는 경우, 반려견이 집에서 자주 짖지 않도록 훈련하는 것이 중요해요.'라고 했으므로 알맞은 설명이에요.

② **근거:** ②단락 ❶번째 문장

'첫 번째로 반려견과 산책을 할 때는 반려견에게 목줄을 매야 해요.'라고 했으므로 알맞은 설명이에요.

③ **근거:** ③단락 ❸번째 문장

'그러므로 반려견과 나가기 전에는 배설물을 치우기 위한 배변 봉투나 휴지를 챙기도록 합시다.'라고 했으므로 알맞은 설명이에요.

④ **근거:** ③단락 ❶번째 문장

'두 번째로 반려견이 산책 도중 용변을 보면 반려견의 배설물을 치워야 해요.'라고 했으므로 알맞은 설명이에요.

03 [정답] 목줄, 배변 봉투 ················ 내용 적용하기

>왜 정답?

* **근거:** ②단락 ❶번째 문장, ③단락 ❸번째 문장

②단락 ❶번째 문장에서 '첫 번째로 반려견과 산책을 할 때는 반려견에게 목줄을 매야 해요.'라고 했고, ③단락 ❸번째 문장에서 '그러므로 반려견과 나가기 전에는 배설물을 치우기 위한 배변 봉투나 휴지를 챙기도록 합시다.'라고 했어요.

그러므로 강아지와 함께 외출할 때 챙겨야 할 것은 '목줄'과 '배변 봉투'예요.

04 [정답] ㄹ ································ 내용 추론하기

이 글을 통해 볼 때, 2단락의 밑줄 친 (가)의 까닭으로 알맞지 <u>않</u>은 것의 기호를 쓰세요.

• **(가)의 까닭:** (가)는 '반려견과 산책을 할 때는 반려견에게 목줄을 매야 해요.'입니다. 반려견에게 목줄을 매야 하는 까닭은 ②단락에 나와 있습니다.

즉 ②단락을 바탕으로, 반려견과 산책을 할 때 반려견에게 목줄을 매야 하는 까닭이 아닌 것을 고르는 문제입니다.

>왜 정답?

ㄹ 반려견에게 목줄을 매야 하는 까닭으로 '내가 이 개의 보호자라는 것을 알려 줄 수 있다.'라는 내용은 이 글에 나오지 않아요.

>왜 오답?

ㄱ **근거:** ②단락 ❷번째 문장

'~ 개가 사람을 공격할 수도 있기 때문이에요.'라고 했으므로 반려견에게 목줄을 매야 하는 까닭으로 알맞은 내용이에요.

ㄴ **근거:** ②단락 ❷번째 문장

'개를 무서워하는 사람이 있을 수 있고, ~'라고 했으므로 반려견에게 목줄을 매야 하는 까닭으로 알맞은 내용이에요.

ㄷ **근거:** ②단락 ❸번째 문장

'또 목줄을 하면 개가 위험한 곳으로 가는 행동을 막을 수 있답니다.'라고 했으므로 반려견에게 목줄을 매야 하는 까닭으로 알맞은 내용이에요.

05 [정답] 예 다른 사람에게 함께 타도 괜찮은지 묻고, 함께 타게 되면 반려견을 안고 있거나 반려견을 벽 쪽으로 해야 한다.

서술형 채점 기준 - 근거: ④단락 ❸번째 문장

'또 반려견과 엘리베이터를 탈 때는 다른 사람에게 함께 타도 괜찮은지 묻고, 함께 타게 되면 반려견을 안고 있거나 반려견을 벽 쪽으로 하여 다른 사람이 불편하지 않도록 해야 합니다.'라고 했어요.

따라서 '다른 사람에게 함께 타도 괜찮은지 묻고, 함께 타게 되면 반려견을 안고 있거나 반려견을 벽 쪽으로 해야 한다.'라는 내용이 들어가면 정답이에요.

생활 속 전기 절약

◯ 각 단락 중심 낱말   ◯ 전체 중심 낱말   [   ] 각 단락 중심 문장   🟨 전체 중심 문장

1 ❶ "아오, 더워. 너무 더우니까 에어컨 온도를 더 내려야겠다." 솔비는 에어컨 온도를 18℃ ❷ 로 낮추었어요. ❸ 그런데 이렇게 에어컨 온도를 낮게 해 두면 전기를 낭비하게 돼요. ❹ 전기를 함부로 쓰면 돈이 낭비되고 환경이 오염됩니다. ❺ 전기를 쓰면 환경이 오염되는 까닭은 전기를 만들 때 석유나 석탄 같은 연료를 태우게 되는데, 이런 연료들을 태우면 해로운 물질이 나오기 때문이에요. ❻ [따라서 에어컨을 틀더라도 26℃ 이상의 적정한 실내 온도를 유지하는 게 중요합니다.]

2 ❶ 전기를 절약하는 방법으로 또 무엇이 있을까요? ❷ [사용하지 않는 플러그를 뽑아 두는 것입니다.] ❸ 전기 제품은 사용하지 않더라도 플러그에 꽂혀 있으면 전기가 쓰이게 돼요. ❹ 그러므로 전기 제품을 사용하고 난 후에는 플러그를 뽑아 두는 게 좋아요.

3 ❶ [다음으로 빨래는 한꺼번에 모아서 세탁하고, 냉장고의 문은 자주 여닫지 않습니다. ❷ 또 냉장고 문을 오랫동안 열어 두지 않아야 해요.] ❸ 세탁기는 빨래하는 횟수가 많아질수록 전기를 많이 쓰게 되므로, 빨랫감을 모아서 세탁하는 횟수를 줄이는 게 좋아요. ❹ 냉장고의 경우, 문을 열면 바깥의 공기가 냉장고로 들어가게 되는데, 이러면 냉장고 속의 온도가 올라가게 돼요. ❺ 이렇게 올라간 온도를 다시 내리기 위해 냉장고는 전기를 많이 쓰게 됩니다.

1 단락 요약
전기 절약의 중요성과 전기를 절약하는 방법 ① 에어컨 사용 시

2 단락 요약
전기를 절약하는 방법 ②
플러그 뽑기

3 단락 요약
전기를 절약하는 방법 ③
세탁기와 냉장고 사용 시

✱ 지문 이해

● 이 글은 전기를 절약하는 방법에 대해 알려 주는 설명문입니다. 전기를 함부로 쓰면 돈이 낭비되고 환경이 오염됩니다. 따라서 전기를 절약해야 해요. 먼저 에어컨을 사용할 때는 26℃ 이상의 적정한 실내 온도를 유지하는 게 중요해요. 그리고 전기 제품을 사용하고 난 후에는 플러그를 뽑아 두는 게 좋아요. 또 세탁기는 빨래하는 횟수가 많아질수록 전기를 많이 쓰게 되므로, 빨래는 한꺼번에 모아서 세탁해요. 냉장고의 문은 자주 여닫지 않고, 냉장고의 문을 오랫동안 열어 두지 않아야 해요.

● 단락 간의 관계
1단락에서는 전기를 절약하는 것의 중요함과 에어컨 전기를 절약하는 방법에 대해 설명하고 있어요.
2단락에서는 전기를 절약하는 방법으로 전기 제품을 사용한 후에 플러그를 뽑아 두어야 한다고 이야기하고 있어요.
3단락에서는 세탁기와 냉장고의 전기를 절약하는 방법에 대해 설명하고 있어요.

● 글의 구조도

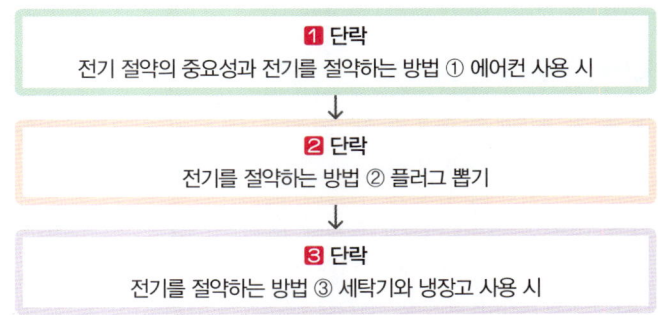

1 단락
전기 절약의 중요성과 전기를 절약하는 방법 ① 에어컨 사용 시

↓

2 단락
전기를 절약하는 방법 ② 플러그 뽑기

↓

3 단락
전기를 절약하는 방법 ③ 세탁기와 냉장고 사용 시

● 주제: 전기를 절약하는 방법

01 [정답] ① ·· 중심 문장 찾기

> **왜 정답?**

① **근거:** ③단락 ❶, ❷번째 문장

③단락에서는 세탁기와 냉장고 사용 시 전기를 절약하는 방법에 대해 설명하고 있어요.

따라서 이 내용이 포함된 '다음으로 빨래는 한꺼번에 모아서 세탁하고, 냉장고의 문은 자주 여닫지 않습니다. 또 냉장고 문을 오랫동안 열어 두지 않아야 해요.'가 ③단락의 중심 문장이에요.

02 [정답] 전기 ·································· 내용 이해하기

> **왜 정답?**

①단락에서는 전기를 절약하는 것의 중요성과 에어컨 사용 시 전기를 절약하는 방법에 대해, ②단락에서는 전기를 절약하는 방법으로 전기 제품의 플러그를 뽑아 두는 것에 대해, ③단락에서는 세탁기와 냉장고 사용 시 전기를 절약하는 방법에 대해 설명하고 있어요.

따라서 빈칸에 들어갈 알맞은 말은 '전기'예요.

03 [정답] (1) × (2) ○ (3) × ·········· 내용 이해하기

> **왜 정답?**

(1) **근거:** ③단락 ❶, ❸번째 문장

③단락 ❶번째 문장에서 '다음으로 빨래는 한꺼번에 모아서 세탁하고, ~'라고 했고, ❸번째 문장에서 '세탁기는 빨래하는 횟수가 많아질수록 전기를 많이 쓰게 되므로, 빨랫감을 모아서 세탁하는 횟수를 줄이는 게 좋아요.'라고 했으므로 틀린 방법이에요.

(2) **근거:** ①단락 ❻번째 문장

'따라서 에어컨을 틀더라도 26℃ 이상의 적정한 실내 온도를 유지하는 게 중요합니다.'라고 했으므로 맞는 방법이에요.

(3) **근거:** ②단락 ❹번째 문장

'그러므로 전기 제품을 사용하고 난 후에는 플러그를 뽑아 두는 게 좋아요.'라고 했으므로 틀린 방법이에요.

04 [정답] ㉣ ·································· 내용 적용하기

이 글의 내용에 비추어 볼 때, ㈎와 ㈏에 대한 설명으로 알맞지 <u>않은</u> 것의 기호를 쓰세요.

- **㈎:** ㈎는 안 쓰는 플러그를 뽑고 있는 모습의 사진입니다. 플러그와 관련한 내용은 ②단락에 나와 있습니다.
- **㈏:** ㈏는 에어컨 온도를 20℃로 내리는 모습의 사진입니다. 에어컨과 관련한 내용은 ①단락에 나와 있습니다.

즉 ①, ②단락을 바탕으로, 안 쓰는 플러그를 뽑는 것과 에어컨 온도를 20℃로 내리는 것에 대해 이해하는 문제입니다.

> **왜 정답?**

㉣ **근거:** ①단락 ❸, ❹, ❻번째 문장

①단락 ❸, ❹번째 문장에서 '그런데 이렇게 에어컨 온도를 낮게 해 두면 전기를 낭비하게 돼요. 전기를 함부로 쓰면 돈이 낭비되고 환경이 오염됩니다.'라고 했고, ❻번째 문장에서 '따라서 에어컨을 틀더라도 26℃ 이상의 적정한 실내 온도를 유지하는 게 중요합니다.'라고 했어요.

따라서 ㈏처럼 에어컨 온도를 20℃로 내리는 것은 전기를 낭비하게 되어 환경이 오염되므로 틀린 설명이에요.

> **왜 오답?**

㉠ **근거:** ①단락 ❹번째 문장, ②단락 ❸번째 문장

①단락 ❹번째 문장에서 '전기를 함부로 쓰면 돈이 낭비되고 환경이 오염됩니다.'라고 했고, ②단락 ❸번째 문장에서 '전기 제품은 사용하지 않더라도 플러그에 꽂혀 있으면 전기가 쓰이게 돼요.'라고 했어요.

따라서 ㈎처럼 안 쓰는 플러그를 뽑아 두면 전기를 아끼게 되어 결국 돈을 아낄 수 있게 돼요.

㉡ **근거:** ②단락 ❶, ❷번째 문장

'전기를 절약하는 방법으로 또 무엇이 있을까요? 사용하지 않는 플러그를 뽑아 두는 것입니다.'라고 했으므로 알맞은 설명이에요.

㉢ **근거:** ①단락 ❸, ❻번째 문장

①단락 ❸번째 문장에서 '그런데 이렇게 에어컨 온도를 낮게 해 두면 전기를 낭비하게 돼요.'라고 했고, ❻번째 문장에서 '따라서 에어컨을 틀더라도 26℃ 이상의 적정한 실내 온도를 유지하는 게 중요합니다.'라고 했어요.

따라서 ㈏처럼 에어컨 온도를 20℃로 내리는 것은 전기를 낭비하는 행동이므로 알맞은 설명이에요.

05 [정답] 예 전기를 만들 때 석유나 석탄 같은 연료를 태우게 되는데, 이런 연료들을 태우면 해로운 물질이 나오기 때문이다.

서술형 채점 기준 - **근거:** ①단락 ❺번째 문장

'전기를 쓰면 환경이 오염되는 까닭은 전기를 만들 때 석유나 석탄 같은 연료를 태우게 되는데, 이런 연료들을 태우면 해로운 물질이 나오기 때문이에요.'라고 했어요.

따라서 '전기를 만들 때 석유나 석탄 같은 연료를 태우게 되는데, 이런 연료들을 태우면 해로운 물질이 나온다.'라는 내용이 들어가면 정답이에요.

[국어]

모여라, 흩어져라!

◯ 각 단락 중심 낱말   ◯ 전체 중심 낱말   [ ] 각 단락 중심 문장   ▨ 전체 중심 문장

1 ❶수현이는 국어 시간에 자음자와 모음자가 만나 글자가 되는 것을 배웠습니다. ❷선생님의 설명을 들은 후, 수현이와 친구들은 자음자와 모음자 카드로 글자를 만드는 놀이를 했어요. ❸[자음자 카드 하나와 모음자 카드 하나를 합하면 글자가 돼요. ❹그리고 그 글자를 흩으면 다시 자음자와 모음자로 나뉘어요.]

*1단락 요약: 합하고 흩을 수 있는 자음자와 모음자

2 ❶자음자와 모음자를 가로나 세로로 합하여 쓰는 것을 '모아쓰기'라고 해요. ❷한글에서 모음자는 자음자의 오른쪽에 쓸 때도 있고, 아래쪽에 쓸 때도 있어요. ❸예를 들어 '나비'의 'ㅏ', 'ㅣ'는 자음자의 오른쪽에, '고무'의 'ㅗ', 'ㅜ'는 자음자의 아래쪽에 있습니다. ❹자음자와 모음자를 왼쪽에서 오른쪽으로 합하여 쓰면 가로로 합하여 쓰는 것이고, 위쪽에서 아래쪽으로 합하여 쓰면 세로로 합하여 쓰는 것이에요. ❺이 두 가지 방법을 모두 모아쓰기라고 합니다.

*2단락 요약: 모아쓰기의 뜻과 예시

3 ❶모아쓰기와 반대로 글자의 모양을 풀어서 자음자와 모음자의 차례대로 늘어놓는 것은 '풀어쓰기'라고 해요. ❷예를 들어 '유자'를 'ㅇ, ㅠ, ㅈ, ㅏ'로, '리코더'를 'ㄹ, ㅣ, ㅋ, ㅗ, ㄷ, ㅓ'로 쓰는 것이 풀어쓰기이지요. ❸이제 자음자와 모음자 카드를 합해서 글자를 만들면 모아쓰기이고, 그 글자에 쓰인 카드를 차례대로 흩어 놓으면 풀어쓰기가 된다는 것, 알겠죠?

*3단락 요약: 풀어쓰기의 뜻과 예시

나 비
▲ 가로로 합

고 무
▲ 세로로 합

---

01 정답 모아쓰기

2단락은 모아쓰기의 뜻과 예시를 설명하고 있어요. 따라서 빈칸에 들어갈 말은 '모아쓰기'예요.

02 정답 ㉠ 합하여
　　　　　　 ㉡ 풀어서

2단락 ❶번째 문장에서 '자음자와 모음자를 가로나 세로로 합하여 쓰는 것을 '모아쓰기'라고 해요.'라고 했어요.
3단락 ❶번째 문장에서 '~ 글자의 모양을 풀어서 자음자와 모음자의 차례대로 늘어놓는 것은 '풀어쓰기'라고 해요.'라고 했어요.

03 정답 ③

2단락에서 모아쓰기를, 3단락에서 풀어쓰기를 각각 예시를 들어 설명하고 있어요.

04 정답 (1) 너구리,
　　　　　　 (2) ㄱ, ㅏ, ㅅ, ㅜ

(1) 주어진 자음자를 차례대로 합하면 '너구리'가 돼요.
(2) '가수'를 풀어서 자음자와 모음자의 차례대로 늘어놓으면 'ㄱ, ㅏ, ㅅ, ㅜ'가 돼요.

✱ 지문 이해

● 이 글은 모아쓰기와 풀어쓰기에 대해 알려 주는 설명문입니다. 모아쓰기는 자음자와 모음자를 가로나 세로로 합하여 쓰는 것을 말해요. 한글에서 모음자는 자음자의 오른쪽에 쓸 때도 있고, 아래쪽에 쓸 때도 있어요. 자음자와 모음자를 왼쪽에서 오른쪽으로 합하여 쓰면 가로로 합하여 쓰는 것이고, 위쪽에서 아래쪽으로 합하여 쓰면 세로로 합하여 쓰는 것이에요. 풀어쓰기는 글자의 모양을 풀어서 자음자와 모음자의 차례대로 늘어놓는 것을 말해요.

● 단락 간의 관계
1 단락에서는 놀이를 예로 들어 합하고 흩을 수 있는 자음자와 모음자에 대해 이야기하고 있어요.
2 단락에서는 모아쓰기의 뜻과 예시를, 3단락에서는 풀어쓰기의 뜻과 예시를 설명하고 있으므로 두 단락을 묶을 수 있어요.

● 글의 구조도

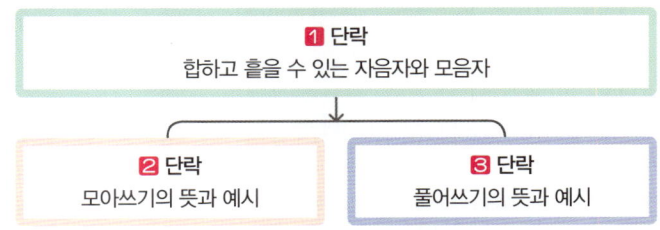

1 단락
합하고 흩을 수 있는 자음자와 모음자

2 단락
모아쓰기의 뜻과 예시

3 단락
풀어쓰기의 뜻과 예시

● 주제: 모아쓰기와 풀어쓰기의 뜻과 예시

[봄 · 여름]

작다고 무시하지 마라, 손톱과 발톱

◯ 각 단락 중심 낱말　◯ 전체 중심 낱말　[ ] 각 단락 중심 문장　▨ 전체 중심 문장

1 ❶"아야!" ❷[명진이는 손가락을 문틈에 찧어서 다쳤어요.] ❸결국 명진이의 새끼손톱이 부서져서 손톱의 반이 없어졌습니다. ❹그 이후로 한동안 명진이는 손톱이 있던 자리가 다른 데에 살짝 닿기만 해도 아팠어요.

2 ❶손톱과 발톱은 우리의 손가락과 발가락 끝에 작게 붙어 있어서 그 중요함을 잘 모르는 경우가 많아요. ❷[하지만 명진이가 겪은 일을 통해 알 수 있듯 손톱과 발톱은 우리의 손과 발을 보호하는 역할을 해요. ❸또 손발로 어떤 물건의 느낌을 구분하거나 물건을 집을 때, 걸어 다닐 때 도움을 줍니다.]

3 ❶그렇다면 여기서 문제! ❷손톱과 발톱은 뼈일까요, 피부일까요? ❸[정답부터 알려드리면 손톱과 발톱은 피부입니다.] ❹손톱과 발톱은 손가락과 발가락을 보호하기 위해 피부가 단단하게 변한 거예요. ❺손톱과 발톱을 잘라도 피가 나지 않고 아프지 않은 까닭은 (가) 이것들이 죽은 세포로 이루어져 있기 때문입니다.

4 ❶[손톱과 발톱은 잘라도 계속 자라나요.] ❷손톱, 발톱은 엄마 배 속에 있을 때부터 죽을 때까지 계속 자랍니다. ❸손톱과 발톱은 '케라틴'이라는 단백질로 되어 있는데, (나) 둘 중에서 손톱이 더 빨리 자란답니다. ❹[손발톱을 보고 몸의 상태를 알 수도 있어요.] ❺몸이 건강하거나 영양소가 많은 식사를 하면 손톱과 발톱이 빨리 자라기 때문이죠.

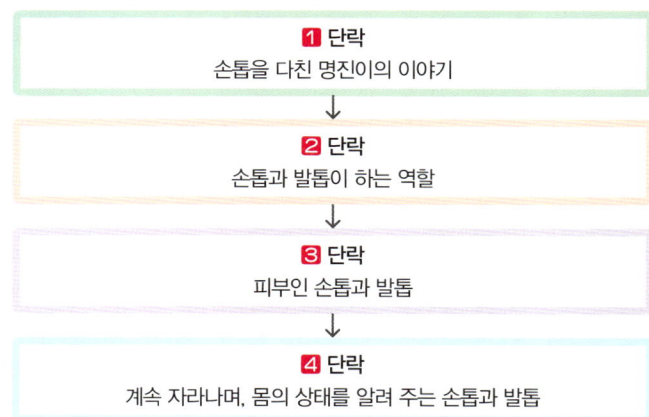

1 단락 요약
손톱을 다친 명진이의 이야기

2 단락 요약
손톱과 발톱이 하는 역할

3 단락 요약
피부인 손톱과 발톱

4 단락 요약
계속 자라나며, 몸의 상태를 알려 주는 손톱과 발톱

✱ 지문 이해

● 이 글은 손톱과 발톱의 특징에 대해 알려 주는 설명문입니다. 손톱과 발톱은 우리의 손과 발을 보호하는 역할을 하고, 손발로 어떤 물건의 느낌을 구분하거나 물건을 집을 때, 걸어 다닐 때 도움을 줘요. 손톱과 발톱은 피부가 단단하게 변한 것이에요. 손톱과 발톱을 잘라도 피가 나지 않고 아프지 않은 까닭은 손톱과 발톱이 죽은 세포로 이루어져 있기 때문입니다. 또, 손톱과 발톱은 잘라도 계속 자라나고, 손톱과 발톱을 보고 몸의 상태를 알 수도 있어요.

● **단락 간의 관계**
1단락에서는 손톱을 다친 명진이의 이야기를 통해 글에 대한 흥미를 일으키고 있어요.
2단락에서는 손톱과 발톱이 하는 역할에 대해 설명하고 있어요.
3단락에서는 손톱과 발톱이 뼈가 아니라 피부이며, 죽은 세포로 이루어져 있다는 것을 이야기하고 있어요.
4단락에서는 잘라도 계속 자라나며, 몸의 상태를 알려 주는 손톱과 발톱의 특징을 이야기하고 있어요.

● **글의 구조도**

1 단락
손톱을 다친 명진이의 이야기

↓

2 단락
손톱과 발톱이 하는 역할

↓

3 단락
피부인 손톱과 발톱

↓

4 단락
계속 자라나며, 몸의 상태를 알려 주는 손톱과 발톱

● **주제:** 손톱과 발톱의 특징

01 정답 ③ ···················· 단락 요약하기

왜 정답?

③ 근거: ②단락 ❷, ❸번째 문장

②단락에서는 '~ 손톱과 발톱은 우리의 손과 발을 보호하는 역할을 해요. 또 손발로 어떤 물건의 느낌을 구분하거나 물건을 집을 때, 걸어 다닐 때 도움을 줍니다.'라고 하며 손톱과 발톱이 하는 역할에 대해 설명하고 있어요. 따라서 ②단락의 내용을 알맞게 요약한 것은 '손톱과 발톱이 하는 역할'입니다.

02 정답 ② ···················· 내용 이해하기

왜 정답?

㉠ 근거: ③단락 ❺번째 문장

'손톱과 발톱을 잘라도 피가 나지 않고 아프지 않은 까닭은 이것들이 죽은 세포로 이루어져 있기 때문입니다.'라고 했으므로 알맞은 설명이에요.

㉣ 근거: ②단락 ❸번째 문장

'또 손발로 어떤 물건의 느낌을 구분하거나 물건을 집을 때, 걸어 다닐 때 도움을 줍니다.'라고 했으므로 알맞은 설명이에요.

왜 오답?

㉡ 근거: ④단락 ❸번째 문장

'손톱과 발톱은 '케라틴'이라는 단백질로 되어 있는데, ~'라고 했으므로 틀린 설명이에요.

㉢ 근거: ③단락 ❷, ❸번째 문장

'손톱과 발톱은 뼈일까요, 피부일까요? 정답부터 알려드리면 손톱과 발톱은 피부입니다.'라고 했으므로 틀린 설명이에요.

03 정답 손톱, 발톱 ···················· 내용 추론하기

밑줄 친 (가)와 (나)가 공통으로 가리키는 것이 무엇인지 빈칸에 들어갈 알맞은 말을 차례대로 쓰세요.

• (가): (가)는 '이것들'로, (가)가 포함된 문장은 '손톱과 발톱을 잘라도 피가 나지 않고 아프지 않은 까닭은 이것들이 ~'입니다.

• (나): (나)는 '둘'로, (나)가 포함된 문장은 '손톱과 발톱은 '케라틴'이라는 단백질로 되어 있는데, 둘 중에서 ~'입니다.

즉 (가) '이것들'과 (나) '둘'이 가리키는 것을 쓰는 문제입니다.

왜 정답?

* 근거: ③단락 ❺번째 문장, ④단락 ❸번째 문장

'손톱과 발톱을 잘라도 피가 나지 않고 아프지 않은 까닭은 (가)이것들이 ~'라고 했고, '손톱과 발톱은 '케라틴'이라는 단백질로 되어 있는데, (나)둘 중에서 ~'라고 했어요.

따라서 (가)와 (나)가 공통으로 가리키는 것은 '손톱'과 '발톱'이에요.

04 정답 ③ ···················· 알맞은 반응 찾기

왜 정답?

③ 근거: ③단락 ❸, ❺번째 문장

③단락 ❸번째 문장에서 '~ 손톱과 발톱은 피부입니다.'라고 했고, ❺번째 문장에서 '손톱과 발톱을 잘라도 피가 나지 않고 아프지 않은 까닭은 이것들이 죽은 세포로 이루어져 있기 때문입니다.'라고 했어요.

따라서 손톱이 피부인 것은 맞지만, 살아있는 세포가 아니라 죽은 세포로 이루어져 있으므로 알맞지 않은 내용이에요.

왜 오답?

① 근거: ④단락 ❸번째 문장

'손톱과 발톱은 ~ 둘 중에서 손톱이 더 빨리 자란답니다.'라고 했으므로 알맞은 내용이에요.

② 근거: ②단락 ❷, ❸번째 문장

'~ 손톱과 발톱은 우리의 손과 발을 보호하는 역할을 해요. 또 ~ 걸어 다닐 때 도움을 줍니다.'라고 했으므로 알맞은 내용이에요.

④ 근거: ①단락 ❹번째 문장, ②단락 ❷번째 문장

'그 이후로 명진이는 손톱이 있던 자리가 다른 데에 살짝 닿기만 해도 아팠어요.', '하지만 명진이가 겪은 일을 통해 알 수 있듯 손톱과 발톱은 우리의 손과 발을 보호하는 역할을 해요.'라고 했으므로 알맞은 내용이에요.

⑤ 근거: ④단락 ❹, ❺번째 문장

'손발톱을 보고 몸의 상태를 알 수도 있어요. 몸이 건강하거나 영양소가 많은 식사를 하면 손톱과 발톱이 빨리 자라기 때문이죠.'라고 했으므로 알맞은 내용이에요.

05 정답 예 우리의 손과 발을 보호하는 역할을 한다. 또 손발로 어떤 물건의 느낌을 구분하거나 물건을 집을 때, 걸어 다닐 때 도움을 준다.

서술형 채점 기준 – 근거: ②단락 ❷, ❸번째 문장

'~ 손톱과 발톱은 우리의 손과 발을 보호하는 역할을 해요. 또 손발로 어떤 물건의 느낌을 구분하거나 물건을 집을 때, 걸어 다닐 때 도움을 줍니다.'라고 했어요.

따라서 '우리의 손과 발을 보호하는 역할을 한다. 또 손발로 어떤 물건의 느낌을 구분하거나 물건을 집을 때, 걸어 다닐 때 도움을 준다.'라는 내용이 들어가면 정답이에요.

[가을·겨울]

계절에 맞는 옷을 입어 봐요.

◯ 각 단락 중심 낱말   ⬭ 전체 중심 낱말   [ ] 각 단락 중심 문장   ▨ 전체 중심 문장

1️⃣ ❶우리나라는 1년에 사계절이 모두 있어요. 꽃이 피고 따뜻한 봄, 매미가 울고 더운 여름, 하늘이 높고 시원한 가을, 눈이 내리는 추운 겨울. ❷각 계절은 특징이 다르고, 계절마다 사람들이 입는 옷차림도 다릅니다. ❹계절에 따라 사람들의 옷차림이 달라지는 까닭은 계절마다 날씨가 다르기 때문이에요. ❺그럼 계절에 맞는 옷차림은 어떤 것일까요?

2️⃣ ❶봄과 가을은 너무 덥지도, 너무 춥지도 않아서 멋을 내기 좋은 계절이에요. ❷[봄 날씨는 맑고 따뜻해서 보통 얇고 화사한 옷을 입어요. ❸가을 날씨 역시 맑고 시원해서 긴소매를 입기는 하지만 두껍게 입지는 않아요.] ❹하지만 봄에는 가끔 꽃샘추위가 찾아오고, 가을에는 아침과 저녁에 쌀쌀할 수 있으니 겉에 입을 얇은 외투를 챙기는 게 좋아요.

3️⃣ ❶여름은 덥고 비가 많이 와서 습해요. ❷[따라서 몸에 붙지 않고 길이가 짧은 옷을 입게 되죠.] ❸또 햇볕을 가리기 위해 모자를 쓰거나 선글라스를 끼기도 해요. ❹신발은 바람이 잘 통하는 샌들을 많이 신습니다.

4️⃣ ❶겨울은 춥고 건조하며, 눈이 와요. ❷[그래서 두껍고 따뜻하게 옷을 입는답니다.] ❸오리털로 된 점퍼나 스웨터를 입은 사람들을 겨울에 많이 볼 수 있어요. ❹여기에 내복을 입기도 하고, 털모자, 장갑, 귀마개, 목도리 등도 하게 돼요. ❺신발은 부츠를 많이 신습니다.

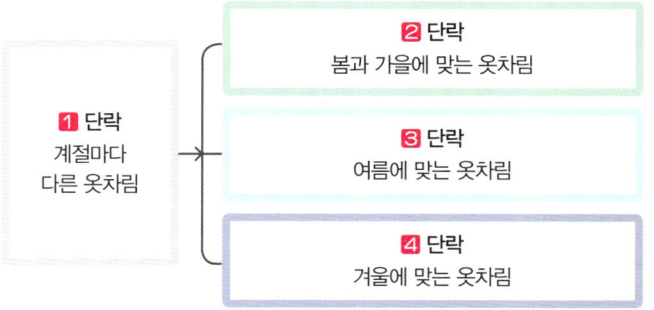

1 단락 요약
계절마다 다른 옷차림

2 단락 요약
봄과 가을에 맞는 옷차림

3 단락 요약
여름에 맞는 옷차림

4 단락 요약
겨울에 맞는 옷차림

✱ **지문 이해**

● 이 글은 우리나라의 계절에 맞는 옷차림에 대해 알려 주는 설명문입니다. 우리나라는 계절마다 날씨가 다르기 때문에 계절에 따라 사람들의 옷차림이 달라져요. 맑고 따뜻한 봄에는 얇고 화사한 옷을 입고, 맑고 시원한 가을에는 긴소매를 입지만 두껍게 입지는 않아요. 덥고 비가 많이 와서 습한 여름에는 몸에 붙지 않고 길이가 짧은 옷을 입어요. 햇볕을 가리기 위해 모자를 쓰거나 선글라스를 끼기도 합니다. 춥고 건조하며 눈이 오는 겨울에는 두껍고 따뜻하게 옷을 입어요. 내복을 입기도 하고, 털모자, 장갑, 귀마개, 목도리 등도 해요.

● **단락 간의 관계**
  1️⃣단락에서는 우리나라 사계절의 특징을 설명하고, 계절마다 사람들이 입는 옷차림이 다르다는 것을 이야기하고 있어요.
  2️⃣단락에서는 봄과 가을의 계절적 특징과 그에 맞는 옷차림을, 3️⃣단락에서는 여름의 계절적 특징과 그에 맞는 옷차림을, 4️⃣단락에서는 겨울의 계절적 특징과 그에 맞는 옷차림을 설명하고 있으므로 세 단락은 묶을 수 있어요.

● **글의 구조도**

1 단락	→	2 단락
계절마다 다른 옷차림		봄과 가을에 맞는 옷차림
		3 단락
		여름에 맞는 옷차림
		4 단락
		겨울에 맞는 옷차림

● **주제**: 우리나라 계절에 맞는 옷차림

01 [정답] 준우 ·· 단락 요약하기

›왜 정답?

②단락에서는 봄과 가을의 계절적 특징과 봄과 가을에 맞는 옷차림에 대해 설명하고 있어요. 따라서 ②단락을 요약하면 '봄과 가을에 맞는 옷차림'이므로 ②단락을 알맞게 요약한 친구는 '준우'예요.

02 [정답] (1) 여름 (2) 겨울 (3) 겨울 ············· 내용 적용하기

다음 사진 속 물건이 어느 계절에 맞는 옷차림인지 써 보세요.

• 사진 속 물건: (1)은 '샌들', (2)는 '스웨터', (3)은 '귀마개'입니다. 샌들에 대한 설명은 ③단락에, 스웨터와 귀마개에 대한 설명은 ④단락에 나와 있습니다.

즉 사진 속의 물건이 어느 계절에 맞는 옷차림인지 이 글에서 찾아 쓰는 문제입니다.

›왜 정답?

(1) **근거**: ③단락 ❶, ❹번째 문장
  '여름은 덥고 비가 많이 와서 습해요.', '신발은 바람이 잘 통하는 샌들을 많이 신습니다.'라고 했으므로 샌들은 '여름'에 맞는 옷차림이에요.

(2) **근거**: ④단락 ❸번째 문장
  '~ 스웨터를 입은 사람들을 겨울에 많이 볼 수 있어요.'라고 했으므로 스웨터는 '겨울'에 맞는 옷차림이에요.

(3) **근거**: ④단락 ❸, ❹번째 문장
  '~ 겨울에 많이 볼 수 있어요. 여기에 ~ 귀마개, 목도리 등도 하게 돼요.'라고 했으므로 귀마개는 '겨울'에 맞는 옷차림이에요.

03 [정답] ⑤ ·· 내용 이해하기

›왜 정답?

⑤ **근거**: ①단락 ❹번째 문장
  ①단락에서 '계절에 따라 사람들의 옷차림이 달라지는 까닭은 계절마다 날씨가 다르기 때문이에요.'라고 했어요.

›왜 오답?

① 계절마다 꽃이 다르다는 내용은 이 글에 나오지 않아요.
② 계절마다 집이 다르다는 내용은 이 글에 나오지 않아요.
③ 계절마다 차가 다르다는 내용은 이 글에 나오지 않아요.
④ 계절마다 음식이 다르다는 내용은 이 글에 나오지 않아요.

04 [정답] 예 봄에는 가끔 꽃샘추위가 찾아오고, 가을에는 아침과 저녁에 쌀쌀할 수 있기 때문이다.

서술형 채점 기준 – **근거**: ②단락 ❹번째 문장

'하지만 봄에는 가끔 꽃샘추위가 찾아오고, 가을에는 아침과 저녁에 쌀쌀할 수 있으니 겉에 입을 얇은 외투를 챙기는 게 좋아요.'라고 했으므로 '봄에는 가끔 꽃샘추위가 찾아오고, 가을에는 아침과 저녁에 쌀쌀할 수 있다.'라는 내용이 들어가면 정답이에요.

배경지식

옛날 사람들의 계절에 따른 옷

옛날 사람들도 요즘의 사람들처럼 계절에 맞는 옷차림을 입었어요. 날씨가 맑고 따뜻한 봄과 가을에는 멋을 내고, 여름에는 시원한 옷을 입고, 겨울에는 따뜻하게 옷을 입었지요.

먼저 봄과 가을에 양반들은 한껏 멋을 낼 수 있었어요. 봄에는 품질이 아주 좋은 비단인 갑사 같은 옷감으로 옷을 지어 입었습니다. 가을에는 무늬가 아름다운 자미사와 같은 비단으로 옷을 지어 입었답니다.

무더운 여름에는 시원하고 바람이 잘 통하는 옷을 입었어요. 삼베와 모시는 결이 촘촘하지 않고 구멍이 나 있어서 바람이 잘 통하고, 풀을 먹이면 몸에 달라붙지 않아요. 그래서 옛날 사람들은 여름에 삼베옷과 모시옷을 즐겨 입었답니다.

마지막으로 겨울에는 차가운 바람을 막아주는 무명으로 한복을 만들어 입었습니다. 또한 따뜻한 옷감을 두 겹으로 해서 그 사이에 솜을 끼워 넣은 누비옷을 입었지요.

▲ 모시옷

[수학]

세는 물건에 따라 말이 달라요.

⬭ 각 단락 중심 낱말　◯ 전체 중심 낱말　[ ] 각 단락 중심 문장　🟨 전체 중심 문장

1 '고양이 두 명', '운동화 세 권', '자동차 한 채'. 이 말들이 올바르게 쓰인 것 같나요? 아마 어딘가 어색하게 느껴질 거예요. 모두 수나 양을 나타내는 단위를 잘못 썼기 때문이지요. 이처럼 낱말과 맞지 않는 단위를 쓰면 뜻이 제대로 전달되지 않을 수 있어요. 🟨그래서 대상에 알맞은 ◯수량의 단위를 사용하는 것은 매우 중요합니다.🟨 그럼 수와 양을 표현하는 단위에는 어떤 것이 있는지 알아봐요.

2 먼저 ⬭'마리'와 '명'이 있습니다. ['마리'는 짐승이나 물고기, 벌레 등을 세는 단위로, 예를 들어 '고양이 두 마리', '생선 한 마리'처럼 쓸 수 있어요. 반면 '명'은 '친구 다섯 명', '동생 한 명'처럼 사람을 세는 단위예요.]

3 다음으로 ⬭'권'과 '켤레'입니다. ['권'은 책을 세는 단위이며, '동화책 네 권', '교과서 두 권' 같이 쓰일 수 있지요. '켤레'는 신발이나 양말 등 짝이 되는 두 개를 하나로 셀 때 쓰는 단위예요.] 그래서 '운동화 세 켤레', '양말 한 켤레'로 쓸 수 있답니다.

4 마지막으로 ⬭'대'와 '채'에 대해 알아볼까요? ['대'는 '자동차 한 대'처럼 차와 관련된 수량을 나타내는 단위입니다. '채'는 집의 수량을 나타내는 단위이므로, '집 한 채'라고 쓸 수 있겠지요.]

▲ 자동차 한 대　　▲ 집 한 채

---

1 단락 요약
알맞은 수량의 단위를 사용하는 것의 중요성

2 단락 요약
짐승을 세는 단위와 사람을 세는 단위

3 단락 요약
책을 세는 단위와 신발, 양말을 세는 단위

4 단락 요약
차를 세는 단위와 집을 세는 단위

✱ 지문 이해

● 이 글은 수와 양을 표현하는 단위에 대해 알려 주는 설명문입니다. 낱말과 맞지 않는 단위를 쓰면 뜻이 제대로 전달되지 않을 수 있기 때문에 알맞은 수량의 단위를 쓰는 것은 매우 중요해요. '마리'는 짐승이나 물고기, 벌레 등을 세는 단위이고, '명'은 사람을 세는 단위예요. '권'은 책을 세는 단위이고, '켤레'는 신발이나 양말 등 짝이 되는 두 개를 하나로 셀 때 쓰는 단위예요. '대'는 차와 관련된 수량을 나타내는 단위이고, '채'는 집의 수량을 나타내는 단위예요.

● **단락 간의 관계**
1단락에서는 수량의 단위를 잘못 쓴 경우를 통해 알맞은 수량의 단위를 사용하는 것의 중요성을 이야기하고 있어요. 2단락에서는 짐승을 세는 단위인 '마리'와 사람을 세는 단위인 '명'을, 3단락에서는 책을 세는 단위인 '권'과 신발, 양말을 세는 단위인 '켤레'를, 4단락에서는 차를 세는 단위인 '대'와 집을 세는 단위인 '채'를 설명하고 있으므로 묶을 수 있어요.

● **글의 구조도**

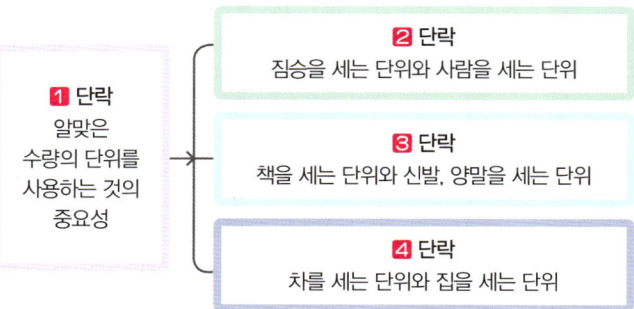

1 단락
알맞은
수량의 단위를
사용하는 것의
중요성

→

2 단락
짐승을 세는 단위와 사람을 세는 단위

3 단락
책을 세는 단위와 신발, 양말을 세는 단위

4 단락
차를 세는 단위와 집을 세는 단위

● **주제:** 수와 양을 표현하는 단위

01 [정답] (1) ㉡ (2) ㉢ (3) ㉠ (4) ㉣ ·········· 단락 요약하기

>왜 정답?

(1) **근거**: ②단락 ❷, ❸번째 문장
　②단락에서 "마리"는 짐승이나 물고기, 벌레 등을 세는 단위로, 예를 들어 '고양이 두 마리', '생선 한 마리'처럼 쓸 수 있어요. 반면 '명'은 '친구 다섯 명', '동생 한 명'처럼 사람을 세는 단위예요.'라고 했어요. 따라서 '짐승을 세는 단위와 사람을 세는 단위'는 ②단락의 요약 내용이에요.

(2) **근거**: ③단락 ❷, ❸번째 문장
　③단락에서 "권"은 책을 세는 단위이며, '동화책 네 권', '교과서 두 권' 같이 쓰일 수 있지요. '켤레'는 신발이나 양말 등 짝이 되는 두 개를 하나로 셀 때 쓰는 단위예요.'라고 했어요. 따라서 '책을 세는 단위와 신발, 양말을 세는 단위'는 ③단락의 요약 내용이에요.

(3) **근거**: ①단락 ❻번째 문장
　①단락에서 '대상에 알맞은 수량의 단위를 사용하는 것은 매우 중요합니다.'라고 했어요. 따라서 '알맞은 수량의 단위를 사용하는 것의 중요성'은 ①단락의 요약 내용이에요.

(4) **근거**: ④단락 ❷, ❸번째 문장
　④단락에서 "대"는 '자동차 한 대'처럼 차와 관련된 수량을 나타내는 단위입니다. '채'는 집의 수량을 나타내는 단위이므로, '집 한 채'라고 쓸 수 있겠지요.'라고 했어요. 따라서 '차를 세는 단위와 집을 세는 단위'는 ④단락의 요약 내용이에요.

02 [정답] ② ·········· 내용 이해하기

>왜 정답?

② **근거**: ④단락 ❷, ❸번째 문장
　"대"는 '자동차 한 대'처럼 차와 관련된 수량을 나타내는 단위입니다. '채'는 집의 수량을 나타내는 단위이므로, '집 한 채'라고 쓸 수 있겠지요.'라고 했으므로 틀린 내용이에요.

>왜 오답?

① **근거**: ③단락 ❷번째 문장
　"권"은 책을 세는 단위이며, '동화책 네 권', '교과서 두 권' 같이 쓰일 수 있지요.'라고 했으므로 알맞은 내용이에요.

③ **근거**: ②단락 ❷번째 문장
　"마리"는 짐승이나 물고기, 벌레 등을 세는 단위로, 예를 들어 '고양이 두 마리', '생선 한 마리'처럼 쓸 수 있어요.'라고 했으므로 알맞은 내용이에요.

④ **근거**: ①단락 ❻번째 문장
　'~ 대상에 알맞은 수량의 단위를 사용하는 것은 매우 중요합니다.'라고 했으므로 알맞은 내용이에요.

⑤ **근거**: ③단락 ❸번째 문장
　"켤레"는 신발이나 양말 등 짝이 되는 두 개를 하나로 셀 때 쓰는 단위예요.'라고 했으므로 알맞은 내용이에요.

03 [정답] ④ ·········· 내용 이해하기

>왜 정답?

④ 이 글에서 연필을 세는 단위는 설명하고 있지 않아요.

>왜 오답?

① **근거**: ④단락 ❸번째 문장
　"채"는 집의 수량을 나타내는 단위이므로, '집 한 채'라고 쓸 수 있겠지요.'라고 하며 집을 세는 단위를 설명하고 있어요.

② **근거**: ③단락 ❷번째 문장
　"권"은 책을 세는 단위이며, '동화책 네 권', '교과서 두 권' 같이 쓰일 수 있지요.'라고 하며 책을 세는 단위를 설명하고 있어요.

③ **근거**: ②단락 ❷번째 문장
　"마리"는 짐승이나 물고기, 벌레 등을 세는 단위로, 예를 들어 '고양이 두 마리', '생선 한 마리'처럼 쓸 수 있어요.'라고 하며 벌레를 세는 단위를 설명하고 있어요.

⑤ **근거**: ④단락 ❷번째 문장
　"대"는 '자동차 한 대'처럼 차와 관련된 수량을 나타내는 단위입니다.'라고 하며 자동차를 세는 단위를 설명하고 있어요.

04 [정답] (1) 민철 (2) 운동화 한 켤레 ·········· 내용 적용하기

>왜 정답?

(1), (2) **근거**: ③단락 ❷~❹번째 문장
　"권"은 책을 세는 단위이며, '동화책 네 권', '교과서 두 권' 같이 쓰일 수 있지요. '켤레'는 신발이나 양말 등 짝이 되는 두 개를 하나로 셀 때 쓰는 단위예요. 그래서 '운동화 세 켤레', '양말 한 켤레'로 쓸 수 있답니다.'라고 했어요.
　따라서 '운동화'에 '권'의 단위를 쓴 '민철'이가 수량의 단위를 잘못 쓴 사람이에요. 그리고 민철이가 쓴 '운동화 한 권'은 '운동화 한 켤레'로 고쳐 써야 해요.

05 [정답] 예 낱말과 맞지 않는 단위를 쓰면 뜻이 제대로 전달되지 않을 수 있기 때문이다.

서술형 채점 기준 – **근거**: ①단락 ❺, ❻번째 문장
'이처럼 낱말과 맞지 않는 단위를 쓰면 뜻이 제대로 전달되지 않을 수 있어요. 그래서 대상에 알맞은 수량의 단위를 사용하는 것은 매우 중요합니다.'라고 했어요.
따라서 '낱말과 맞지 않는 단위를 쓰면 뜻이 제대로 전달되지 않을 수 있다.'라는 내용이 들어가면 정답이에요.

[봄·여름]

날씨와 우리 생활

◯ 각 단락 중심 낱말   ⬭ 전체 중심 낱말   [ ] 각 단락 중심 문장   ▨ 전체 중심 문장

1 ❶여행을 가기로 한 날에 비가 오고, 나들이를 갔는데 황사가 있다면 어떨까요? ❷여행이나 나들이를 즐길 수 없겠죠. ❸날씨는 우리의 일상생활에 큰 영향을 끼치기 때문에 날씨를 모르면 우리는 불편함을 겪게 됩니다. ❹그래서 우리는 '일기 예보'를 통해 앞으로의 날씨를 미리 알고, 대비하는 거예요. ❺일기 예보는 기온, 바람, 비, 구름과 같은 날씨 정보를 미리 알려 주는 것을 말합니다.

2 ❶[우리가 날마다 텔레비전, 인터넷 등을 통해 접하는 일기 예보는 기상청에서 발표해요.] ❷기상청에서는 기온, 강수량, 기압, 습도, 바람의 방향과 속도 등을 관측하지요. ❸그런 다음, 세계에서 관측한 자료를 모아서 분석합니다. ❹우리나라의 날씨뿐만 아니라 다른 나라의 날씨 정보도 알아야 넓은 지역의 날씨를 정확히 예측할 수 있기 때문이에요. ❺이렇게 많은 자료를 바탕으로 일기 예보를 만드는 거랍니다.

3 ❶[시기에 따른 일기 예보의 종류에는 1~3일 정도의 날씨를 예보하는 '일일 예보', 1주일의 날씨를 예보하는 '주간 예보', 그리고 1개월 동안의 날씨를 예보하는 '월간 예보'가 있습니다.]

4 ❶[공기나 날씨의 변화는 복잡하고, 언제든 바뀔 수 있어서 일기 예보가 항상 정확할 수는 없어요.] ❷하지만 우리 생활에 꼭 필요하고 도움이 되는 정보이니 잘 활용하도록 해요.

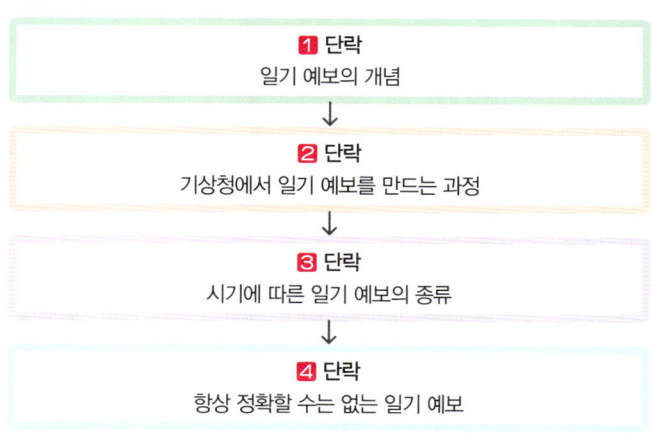

1 단락 요약
일기 예보의 개념

2 단락 요약
기상청에서 일기 예보를 만드는 과정

3 단락 요약
시기에 따른 일기 예보의 종류

4 단락 요약
항상 정확할 수는 없는 일기 예보

✶ 지문 이해

● 이 글은 일기 예보에 대해 알려 주는 설명문입니다. 일기 예보는 기온, 바람, 비, 구름과 같은 날씨 정보를 미리 알려 주는 것을 말해요. 일기 예보는 기상청에서 발표합니다. 기상청에서 기온, 강수량, 기압, 습도, 바람의 방향과 속도 등을 관측하고, 세계에서 관측한 자료를 모은 후, 이것을 분석해서 일기 예보를 만들어요. 시기에 따른 일기 예보의 종류에는 1~3일 정도의 날씨를 예보하는 '일일 예보', 1주일의 날씨를 예보하는 '주간 예보', 1개월 동안의 날씨를 예보하는 '월간 예보'가 있어요. 일기 예보는 항상 정확할 수는 없지만 우리 생활에 도움이 되는 정보예요.

● 단락 간의 관계
1단락에서는 글 전체의 중심 낱말인 '일기 예보'가 무엇인지 그 개념을 이야기하고 있어요.
2단락에서는 기상청에서 일기 예보를 만드는 과정을 설명하고 있어요.
3단락에서는 시기에 따른 일기 예보의 종류에 대해 설명하고 있어요.
4단락에서는 일기 예보가 항상 정확할 수는 없지만 우리 생활에 꼭 필요하고 도움이 된다고 하며 글을 마무리하고 있어요.

● 글의 구조도

1 단락
일기 예보의 개념

↓

2 단락
기상청에서 일기 예보를 만드는 과정

↓

3 단락
시기에 따른 일기 예보의 종류

↓

4 단락
항상 정확할 수는 없는 일기 예보

● 주제: 일기 예보의 개념과 일기 예보가 만들어지는 과정

01 정답 (1) ○ (2) ○ (3) ○ (4) ✕ ·········· 단락 요약하기

왜 정답?

(1) 근거: 1단락 ❺번째 문장

'일기 예보는 기온, 바람, 비, 구름과 같은 날씨 정보를 미리 알려 주는 것을 말합니다.'라고 했으므로 맞는 내용이에요.

(2) 근거: 2단락 ❶번째 문장

'우리가 날마다 텔레비전, 인터넷 등을 통해 접하는 일기 예보는 기상청에서 발표해요.'라고 하며, 2단락에 걸쳐 기상청에서 일기 예보를 만드는 과정에 대해 설명하고 있으므로 맞는 내용이에요.

(3) 근거: 3단락 ❶번째 문장

'시기에 따른 일기 예보의 종류에는 1~3일 정도의 날씨를 예보하는 '일일 예보', 1주일의 날씨를 예보하는 '주간 예보', 그리고 1개월 동안의 날씨를 예보하는 '월간 예보'가 있습니다.'라고 했으므로 맞는 내용이에요.

(4) 근거: 4단락

'~ 일기 예보가 항상 정확할 수 없어요. 하지만 우리 생활에 꼭 필요하고 도움이 되는 정보이니 잘 활용하도록 해요.'라고 했으므로 일기 예보가 항상 정확하다는 것은 틀린 내용이에요.

02 정답 ㉢, ㉡, ㉠ ·········· 내용 이해하기

왜 정답?

* 근거: 2단락 ❷~❺번째 문장

'기상청에서는 기온, 강수량, 기압, 습도, 바람의 방향과 속도 등을 관측하지요. 그런 다음, 세계에서 관측한 자료를 모아서 분석합니다. ~ 이렇게 많은 자료를 바탕으로 일기 예보를 만드는 거랍니다.'라고 했어요. 따라서 기상청에서 일기 예보를 발표하는 과정은 '㉢ → ㉡ → ㉠'이에요.

03 정답 ④ ·········· 글쓰기 방식 이해하기

왜 정답?

④ 이 글은 일기 예보에 대한 다섯 사람의 생각을 드러내고 있지 않아요.

왜 오답?

① 근거: 1단락 ❺번째 문장

'일기 예보는 기온, 바람, 비, 구름과 같은 날씨 정보를 미리 알려 주는 것을 말합니다.'라고 하며 일기 예보의 뜻을 설명하고 있어요.

② 근거: 3단락 ❶번째 문장

'시기에 따른 일기 예보의 종류에는 ~ '일일 예보', ~ '주간 예보', ~ '월간 예보'가 있습니다.'라고 하며 일기 예보의 종류를 시기로 나누어 소개하고 있어요.

③ 근거: 2단락 ❷~❺번째 문장

'기상청에서는 ~ 관측하지요. 그런 다음, ~ 분석합니다. ~ 이렇게 많은 자료를 바탕으로 일기 예보를 만드는 거랍니다.'라고 하며 일기 예보를 만드는 과정을 순서대로 설명하고 있어요.

⑤ 근거: 1단락 ❶, ❷번째 문장

'여행을 가기로 한 날에 비가 오고, 나들이를 갔는데 황사가 있다면 어떨까요? 여행이나 나들이를 즐길 수 없겠죠.'라고 하며 날씨를 알지 못하면 생기는 불편함을 예를 들어 이야기하고 있어요.

04 정답 ② ·········· 내용 적용하기

왜 정답?

② 근거: 3단락 ❶번째 문장

'시기에 따른 일기 예보의 종류에는 1~3일 정도의 날씨를 예보하는 '일일 예보', 1주일의 날씨를 예보하는 '주간 예보', ~'라고 했어요. 주어진 일기 예보는 오늘의 날씨를 알려 주고 있으므로 주간 예보가 아니라 일일 예보예요.

왜 오답?

① 근거: 4단락 ❶번째 문장

'공기나 날씨의 변화는 복잡하고, 언제든 바뀔 수 있어서 일기 예보가 항상 정확할 수는 없어요.'라고 했으므로 바르게 이해한 내용이에요.

③ 근거: 2단락 ❹번째 문장

'우리나라의 날씨뿐만 아니라 다른 나라의 날씨 정보도 알아야 넓은 지역의 날씨를 정확히 알 수 있기 때문이에요.'라고 했고, 주어진 일기 예보에서 모래바람이 중국에서 불어온다고 했으므로 바르게 이해한 내용이에요.

④ 근거: 1단락 ❹번째 문장

'그래서 우리는 '일기 예보'를 통해 앞으로의 날씨를 미리 알고, ~'라고 했으므로 바르게 이해한 내용이에요.

⑤ 근거: 2단락 ❶~❸번째 문장

'~ 일기 예보는 기상청에서 발표해요. 기상청에서는 ~ 관측하지요. 그런 다음, ~ 자료를 모아서 분석합니다.'라고 했으므로 바르게 이해한 내용이에요.

05 정답 예 우리나라의 날씨뿐만 아니라 다른 나라의 날씨 정보도 알아야 넓은 지역의 날씨를 정확히 예측할 수 있기 때문이다.

서술형 채점 기준 – 근거: 2단락 ❸, ❹번째 문장

'그런 다음, 세계에서 관측한 자료를 모아서 분석합니다. 우리나라의 날씨뿐만 아니라 다른 나라의 날씨 정보도 알아야 넓은 지역의 날씨를 정확히 예측할 수 있기 때문이에요.'라고 했어요. 따라서 '우리나라의 날씨뿐만 아니라 다른 나라의 날씨 정보도 알아야 넓은 지역의 날씨를 정확히 예측할 수 있다.'라는 내용이 들어가면 정답이에요.

음식을 저금해요.

⬭ 각 단락 중심 낱말   ◯ 전체 중심 낱말   [   ] 각 단락 중심 문장   ▨ 전체 중심 문장

① 마트에서 '1+1 행사'로 샀다가 남은 음식, 유통 기한이 가까워진 음식이 있다면 '푸드 뱅크'에 음식을 보내 보세요! ❷ ==푸드 뱅크는 집이나 단체 급식소 등에서 남은 음식을 이웃과 나누기 위해 맡기는 은행이에요.== ❸ 하지만 우리가 알고 있는 은행과 달리, 푸드 뱅크에 맡긴 음식을 다시 찾을 수는 없답니다. ❹ 우리가 푸드 뱅크에 맡긴 음식은 노숙인이나 혼자 지내시는 어르신들, 어려운 가정의 아이들, 사회 복지 시설 등 음식이 필요한 사람들에게 무료로 전달돼요.

① 단락 요약
푸드 뱅크의 뜻과 특징

② [푸드 뱅크는 미국에서 처음 생겨났어요. ❷ 우리나라에서는 1990년대 후반에 노숙인과 어려운 가정의 아이들의 식사 문제를 해결하기 위해 푸드 뱅크가 시작되었지요.] ❸ 지금은 전국에 450개 정도의 푸드 뱅크가 있답니다.

② 단락 요약
푸드 뱅크의 시작

③ [우리는 푸드 뱅크를 통해 이웃을 도울 수 있어요. ❷ 또 남은 음식을 활용함으로써 자원의 낭비를 막을 수도 있지요.] ❸ 푸드 뱅크에 꼭 많은 양의 음식을 기부해야 하는 것은 아닙니다. ❹ 적은 양의 음식도 푸드 뱅크에 기부할 수 있어요.

③ 단락 요약
푸드 뱅크의 좋은 점

④ [푸드 뱅크에 음식을 기부하는 방법은 간단해요.] ❷ 푸드 뱅크에 전화하면 가까운 푸드 뱅크로 바로 연결을 해 준답니다. ❸ 단, 푸드 뱅크에 기부가 가능한 음식 목록과 유통 기한 기준을 잘 확인하고 기부해야 한다는 점, 기억하세요!

④ 단락 요약
푸드 뱅크에 음식을 기부하는 방법

✖ 지문 이해

● 이 글은 푸드 뱅크에 대해 알려 주는 설명문입니다. 푸드 뱅크는 집이나 단체 급식소 등에서 남은 음식을 이웃과 나누기 위해 맡기는 은행이에요. 우리가 푸드 뱅크에 맡긴 음식은 노숙인이나 혼자 지내시는 어르신들, 어려운 가정의 아이들, 사회 복지 시설 등 음식이 필요한 사람들에게 무료로 전달돼요. 푸드 뱅크는 미국에서 처음 생겨나 우리나라에서는 1990년대에 시작되었어요. 우리는 푸드 뱅크를 통해 이웃을 도울 수 있고, 남은 음식을 활용하여 자원의 낭비를 막을 수도 있어요. 푸드 뱅크에 음식을 기부할 때는 기부가 가능한 음식 목록과 유통 기한 기준을 잘 확인해야 해요.

● **단락 간의 관계**
  ① 단락에서는 글 전체의 중심 낱말인 '푸드 뱅크'의 뜻과 특징에 대해 설명하고 있어요.
  ② 단락에서는 푸드 뱅크가 언제, 어디서 시작되었는지를 이야기하고 있어요.
  ③ 단락에서는 푸드 뱅크의 좋은 점에 대해 알려 주고 있어요.
  ④ 단락에서는 푸드 뱅크에 음식을 기부하는 방법에 대해 설명하며 글을 마무리하고 있어요.

● **글의 구조도**

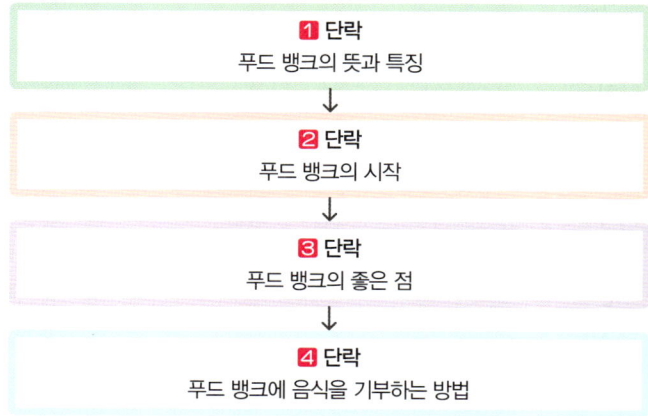

① 단락
푸드 뱅크의 뜻과 특징
↓
② 단락
푸드 뱅크의 시작
↓
③ 단락
푸드 뱅크의 좋은 점
↓
④ 단락
푸드 뱅크에 음식을 기부하는 방법

● **주제:** 푸드 뱅크의 개념과 특징

01 [정답] 푸드 뱅크 .... 단락 요약하기

왜 정답?

①단락에서는 글 전체의 중심 낱말인 '푸드뱅크'를 소개하고 푸드 뱅크의 특징을 설명하고 있어요.
②단락에서는 푸드 뱅크가 언제, 어디서 시작되었는지를 설명하고 있어요.
③단락에서는 푸드 뱅크의 좋은 점을 이야기하고 있어요.
④단락에서는 푸드 뱅크에 음식을 기부하는 방법에 대해 설명하고 있어요.
따라서 빈칸에 공통으로 들어가기에 알맞은 말은 '푸드 뱅크'예요.

02 [정답] 음식 .... 내용 이해하기

왜 정답?

* 근거: ①단락 ❷번째 문장
　①단락에서 '푸드 뱅크는 집이나 단체 급식소 등에서 남은 음식을 이웃과 나누기 위해 맡기는 은행이에요.'라고 했어요.
　따라서 빈칸에 들어갈 알맞은 말은 '음식'이에요.

03 [정답] ② .... 내용 이해하기

왜 정답?

② 이 글에 푸드 뱅크의 위치는 나오지 않아요.

왜 오답?

① 근거: ①단락 ❷번째 문장
　'푸드 뱅크는 집이나 단체 급식소 등에서 남은 음식을 이웃과 나누기 위해 맡기는 은행이에요.'라고 하며 푸드 뱅크의 뜻을 설명하고 있어요.
③ 근거: ④단락 ❶, ❷번째 문장
　'푸드 뱅크에 음식을 기부하는 방법은 간단해요. 푸드 뱅크에 전화하면 가까운 푸드 뱅크로 바로 연결을 해 준답니다.'라고 하며 푸드 뱅크에 기부하는 방법을 설명하고 있어요.
④ 근거: ②단락 ❶번째 문장
　'푸드 뱅크는 미국에서 처음 생겨났어요.'라고 하며 푸드 뱅크가 처음 시작된 나라를 설명하고 있어요.
⑤ 근거: ②단락 ❸번째 문장
　'지금은 전국에 450개 정도의 푸드 뱅크가 있답니다.'라고 하며 우리나라에 있는 푸드 뱅크의 개수를 이야기하고 있어요.

04 [정답] ① .... 내용 적용하기

왜 정답?

① 표에서 껌은 유통 기한이 30일 넘게 남았을 때 기부할 수 있다고 했어요. 따라서 유통 기한이 9일 남은 껌은 푸드 뱅크에 기부할 수 없어요.

왜 오답?

② 표를 보면 빵은 유통 기한이 3일 넘게 남았을 때 기부할 수 있어요. 따라서 유통 기한이 5일 남은 빵은 푸드 뱅크에 기부할 수 있어요.
③ 표를 보면 파는 유통 기한이 7일 넘게 남았을 때 기부할 수 있어요. 따라서 유통 기한이 4일 남은 파는 푸드 뱅크에 기부할 수 없어요.
④ 표를 보면 초콜릿은 유통 기한이 30일 넘게 남았을 때 기부할 수 있어요. 따라서 유통 기한이 20일 남은 초콜릿은 푸드 뱅크에 기부할 수 없어요.
⑤ 표를 보면 소시지는 유통 기한이 7일 넘게 남았을 때 기부할 수 있어요. 따라서 유통 기한이 20일 남은 소시지는 푸드 뱅크에 기부할 수 있어요.

05 [정답] (1) 1990년대 후반　(2) 예 노숙인과 어려운 가정의 아이들의 식사 문제를 해결하기 위해서이다.

서술형 채점 기준 – 근거: ②단락 ❷번째 문장
(1) '우리나라에서는 1990년대 후반에 ~ 푸드 뱅크가 시작되었지요.'라고 했으므로 '1990년대 후반'이라고 써야 정답이에요.
(2) '우리나라에서는 ~ 노숙인과 어려운 가정의 아이들의 식사 문제를 해결하기 위해 푸드 뱅크가 시작되었지요.'라고 했으므로 '노숙인과 어려운 가정의 아이들의 식사 문제를 해결하기 위해서이다.'라는 내용이 들어가면 정답이에요.

DAY 19

상황에 알맞게 인사하기

◯ 각 단락 중심 낱말   ◯ 전체 중심 낱말   [ ] 각 단락 중심 문장   ▨ 전체 중심 문장

① ❶여러분은 어른을 마주치거나 친구를 만나면 가장 먼저 무엇을 하나요? ❷고개를 숙여 "안녕하세요?"라고 하거나, 반갑게 손을 흔들며 "안녕!"이라고 하지요. ❸우리는 사람들을 만날 때 제일 처음 인사를 주고받고, 헤어질 때도 인사를 나눕니다. ❹[이처럼 인사는 예의를 표시하는 말이나 행동을 말합니다.] ❺다양한 상황에서 우리는 어떻게 인사를 할까요?
*1단락 요약: 인사의 뜻

② ❶[우리는 고마운 일이나 미안한 일이 있을 때 그에 맞는 인사를 합니다.] ❷깜빡하고 필통을 놓고 온 날, 친구가 연필을 빌려주었을 때 친구에게 "연필 빌려줘서 고마워."라고 인사를 전합니다. ❸동생과 다퉜을 때는 서로의 잘못을 인정하고, 화해하기 위해서 "아까 화내서 미안해."라고 사과의 인사를 해요.
*2단락 요약: 고마운 일과 미안한 일이 있을 때 인사하는 법

③ ❶[직접 만나지 않고 전화로 말할 때도 인사를 해야 합니다.] ❷전화를 받을 때는 "여보세요?"라고 말하며 자신의 이름을 밝힙니다. ❸그리고 전화로 통화하는 중간에 상대방의 말이 잘 안 들릴 때는 "죄송한데, 다시 한번 말씀해 주시겠어요?"라고 해요. ❹전화를 끊을 때는 "먼저 전화 끊겠습니다."라고 정중하게 인사를 전해야 합니다.
*3단락 요약: 전화할 때 인사하는 법

안녕하세요?

④ ❶[인사를 할 때는 상황에 맞게 말을 해야 하고, 바른 자세와 마음가짐으로 하는 것이 중요해요.] ❷앞으로는 밝은 표정으로 상대방의 눈을 마주치고, 또렷한 목소리로 인사를 전하도록 해요.
*4단락 요약: 인사할 때의 자세와 마음가짐

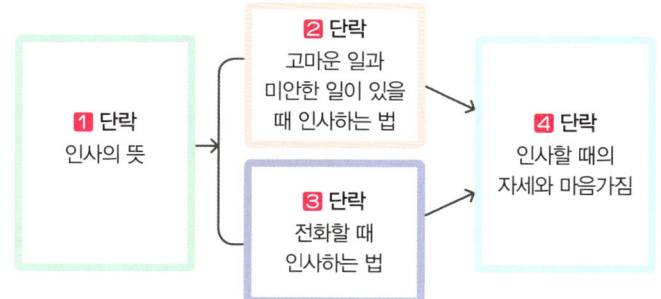

01 정답 ③

④단락에서는 인사할 때의 자세와 마음가짐에 대해 설명하고 있어요.

02 정답 (1) × (2) ○ (3) ○

(1) ③단락 ❹번째 문장에서 '전화를 끊을 때는 ~ 정중하게 인사를 전해야 합니다.'라고 했어요.

(2) ①단락 ❸번째 문장에서 '우리는 사람들을 만날 때 제일 처음 인사를 주고받고, 헤어질 때도 인사를 나눕니다.'라고 했어요.

(3) ①단락 ❹번째 문장에서 '이처럼 인사는 예의를 표시하는 말이나 행동을 말합니다.'라고 했어요.

03 정답 ③

지민이가 민수에게 지우개를 주워 준 상황이므로, 민수는 지민이에게 '고마운 일이 있을 때' 하는 인사를 해야 해요.

04 정답 ⓒ

②단락 ❷, ❸번째 문장과 ③단락 ❷~❹번째 문장에서 예시를 들어 인사하는 방법을 설명하고 있어요.

✱ 지문 이해

● 이 글은 다양한 상황에 맞게 인사하는 법을 알려 주는 설명문입니다. 인사는 예의를 표시하는 말이나 행동을 말해요. 우리는 고마운 일이나 미안한 일이 있을 때 그에 맞는 인사를 해요. 직접 만나지 않고 전화로 말할 때도 인사를 해야 합니다. 인사를 할 때는 상황에 맞게 말을 해야 하고, 바른 자세와 마음가짐으로 하는 것이 중요해요.

● 단락 간의 관계
① 단락에서는 글 전체의 중심 낱말인 '인사'의 뜻을 소개하고 있어요.
② 단락에서는 고마운 일과 미안한 일이 있을 때 인사하는 법에 대해, ③단락에서는 전화할 때 인사하는 법에 대해 설명하고 있으므로 두 단락을 묶을 수 있어요.
④ 단락에서는 인사할 때의 자세와 마음가짐에 대해 이야기하며 글을 마무리하고 있어요.

● 글의 구조도

```
              ② 단락
              고마운 일과
              미안한 일이 있을
   ① 단락  →  때 인사하는 법   →   ④ 단락
   인사의 뜻                      인사할 때의
              ③ 단락              자세와 마음가짐
              전화할 때
              인사하는 법
```

● 주제: 다양한 상황에 맞게 인사하는 법

여름을 즐겁게 보내자.

◯ 각 단락 중심 낱말 ◯ 전체 중심 낱말 [ ] 각 단락 중심 문장 ▨ 전체 중심 문장

1 ❶여름에 아무 이유 없이 기분이 나빠진 적이 있나요? ❷매미 소리도 듣기 싫고, 집 밖에 나가고 싶지도 않고, 친구가 가까이 와서 몸이 닿기라도 하면 짜증이 났을 수도 있어요. ❸햇빛이 강해서 더운 날씨가 이어지고, 장마가 와서 비가 많이 내리는 여름에는 사람들의 신경이 날카로워지기 쉽습니다. ❹이는 ◯불쾌지수◯가 높아진 것이에요. ❺우리는 기온이나 습도, 햇빛 세기, 바람 속도 등에 따라 불쾌한 기분을 느끼는데, 이것을 숫자로 나타낸 것을 불쾌지수라고 해요.

2 ❶[◯불쾌지수◯를 계산할 때는 기온과 습도만을 이용해요.] ❷이 중에서 기온보다 습도의 영향이 크기 때문에, 기온이 높을 때보다 습도가 높을 때 불쾌지수가 더 높아집니다. ❸여름 장마철에 비가 오면 평소보다 기온은 높지 않지만 습도가 높기 때문에 불쾌감이 강하게 느껴지는 것이랍니다.

3 ❶[◯불쾌지수◯가 80~83일 때 우리나라 사람의 절반 정도가 불쾌감을 느끼고, 불쾌지수가 83이 넘으면 사람들 모두가 불쾌감을 느껴요. ❷하루 중에는 오후 3시 정도에 불쾌지수가 가장 높답니다.]

4 ❶그럼 ◯불쾌한 기분◯을 어떻게 이겨 내고, 여름을 즐겁게 보낼 수 있을까요? ❷[물을 많이 마시고, 아이스크림이나 빙수, 수박과 같은 시원한 것을 먹는 게 좋습니다. (㉠) 수영장이나 계곡, 바닷가에 가서 신나게 물놀이를 할 수도 있지요.]

오늘은 불쾌지수가 높겠습니다.

33℃ 34℃ 35℃
26℃ 26℃ 27℃

1 단락 요약
불쾌지수의 뜻

2 단락 요약
기온과 습도가 불쾌지수에 미치는 영향

3 단락 요약
불쾌지수의 값과 시간에 따른 불쾌지수

4 단락 요약
불쾌감을 이겨 내는 방법

✱ **지문 이해**

● 이 글은 불쾌지수에 대해 알려 주는 설명문입니다. 불쾌지수는 기온이나 습도, 햇빛 세기, 바람 속도 등에 따라 불쾌한 기분을 느끼는 것을 숫자로 나타낸 것이에요. 불쾌지수를 계산할 때는 기온과 습도만을 이용하는데, 기온보다 습도의 영향이 더 커요. 불쾌지수가 83이 넘으면 사람들 모두가 불쾌감을 느끼고, 하루 중에는 오후 3시 정도에 불쾌지수가 가장 높아요. 불쾌한 기분을 이겨 내기 위해서는 물을 많이 마시고, 시원한 것을 먹는 게 좋아요. 수영장이나 계곡, 바닷가에 가서 물놀이를 할 수도 있어요.

● **단락 간의 관계**
1 단락에서는 글 전체의 중심 낱말인 '불쾌지수'에 대해 소개하고 있어요.
2 단락에서는 기온과 습도가 불쾌지수에 미치는 영향에 대해 설명하고 있어요.
3 단락에서는 불쾌지수의 값과 시간에 따른 불쾌지수를 이야기하고 있어요.
4 단락에서는 불쾌감을 이겨 내는 방법을 알려 주며 글을 마무리하고 있어요.

● **글의 구조도**

| **1 단락** |
| 불쾌지수의 뜻 |

↓

| **2 단락** |
| 기온과 습도가 불쾌지수에 미치는 영향 |

↓

| **3 단락** |
| 불쾌지수의 값과 시간에 따른 불쾌지수 |

↓

| **4 단락** |
| 불쾌감을 이겨 내는 방법 |

● **주제:** 불쾌지수의 개념과 불쾌지수를 이겨 내는 방법

01 [정답] 뜻, 시간 ················ 단락 간의 관계 이해하기

>왜 정답?

* **근거**: 1단락 ❺번째 문장, 3단락 ❷번째 문장

　1단락에서 '우리는 기온이나 습도, 햇빛 세기, 바람 속도 등에 따라 불쾌한 기분을 느끼는데, 이것을 숫자로 나타낸 것을 불쾌지수라고 해요.'라고 하며 불쾌지수의 뜻에 대해 설명하고 있어요.

　3단락에서는 '하루 중에는 오후 3시 정도에 불쾌지수가 가장 높답니다.'라고 하며 시간에 따른 불쾌지수에 대해 이야기하고 있어요. 따라서 괄호 안에 들어갈 말은 차례대로 '뜻', '시간'이에요.

02 [정답] ③ ························· 내용 이해하기

>왜 정답?

③ **근거**: 2단락 ❸번째 문장

　'여름 장마철에 비가 오면 평소보다 기온은 높지 않지만 습도가 높기 때문에 불쾌감이 강하게 느껴지는 것이랍니다.'라고 했으므로 여름 장마철에 불쾌지수가 낮아진다는 것은 틀린 내용이에요.

>왜 오답?

① **근거**: 2단락 ❶번째 문장

　'불쾌지수를 계산할 때는 기온과 습도만을 이용해요.'라고 했으므로 알맞은 내용이에요.

② **근거**: 2단락 ❷번째 문장

　'이 중에서 기온보다 습도의 영향이 크기 때문에, 기온이 높을 때보다 습도가 높을 때 불쾌지수가 더 높아집니다.'라고 했으므로 알맞은 내용이에요.

④ **근거**: 4단락 ❶, ❷번째 문장

　'그럼 불쾌한 기분을 어떻게 이겨 내고, 여름을 즐겁게 보낼 수 있을까요? ~ 아이스크림이나 빙수, 수박과 같은 시원한 것을 먹는 게 좋습니다.'라고 했으므로 알맞은 내용이에요.

⑤ **근거**: 3단락 ❶번째 문장

　'불쾌지수가 80~83일 때 우리나라 사람의 절반 정도가 불쾌감을 느끼고, ~'라고 했으므로 알맞은 내용이에요.

03 [정답] ① ···················· 올바른 접속어 찾기

>왜 정답?

① **근거**: 4단락 ❷, ❸번째 문장

　㉠의 앞 문장에서 '물을 많이 마시고, 아이스크림이나 빙수, 수박과 같은 시원한 것을 먹는 게 좋습니다.'라고 했고, 뒤 문장에서 '수영장이나 계곡, 바닷가에 가서 신나게 물놀이를 할 수도 있지요.'라고 했어요. 두 문장은 모두 불쾌한 기분을 이겨 내고 여름을 즐겁게 보내는 방법에 대한 내용이므로, ㉠에는 서로 비슷한 내용을 이어 주는 말인 '또한'이 들어가야 해요.

>왜 오답?

② '하지만'은 서로 같지 않은 사실을 나타내는 두 문장을 이어 주는 말이에요.

③ '그러나'는 서로 반대되는 내용을 말할 때 쓰는 이어 주는 말이에요.

④ '그래서'는 앞 내용이 뒤 내용의 이유나 근거가 될 때 쓰는 이어 주는 말이에요.

⑤ '왜냐하면'은 뒤 문장이 앞 문장의 원인이 될 때 쓰는 이어 주는 말이에요.

04 [정답] ② ························· 내용 적용하기

>왜 정답?

② **근거**: 2단락 ❶번째 문장

　'불쾌지수를 계산할 때는 기온과 습도만을 이용해요.'라고 했어요. 따라서 기온과 습도가 불쾌지수와 관련이 없다는 내용은 잘못 이해한 것이에요.

>왜 오답?

① **근거**: 2단락 ❷, ❸번째 문장

　'~ 기온이 높을 때보다 습도가 높을 때 불쾌지수가 더 높아집니다. 여름 장마철에 비가 오면 평소보다 기온은 높지 않지만 습도가 높기 때문에 불쾌감이 강하게 느껴지는 것이랍니다.'라고 했으므로 알맞게 이해한 것이에요.

③ **근거**: 3단락 ❶번째 문장

　'~ 불쾌지수가 83이 넘으면 사람들 모두가 불쾌감을 느껴요.'라고 했어요. 일기 예보에서 불쾌지수가 85라고 했으므로 알맞게 이해한 것이에요.

④ **근거**: 2단락 ❶번째 문장

　'불쾌지수를 계산할 때는 기온과 습도만을 이용해요.'라고 했으므로 알맞게 이해한 것이에요.

⑤ **근거**: 4단락 ❷번째 문장

　'~ 아이스크림이나 빙수, 수박과 같은 시원한 것을 먹는 게 좋습니다.'라고 했으므로 알맞게 이해한 것이에요.t

05 [정답] 예 물을 많이 마신다. / 아이스크림이나 빙수, 수박과 같은 시원한 것을 먹는다. / 수영장이나 계곡, 바닷가에 가서 신나게 물놀이를 한다.

서술형 채점 기준 – **근거**: 4단락 ❷, ❸번째 문장

'물을 많이 마시고, 아이스크림이나 빙수, 수박과 같은 시원한 것을 먹는 게 좋습니다. 또한 수영장이나 계곡, 바닷가에 가서 신나게 물놀이를 할 수도 있지요.'라고 했으므로 이러한 내용이 들어가면 정답이에요.

[가을 · 겨울]
지구촌 곳곳의 추석 이야기

◯ 각 단락 중심 낱말　◯ 전체 중심 낱말　[ ] 각 단락 중심 문장　▨ 전체 중심 문장

1 ❶ 명절이 되면 우리는 할아버지, 할머니 댁에 가서 맛있는 음식을 많이 먹어요. ❷ 여러분은 가을에 보낸 명절을 기억하나요? ❸ [풍성한 곡식과 과일을 수확한 것에 대해 감사하는 마음을 갖는 이 명절은 바로 추석입니다.] ❹ 추석은 음력 8월 15일이며, '가을의 한가운데' 또는 '8월의 한가운데'를 뜻해요. ❺ 그럼 추석은 우리나라에만 있을까요? ❻ 이름과 의미는 조금씩 다르지만, 다른 나라에도 우리의 추석과 비슷한 명절이 있답니다.

2 ❶ [중국의 중추절은 우리나라의 추석과 똑같이 음력 8월 15일이에요.] ❷ 우리가 추석에 송편을 만들어 먹듯이, 중국에서도 보름달처럼 둥근 떡인 월병을 만들어 먹습니다. ❸ 중국 사람들은 달을 바라보고 소원을 빌면서 명절을 마무리해요.

3 ❶ [일본의 오봉은 양력 8월 15일로, 가을이 아닌 여름에 명절을 보내요.] ❷ 조상의 산소에 찾아가 절을 하고 차례를 지내는 우리나라의 추석처럼 일본에서도 집 앞에 제사를 지낼 곳을 만들어 음식을 올립니다. ❸ 그리고 보름달을 닮은 동글동글한 당고를 만들어 먹어요.

4 ❶ [미국의 추수 감사절은 가족, 이웃들과 농사지은 음식을 감사히 나누어 먹는 날이에요.] ❷ 추수 감사절은 11월의 네 번째 목요일이며, 다 함께 칠면조 요리를 먹는답니다.

---

1 단락 요약
우리나라의 추석

2 단락 요약
중국의 중추절 소개

3 단락 요약
일본의 오봉 소개

4 단락 요약
미국의 추수 감사절 소개

✶ 지문 이해

● 이 글은 우리나라의 추석과 비슷한 다른 나라의 명절을 알려 주는 설명문입니다. 우리나라의 추석은 풍성한 곡식과 과일을 수확한 것에 대해 감사하는 마음을 갖는 명절로, 음력 8월 15일이에요. 중국의 중추절은 음력 8월 15일로, 월병을 만들어 먹고 달을 바라보며 소원을 빌어요. 일본의 오봉은 양력 8월 15일로, 집 앞에 제사 지낼 곳을 만들어 음식을 올리고, 당고를 만들어 먹어요. 미국의 추수 감사절은 11월의 네 번째 목요일로, 가족, 이웃들과 농사지은 음식을 감사히 나누어 먹는 날이에요.

● 단락 간의 관계
1 단락에서는 우리나라의 추석에 대해 설명하며 추석과 비슷한 다른 나라의 명절이 있다고 이야기하고 있어요.
2 단락에서는 중국의 중추절에 대해 소개하고 있어요.
3 단락에서는 일본의 오봉에 대해 소개하고 있어요.
4 단락에서는 미국의 추수 감사절에 대해 소개하고 있어요.

● 글의 구조도

| **1 단락** |
| 우리나라의 추석 |
↓
| **2 단락** |
| 중국의 중추절 소개 |
↓
| **3 단락** |
| 일본의 오봉 소개 |
↓
| **4 단락** |
| 미국의 추수 감사절 소개 |

● 주제: 우리나라의 추석과 비슷한 다른 나라의 명절

01 [정답] 중국, 오봉 ·········· 단락 간의 관계 이해하기

>왜 정답?

①단락에서는 우리나라의 추석을 설명하고, 우리의 추석과 비슷한 다른 나라의 명절이 있다고 이야기하고 있어요.
②단락에서는 중국의 중추절에 대해, ③단락에서는 일본의 오봉에 대해, ④단락에서는 미국의 추수 감사절에 대해 소개하고 있어요. 따라서 괄호 안에 들어갈 말은 차례대로 '중국', '오봉'이에요.

02 [정답] ① ·········· 내용 이해하기

>왜 정답?

① 근거: ③단락 ❶번째 문장
'일본의 오봉은 양력 8월 15일로, 가을이 아닌 여름에 명절을 보내요.'라고 했으므로 일본의 오봉이 가을이라고 한 것은 틀린 내용이에요.

>왜 오답?

② 근거: ①단락 ❹번째 문장
'추석은 음력 8월 15일이며, '가을의 한가운데' 또는 '8월의 한가운데'를 뜻해요.'라고 했으므로 알맞은 내용이에요.
③ 근거: ①단락 ❹번째 문장
'추석은 음력 8월 15일이며 '가을의 한가운데' 또는 '8월의 한가운데'를 뜻해요.'라고 했으므로 알맞은 내용이에요.
④ 근거: ④단락 ❷번째 문장
'추수 감사절은 11월의 네 번째 목요일이며, 다 함께 칠면조 요리를 먹는답니다.'라고 했으므로 알맞은 내용이에요.
⑤ 근거: ②단락 ❶번째 문장
'중국의 중추절은 우리나라의 추석과 똑같이 음력 8월 15일이에요.'라고 했으므로 알맞은 내용이에요.

03 [정답] ① ·········· 내용 적용하기

다음 음식을 먹는 나라와 먹는 명절 이름을 바르게 짝지은 것은 무엇인가요?

• **다음 음식**: 사진 속 음식은 당고이며, 당고에 관한 내용은 ③단락에 나와 있습니다. 당고는 일본의 오봉 때 만들어 먹습니다.

즉 당고를 먹는 나라와 당고를 먹는 명절을 고르는 문제입니다.

>왜 정답?

① 근거: ③단락 ❶, ❸번째 문장
'일본의 오봉은 양력 8월 15일로, 가을이 아닌 여름에 명절을 보내요.', '그리고 보름달을 닮은 동글동글한 당고를 만들어 먹어요.'라고 했어요.
따라서 당고를 만들어 먹는 나라는 '일본', 당고를 먹는 명절 이름은 '오봉'이에요.

>왜 오답?

② 이 글에는 한국의 설날에 대해 나오지 않아요.
③ 근거: ②단락 ❷번째 문장
'우리가 추석에 송편을 만들어 먹듯이, ~'라고 했으므로 한국의 추석에는 송편을 먹음을 알 수 있어요.
④ 근거: ②단락 ❶, ❷번째 문장
'중국의 중추절은 ~ 중국에서도 보름달처럼 둥근 떡인 월병을 만들어 먹습니다.'라고 했으므로 중국의 중추절에는 월병을 먹음을 알 수 있어요.
⑤ 근거: ④단락
'미국의 추수 감사절은 ~ 날이에요. 추수 감사절은 ~ 다 함께 칠면조 요리를 먹는답니다.'라고 했으므로 미국의 추수 감사절에는 칠면조를 먹음을 알 수 있어요.

04 [정답] (1) 추수 감사절 (2) 예 11월의 네 번째 목요일

서술형 채점 기준 - 근거: ④단락

(1) ④단락 ❶번째 문장에서 '미국의 추수 감사절은 가족, 이웃들과 농사지은 음식을 감사히 나누어 먹는 날이에요.'라고 했으므로 우리나라의 추석과 비슷한 미국의 명절 이름은 '추수 감사절'이라고 써야 정답이에요.

(2) ④단락 ❷번째 문장에서 '추수 감사절은 11월의 네 번째 목요일이며, ~'라고 했으므로 추수 감사절의 날짜는 '11월의 네 번째 목요일'이라는 내용이 들어가야 정답이에요.

배경지식

계절마다 먹는 음식이 달라요.

옛날 사람들은 계절에 따라 나는 신선한 재료를 이용해서 계절마다 다른 음식을 만들어 먹었어요. 계절에 따른 음식에는 어떤 것들이 있을까요?

먼저 음력 1월 15일인 대보름날은 한 해의 농사를 시작하기 위해 준비하는 때예요. 그래서 풍년이 들기를 바라는 마음으로 찹쌀, 수수, 조, 콩, 팥으로 지은 오곡밥을 먹었어요. 또 오곡밥과 함께 봄과 가을에 말려 두었던 나물을 함께 먹었답니다. 그러면 여름에 더위를 타지 않는다고 생각했기 때문이에요.

3월 3일 삼짇날은 봄이 온 것을 기뻐하고 꽃구경을 가는 날이에요. 옛날 사람들은 봄을 즐기기 위해 산과 들로 나들이를 가서 진달래꽃을 따 진달래꽃전을 해 먹었답니다.

우리나라는 일 년 중 가장 더운 며칠을 삼복으로 정해 놓았어요. 그래서 삼복에는 더위를 이겨 낼 수 있는 음식을 먹었지요. 대표적으로 힘을 보충하기 위해 먹는 삼계탕이 있어요.

DAY 22

빨간 피, 파란 혈관

◯ 각 단락 중심 낱말　◯ 전체 중심 낱말　[ ] 각 단락 중심 문장　🟨 전체 중심 문장

1 ❶손목 안쪽을 자세히 본 적이 있나요? ❷손목 안쪽이나 손등을 잘 보면 푸른색의 혈관이 눈에 띕니다. ❸혈관은 피가 지나다니는 통로예요. ❹그렇다면 우리의 피는 파란색일까요? ❺오징어나 문어, 새우 같은 동물들은 파란색 피를 가지고 있어요. ❻하지만 우리 몸에 상처가 났을 때 피가 나오는 것을 보면, 우리의 피는 진한 빨간색이라는 걸 알 수 있지요. ❼[그런데 왜 피는 빨간색이고, 피가 지나다니는 길인 혈관은 파란색일까요?]

2 ❶먼저, 피가 빨간색으로 보이는 까닭은 피에 들어 있는 헤모글로빈 때문이에요. ❷헤모글로빈은 온몸을 다니면서 산소를 나르는 역할을 합니다. ❸이 헤모글로빈이 공기 중에 있는 산소와 만나면 빨간색으로 변해요. ❹__(가)__ 우리 눈에 피가 빨간색으로 보이는 거랍니다.

3 ❶그럼 피가 빨간색이니까 피가 다니는 통로인 혈관도 빨간색으로 보여야 하는 것 아닐까요? ❷하지만 우리가 보는 혈관은 파란색입니다. ❸[이 혈관의 이름은 정맥인데, 정맥을 흐르는 피는 우리 몸속에 있는 노폐물과 이산화 탄소를 실어 나르는 역할을 하지요.]

4 ❶정맥에 있는 피는 노폐물과 이산화 탄소를 포함한 깨끗하지 않은 피이기 때문에 검붉은색을 띕니다. ❷이 피가 우리의 살 색깔과 합쳐져 보이므로 우리의 눈에는 혈관이 파란색으로 보이게 된답니다.

---

1 단락 요약
피와 혈관의 색깔에 대한 궁금증

2 단락 요약
피가 빨간색으로 보이는 까닭

3 단락 요약
정맥의 역할

4 단락 요약
혈관이 파란색으로 보이는 까닭

✱ 지문 이해

● 이 글은 우리의 피가 빨간색으로 보이는 까닭과 혈관이 파란색으로 보이는 까닭을 알려 주는 설명문입니다. 피가 빨간색으로 보이는 까닭은 피에 들어 있는 헤모글로빈 때문이에요. 헤모글로빈이 공기 중에 있는 산소와 만나면 빨간색으로 변해요. 혈관이 파란색으로 보이는 까닭은 정맥을 흐르는 검붉은 피가 우리의 살 색깔과 합쳐져 보여서예요.

● **단락 간의 관계**
1단락에서는 글 전체의 중심 낱말인 '피'와 '혈관'을 소개하고, 피와 혈관의 색깔에 대한 궁금증을 드러내고 있어요.
2단락에서는 피가 빨간색으로 보이는 까닭과 헤모글로빈의 역할에 대해 설명하고 있어요.
3단락에서는 혈관인 정맥의 역할에 대해 설명하고 있어요.
4단락에서는 혈관이 파란색으로 보이는 까닭에 대해 설명하고 있어요.

● **글의 구조도**

1 단락: 피와 혈관의 색깔에 대한 궁금증
↓
2 단락: 피가 빨간색으로 보이는 까닭
↓
3 단락: 정맥의 역할
↓
4 단락: 혈관이 파란색으로 보이는 까닭

● **주제:** 피가 빨간색으로 보이는 까닭과 혈관이 파란색으로 보이는 까닭

01 정답 ③ ⸻⸻⸻⸻ 단락 간의 관계 이해하기

왜 정답 ?

1단락에서는 피와 혈관을 소개하고, 피와 혈관의 색깔에 대한 궁금증을 드러내고 있어요.
2단락에서는 피가 빨간색으로 보이는 까닭과 헤모글로빈의 역할을 설명하고 있어요.
3단락에서는 혈관인 정맥의 역할을 설명하고 있어요.
4단락에서는 혈관이 파란색으로 보이는 까닭을 설명하고 있어요.
따라서 3단락에서 헤모글로빈의 역할을 설명하고 있다는 내용은 틀려요.

02 정답 ㉠ 헤모글로빈 ㉡ 산소 ⸻⸻⸻ 내용 이해하기

다음은 '피가 빨간색으로 보이는 까닭'을 정리한 내용입니다. ㉠, ㉡에 들어가기에 알맞은 말을 이 글에서 찾아 쓰세요.

- 피가 빨간색으로 보이는 까닭: 피가 빨간색으로 보이는 까닭은 2단락에 나와 있습니다. 문제에서 ㉠과 ㉡이 더해져 피가 빨간색으로 보인다고 했습니다.
- ㉠: ㉠에 해당하는 내용은 피에 들어 있고, 온몸을 다니면서 산소를 나르는 역할을 한다는 것입니다.
- ㉡: ㉡에 해당하는 내용은 공기 중에 있다는 것입니다.

  즉 피에 들어 있고, 온몸을 다니면서 산소를 나르는 역할을 하는 ㉠과 공기 중에 있는 ㉡이 무엇인지 쓰는 문제입니다.

왜 정답 ?

㉠ 근거: 2단락 ①, ②번째 문장
  '먼저, 피가 빨간색으로 보이는 까닭은 피에 들어 있는 헤모글로빈 때문이에요. 헤모글로빈은 온몸을 다니면서 산소를 나르는 역할을 합니다.'라고 했으므로 ㉠에 들어가기에 알맞은 말은 '헤모글로빈'이에요.

㉡ 근거: 2단락 ③번째 문장
  '이 헤모글로빈이 공기 중에 있는 산소와 만나면 빨간색으로 변해요.'라고 했으므로 ㉡에 들어가기에 알맞은 말은 '산소'예요.

03 정답 ④ ⸻⸻⸻⸻ 올바른 접속어 찾기

왜 정답 ?

④ 근거: 2단락 ③, ④번째 문장
  (가)의 앞뒤에 나온 문장이 어떤 관계인지 알아야 해요. (가)의 앞 문장에서 '이 헤모글로빈이 공기 중에 있는 산소와 만나면 빨간색으로 변해요.'라고 했고, 뒤 문장에서 '우리 눈에 피가 빨간색으로 보이는 거랍니다.'라고 했어요. 두 문장은 각각 원인과 결과의 관계에 있으므로 (가)에 들어갈 이어 주는 말로 가장 알맞은 것은 '그래서'예요.

왜 오답 ?

① '또한'은 앞 문장과 비슷한 내용의 말을 더할 때 쓰는 이어 주는 말이에요.
② '그리고'는 비슷한 내용의 두 문장을 이어 주는 말이에요.
③ '하지만'은 서로 같지 않은 사실을 나타내는 두 문장을 이어 주는 말이에요.
⑤ '왜냐하면'은 뒤 문장이 앞 문장의 원인이 될 때 쓰는 이어 주는 말이에요.

04 정답 ① ⸻⸻⸻⸻ 글쓰기 방식 이해하기

왜 정답 ?

① 이 글에 나오는 혈관의 종류는 정맥뿐이에요. 따라서 이 글은 혈관을 종류별로 나누어 소개하고 있지 않으므로 틀린 설명이에요.

왜 오답 ?

② 근거: 2단락 ②번째 문장
  '헤모글로빈은 온몸을 다니면서 산소를 나르는 역할을 합니다.'라고 했으므로 알맞은 설명이에요.
③ 근거: 3단락 ③번째 문장
  '~ 정맥을 흐르는 피는 우리 몸속에 있는 노폐물과 이산화 탄소를 실어 나르는 역할을 하지요.'라고 했으므로 알맞은 설명이에요.
④ 근거: 4단락 ②번째 문장
  '이 피가 우리의 살 색깔과 합쳐져 보이므로 우리의 눈에는 혈관이 파란색으로 보이게 된답니다.'라고 했으므로 알맞은 설명이에요.
⑤ 근거: 1단락 ④, ⑥, ⑦번째 문장, 2단락,
        3단락 ①, ②번째 문장, 4단락
  1단락에서 '그렇다면 우리의 피는 파란색일까요?'라고 묻고, '~ 우리의 피는 진한 빨간색이라는 것을 알 수 있지요.'라고 답하고 있어요.
  또 1단락 ⑦번째 문장에서 '그런데 왜 피는 빨간색이고, 피가 지나다니는 길인 혈관은 파란색일까요?'라고 묻고, 2단락과 4단락에서 이에 대한 답을 하고 있어요.
  3단락에서는 '그럼 피가 빨간색이니까 피가 다니는 통로인 혈관도 빨간색으로 보여야 하는 것 아닐까요?'라고 묻고, '하지만 우리가 보는 혈관은 파란색입니다.'라고 답하고 있어요.

05 정답 예 우리 몸속에 있는 노폐물과 이산화 탄소를 실어 나르는 역할을 한다.

서술형 채점 기준 - 근거: 3단락 ③번째 문장

'~ 정맥을 흐르는 피는 우리 몸속에 있는 노폐물과 이산화 탄소를 실어 나르는 역할을 하지요.'라고 했어요.
따라서 '우리 몸속에 있는 노폐물과 이산화 탄소를 실어 나르는 역할을 한다.'라는 내용이 들어가면 정답이에요.

[가을 · 겨울]

김치는 언제부터 빨개졌을까?

◯ 각 단락 중심 낱말　◯ 전체 중심 낱말　[ ] 각 단락 중심 문장　▦ 전체 중심 문장

1 ❶ 여러분은 우리나라를 대표하는 음식이 무엇이라고 생각하나요? ❷ 다양한 음식이 있지만, 오래전부터 우리 밥상에 빠지지 않고 등장하는 우리나라의 대표 음식으로는 김치가 있습니다. ❸ [김치는 소금에 절인 무, 배추 등을 양념에 섞어서 담근 음식이에요.] ❹ 우리에게는 매우면서도 상큼한 빨간 김치가 가장 익숙하지요. ❺ 그런데 김치가 처음부터 빨간색은 아니었답니다. ❻ [우리나라는 언제부터 빨간 김치를 먹기 시작했을까요?]

2 ❶ [우리나라가 맨 처음으로 김치를 먹기 시작했을 때는 삼국 시대입니다.] ❷ 하지만 이때의 김치는 소금에 절인 백김치 같은 것이었어요. ❸ [또 고려 시대의 기록을 통해서 채소에 마늘이나 생강 같은 향신료를 섞은 김치가 있었던 것도 짐작할 수 있어요.]

3 ❶ 시간이 지나고 조선 시대에 들어온 후, 일본을 통해 우리나라에 고추가 전해졌어요. ❷ 이후 김치에 고추를 넣으면서 지금과 같은 빨간 김치를 만들게 되었답니다.

4 ❶ [그럼 김치는 어떻게 담글까요?] ❷ 먼저 배추를 적당한 크기로 쪼갠 후, 소금물에 절입니다. ❸ 절인 배추를 물로 깨끗하게 씻고, 물기를 빼요. ❹ 그런 다음, 가늘게 썬 무채에 고춧가루, 마늘, 파, 젓갈 등을 넣고 간을 맞춰 버무립니다. ❺ 이것을 절인 배춧잎 사이사이에 고르게 넣어 주면 완성이에요. ❻ 앞으로 김치를 먹을 때 이런 내용을 생각하면서 먹어 봐요.

1 단락 요약
김치의 소개와 빨간 김치에 대한 궁금증

2 단락 요약
삼국 시대와 고려 시대의 김치

3 단락 요약
빨간 김치를 만들게 된 배경

4 단락 요약
김치를 담그는 방법

✱ 지문 이해

● 이 글은 우리나라에서 빨간 김치를 만들게 된 배경을 알려 주는 설명문입니다. 우리나라가 가장 처음 김치를 먹기 시작했을 때는 삼국 시대인데, 이때의 김치는 소금에 절인 백김치 같은 것이었어요. 조선 시대에 일본을 통해 우리나라에 고추가 전해진 후, 김치에 고추를 넣으면서 지금과 같은 빨간 김치를 만들게 되었어요. 김치는 배추를 쪼갠 후 소금물에 절이고, 가늘게 썬 무채에 고춧가루, 마늘, 파, 젓갈 등을 넣고 버무린 것을 절인 배춧잎 사이에 고르게 넣어 만들어요.

● **단락 간의 관계**
1 단락에서는 글 전체의 중심 낱말인 '김치'에 대해 소개하고, 빨간 김치에 대한 궁금증을 드러내고 있어요.
2 단락에서는 삼국 시대와 고려 시대의 김치에 대해 설명하고 있어요.
3 단락에서는 빨간 김치를 만들게 된 배경을 설명하고 있어요.
4 단락에서는 김치를 담그는 방법을 알려 주고 있어요.

● **글의 구조도**

┌─────────────────────────┐
│ **1** 단락 │
│ 김치의 소개와 빨간 김치에 대한 궁금증 │
└─────────────────────────┘
↓
┌─────────────────────────┐
│ **2** 단락 │
│ 삼국 시대와 고려 시대의 김치 │
└─────────────────────────┘
↓
┌─────────────────────────┐
│ **3** 단락 │
│ 빨간 김치를 만들게 된 배경 │
└─────────────────────────┘
↓
┌─────────────────────────┐
│ **4** 단락 │
│ 김치를 담그는 방법 │
└─────────────────────────┘

● **주제:** 빨간 김치를 만들게 된 배경

01 정답 고려 시대, 빨간 김치 ······ 단락 간의 관계 이해하기

>왜 정답?

②단락에서는 삼국 시대와 고려 시대의 김치를 설명하고 있어요. ③단락에서는 빨간 김치를 만들게 된 배경을 이야기하고 있어요. 따라서 괄호 안에 들어가기에 알맞은 말은 차례대로 '고려 시대', '빨간 김치'예요.

02 정답 (1) ⓒ (2) ⓐ (3) ⓑ ······ 내용 이해하기

>왜 정답?

(1) **근거:** ③단락
'시간이 지나고 조선 시대에 들어온 후, 일본을 통해 우리나라에 고추가 전해졌어요. 이후 김치에 고추를 넣으면서 지금과 같은 빨간 김치를 만들게 되었답니다.'라고 했으므로 고추를 넣은 김치는 '조선 시대'에 해당해요.

(2) **근거:** ②단락 ❶, ❷번째 문장
'우리나라가 맨 처음으로 김치를 먹기 시작했을 때는 삼국 시대입니다. 하지만 이때의 김치는 소금에 절인 백김치 같은 것이었어요.'라고 했으므로 소금에 절인 백김치는 '삼국 시대'에 해당해요.

(3) **근거:** ②단락 ❸번째 문장
'또 고려 시대의 기록을 통해서 채소에 마늘이나 생강 같은 향신료를 섞은 김치가 있었던 것도 짐작할 수 있어요.'라고 했으므로 마늘, 생강을 섞은 김치는 '고려 시대'에 해당해요.

03 정답 ② ······ 글쓰기 방식 이해하기

>왜 정답?

② 이 글은 지역별로 가장 유명한 김치를 설명하고 있지 않아요.

>왜 오답?

① **근거:** ③단락
'시간이 지나고 조선 시대에 들어온 후, 일본을 통해 우리나라에 고추가 전해졌어요. 이후 김치에 고추를 넣으면서 지금과 같은 빨간 김치를 만들게 되었답니다.'라고 하며 빨간 김치를 먹게 된 때를 이야기하고 있으므로 알맞은 설명이에요.

③ **근거:** ④단락 ❶~❺번째 문장
'그럼 김치를 어떻게 담글까요?'라고 하며 ④단락에 걸쳐 김치를 담그는 과정을 단계별로 소개하고 있으므로 알맞은 설명이에요.

④ **근거:** ②단락 ❸번째 문장
'또 고려 시대의 기록을 통해서 채소에 마늘이나 생강 같은 향신료를 섞은 김치가 있었던 것도 짐작할 수 있어요.'라고 했으므로 알맞은 설명이에요.

⑤ **근거:** ②단락 ❶, ❸번째 문장, ③단락
②단락에서 '우리나라가 맨 처음으로 김치를 먹기 시작했을 때는 삼국 시대입니다.', '또 고려 시대의 기록을 통해서 채소에 마늘이나 생강 같은 향신료를 섞은 김치가 있었던 것도 짐작할 수 있어요.'라고 했어요. 또 ③단락에서 '시간이 지나고 조선 시대에 들어온 후, 일본을 통해 우리나라에 고추가 전해졌어요. 이후 김치에 고추를 넣으면서 지금과 같은 빨간 김치를 만들게 되었답니다.'라고 하며 김치가 발전해 온 과정을 시간 순서대로 설명하고 있으므로 알맞은 설명이에요.

04 정답 ⓒ, ⓐ, ⓑ ······ 내용 적용하기

다음은 김치를 담그는 과정을 보여 주는 사진입니다. 이 글에서 설명한 김치를 담그는 순서에 맞게 차례대로 기호를 쓰세요.

• **사진:** ⓐ은 양념을 버무리는 사진, ⓑ은 배춧잎에 양념을 넣는 사진, ⓒ은 배추를 씻는 사진입니다.

• **김치를 담그는 순서:** 김치를 담그는 순서는 ④단락에 나와 있습니다.

🔴 ④단락에서 설명한 김치를 담그는 순서에 맞게 ⓐ~ⓒ을 쓰는 문제입니다.

>왜 정답?

ⓒ **근거:** ④단락 ❷, ❸번째 문장
'먼저 배추를 적당한 크기로 쪼갠 후, 소금물에 절입니다. 절인 배추를 물로 깨끗하게 씻고, 물기를 빼요.'라고 했어요. ⓒ은 배추를 물로 씻는 사진이므로 ⓒ이 첫 번째 과정이에요.

ⓐ **근거:** ④단락 ❹번째 문장
'그런 다음, 가늘게 썬 무채에 고춧가루, 마늘, 파, 젓갈 등을 넣고 간을 맞춰 버무립니다.'라고 했어요. ⓐ은 양념을 버무리는 사진이므로 ⓐ은 두 번째 과정이에요.

ⓑ **근거:** ④단락 ❺번째 문장
'이것을 절인 배춧잎 사이사이에 고르게 넣어 주면 완성이에요.'라고 했어요. ⓑ은 양념을 배춧잎 사이사이에 넣는 사진이므로 ⓑ은 마지막 과정이에요.

05 정답 예 조선 시대에 들어온 후, 일본을 통해 우리나라에 고추가 전해졌다. 이후 김치에 고추를 넣으면서 빨간 김치를 만들게 되었다.

서술형 채점 기준 – 근거: ③단락

'시간이 지나고 <u>조선 시대에 들어온 후, 일본을 통해 우리나라에 고추가 전해졌어요. 이후 김치에 고추를 넣으면서 지금과 같은 빨간 김치를 만들게 되었답니다.</u>'라고 했으므로 이러한 내용이 들어가면 정답이에요.

[수학]

옛날 사람들은 수를 어떻게 셀었을까?

⬭ 각 단락 중심 낱말　⬭ 전체 중심 낱말　[ ] 각 단락 중심 문장　🟨 전체 중심 문장

① 숫자가 없는 세상을 상상해 본 적이 있나요? ❷숫자가 없다면 날짜나 시간, 키, 몸무게, 개수 등 숫자로 이루어진 많은 것들을 나타낼 수 없었을 거예요. ❸숫자가 있어서 우리는 더 편리하게 무언가를 표현할 수 있지요. ❹[그렇다면 숫자가 만들어지기 전에 옛날 사람들은 어떻게 수를 세었을까요?]

② ❶[옛날 사람들은 수를 셀 때 몸의 기관들을 이용했습니다. ❷눈과 코와 입과 귀로 수를 말했지요.] ❸예를 들어 눈이 세 개면 사람이 세 명, 귀가 네 개면 새가 네 마리, 이렇게요. ❹[그리고 손과 발도 이용했습니다.] ❺손과 발은 각각 5로 세고, 빗금은 하나씩 세는 방식이었지요. ❻예를 들어 손 하나와 빗금 두 개가 있으면 물고기가 일곱 마리라는 것을 알 수 있었어요.

③ ❶[사람들은 수를 셀 때마다 몸을 이용하는 것이 번거로워서 나중에는 돌이나 막대기 같은 도구를 가지고 수를 말했어요.] ❷하지만 세야 할 수가 점점 커지면서 수를 편리하고 정확하게 세기 위해 숫자가 생겼답니다.

🔢 단락 요약
1 단락 요약 옛날 사람들이 수를 세는 방법에 대한 궁금증
2 단락 요약 눈, 코, 입, 귀, 손, 발로 수를 센 옛날 사람들
3 단락 요약 도구를 이용해서 수를 말한 옛날 사람들

✖ 지문 이해

● 이 글은 옛날 사람들이 수를 세는 방법에 대해 알려 주는 설명문입니다. 옛날 사람들은 수를 셀 때 몸의 기관들을 이용했어요. 눈과 코와 입과 귀로 수를 말하고, 손과 발도 이용했지요. 나중에는 몸을 이용하는 것이 번거로워서 돌이나 막대기 같은 도구를 가지고 수를 말했고, 세야 할 수가 점점 커지면서 숫자가 생겨났어요.

● **단락 간의 관계**
① 단락에서는 숫자의 편리함을 이야기하고, 옛날 사람들이 수를 세는 방법에 대한 궁금증을 드러내고 있어요.
② 단락에서는 옛날 사람들이 눈과 코, 입과 귀, 손과 발을 이용해서 수를 세는 방법에 대해 설명하고 있어요.
③ 단락에서는 도구를 이용해서 수를 말한 옛날 사람들에 대해 이야기하며 글을 마무리하고 있어요.

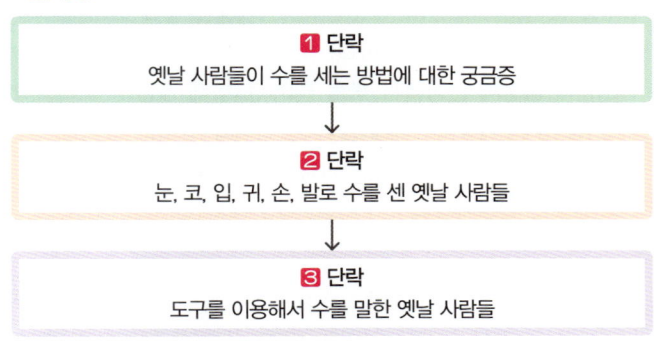

● **글의 구조도**

1 단락
옛날 사람들이 수를 세는 방법에 대한 궁금증

↓

2 단락
눈, 코, 입, 귀, 손, 발로 수를 센 옛날 사람들

↓

3 단락
도구를 이용해서 수를 말한 옛날 사람들

● **주제:** 옛날 사람들이 수를 센 방법

01 정답 ③ ⋯⋯⋯⋯⋯⋯⋯⋯⋯⋯⋯⋯ 단락 간의 관계 이해하기

>왜 정답?

1단락에서는 '그렇다면 숫자가 만들어지기 전에 옛날 사람들은 어떻게 수를 세었을까요?'라고 하며 옛날 사람들이 수를 세는 방법에 대해 질문하고 있어요.
2단락에서는 '눈과 코와 입과 귀로 수를 말했지요.', '그리고 손과 발도 이용했습니다.'라고 하며 눈과 코와 입과 귀, 손과 발을 이용해서 수를 세는 방법을 소개하고 있어요.
3단락에서는 도구를 이용해서 수를 말한 옛날 사람들에 대해 이야기하고 있어요.
따라서 3단락이 숫자가 생긴 이후에 대해 이야기하고 있다는 설명은 틀려요.

02 정답 ⑤ ⋯⋯⋯⋯⋯⋯⋯⋯⋯⋯⋯⋯⋯ 글쓰기 방식 이해하기

>왜 정답?

⑤ 이 글은 옛날 사람들이 수를 세는 방법의 좋은 점과 안 좋은 점을 알려 주고 있지 않아요.

>왜 오답?

① 근거: 1단락 ❶번째 문장
'숫자가 없는 세상을 상상해 본 적이 있나요?'라고 질문을 하며 글을 시작하고 있으므로 알맞은 설명이에요.
② 근거: 1단락 ❹번째 문장, 2단락 ❶번째 문장
1단락에서 '~ 옛날 사람들은 어떻게 수를 세었을까요?'라며 물음을 던지고, 2단락에서 '옛날 사람들은 수를 셀 때 몸의 기관들을 이용했습니다.'라며 물음에 답을 하고 있으므로 알맞은 설명이에요.
③ 근거: 2단락 ❶번째 문장, 3단락 ❶번째 문장
2단락에서 '옛날 사람들은 수를 셀 때 몸의 기관들을 이용했습니다.'라고 하고, 3단락에서 '사람들은 ~ 나중에는 돌이나 막대기 같은 도구를 가지고 수를 말했어요.'라고 하며 옛날 사람들이 수를 셀 때 이용한 것을 설명하고 있으므로 알맞은 설명이에요.
④ 근거: 2단락 ❸, ❻번째 문장
2단락 ❸번째 문장에서 '예를 들어 눈이 세 개면 ~'이라고 했고, ❻번째 문장에서 '예를 들어 손 하나와 ~'라고 했어요. 이렇게 옛날 사람들이 수를 세는 방법을 예를 들어 설명하고 있으므로 알맞은 설명이에요.

03 정답 도구 ⋯⋯⋯⋯⋯⋯⋯⋯⋯⋯⋯⋯⋯⋯⋯ 내용 이해하기

>왜 정답?

＊ 근거: 3단락 ❶번째 문장
'사람들은 ~ 돌이나 막대기 같은 도구를 가지고 수를 말했어요.'라고 했으므로 ㉠에 들어가기에 알맞은 말은 '도구'예요.

04 정답 13 ⋯⋯⋯⋯⋯⋯⋯⋯⋯⋯⋯⋯⋯⋯⋯ 내용 적용하기

이 글의 내용에 비추어 볼 때, 아래 그림이 나타내는 수가 무엇인지 쓰세요.

• **아래 그림**: 손 하나, 발 하나, 빗금 세 개가 있습니다. 2단락에서 손과 발은 각각 5로 세고, 빗금은 하나씩 센다고 했습니다.
즉 그림에서 손 하나, 발 하나, 빗금 세 개가 나타내는 수를 쓰는 문제입니다.

>왜 정답?

＊ 근거: 2단락 ❺번째 문장
'손과 발은 각각 5로 세고, 빗금은 하나씩 세는 방식이었지요.'라고 했어요. 따라서 손 하나는 5, 발 하나는 5, 빗금 세 개는 3이므로 그림이 나타내는 수는 '13'이에요.

05 정답 예 세야 할 수가 점점 커지면서 수를 편리하고 정확하게 세기 위해서이다.

서술형 채점 기준 – 근거: 3단락

'사람들은 수를 셀 때마다 몸을 이용하는 것이 번거로워서 나중에는 돌이나 막대기 같은 도구를 가지고 수를 말했어요. 하지만 세야 할 수가 점점 커지면서 수를 편리하고 정확하게 세기 위해 숫자가 생겼답니다.'라고 했으므로 '세야 할 수가 점점 커지면서 수를 편리하고 정확하게 세기 위해서이다.'라는 내용이 들어가면 정답이에요.

반갑지 않은 봄의 손님

◯ 각 단락 중심 낱말   ◯ 전체 중심 낱말   [ ] 각 단락 중심 문장   ▨ 전체 중심 문장

❶ ① 꽃이 피기 시작하는 봄이 되면, 옷차림이 가벼워지고 왠지 모르게 마음도 들떠요. 하지만 들뜬 마음도 잠시, 매년 봄마다 우리에게는 반갑지 않은 손님이 찾아옵니다. ❸[황사, 미세먼지와 같은 ◯먼지바람이 바로 그것이지요. ❹먼지바람은 무엇이며, 어디서 오는 걸까요?]

*1단락 요약: 먼지바람에 대한 소개 및 궁금증

❶ ② 먼저, 황사는 중국이나 몽골의 사막에서 시작돼요. ❷강한 바람으로 인해 자연적으로 만들어진 모래와 흙먼지가 우리나라까지 날아오는 것이 황사이지요. ❸황사는 무려 180만 년 전부터 봄마다 우리나라를 찾아오고 있어요. ❹최근 들어 사막이 점점 넓어지면서 황사가 이전보다 더 심하게, 더 자주 발생하고 있답니다.

*2단락 요약: 황사의 뜻과 발생

❶ ③ ◯미세먼지는 산업 시설이나 자동차의 배기가스 등 사람들이 활동하면서 생기는 아주 작은 먼지를 말해요. ❷호흡기에 병을 일으키고, 알레르기나 눈병이 나게 하는 등 건강에 좋지 않은 영향을 줄 수 있다는 점에서 황사와 공통점이 있습니다. ❸하지만 생기는 원인이 다르다는 점에서 차이점이 있답니다.

*3단락 요약: 미세먼지의 뜻과 황사와의 비교

❶ ④ [◯황사와 미세먼지가 심한 날에는 되도록 외출을 하지 않는 것이 좋아요.] ❷꼭 밖에 나가야 할 때는 마스크를 쓰고, 피부가 겉으로 드러나는 것을 막기 위해 긴 옷을 입습니다. ❸ (가) 집으로 돌아오면 깨끗이 씻어야 해요.

*4단락 요약: 황사와 미세먼지가 심할 때 해야 할 일

---

01 정답 ㉡, ㉠, ㉢, ㉣

①단락에서는 먼지바람을 소개하고 먼지바람에 대한 궁금증을 드러내고 있어요. ②단락에서는 황사에 대해 설명하고, ③단락에서는 미세먼지에 대해 설명하면서 황사와 비교하고 있어요. ④단락에서는 황사와 미세먼지가 심할 때 해야 할 일을 설명하고 있어요.

02 정답 ④

이 글에 먼지바람을 막을 수 있는 방법은 나오지 않아요.

03 정답 ㉮ 사막 ㉯ 먼지

㉮는 ②단락 ❶번째 문장에, ㉯는 ③단락 ❶번째 문장에 설명되어 있어요.

04 정답 ③

(가)의 앞 문장과 뒤 문장 모두 황사와 미세먼지가 심할 때 해야 할 일을 설명하고 있으므로 (가)에는 '그리고'가 들어가야 해요.

✱ 지문 이해

● 이 글은 매년 봄마다 찾아오는 먼지바람인 황사와 미세먼지에 대해 알려 주는 설명문입니다. 황사는 중국이나 몽골의 사막에서 시작되고, 강한 바람으로 인해 자연적으로 만들어진 모래와 흙먼지가 우리나라까지 날아오는 것을 말해요. 미세먼지는 산업 시설이나 자동차의 배기가스 등 사람들이 활동하면서 생기는 아주 작은 먼지를 말해요. 건강에 좋지 않은 영향을 줄 수 있다는 점에서 황사와 공통점이 있지만, 생기는 원인은 달라요. 황사와 미세먼지가 심한 날에는 되도록 외출하지 않는 것이 좋은데, 꼭 밖에 나가야 할 때는 마스크를 쓰고 긴 옷을 입어요. 외출 후 집으로 돌아오면 깨끗이 씻어야 해요.

● 단락 간의 관계
①단락에서는 글 전체의 중심 낱말인 '먼지바람'에 대해 소개하고, 먼지바람에 대한 궁금증을 나타내고 있어요.
②단락에서는 황사의 뜻과 발생에 대해 설명하고, ③단락에서는 미세먼지에 대해 설명하며 황사와 비교하고 있으므로 두 단락을 묶을 수 있어요.
④단락에서는 황사와 미세먼지가 심할 때 해야 할 일에 대해 알려 주며 글을 마무리하고 있어요.

● 글의 구조도

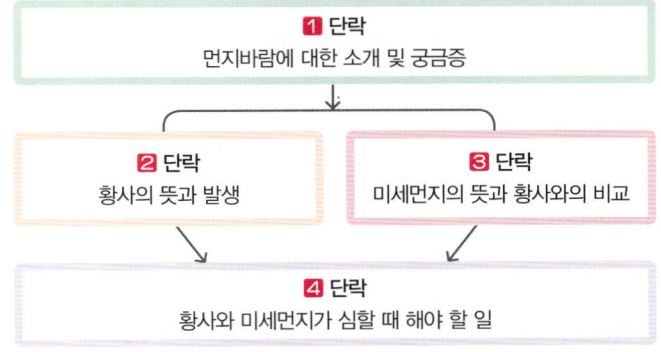

1 단락
먼지바람에 대한 소개 및 궁금증

2 단락
황사의 뜻과 발생

3 단락
미세먼지의 뜻과 황사와의 비교

4 단락
황사와 미세먼지가 심할 때 해야 할 일

● 주제: 먼지바람인 황사와 미세먼지의 특징

글을 잘 이해하기 위해 알아야 할 기호들

◯ 각 단락 중심 낱말　◯ 전체 중심 낱말　[　] 각 단락 중심 문장　🟨 전체 중심 문장

❶ 영주는 짝꿍의 물병 안에 들어 있는 게 물인지 탄산음료인지 궁금했어요. ❷ 그래서 짝꿍에게 '네 물병 안에 들어 있는 거 물이야!'라고 쪽지를 써서 주었어요. (가) 쪽지를 본 짝꿍은 이상하게 생각했어요. ❹ 왜 그랬을까요? ❺ 영주의 쪽지에 문장 부호가 잘못 쓰여 있어서 뜻이 제대로 전달되지 못했기 때문이랍니다. ❻ 이처럼 문장의 뜻을 잘 이해하기 위해서 사용하는 여러 가지 부호를 문장 부호라고 해요.

② ❶ 문장 부호는 종류에 따라 쓰임이 달라요. ❷ [먼저, 마침표(.)는 설명하는 문장의 끝에 사용합니다.] ❸ '오늘은 금요일입니다.'와 같이 쓸 수 있지요. ❹ [마침표와 비슷하지만 점에 꼬리가 있는 모양인 쉼표(,)는 문장에서 조금 쉬어 읽을 때 쓰여요.] ❺ 부르는 말이나 대답하는 말 뒤에도 쉼표가 쓰인답니다. ❻ 예를 들어 '친구야, 같이 가자.'처럼 쓸 수 있어요.

③ ❶ [다음으로 물음표(?)는 묻는 문장의 끝에 사용해요.] ❷ 앞에서 영주는 물병 안에 들어 있는 게 무엇인지 물어보려고 했으니까 '네 물병 안에 들어 있는 거 물이야?'라고 해야 맞는 것이지요.

④ ❶ [마지막으로 느낌표(!)는 느낌을 나타내는 문장의 끝에 사용합니다.] ❷ 느낌표를 사용해서 기쁨이나 슬픔, 놀람 등을 표현할 수 있어요. ❸ 예를 들어 '꽃이 참 예쁘구나!'와 같이 쓸 수 있겠지요.

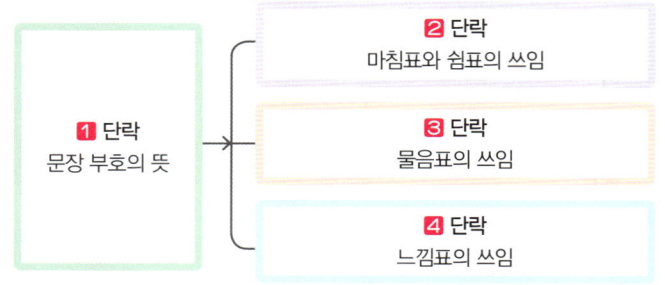

1 단락 요약
문장 부호의 뜻

2 단락 요약
마침표와 쉼표의 쓰임

3 단락 요약
물음표의 쓰임

4 단락 요약
느낌표의 쓰임

★ 지문 이해

● 이 글은 문장 부호의 종류에 따른 쓰임을 알려 주는 설명문입니다. 문장 부호는 문장의 뜻을 잘 이해하기 위해서 사용하는 여러 가지 부호를 말해요. 마침표(.)는 설명하는 문장의 끝에 사용하고, 마침표와 비슷하지만 점에 꼬리가 있는 모양인 쉼표(,)는 문장에서 조금 쉬어 읽을 때 써요. 부르는 말이나 대답하는 말 뒤에도 쓰이지요. 물음표(?)는 묻는 문장의 끝에 사용하고, 느낌표(!)는 느낌을 나타내는 문장의 끝에 사용해요.

● **단락 간의 관계**
　1단락에서는 문장 부호를 잘못 쓴 것과 관련된 이야기를 소개하고, 문장 부호의 뜻에 대해 설명하고 있어요.
　2단락에서는 문장 부호 중 마침표와 쉼표의 쓰임에 대해 설명하고 있어요.
　3단락에서는 문장 부호 중 물음표의 쓰임에 대해 설명하고 있어요.
　4단락에서는 문장 부호 중 느낌표의 쓰임에 대해 설명하고 있어요.
　2~4단락은 모두 문장 부호의 쓰임에 대해 설명하고 있으므로 묶을 수 있어요.

● **글의 구조도**

1 단락 문장 부호의 뜻	→	2 단락 마침표와 쉼표의 쓰임
		3 단락 물음표의 쓰임
		4 단락 느낌표의 쓰임

● **주제:** 문장 부호의 종류별 쓰임

01 [정답] ㉠ 마침표 ㉡ 느낌표 ·········· 글의 구조 이해하기

>왜 정답?

①단락에서는 문장 부호가 무엇인지 소개하고 있어요.
②단락에서는 마침표와 쉼표의 쓰임을, ③단락에서는 물음표의 쓰임을, ④단락에서는 느낌표의 쓰임을 설명하고 있어요.
따라서 ㉠에 들어갈 말은 '마침표'이고, ㉡에 들어갈 말은 '느낌표'예요.

02 [정답] ③ ·········· 내용 이해하기

>왜 정답?

③ 근거: ②단락 ❷, ❹, ❺번째 문장

'먼저, 마침표(.)는 설명하는 문장의 끝에 사용합니다.', '마침표와 비슷하지만 점에 꼬리가 있는 모양인 쉼표(,)는 문장에서 조금 쉬어 읽을 때 쓰여요. 부르는 말이나 대답하는 말 뒤에도 쉼표가 쓰인답니다.'라고 했어요. 따라서 점에 꼬리가 있으며 부르는 말 뒤에 쓰이는 문장 부호는 쉼표이므로 틀린 내용이에요.

>왜 오답?

① 근거: ②단락 ❶번째 문장

'문장 부호는 종류에 따라 쓰임이 달라요.'라고 했으므로 알맞은 내용이에요.

② 근거: ②단락 ❹번째 문장

'~ 쉼표(,)는 문장에서 조금 쉬어 읽을 때 쓰여요.'라고 했으므로 알맞은 내용이에요.

④ 근거: ①단락 ❺번째 문장

'영주의 쪽지에 문장 부호가 잘못 쓰여 있어서 뜻이 제대로 전달되지 못했기 때문이랍니다.'라고 했으므로 알맞은 내용이에요.

⑤ 근거: ④단락 ❷번째 문장

'느낌표를 사용해서 기쁨이나 슬픔, 놀람 등을 표현할 수 있어요.'라고 했으므로 알맞은 내용이에요.

03 [정답] ③ ·········· 글쓰기 방식 이해하기

>왜 정답?

③ 이 글은 문장 부호가 생겨나게 된 배경을 설명하고 있지 않아요.

>왜 오답?

① 근거: ②단락 ❷, ❹번째 문장, ③단락 ❶번째 문장, ④단락 ❶번째 문장

②단락 ❷번째 문장에서 '먼저, 마침표(.)는 ~'이라고 했고, ❹번째 문장에서 '~ 쉼표(,)는 ~'이라고 했어요. 또 ③단락 ❶번째 문장에서 '다음으로 물음표(?)는 ~'이라고 했고, ④단락 ❶번째 문장에서 '마지막으로 느낌표(!)는 ~'이라고 하며 문장 부호 네 가지를 소개하고 있어요.

② 근거: ②단락 ❸, ❻번째 문장, ③단락 ❷번째 문장, ④단락 ❸번째 문장

②단락 ❸번째 문장에서 "오늘은 금요일입니다.'와 같이 쓸 수 있지요.'라며 마침표가 쓰이는 예시를, ❻번째 문장에서 '예를 들어 '친구야, 같이 가자.'처럼 쓸 수 있어요.'라며 쉼표가 쓰이는 예시를 들고 있어요. ③단락 ❷번째 문장에서 '~ '네 물병 안에 들어 있는 거 물이야?'라고 해야 맞는 것이지요.'라며 물음표가 쓰이는 예시를, ④단락 ❸번째 문장에서는 '예를 들어 '꽃이 참 예쁘구나!'와 같이 쓸 수 있겠지요.'라며 느낌표가 쓰이는 예시를 들고 있어요.

④ 근거: ①단락 ❶~❺번째 문장

①단락에서 '영주는 ~ 때문입니다.'라고 하며 문장 부호를 잘못 쓴 경우로 글을 시작하고 있어요.

⑤ 근거: ②단락 ❶, ❷, ❹번째 문장, ③단락 ❶번째 문장, ④단락 ❶번째 문장

②단락에서 '문장 부호는 종류에 따라 쓰임이 달라요.'라고 한 후, ②~④단락에 걸쳐 문장 부호를 쓰임에 따라 종류별로 나누어 설명하고 있어요.

04 [정답] (1) ⓓ (2) 준호야, ·········· 내용 적용하기

>왜 정답?

ⓓ 근거: ②단락 ❺번째 문장, ③단락 ❶번째 문장

'부르는 말이나 대답하는 말 뒤에도 쉼표가 쓰인답니다.', '~ 물음표(?)는 묻는 문장의 끝에 사용해요.'라고 했어요. 따라서 '준호야'라는 부르는 말 뒤에는 물음표가 아니라 쉼표를 써야 해요.

>왜 오답?

ⓐ 근거: ②단락 ❷번째 문장

'먼저, 마침표(.)는 설명하는 문장의 끝에 사용합니다.'라고 했으므로 재희네 집에 놀러 갔다고 설명하는 문장의 끝에 마침표를 사용한 것은 알맞아요.

ⓒ 근거: ③단락 ❶번째 문장

'~ 물음표(?)는 묻는 문장의 끝에 사용해요.'라고 했으므로 이거 가질 거냐고 묻는 문장의 끝에 물음표를 사용한 것은 알맞아요.

ⓔ 근거: ④단락 ❶번째 문장

'마지막으로 느낌표(!)는 느낌을 나타내는 문장의 끝에 사용합니다.'라고 했으므로 기쁨을 표현하는 문장의 끝에 느낌표를 사용한 것은 알맞아요.

05 [정답] 예 영주의 쪽지에 문장 부호가 잘못 쓰여 있어서 뜻이 제대로 전달되지 못했기 때문이다.

서술형 채점 기준 – 근거: ①단락 ❺번째 문장

'영주의 쪽지에 문장 부호가 잘못 쓰여 있어서 뜻이 제대로 전달되지 못했기 때문이랍니다.'라고 했으므로 이러한 내용을 쓰면 정답이에요.

[가을 · 겨울]

전통 음악의 변화

◯ 각 단락 중심 낱말   ◯ 전체 중심 낱말   [ ] 각 단락 중심 문장   ▓ 전체 중심 문장

1 ❶ 여러분이 좋아하는 음악은 무엇인가요? ❷ 아이돌 음악, 밴드 음악, 트로트 등 음악의 장르는 매우 다양해요. ❸ 그런데 우리나라에 예전부터 전해져 내려오는 음악이 있다는 사실, 알고 있었나요? ❹ 바로 풍물놀이와 사물놀이가 우리나라의 고유 음악입니다. ❺ 그럼 풍물놀이와 사물놀이가 각각 무엇인지 알아볼까요?

1 단락 요약
풍물놀이와 사물놀이의 소개

2 ❶ [풍물놀이는 꽹과리, 장구, 북, 징, 나발, 태평소, 소고 등을 불거나 치면서 춤추는 놀이를 말합니다.] ❷ 옛날에 농사를 시작할 때나 추수를 할 때, 농사일을 즐겁게 하고 마을의 안녕을 기원하기 위해 풍물놀이를 하였지요.

2 단락 요약
풍물놀이의 뜻과 배경

3 ❶ 그렇다면 사물놀이는 무엇일까요? ❷ 사물놀이는 1978년에 김덕수 등 네 명의 사람들이 한 소극장에서 징, 꽹과리, 북, 장구의 네 가지 악기만으로 연주한 것에서 비롯해요. ❸ [다시 말해, 사물놀이는 징, 꽹과리, 북, 장구의 네 가지 악기로 연주하는 음악을 뜻합니다.]

3 단락 요약
사물놀이의 뜻과 배경

4 ❶ [풍물놀이와 사물놀이는 두 가지 차이점이 있어요.] ❷ 첫째, 사용하는 악기의 수가 달라요. ❸ 사물놀이는 네 가지 악기만을 사용해요. ❹ 반면 풍물놀이는 네 가지 악기 외에 소고, 태평소 등 다양한 악기를 가지고 연주한답니다. ❺ 둘째, 연주하는 장소가 달라요. ❻ 풍물놀이는 밖에서 여러 명이 어울려 연주하는 반면, 사물놀이는 실내에서 네 명이 연주합니다.

4 단락 요약
풍물놀이와 사물놀이의 차이점

✱ 지문 이해

● 이 글은 우리나라의 고유 음악인 풍물놀이와 사물놀이에 대해 알려 주는 설명문입니다. 풍물놀이는 꽹과리, 장구, 북, 징, 나발, 태평소, 소고 등을 불거나 치면서 춤추는 놀이를 말해요. 사물놀이는 징, 꽹과리, 북, 장구의 네 가지 악기로 연주하는 음악을 뜻해요. 풍물놀이와 사물놀이는 두 가지 차이점이 있는데, 먼저 사용하는 악기의 수가 달라요. 사물놀이는 네 가지 악기만을, 풍물놀이는 네 가지 악기 외에 소고, 태평소 등 다양한 악기를 가지고 연주해요. 또 연주하는 장소가 달라요. 풍물놀이는 밖에서 여러 명이 어울려 연주하는 반면, 사물놀이는 실내에서 네 명이 연주해요.

● 단락 간의 관계
  1 단락에서는 우리나라의 고유 음악인 풍물놀이와 사물놀이를 소개하고 있어요.
  2 단락에서는 풍물놀이의 뜻과 배경에 대해, 3 단락에서는 사물놀이의 뜻과 배경에 대해 설명하고 있으므로 두 단락을 묶을 수 있어요.
  4 단락에서는 풍물놀이와 사물놀이의 차이점을 이야기하며 글을 마무리하고 있어요.

● 글의 구조도

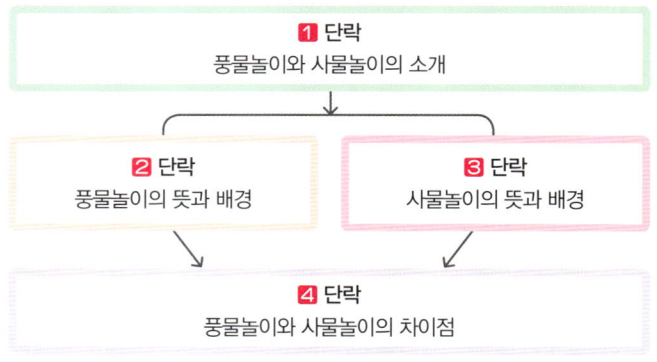

1 단락
풍물놀이와 사물놀이의 소개

2 단락
풍물놀이의 뜻과 배경

3 단락
사물놀이의 뜻과 배경

4 단락
풍물놀이와 사물놀이의 차이점

● 주제: 우리의 고유 음악인 풍물놀이와 사물놀이

01 [정답] ㉰, ㉮, ㉯, ㉱ ········· 글의 구조 이해하기

>왜 정답?

①단락에서는 풍물놀이와 사물놀이를 소개하고 있어요.
②단락에서는 풍물놀이의 뜻과 시작된 배경을 설명하고 있어요.
③단락에서는 사물놀이의 뜻과 시작된 배경을 설명하고 있어요.
④단락에서는 풍물놀이와 사물놀이의 차이점을 설명하고 있어요.
따라서 ㉮~㉱를 단락의 순서에 맞게 쓰면 '㉰ → ㉮ → ㉯ → ㉱'
예요.

02 [정답] ② ·················· 내용 이해하기

>왜 정답?

② 근거: ④단락 ❻번째 문장
'풍물놀이는 밖에서 여러 명이 어울려 연주하는 반면, 사물놀이
는 실내에서 네 명이 연주합니다.'라고 했어요. 사물놀이는 네 명
의 사람들이 연주하는 것은 맞지만 밖이 아닌 실내에서 연주하
는 것이므로 틀린 내용이에요.

>왜 오답?

① 근거: ③단락 ❸번째 문장
'다시 말해, 사물놀이는 징, 꽹과리, 북, 장구의 네 가지 악기로 연
주하는 음악을 뜻합니다.'라고 했으므로 알맞은 내용이에요.
③ 근거: ①단락 ❹번째 문장
'바로 풍물놀이와 사물놀이가 우리나라의 고유 음악입니다.'라고
했으므로 알맞은 내용이에요.
④ 근거: ②단락 ❷번째 문장
'옛날에 농사를 시작할 때나 추수를 할 때, 농사일을 즐겁게 하고
마을의 안녕을 기원하기 위해 풍물놀이를 하였지요.'라고 했으므
로 알맞은 내용이에요.
⑤ 근거: ④단락 ❷~❹번째 문장
'첫째, 사용하는 악기의 수가 달라요. 사물놀이는 네 가지 악기만
을 사용해요. 반면 풍물놀이는 네 가지 악기 외에 소고, 태평소
등 다양한 악기를 가지고 연주한답니다.'라고 했으므로 알맞은
내용이에요.

03 [정답] (1) 풍물놀이 (2) 사물놀이 ········· 내용 적용하기

이 글의 내용에 비추어 볼 때, 각각의 사진이 풍물놀이와 사물
놀이 중 무엇에 해당하는지 쓰세요.

- 각각의 사진: 사진 (1)은 여러 사람이 밖에서 연주하는 모습이
  고, 사진 (2)는 네 명의 사람이 실내에서 연주하는 모습입니다.
- 풍물놀이와 사물놀이: 풍물놀이는 ②단락에, 사물놀이는 ③단락
  에 설명되어 있고, 둘의 차이점은 ④단락에 설명되어 있습니다.

[즘] 풍물놀이와 사물놀이에 대한 내용을 바탕으로, 사진 (1), (2)가
무엇인지 쓰는 문제입니다.

>왜 정답?

(1) 근거: ②단락 ❶번째 문장, ④단락 ❻번째 문장
②단락에서 '풍물놀이는 꽹과리, 장구, 북, 징, 나발, 태평소, 소고
등을 불거나 치면서 춤추는 놀이를 말합니다.'라고 했고, ④단락
에서 '풍물놀이는 밖에서 여러 명이 어울려 연주하는 반면, ∼'이
라고 했어요. 따라서 (1)은 '풍물놀이'에 해당하는 사진이에요.
(2) 근거: ③단락 ❸번째 문장, ④단락 ❻번째 문장
③단락에서 '다시 말해, 사물놀이는 징, 꽹과리, 북, 장구의 네 가
지 악기로 연주하는 음악을 뜻합니다.'라고 했고, ④단락에서 '∼
사물놀이는 실내에서 네 명이 연주합니다.'라고 했어요. 따라서
(2)는 '사물놀이'에 해당하는 사진이에요.

04 [정답] 예 징, 꽹과리, 북, 장구

[서술형] 채점 기준 - 근거: ③단락 ❸번째 문장
'다시 말해, 사물놀이는 징, 꽹과리, 북, 장구의 네 가지 악기로 연주
하는 음악을 뜻합니다.'라고 했어요.
따라서 '징, 꽹과리, 북, 장구'가 들어가면 정답이에요.

----- 배경지식

우리의 전통 춤, 탈춤

우리나라의 전통 춤으로는 대표적으로 '탈춤'이 있어요. 탈춤은
탈(가면)을 쓰고 춤을 추면서 하는 연극입니다. 탈을 쓰고 하는 놀
이는 농경 사회부터 있었어요. 그때는 추수한 것에 감사하고 풍년
을 바라는 제사를 지낼 때 탈을 쓰고 춤을 추었어요. 삼국 시대 때
는 궁중에서 열리는 연회나 불교 행사 때 탈춤 공연이 행해졌고,
조선 시대 때는 '산대도감'이라는 관청을 두어 국가적인 행사가 있
을 때 탈춤을 보였어요. 그러다가 조선 후기에 민간에 보급되면서
탈춤은 전성기를 맞았습니다. 나중에는 전국을 돌아다니면서 탈춤
을 전문적으로 추는 집단도 생겨났어요.

탈춤의 내용은 당시의 신분 사회를 비판하거나 민중들의 고달픈
삶을 그려낸 내용이 많았습니다. 탈춤은 마을의 공터나 언덕 등 사
람들이 많이 모일 수 있는 장소에서 보통 행해졌어요. 먼저 풍물패
가 마을을 돌면서 사람들에게 홍보를 하고, 마을 사람들이 모이면
공연이 시작되었습니다. 이때 사람들은 단순히 탈춤을 관람하는
것이 아니라, 공연에 호응하면서 함께 즐기고 억눌렸던 감정을 겉
으로 드러내면서 스트레스를 풀고 소망을 빌었어요.

대표적인 탈춤으로는 경상북도 안동의 하회 별신굿 탈놀이, 함
경도의 북청 사자놀음, 황해도의 봉산 탈춤과 은율 탈춤, 경상남도
통영의 오광대놀이 등이 꼽히며, 한양 주변에서는 산대놀이가 자
주 공연되었어요. 현재는 서울의 송파 산대놀이와 경기도 양주의
별산대놀이가 전해지고 있어요.

[수학]

계산의 천재, 가우스

◯ 각 단락 중심 낱말 ◯ 전체 중심 낱말 [ ] 각 단락 중심 문장 ▨ 전체 중심 문장

1 ① 18세기 독일의 한 초등학교 교실에서 이런 일이 있었어요. ② 선생님이 잠시 교실을 나가 있는 동안 학생들을 조용히 시키기 위해 '1부터 100까지 더하시오.'라는 문제를 냈어요. ③ 1부터 100까지 더해야 하니 선생님은 시간이 오래 걸릴 것으로 생각했지요. ④ (㉠) 선생님이 교실 문밖으로 나가기도 전에 답을 구해서 말한 학생이 있었어요. ⑤ 이 학생은 바로 '계산의 천재'라고 불린 독일의 수학자 가우스였답니다.

1 단락 요약
가우스에 대한 일화

2 ① 가우스는 어떻게 문제를 빨리 풀 수 있었을까요? ② [1부터 100까지 차례대로 덧셈을 했던 다른 학생들과 달리, 가우스는 새로운 방법을 발견하여 문제를 풀었습니다.] ③ 그 방법은 1과 100, 2와 99, 3과 98 등 두 수를 서로 짝지어 더하는 것이었어요. ④ 이렇게 하면 101이라는 수가 총 50개 나오게 되니, 빠르고 간편한 계산이 가능했지요.

$$
\begin{array}{c}
1+\ \ 2+\ \ 3+\ \ 4+\ \ 5+\ \cdots\cdots\ +\ 50 \\
+100+\ 99+\ 98+\ 97+\ 96+\ \cdots\cdots\ +\ 51 \\
\hline
101+101+101+101+101+\ \cdots\cdots\ +101
\end{array}
$$

2 단락 요약
가우스 일화의 배경

3 ① [이후에도 가우스는 수학 문제를 푸는 새로운 방법을 만들어 냈어요. ② 또 가우스는 소행성의 궤도를 계산하는 데에도 업적을 세웠어요.] ③ 1801년에 소행성 '세레스'가 발견되고 갑자기 사라지자, 가우스는 소행성의 궤도를 계산해서 다음에 소행성이 나타날 곳을 정확하게 예측했답니다.

3 단락 요약
가우스의 업적

✱ 지문 이해

● 이 글은 계산의 천재라고 불린 독일의 수학자 가우스의 업적에 대해 소개하는 설명문입니다. 가우스는 초등학생일 때 1부터 100까지 더하는 문제를 새로운 방법으로 빠르게 풀었어요. 그 방법은 1과 100, 2와 99, 3과 98 등 두 수를 서로 짝지어 더하는 것이었지요. 가우스는 이후에도 수학 문제를 푸는 새로운 방법을 발견했어요. 또 가우스는 소행성의 궤도를 계산하는 데에도 업적을 세웠습니다.

● **단락 간의 관계**
1 단락에서는 계산을 빨리 한 가우스의 일화를 소개하고 있어요.
2 단락에서는 1 단락에서 소개한 가우스 일화의 배경에 대해 이야기하고 있어요.
3 단락에서는 가우스의 수학적 업적과 소행성에 대한 업적을 설명하고 있어요.

● **글의 구조도**

1 단락
가우스에 대한 일화
↓
2 단락
가우스 일화의 배경
↓
3 단락
가우스의 업적

● **주제:** 독일의 수학자 가우스의 업적

01 [정답] 가우스 ········· 글의 구조 이해하기

>왜 정답?

* **근거:** 1단락 ❺번째 문장, 3단락 ❶, ❷번째 문장

1단락에서 '이 학생은 바로 '계산의 천재'라고 불린 독일의 수학자 가우스였답니다.'라고 하며 가우스에 대한 일화를 소개하고 있어요. 또 3단락에서는 가우스의 수학적 업적과 소행성에 대한 가우스의 업적을 설명하고 있어요.

따라서 빈칸에 공통으로 들어가기에 알맞은 말은 '가우스'예요.

02 [정답] ③ ········· 올바른 접속어 찾기

>왜 정답?

③ **근거:** 1단락 ❸, ❹번째 문장

㉠의 앞 문장과 뒤 문장의 관계를 알아야 해요. ㉠의 앞 문장에서 '1부터 100까지 더해야 하니 선생님은 시간이 오래 걸릴 것으로 생각했지요.'라고 했고, 뒤 문장에서 '선생님이 교실 문밖으로 나가기도 전에 답을 구해서 말한 학생이 있었어요.'라고 했어요. 뒤의 내용이 앞의 내용과 다른 방향으로 펼쳐지므로 ㉠에 들어갈 이어 주는 말로 가장 알맞은 것은 '그런데'예요.

>왜 오답?

① '또한'은 앞 문장과 비슷한 내용의 말을 더할 때 쓰는 이어 주는 말이에요.

② '따라서'는 앞 내용이 뒤 내용의 원인, 근거가 될 때 쓰는 이어 주는 말이에요.

④ '그러므로'는 앞 내용이 뒤 내용의 까닭이나 원인, 근거가 될 때 쓰는 이어 주는 말이에요.

⑤ '왜냐하면'은 뒤 문장이 앞 문장의 원인이 될 때 쓰는 이어 주는 말이에요.

03 [정답] (1) ○ (2) ✕ (3) ✕ ········· 내용 이해하기

>왜 정답?

(1) **근거:** 1단락 ❺번째 문장

'이 학생은 바로 '계산의 천재'라고 불린 독일의 수학자 가우스였답니다.'라고 했으므로 알맞은 설명이에요.

(2) **근거:** 1단락 ❺번째 문장

'이 학생은 바로 '계산의 천재'라고 불린 독일의 수학자 가우스였답니다.'라고 했으므로 가우스는 '우주 탐험가'가 아니라 '수학자'임을 알 수 있어요.

(3) **근거:** 2단락 ❷번째 문장, 3단락 ❶번째 문장

2단락에서 '~ 가우스는 새로운 방법을 발견하여 문제를 풀었습니다.'라고 했고, 3단락에서 '이후에도 가우스는 수학 문제를 푸는 새로운 방법을 만들어 냈어요.'라고 했으므로 가우스는 수학 문제를 푸는 방법을 한 번만 만들어 내지 않았음을 알 수 있어요.

04 [정답] ② ········· 글쓰기 방식 이해하기

>왜 정답?

② 이 글은 가우스라는 한 사람의 수학자만 소개하고 있어요. 따라서 두 명의 수학자를 비교하며 설명하고 있다는 것은 틀린 설명이에요.

>왜 오답?

① **근거:** 2단락 ❷~❹번째 문장

'~ 가우스는 새로운 방법을 발견하여 문제를 풀었습니다. 그 방법은 1과 100, 2와 99, 3과 98 등 두 수를 서로 짝지어 더하는 것이었어요. 이렇게 하면 101이라는 수가 총 50개 나오게 되니, 빠르고 간편한 계산이 가능했지요.'라고 하며 가우스의 계산 방법을 설명하고 있으므로 알맞은 설명이에요.

③ **근거:** 3단락 ❶, ❷번째 문장

3단락에서 '이후에도 가우스는 수학 문제를 푸는 새로운 방법을 만들어 냈어요.'라고 하며 가우스의 수학적 업적에 대해, '또 가우스는 소행성의 궤도를 계산하는 데에도 업적을 세웠어요.'라고 하며 소행성과 관련된 가우스의 업적에 대해 설명하고 있으므로 알맞은 설명이에요.

④ **근거:** 1단락 ❶번째 문장

'18세기 독일의 한 초등학교 교실에서 이런 일이 있었어요.'라고 하며 소개할 대상인 가우스와 관련된 일화로 글을 시작하고 있으므로 알맞은 설명이에요.

⑤ **근거:** 2단락 ❶, ❷번째 문장

2단락 ❶번째 문장에서 '가우스는 어떻게 문제를 빨리 풀 수 있었을까?'라고 질문하고, ❷번째 문장에서 '~ 가우스는 새로운 방법을 발견하여 문제를 풀었습니다.'라고 하며 질문에 답하고 있으므로 알맞은 설명이에요.

05 [정답] 예 가우스는 소행성의 궤도를 계산해서 다음에 소행성이 나타날 곳을 정확하게 예측했다.

[서술형] **채점 기준 - 근거:** 3단락 ❷, ❸번째 문장

'또 가우스는 소행성의 궤도를 계산하는 데에도 업적을 세웠어요. 1801년에 소행성 '세레스'가 발견되고 갑자기 사라지자, 가우스는 소행성의 궤도를 계산해서 다음에 소행성이 나타날 곳을 정확하게 예측했답니다.'라고 했으므로 '가우스는 소행성의 궤도를 계산해서 다음에 소행성이 나타날 곳을 정확하게 예측했다.'라는 내용이 들어가면 정답이에요.

남한과 북한의 다른 말

◯ 각 단락 중심 낱말   ◯ 전체 중심 낱말   [ ] 각 단락 중심 문장   🟨 전체 중심 문장

❶ 텔레비전에서 북한 방송이나 북한 사람이 말하는 것을 본 적이 있나요? ❷북한의 말은 우리 남한의 말과 조금 다른 것 같이 느껴져요. ❸[남한과 북한은 같은 민족인데 왜 사용하는 말이 달라졌을까요? ❹(㉠) 남한과 북한은 오랫동안 남과 북으로 분단되어 있었기 때문입니다.]❺그래서 남한의 말과 북한의 말이 달라진 것이지요. ❻북한의 말이 우리 남한의 말과 어떻게 다른지 알아볼까요?

❶[북한에서는 영어를 거의 쓰지 않습니다. ❷우리가 그대로 쓰는 영어 표현을 북한은 순우리말이나 한자어로 바꿔서 써요.]❸예를 들어 '도넛'은 '가락지빵'이라고 하는데, 도넛이 가락지(반지)와 비슷한 모양이어서 그렇답니다. ❹또 '에스컬레이터'는 '계단승강기', '다이빙'은 '뛰여들기'라고 해요.

❶[그러다 보니 북한에서 쓰는 축구 용어도 우리와 달라요.]❷'패스'는 '연락'으로, '코너킥'은 '구석차기', '오프사이드'는 '공격어김', '슛'은 '차넣기', '골키퍼'는 '문지기' 등으로 바꾸어 부릅니다.

❶[서술어도 남한말과 북한말 사이에는 많은 차이가 있습니다.]❷우리의 '괜찮다'라는 말은 북한에서 '일없다'라고 하고, '가르치다'는 '배워주다', '아리송하다'는 '새리새리하다'라고 한답니다. ❸그럼 '다이어트를 하다'는 북한에서 뭐라고 할까요? ❹바로 '몸깐다'라고 해요.

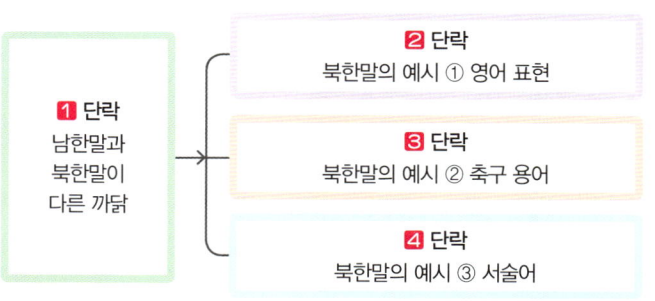

1 단락 요약
남한말과 북한말이 다른 까닭

2 단락 요약
북한말의 예시 ① 영어 표현

3 단락 요약
북한말의 예시 ② 축구 용어

4 단락 요약
북한말의 예시 ③ 서술어

✱ **지문 이해**

● 이 글은 남한말과 다른 북한말에 대해 소개하는 설명문입니다. 남한과 북한은 오랫동안 남과 북으로 분단되어 있어서 남한의 말과 북한의 말이 달라졌어요. 북한에서는 영어를 거의 쓰지 않아서 우리가 그대로 쓰는 영어 표현을 북한은 순우리말이나 한자어로 바꿔서 써요. 예를 들어 '도넛'을 '가락지빵'이라고 하지요. 또 북한에서 쓰는 축구 용어도 우리와 달라요. 예를 들어 '패스'는 '연락'으로 바꾸어 부릅니다. 서술어도 남한말과 북한말 사이에는 많은 차이가 있는데, 예를 들어 우리의 '괜찮다'라는 말은 북한에서 '일없다'라고 해요.

● **단락 간의 관계**
1단락에서는 남한말과 북한말이 다른 까닭에 대해 이야기하고, 북한말을 알아보자고 하고 있어요.
2단락에서는 영어 표현과 관련된 북한말의 예시를 소개하고 있어요.
3단락에서는 축구 용어와 관련된 북한말의 예시를 소개하고 있어요.
4단락에서는 서술어와 관련된 북한말의 예시를 소개하고 있어요.
2~4단락은 모두 북한말의 예시를 보여 주고 있으므로 묶을 수 있어요.

● **글의 구조도**

```
                    ┌─── 2 단락
                    │    북한말의 예시 ① 영어 표현
┌──────────┐        │
│ 1 단락    │        │
│ 남한말과   │───────┼─── 3 단락
│ 북한말이   │        │    북한말의 예시 ② 축구 용어
│ 다른 까닭  │        │
└──────────┘        │
                    └─── 4 단락
                         북한말의 예시 ③ 서술어
```

● **주제**: 남한말과 다른 북한말

01 [정답] 북한말 .... 글의 구조 이해하기

왜 정답?

* 근거: ①단락 ❸, ❹번째 문장

①단락에서는 '남한과 북한은 같은 민족인데 왜 사용하는 말이 달라졌을까요? ~ 남한과 북한은 오랫동안 남과 북으로 분단되어 있었기 때문입니다.'라고 하며 남한말과 북한말이 달라진 까닭을 설명하고 있어요.

따라서 빈칸에 들어갈 알맞은 말은 '북한말'이에요.

02 [정답] ⑤ .... 올바른 접속어 찾기

왜 정답?

⑤ 근거: ①단락 ❸, ❹번째 문장

㉠의 앞 문장은 '남한과 북한은 같은 민족인데 왜 사용하는 말이 달라졌을까요?'이고, 뒤 문장은 '남한과 북한은 오랫동안 남과 북으로 분단되어 있었기 때문입니다.'예요. 앞 문장이 결과, 뒤 문장이 원인이므로 ㉠에는 '왜냐하면'이 들어가야 해요.

왜 오답?

① '또한'은 앞 문장과 비슷한 내용의 말을 더할 때 쓰는 이어 주는 말이에요.

② '그리고'는 비슷한 내용의 두 문장을 이어 주는 말이에요.

③ '하지만'은 서로 같지 않은 사실을 나타내는 두 문장을 이어 주는 말이에요.

④ '그래서'는 앞 내용이 뒤 내용의 이유나 근거가 될 때 쓰는 이어 주는 말이에요.

03 [정답] (1) ㉢ (2) ㉠ (3) ㉣ (4) ㉡ .... 내용 이해하기

왜 정답?

(1) 근거: ②단락 ❸번째 문장

'예를 들어 '도넛'은 '가락지빵'이라고 하는데, 도넛이 가락지(반지)와 비슷한 모양이어서 그렇답니다.'라고 했어요.

(2) 근거: ④단락 ❷번째 문장

'~ '아리송하다'는 '새리새리하다'라고 한답니다.'라고 했어요.

(3) 근거: ④단락 ❷번째 문장

'~ '가르치다'는 '배워주다', ~'라고 했어요.

(4) 근거: ②단락 ❹번째 문장

'또 '에스컬레이터'는 '계단승강기', ~'라고 했어요.

04 [정답] ④ .... 내용 적용하기

다음은 축구 중계방송 내용입니다. 밑줄 친 부분을 북한말로 바꾸어 쓴 것 중에서 잘못 쓴 것은 무엇인가요?

• 밑줄 친 부분: '패스', '슛', '골키퍼', '괜찮습니다'에 밑줄이 쳐 있습니다. 이 낱말들에 대한 설명은 ③, ④단락에 나와 있습니다.

즉 축구 중계방송에 쓰인 남한말을 북한말로 바꾼 것 중 잘못된 것을 고르는 문제입니다.

왜 정답?

④ 근거: ④단락 ❷번째 문장

'우리의 '괜찮다'라는 말은 북한에서 '일없다'라고 하고, ~'라고 했어요. 따라서 '괜찮습니다'는 '일없습니다'로 바꾸어 써야 해요.

왜 오답?

① 근거: ③단락 ❷번째 문장

'"패스'는 '연락'으로, ~ 바꾸어 부릅니다.'라고 했으므로 알맞게 바꾸어 쓴 것이에요.

② 근거: ③단락 ❷번째 문장

'~ '슛'은 '차넣기', ~ 바꾸어 부릅니다.'라고 했으므로 알맞게 바꾸어 쓴 것이에요.

③ 근거: ③단락 ❷번째 문장

'~ '골키퍼'는 '문지기' 등으로 바꾸어 부릅니다.'라고 했으므로 알맞게 바꾸어 쓴 것이에요.

05 [정답] 예 남한과 북한은 오랫동안 남과 북으로 분단되어 있었기 때문이다.

서술형 채점 기준 – 근거: ①단락 ❸, ❹번째 문장

'남한과 북한은 같은 민족인데 왜 사용하는 말이 달라졌을까요? 왜냐하면 남한과 북한은 오랫동안 남과 북으로 분단되어 있었기 때문입니다.'라고 했으므로 이러한 내용을 쓰면 정답이에요.

배경지식

북한은 어떤 곳일까요?

북한의 전체 국토 면적은 남한보다 넓어요. 한반도를 놓고 보면 북한이 55%, 남한이 45% 정도를 차지하고 있지요. 남한이 태백산맥을 기준으로 영서 지방과 영동 지방으로 나뉘는 것처럼, 북한도 낭림산맥을 경계로 관서 지방과 관북 지방으로 나뉩니다. 북한은 북쪽으로 중국, 러시아와 국경을 접하고 있어요. 또 한반도에서 북부 지방에 속하기 때문에 남한보다 겨울이 더 길고, 더 추워요. 그리고 북한은 남한에 비해 무연탄, 철광석, 금, 텅스텐 등의 지하자원이 풍부해요. 하지만 농사를 지을 수 있는 땅이 적어서 논농사보다 밭농사를 훨씬 더 많이 짓는답니다.

현장 체험 학습을 떠나자!

○ 각 단락 중심 낱말   ◯ 전체 중심 낱말   [ ] 각 단락 중심 문장   ▨ 전체 중심 문장

[1] ❶'백문이 불여일견'이라는 말을 들어본 적 있나요? ❷'백 번 듣는 것보다 한 번 보는 것이 낫다.'라는 뜻을 가진 고사성어예요. ❸듣기만 하는 것보다는 눈으로 직접 보아야 확실히 알 수 있다는 말이지요. ❹이 말처럼 우리는 교실에 앉아 무언가를 배울 수도 있지만, 직접 눈으로 보고 몸으로 느끼며 많은 것을 배울 수 있어요. ❺학교 밖에서 체험을 하며 학습이 이루어지는 것을 현장 체험 학습이라고 해요.

1 단락 요약
현장 체험 학습의 뜻

[2] ❶현장 체험 학습은 왜 가는 걸까요? ❷[(㉠) 교실에서 할 수 없는 것을 직접 눈으로 볼 수 있고, 여러 가지를 몸으로 체험하며 더 잘 기억하기 위해서 가는 것이랍니다.]

2 단락 요약
현장 체험 학습을 가는 까닭

[3] ❶그럼 우리 경복궁으로 현장 체험 학습을 떠나 볼까요? ❷준비물로는 필기도구와 편한 운동화, 물, 사진기가 필요해요. ❸[먼저 경복궁의 정문인 광화문을 통과해서 들어가면, 경복궁에서 가장 큰 건물인 근정전이 나옵니다.] ❹근정전 내부에서 임금이 앉던 자리와, 그 뒤에 있는 그림을 직접 볼 수 있어요.

3 단락 요약
경복궁 현장 체험 학습 – 광화문, 근정전

[4] ❶[다음은 인공 연못 안에 있는 누각인 경회루로 가 볼까요?] ❷경회루의 아름다운 모습을 사진으로 담아 볼 수 있을 거예요. ❸[마지막으로 명성황후가 일본인들에게 죽임을 당한 곳인 건청궁을 둘러보며 숙연함과 함께 어떤 생각이 드는지 적어 보도록 해요.]

4 단락 요약
경복궁 현장 체험 학습 – 경회루, 건청궁

✶ 지문 이해

● 이 글은 경복궁 현장 체험 학습에 대해 이야기하는 설명문입니다. 현장 체험 학습은 학교 밖에서 체험을 하며 학습이 이루어지는 것을 말해요. 교실에서 할 수 없는 것을 직접 눈으로 볼 수 있고, 여러 가지를 몸으로 체험하며 더 잘 기억하기 위해서 현장 체험 학습을 가요. 경복궁으로 현장 체험 학습을 떠나면, 먼저 경복궁의 정문인 광화문을 통과해요. 경복궁에서 가장 큰 건물인 근정전을 지나, 인공 연못 안에 있는 누각인 경회루를 볼 수 있어요. 또 명성황후가 일본인들에게 죽임을 당한 곳인 건청궁을 둘러볼 수 있어요.

● 단락 간의 관계
[1]단락에서는 글 전체의 중심 낱말인 '현장 체험 학습'에 대해 소개하고 있어요.
[2]단락에서는 현장 체험 학습을 가는 까닭에 대해 설명하고 있어요.
[3]단락에서는 경복궁 현장 체험 학습을 이야기하고, 경복궁의 광화문과 근정전을 소개하고 있어요.
[4]단락에서는 경복궁의 경회루와 건청궁을 소개하고 있어요.

● 글의 구조도

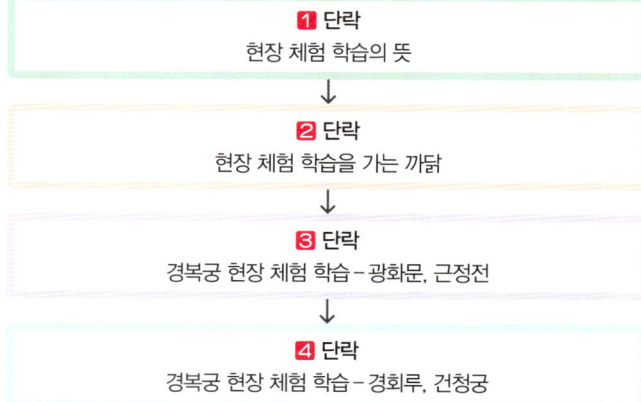

1 단락
현장 체험 학습의 뜻

↓

2 단락
현장 체험 학습을 가는 까닭

↓

3 단락
경복궁 현장 체험 학습 – 광화문, 근정전

↓

4 단락
경복궁 현장 체험 학습 – 경회루, 건청궁

● 주제: 경복궁 현장 체험 학습

01 정답 ㉮, ㉯, ㉱, ㉰ .... 글의 구조 이해하기

> **왜 정답?**

1단락에서는 현장 체험 학습의 뜻을 설명하고 있어요.
2단락에서는 현장 체험 학습을 가는 까닭을 설명하고 있어요.
3단락에서는 경복궁으로 현장 체험 학습 가는 것을 이야기하며, 경복궁의 광화문과 근정전을 소개하고 있어요.
4단락에서는 경복궁의 경회루와 건청궁을 소개하고 있어요.
따라서 ㉮~㉱를 단락의 순서에 맞게 쓰면 '㉮ → ㉯ → ㉱ → ㉰'예요.

02 정답 ④ .... 글쓰기 방식 이해하기

> **왜 정답?**

④ 이 글은 경복궁의 건물을 지어진 시대별로 설명하고 있지 않아요.

> **왜 오답?**

① 근거: 1단락 ❺번째 문장

1단락에서 '학교 밖에서 체험을 하며 학습이 이루어지는 것을 '현장 체험 학습'이라고 해요.'라고 하며 현장 체험 학습의 뜻을 설명하고, 2~4단락에 걸쳐 현장 체험 학습에 대해 이야기하고 있어요.

② 근거: 1단락 ❶번째 문장

"'백문이 불여일견'이라는 말을 들어본 적 있나요?'라고 하며 고사성어를 소개하면서 글을 시작하고 있어요.

③ 근거: 2단락

'현장 체험 학습은 왜 가는 걸까요? ~ 교실에서 할 수 없는 것을 직접 눈으로 볼 수 있고, 여러 가지를 몸으로 체험하며 더 잘 기억하기 위해서 가는 것이랍니다.'라고 하며 현장 체험 학습을 가는 까닭을 설명하고 있어요.

⑤ 근거: 3단락 ❸번째 문장, 4단락 ❶, ❸번째 문장

3단락에서 '먼저 경복궁의 정문인 광화문을 통과해서 들어가면, 경복궁에서 가장 큰 건물인 근정전이 나옵니다.'라고 했어요. 4단락에서 '다음은 인공 연못 안에 있는 누각인 경회루로 가 볼까요?', '마지막으로 ~ 건청궁을 둘러보며 ~'라고 하며 경복궁 현장 체험 학습을 공간의 변화에 따라 설명하고 있어요.

03 정답 ⑤ .... 올바른 접속어 찾기

> **왜 정답?**

⑤ 근거: 2단락 ❶, ❷번째 문장

㉠의 앞 문장에서 '현장 체험 학습은 왜 가는 걸까요?'라고 했고, 뒤 문장에서 '교실에서 할 수 없는 것을 직접 눈으로 볼 수 있고, 여러 가지를 몸으로 체험하며 더 잘 기억하기 위해서 가는 것이랍니다.'라고 했어요. 뒤 문장이 앞 문장의 원인이 되므로 ㉠에 들어갈 이어 주는 말로 가장 알맞은 것은 '왜냐하면'이에요.

> **왜 오답?**

① '또한'은 앞 문장과 비슷한 내용의 말을 더할 때 쓰는 이어 주는 말이에요.

② '하지만'은 서로 같지 않은 사실을 나타내는 두 문장을 이어 주는 말이에요.

③ '그러나'는 서로 반대되는 내용을 말할 때 쓰는 이어 주는 말이에요.

④ '그런데'는 앞의 내용과 다른 방향으로 문장을 이끌어 갈 때 쓰는 이어 주는 말이에요.

04 정답 ㈎ 광화문 ㈏ 경회루 .... 내용 적용하기

다음은 이 글의 내용에 따라 경복궁 현장 체험 학습 과정을 나타낸 것입니다. ㈎, ㈏에 해당하는 장소가 무엇인지 쓰세요.

· **경복궁 현장 체험 학습 과정**: 경복궁 현장 체험 학습 과정은 3, 4단락에 나와 있습니다. 경복궁의 정문인 광화문, 경복궁에서 가장 큰 건물인 근정전, 인공 연못 안에 있는 누각인 경회루, 명성황후가 일본인들에게 죽임을 당한 건청궁의 순으로 설명되어 있습니다.

· **㈎, ㈏**: '㈎ → 근정전 → ㈏ → 건청궁'의 순으로 되어 있습니다.

즉 경복궁 현장 체험 학습 과정에서 ㈎와 ㈏에 해당하는 장소를 쓰는 문제입니다.

> **왜 정답?**

＊ 근거: 3, 4단락

'그럼 우리 경복궁으로 현장 체험 학습을 떠나 볼까요? ~ 먼저 경복궁의 정문인 광화문을 통과해서 들어가면, 경복궁에서 가장 큰 건물인 근정전이 나옵니다. ~ 다음은 인공 연못 안에 있는 누각인 경회루로 가 볼까요? ~ 마지막으로 ~ 건청궁을 둘러보며 ~'라고 했어요. 따라서 ㈎는 '광화문', ㈏는 '경회루'예요.

05 정답 예 교실에서 할 수 없는 것을 직접 눈으로 볼 수 있고, 여러 가지를 몸으로 체험하며 더 잘 기억하기 위해서이다.

서술형 채점 기준 – 근거: 2단락

'현장 체험 학습은 왜 가는 걸까요? 왜냐하면 교실에서 할 수 없는 것을 직접 눈으로 볼 수 있고, 여러 가지를 몸으로 체험하며 더 잘 기억하기 위해서 가는 것이랍니다.'라고 했어요.
따라서 '교실에서 할 수 없는 것을 직접 눈으로 볼 수 있고, 여러 가지를 몸으로 체험하며 더 잘 기억하기 위해서이다.'라는 내용이 들어가면 정답이에요.

여름을 건강하게 보내려면

◯ 각 단락 중심 낱말   ◯ 전체 중심 낱말   [ ] 각 단락 중심 문장   ▨ 전체 중심 문장

1❶ 음식을 먹고 배가 아파 하루 종일 설사를 하거나, 심지어 열도 나고 구토까지 한다면 '식중독'을 의심해 보아야 합니다. ❷식중독은 음식을 잘못 먹어서 탈이 나는 것을 뜻해요.
*1단락 요약: 식중독의 뜻과 증상

2❶ 식중독은 왜 걸리는 걸까요? ❷[상한 음식을 먹거나 독이 들어 있는 음식을 먹으면 식중독에 걸릴 수 있어요. ❸또 농약이 많이 뿌려진 채소를 먹어도 생길 수 있지요.]❹여름에는 날씨가 더워 음식이 상하기 쉬우므로, 식중독에 걸리지 않게 더욱 조심해야 한답니다.
*2단락 요약: 식중독에 걸리는 까닭

3❶[식중독을 예방하기 위해서 우리가 할 수 있는 방법에는 여러 가지가 있어요.]❷먼저, 음식의 유통 기한을 살펴보고 음식을 먹어야 합니다. ❸만들어 놓은 음식도 빨리 먹는 게 좋겠지요. ❹(㉠) 음식을 보관할 때 뜨거운 음식은 60도 이상으로, 찬 음식은 4도 이하로 보관해야 합니다. ❺물은 끓여서 마시는 것이 좋고, 과일이나 채소는 흐르는 물에 꼼꼼히 여러 번 씻어야 해요. ❻또한 음식을 요리하거나 보관하고 저장할 때는 반드시 손을 씻어야 한답니다.
*3단락 요약: 식중독을 예방하는 방법

4❶[만약 식중독에 걸렸다면 병원에 가서 치료해야 해요. ❷심하지 않은 구토나 설사가 있을 때는 저절로 회복이 되니 물을 많이 마시도록 합니다.] *4단락 요약: 식중독에 걸렸을 때 해야 할 일

손 씻기   끓여 먹기

---

01 [정답] 식중독

이 글은 식중독의 뜻과 예방 및 치료 방법을 설명하고 있어요. 따라서 빈칸에 들어갈 말은 '식중독'이에요.

02 [정답] (1) × (2) ○ (3) ○

(1)은 2단락 ❹번째 문장에, (2)는 3단락 ❻번째 문장에, (3)은 4단락 ❶번째 문장에 설명되어 있어요.

03 [정답] ③

㉠의 앞 문장과 뒤 문장 모두 식중독을 예방하는 방법을 소개하고 있어요. 따라서 ㉠에는 '그리고'가 들어가야 해요.

04 [정답] (1) 채린 (2) 예 식중독을 예방하려고 뜨거운 음식을 60도 이상으로 보관했어.

3단락 ❹번째 문장에서 '음식을 보관할 때 뜨거운 음식은 60도 이상으로, ~ 보관해야 합니다.'라고 했어요.

★ 지문 이해

● 이 글은 식중독에 대해 알려 주는 설명문입니다. 식중독은 음식을 잘못 먹어서 탈이 나는 것을 뜻해요. 상한 음식을 먹거나 독이 들어 있는 음식을 먹으면 식중독에 걸릴 수 있어요. 여름에는 날이 더워 음식이 상하기 쉬우므로 더욱 조심해야 합니다. 식중독을 예방하기 위해서는 음식의 유통 기한을 꼭 지켜서 음식을 먹어야 해요. 음식을 보관할 때 뜨거운 음식은 60도 이상으로, 찬 음식은 4도 이하로 보관해야 해요. 또 음식을 요리하거나 보관하고 저장할 때는 반드시 손을 씻어야 합니다. 식중독에 걸리면 물을 많이 마시고, 심하면 병원에 가서 치료해야 해요.

● 단락 간의 관계
1단락에서는 글 전체의 중심 낱말인 '식중독'의 뜻과 증상에 대해 설명하고 있어요.
2단락에서는 식중독에 걸리는 까닭에 대해 설명하고 있어요.
3단락에서는 식중독을 예방하는 방법에 대해 알려 주고 있어요.
4단락에서는 식중독에 걸렸을 때 해야 할 일에 대해 설명하고 있어요.

● 글의 구조도

1 단락
식중독의 뜻과 증상

↓

2 단락
식중독에 걸리는 까닭

↓

3 단락
식중독을 예방하는 방법

↓

4 단락
식중독에 걸렸을 때 해야 할 일

● 주제: 식중독의 뜻과 예방 및 치료 방법

[국어]

낱말에 쓰인 여러 가지 받침

◯ 각 단락 중심 낱말　◯ 전체 중심 낱말　[　] 각 단락 중심 문장　▨ 전체 중심 문장

① 오늘 선생님께서 "내일은 낱말 받아쓰기 시험을 보고 짝꿍과 서로 바꾸어서 채점을 해 볼 거예요."라고 하셨어요. [받아쓰기를 할 때마다 받침을 엉망으로 썼던 지훈이는 이번 시험을 잘 보기 위해서 누나에게 받침에 대해 급히 배우기로 했어요.]

② 낱말에 쓰이는 받침은 크게 3가지 경우로 나눌 수 있습니다. [먼저 자음자가 한 개인 받침이에요.] '놀이터'의 '놀'에 쓰인 'ㄹ', '모래성'의 '성'에 쓰인 'ㅇ'이 이에 해당해요.

③ [두 번째는 같은 자음자가 두 개인 받침입니다.] '낚시'의 '낚'에 쓰인 'ㄲ', '있다'의 '있'에 쓰인 'ㅆ'이 이에 해당해요. 여기까지는 지훈이도 쉽게 따라 쓰면서 자신감이 생겼어요.

④ [마지막으로 다른 자음자가 두 개인 받침입니다.] '맑다'의 '맑'에 쓰인 'ㄺ'이 이에 해당해요. 지훈이는 서로 다른 두 개의 자음자로 이루어진 '겹받침' 문제에서 소리 나는 대로 적었다가 틀린 적이 많아요. 겹받침은 뒤에 이어 나오는 글자에 따라 다양하게 발음하기 때문에 낱말의 기본형을 잘 알고 있어야 한답니다.

⑤ 지훈이는 받침이 있는 낱말을 공부하면서 하루 만에 받아쓰기를 잘하려고 하는 것은 욕심이라는 것을 깨달았어요. [누나와 함께 평소에 책을 많이 읽으면서 낱말을 익혀 다음 받아쓰기 시험에서는 꼭 100점을 받겠다고 다짐했답니다.]

1 단락 요약
받침에 대해 배우기로 한 지훈이

2 단락 요약
자음자가 한 개인 받침

3 단락 요약
같은 자음자가 두 개인 받침

4 단락 요약
다른 자음자가 두 개인 받침

5 단락 요약
받아쓰기 시험을 잘 보겠다고 다짐한 지훈이

✱ 지문 이해

● 이 글은 낱말에 쓰인 여러 가지 받침에 대해 알려 주는 설명문입니다. 낱말에 쓰이는 받침은 3가지 경우로 나눌 수 있어요. 첫 번째로, '놀이터'의 '놀'에 쓰인 'ㄹ'처럼 자음자가 한 개인 받침이 있어요. 두 번째로, '낚시'의 '낚'에 쓰인 'ㄲ'처럼 같은 자음자가 두 개인 받침이 있어요. 세 번째로, '맑다'의 '맑'에 쓰인 'ㄺ'처럼 다른 자음자가 두 개인 받침이 있어요. 서로 다른 두 개의 자음자로 이루어진 겹받침은 뒤에 이어 나오는 글자에 따라 다양하게 발음하기 때문에 낱말의 기본형을 잘 알아 두어야 해요.

● 단락 간의 관계
① 단락에서는 받침에 대해 배우기로 한 지훈이의 이야기를 하고 있어요.
② 단락에서는 자음자가 한 개인 받침에 대해 예시를 들어 설명하고 있어요.
③ 단락에서는 같은 자음자가 두 개인 받침에 대해 예시를 들어 설명하고 있어요.
④ 단락에서는 다른 자음자가 두 개인 받침에 대해 예시를 들어 설명하고 있어요.
② ~ ④ 단락은 모두 받침에 대해 설명하고 있으므로 묶을 수 있어요.
⑤ 단락에서는 받아쓰기 시험을 잘 보겠다고 다짐하는 지훈이의 이야기로 글을 마무리하고 있어요.

● 글의 구조도

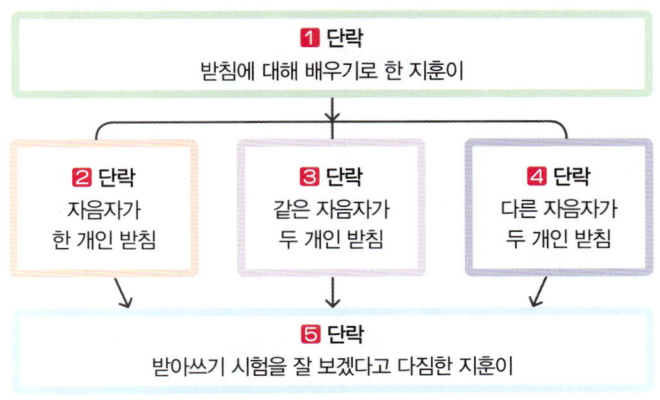

┌─────────────────────────────┐
│ **1 단락**   │
│ 받침에 대해 배우기로 한 지훈이   │
└─────────────────────────────┘

2 단락	**3 단락**	**4 단락**
자음자가 한 개인 받침	같은 자음자가 두 개인 받침	다른 자음자가 두 개인 받침

┌─────────────────────────────┐
│ **5 단락**   │
│ 받아쓰기 시험을 잘 보겠다고 다짐한 지훈이 │
└─────────────────────────────┘

● 주제: 낱말에 쓰인 여러 가지 받침

01 [정답] ④ ·· 주제 알아보기

〉왜 정답?

④ **근거: 1단락 ❷번째 문장, 2단락 ❶번째 문장**
1단락 ❷번째 문장에서 '~ 지훈이는 ~ 누나에게 받침에 대해 급히 배우기로 했어요.'라고 했고, 2단락 ❶번째 문장에서 '낱말에 쓰이는 받침은 크게 3가지 경우로 나눌 수 있습니다.'라고 하며 2단락에서는 자음자가 한 개인 받침, 3단락에서는 같은 자음자가 두 개인 받침, 4단락에서는 다른 자음자가 두 개인 받침을 예를 들어 설명하고 있어요.
따라서 이 글의 중심 낱말은 '받침'이고 주제는 '낱말에 쓰인 여러 가지 받침'이에요.

〉왜 오답?

① 이 글에는 자음자의 뜻이 나오지 않아요.
② 이 글에는 모음자의 종류가 나오지 않아요.
③ 이 글에는 모음자를 발음하는 법이 나오지 않아요.
⑤ 이 글에는 각각의 자음자를 발음하는 법이 나오지 않아요.

02 [정답] (1) × (2) × (3) ○ ····················· 내용 이해하기

〉왜 정답?

(1) **근거: 4단락 ❹번째 문장**
'겹받침은 뒤에 이어 나오는 글자에 따라 다양하게 발음하기 때문에 낱말의 기본형을 잘 알고 있어야 한답니다.'라고 했으므로 겹받침을 발음하는 방법이 하나라는 설명은 틀려요.

(2) **근거: 2단락 ❷, ❸번째 문장**
'먼저 자음자가 한 개인 받침이에요. '놀이터'의 '놀'에 쓰인 'ㄹ', '모래성'의 '성'에 쓰인 'ㅇ'이 이에 해당해요.'라고 했어요. '모래성'의 '성'에 쓰인 'ㅇ'은 자음자가 한 개인 받침이므로 '모래성'에 같은 자음자가 2개인 받침이 있다는 설명은 틀려요.

(3) **근거: 2단락 ❶번째 문장**
'낱말에 쓰이는 받침은 크게 3가지 경우로 나눌 수 있습니다.'라고 했으므로 맞는 설명이에요.

03 [정답] ③ ·· 내용 적용하기

〉왜 정답?

③ **근거: 4단락 ❶~❸번째 문장**
'마지막으로 다른 자음자가 두 개인 받침입니다. '맑다'의 '맑'에 쓰인 'ㄺ'이 이에 해당해요. 지훈이는 서로 다른 두 개의 자음자로 이루어진 '겹받침' 문제에서 ~'라고 했어요.
다른 자음자가 두 개인 받침은 '맑다'의 '맑'에 쓰인 'ㄺ'처럼 서로 다른 두 개의 자음자로 이루어진 겹받침을 말해요. 따라서 '젊다'의 '젊'에 쓰인 'ㄻ'이 다른 자음자가 두 개인 받침이에요.

〉왜 오답?

① '빼다'에는 받침이 들어 있지 않아요.
② **근거: 2단락 ❷, ❸번째 문장**
'먼저 자음자가 한 개인 받침이에요. '놀이터'의 '놀'에 쓰인 'ㄹ', '모래성'의 '성'에 쓰인 'ㅇ'이 이에 해당해요.'라고 했어요.
따라서 '쌓다'의 '쌓'에 쓰인 'ㅎ'은 자음자가 한 개인 받침이에요.
④ '나머지'에는 받침이 들어 있지 않아요.
⑤ **근거: 2단락 ❷, ❸번째 문장**
'먼저 자음자가 한 개인 받침이에요. '놀이터'의 '놀'에 쓰인 'ㄹ', '모래성'의 '성'에 쓰인 'ㅇ'이 이에 해당해요.'라고 했어요.
따라서 '예외적'의 '적'에 쓰인 'ㄱ'은 자음자가 한 개인 받침이에요.

04 [정답] ② ·· 글쓰기 방식 이해하기

〉왜 정답?

② **근거: 2단락 ❶, ❷번째 문장, 3단락 ❶번째 문장, 4단락 ❶번째 문장**
2단락에서 '낱말에 쓰이는 받침은 크게 3가지 경우로 나눌 수 있습니다. 먼저 자음자가 한 개인 받침이에요.'라고 했고, 3단락에서 '두 번째는 같은 자음자가 두 개인 받침입니다.'라고 했고, 4단락에서 '마지막으로 다른 자음자가 두 개인 받침입니다.'라고 하며 낱말에 쓰이는 받침을 3가지로 나누어서 설명하고 있어요.

〉왜 오답?

① 이 글은 자음자가 변한 과정을 설명하고 있지 않아요.
③ 이 글은 시간이 흐르면서 모음자가 변한 까닭을 설명하고 있지 않아요.
④ 이 글은 그림을 이용하여 자음자를 발음하는 방법을 설명하고 있지 않아요.
⑤ 이 글은 받아쓰기를 잘하는 방법에 대한 여러 사람의 생각을 알려 주고 있지 않아요.

05 [정답] 예 서로 다른 두 개의 자음자로 이루어진 받침

서술형 채점 기준 – **근거: 4단락 ❸번째 문장**
'지훈이는 서로 다른 두 개의 자음자로 이루어진 '겹받침' 문제에서 소리 나는 대로 적었다가 틀린 적이 많아요.'라고 했어요.
따라서 '서로 다른 두 개의 자음자로 이루어진 받침'이라는 말이 들어가면 정답이에요.

[봄 · 여름]

DAY 3.3

갯벌에 사는 동물 친구들

◯ 각 단락 중심 낱말 ◯ 전체 중심 낱말 [ ] 각 단락 중심 문장 🟨 전체 중심 문장

1 [우리나라 서쪽과 남쪽에 있는 해안은 바닷물이 빠져나가면 넓고 평평한 땅이 드러나요. 이 땅을 갯벌이라고 하는데, 갯벌에는 687종의 동물이 살고 있습니다.] 갯벌 동물은 사는 곳에 따라 나눌 수 있어요. 갯벌에 어떤 동물들이 살고 있는지 알아볼까요?

2 [먼저, 갯벌 위에 사는 동물로 갯우렁이가 있습니다.] 단단한 껍데기를 가지고 있는 갯우렁이는 전체적으로 흑갈색이지만, 껍데기 입구 부분은 밝은 황갈색이나 흰색을 띠는 것이 많아요. 갯우렁이는 갯벌 바닥에 얕게 숨은 상태로 기어 다닌답니다.

3 [다음으로, 갯벌 속과 위를 드나들면서 사는 동물도 있어요. (가) '갯벌의 싸움꾼'이라고 불리는 방게가 대표적이지요.] 방게는 다른 게나 갯벌 동물들과 다투는 일이 많고, 심할 때는 집게발이 잘려 나갈 정도로 싸워서 갯벌의 싸움꾼이라 불려요. 방게는 등에 'H'자 모양의 뚜렷한 홈이 있는 것이 특징이에요. 다른 게보다 훨씬 두껍고 튼튼한 집게발을 이용해 갯벌에 굴을 파고, 흙을 구멍 둘레에 쌓아 놓는 습성이 있습니다.

4 [마지막으로, 갯벌 속에서만 사는 동물로 조개가 있습니다.] 조개는 움직이지 않는 것처럼 보이기도 하지만, 근육질로 된 도끼 모양의 발을 가지고 움직인답니다. 조개껍데기는 안쪽에 있는 살을 보호하는 역할을 해요.

1 단락 요약
갯벌의 뜻과 갯벌 동물

2 단락 요약
갯벌 위에 사는 갯우렁이

3 단락 요약
갯벌 속과 위를 드나들며 사는 방게

4 단락 요약
갯벌 속에서만 사는 조개

✱ 지문 이해

● 이 글은 사는 곳에 따라 나누어지는 갯벌 동물에 대해 알려 주는 설명문입니다. 우리나라 서쪽과 남쪽에 있는 해안은 바닷물이 빠져나가면 넓고 평평한 땅이 드러나는데, 이 땅을 갯벌이라고 해요. 갯벌 동물은 사는 곳에 따라 나눌 수 있어요. 먼저, 갯벌 위에 사는 동물로 갯우렁이가 있어요. 갯우렁이는 단단한 껍데기를 가지고 있고, 껍데기 입구 부분이 밝은 황갈색이며, 갯벌 바닥에 얕게 숨은 상태로 기어 다녀요. 다음으로, 방게는 갯벌 속와 위를 드나들면서 살아요. 등에 'H'자 모양의 홈이 있고, 갯벌에 굴을 파서 흙을 구멍 둘레에 쌓아 놓아요. 마지막으로, 갯벌 속에서만 사는 조개가 있어요. 조개는 근육질로 된 도끼 모양의 발로 움직이며, 조개껍데기는 안쪽에 있는 살을 보호해요.

● **단락 간의 관계**
1 단락에서는 갯벌의 뜻과 글 전체의 중심 낱말인 '갯벌 동물'에 대해 소개하고 있어요.
2 단락에서는 갯벌 위에 사는 갯우렁이에 대해, 3 단락에서는 갯벌 속과 위를 드나들며 사는 방게에 대해, 4 단락에서는 갯벌 속에서만 사는 조개에 대해 설명하고 있으므로 세 단락은 묶을 수 있어요.

● **글의 구조도**

1 단락 갯벌의 뜻과 갯벌 동물	→	2 단락 갯벌 위에 사는 갯우렁이
		3 단락 갯벌 속과 위를 드나들며 사는 방게
		4 단락 갯벌 속에서만 사는 조개

● **주제:** 사는 곳에 따라 나누어지는 갯벌 동물

01 정답 갯벌 ····· 주제 알아보기

>왜 정답?

이 글에서는 갯벌 동물을 사는 곳에 따라 나누어 설명하고 있어요.
①단락에서는 갯벌의 뜻을 설명하고, 갯벌 동물을 사는 곳에 따라 나눌 수 있다고 이야기하고 있어요.
②단락에서는 갯벌 위에 사는 동물인 갯우렁이에 대해 설명하고 있어요.
③단락에서는 갯벌 속과 위를 드나들며 사는 동물인 방게에 대해 설명하고 있어요.
④단락에서는 갯벌 속에서만 사는 동물인 조개에 대해 설명하고 있어요.
따라서 이 글 전체의 중심 낱말은 '갯벌 동물'이고, 주제는 '사는 곳에 따라 나누어지는 갯벌 동물'이에요.
빈칸에 들어가기에 알맞은 말은 '갯벌'이에요.

02 정답 (1) 갯벌 동물 (2) 사는 곳 ····· 내용 이해하기

>왜 정답?

(1) 근거: ①단락 ❸, ❹번째 문장
①단락에서 '갯벌 동물은 사는 곳에 따라 나눌 수 있어요. 갯벌에 어떤 동물들이 살고 있는지 알아볼까요?'라고 한 후, ②~④단락에 걸쳐 갯벌 동물에 대해 설명하고 있어요.
따라서 괄호 안에 들어가기에 알맞은 말은 '갯벌 동물'이에요.

(2) 근거: ①단락 ❸번째 문장
①단락에서 '갯벌 동물은 사는 곳에 따라 나눌 수 있어요.'라고 한 후, ②~④단락에 걸쳐 갯벌 동물을 사는 곳에 따라 나누어 설명하고 있어요.
따라서 괄호 안에 들어가기에 알맞은 말은 '사는 곳'이에요.

03 정답 ㉠ 위 ㉡ 방게 ····· 내용 적용하기

다음은 갯벌 동물의 사진과 사는 곳을 정리한 것입니다. 이 글의 내용에 비추어 볼 때, ㉠, ㉡에 들어가기에 알맞은 말을 쓰세요.

• ㉠, ㉡: 갯벌 동물의 사진 3개가 주어져 있습니다.
첫 번째 사진은 갯우렁이이고, 갯우렁이가 사는 곳에 ㉠이 표시되어 있습니다.
두 번째 사진 속 동물의 이름에 ㉡이 표시되어 있고, ㉡이 사는 곳은 갯벌 속과 위입니다.
세 번째 사진은 조개이고, 조개가 사는 곳은 갯벌 속입니다.

즉 갯우렁이가 사는 곳인 ㉠과 갯벌 속과 위에 사는 동물의 이름인 ㉡이 무엇인지 쓰는 문제입니다.

>왜 정답?

㉠ 근거: ②단락 ❶번째 문장
'먼저, 갯벌 위에 사는 동물로 갯우렁이가 있습니다.'라고 했으므로 ㉠에 들어갈 알맞은 말은 '위'예요.

㉡ 근거: ③단락 ❶, ❷번째 문장
'다음으로, 갯벌 속과 위를 드나들면서 사는 동물도 있어요.' '갯벌의 싸움꾼'이라고 불리는 방게가 대표적이지요.'라고 했으므로 ㉡에 들어갈 알맞은 말은 '방게'예요.

04 정답 예 방게는 다른 게나 갯벌 동물들과 다투는 일이 많고, 심할 때는 집게발이 잘려 나갈 정도로 싸우기 때문이다.

서술형 채점 기준 – 근거: ③단락 ❸번째 문장
'방게는 다른 게나 갯벌 동물들과 다투는 일이 많고, 심할 때는 집게발이 잘려 나갈 정도로 싸워서 갯벌의 싸움꾼이라 불려요.'라고 했으므로 '방게는 다른 게나 갯벌 동물들과 다투는 일이 많고, 심할 때는 집게발이 잘려 나갈 정도로 싸운다.'라는 내용이 들어가면 정답이에요.

----- 배경지식

갯벌에 사는 식물

갯벌은 진흙으로 되어 있고, 항상 소금 성분이 많은 바닷물에 젖어 있어요. 그런데 이러한 갯벌에도 식물이 살고 있다는 사실, 알고 있었나요?

갯벌에 사는 식물은 '염생 식물'이에요. 염생 식물은 소금 성분이 많은 땅에서 자라는 식물을 말해요. 이러한 염생 식물에는 칠면초, 해홍나물, 퉁퉁마디, 나문재 등이 있답니다.

갯벌에 사는 염생 식물은 부족한 수분을 흡수하기 위해 뿌리를 땅속 깊이 뻗는다는 특징이 있어요. 또 바닷물을 빨아들인 다음, 바닷물의 소금 성분은 내보내고 물만 흡수하지요.

우리는 염생 식물을 먹기도 하고, 약으로 이용하기도 해요. 또, 보면서 즐기는 데 이용하기도 하지요. 대표적인 염생 식물인 퉁퉁마디는 혈액을 잘 돌게 하고 맑게 하여 건강식품과 약을 만드는 데 이용되고 있습니다.

▲ 퉁퉁마디

[수학]

DAY 34

시계의 긴 바늘과 짧은 바늘이 가리키는 것

○ 각 단락 중심 낱말   ○ 전체 중심 낱말   [ ] 각 단락 중심 문장   ▨ 전체 중심 문장

① ❶만약 우리의 일상에 시계가 없다면 어떨까요? ❷약속을 정하거나 지키기가 어렵고, 언제 무엇을 해야 할지 정확한 때를 몰라 혼란스러울 거예요. ❸[(㉠) 시각을 알려 주는 시계는 우리 생활에 꼭 필요하답니다.]

② ❶시계는 두 개의 시곗바늘과 열두 개의 숫자로 이루어져 있어요. ❷1부터 12까지의 숫자가 순서대로 시계판에 새겨져 있고, 시곗바늘은 짧은 것인 '시침'과 긴 것인 '분침'이 있지요. ❸'시침'은 '시'를 나타내고, '분침'은 '분'을 나타내요. ❹그럼 이 시곗바늘과 숫자를 보고 어떻게 시각을 읽을 수 있을까요?

③ ❶시침은 시를 나타낸다고 했죠? ❷만약 시침이 숫자 2를 가리키면 2시, 3을 가리키면 3시입니다. [이를 통해 한 시간이 지나는 동안 시침은 숫자 한 칸만큼 움직인다는 것을 알 수 있어요.]

④ ❶이제 분침에 대해 살펴봅시다. ❷분침이 숫자 1을 가리키면 5분, 2는 10분이에요. ❸즉 두 개의 숫자 사이는 5개의 작은 칸으로 나뉘고, 이 작은 칸 하나가 1분입니다. ❹[이를 통해 오 분이 지나는 동안 분침은 숫자 한 칸만큼 움직인다는 것을 알 수 있어요.]

⑤ ❶[그럼 시계를 실제로 읽어 볼까요?] ❷시침이 숫자 3을 가리키고, 분침이 숫자 12를 가리키면 3시입니다. ❸시침이 숫자 3과 4 사이를 가리키고, 분침이 숫자 6을 가리키면 3시 30분이겠죠?

1 단락 요약 시계의 필요성	
2 단락 요약 시계의 구성	
3 단락 요약 시침이 가리키는 것	
4 단락 요약 분침이 가리키는 것	
5 단락 요약 시계 읽기	

✶ **지문 이해**

● 이 글은 시계의 구성과 시계를 읽는 방법에 대해 알려 주는 설명문입니다. 시계는 시각을 알려 주기 때문에 우리 생활에 꼭 필요해요. 시계에는 1부터 12까지의 숫자가 순서대로 시계판에 새겨져 있고, 시곗바늘은 짧은 것인 '시침'과 긴 것인 '분침'이 있어요. 시침은 '시'를 나타내기 때문에 한 시간이 지나는 동안 숫자 한 칸만큼 움직여요. 분침은 '분'을 나타내기 때문에 오 분이 지나는 동안 숫자 한 칸만큼 움직여요.

● **단락 간의 관계**
① 단락에서는 글 전체의 중심 낱말인 '시계'의 필요성에 대해 이야기하고 있어요.
② 단락에서는 시계의 구성을 알려 주고 있어요.
③ 단락에서는 시침이 가리키는 것에 대해, ④ 단락에서는 분침이 가리키는 것에 대해 설명하고 있으므로 두 단락을 묶을 수 있어요.
⑤ 단락에서는 시계 읽기에 대해 이야기하며 글을 마무리하고 있어요.

● **글의 구조도**

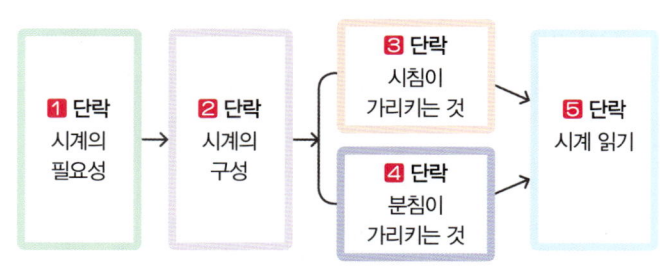

```
① 단락          ② 단락          ③ 단락
시계의    →    시계의    →    시침이           ⑤ 단락
필요성          구성          가리키는 것   →   시계 읽기
                              ④ 단락
                              분침이        →
                              가리키는 것
```

● **주제**: 시계의 구성과 시계를 읽는 방법

01 [정답] 시계 ·················· 주제 알아보기

>왜 정답?

이 글에서는 우리 생활에 꼭 필요한 시계에 대해 소개하고, 시계를 구성하는 두 개의 시곗바늘과 열두 개의 숫자를 설명하고 있어요. 그리고 이러한 내용을 바탕으로 시계를 읽는 방법을 설명하고 있어요. 따라서 이 글 전체의 중심 낱말은 '시계'이고, 주제는 '시계의 구성과 시계를 읽는 방법'이에요.

빈칸에 공통으로 들어가기에 알맞은 말은 '시계'예요.

02 [정답] ② ·················· 올바른 접속어 찾기

>왜 정답?

② 근거: ①단락 ❷, ❸번째 문장

㉠의 앞 문장에서 '약속을 정하거나 지키기가 어렵고, 언제 무엇을 해야 할지 정확한 때를 몰라 혼란스러울 거예요.'라고 했고, 뒤 문장에서 '시각을 알려 주는 시계는 우리 생활에 꼭 필요하답니다.'라고 했어요. ㉠의 앞 문장이 뒤 문장의 이유·근거가 되고 있으므로 ㉠에 들어갈 알맞은 말은 '그래서'예요.

>왜 오답?

① '그러나'는 서로 반대되는 내용을 말할 때 쓰는 이어 주는 말이에요.
③ '하지만'은 서로 같지 않은 사실을 나타내는 두 문장을 이어 주는 말이에요.
④ '그런데'는 앞의 내용과 다른 방향으로 문장을 이끌어 갈 때 쓰는 이어 주는 말이에요.
⑤ '왜냐하면'은 뒤 문장이 앞 문장의 원인이 될 때 쓰는 이어 주는 말이에요.

03 [정답] ③ ·················· 글쓰기 방식 이해하기

>왜 정답?

㉯ 근거: ④단락 ❹번째 문장

'이를 통해 오 분이 지나는 동안 분침은 숫자 한 칸만큼 움직인다는 것을 알 수 있어요.'라고 했으므로 알맞은 설명이에요.

㉰ 근거: ③단락 ❸번째 문장

'이를 통해 한 시간이 지나는 동안 시침은 숫자 한 칸만큼 움직인다는 것을 알 수 있어요.'라고 했으므로 알맞은 설명이에요.

>왜 오답?

㉮ 근거: ②단락 ❷번째 문장

'~ 시곗바늘은 짧은 것인 '시침'과 긴 것인 '분침'이 있지요.'라고 했으므로 틀린 설명이에요.

㉱ 근거: ②단락 ❶번째 문장

'시계는 두 개의 시곗바늘과 열두 개의 숫자로 이루어져 있어요.'라고 했으므로 틀린 설명이에요.

04 [정답] (1) 6, 30 (2) 12 ·················· 내용 적용하기

>왜 정답?

(1) 근거: ④단락 ❷번째 문장, ⑤단락 ❸번째 문장

④단락에서 '분침이 숫자 1을 가리키면 5분, 2는 10분이에요.'라고 했고, ⑤단락에서 '시침이 숫자 3과 4 사이를 가리키고, 분침이 숫자 6을 가리키면 3시 30분이겠죠?'라고 했어요.

따라서 시침이 숫자 6과 7 사이를 가리키고, 분침이 숫자 6을 가리키고 있으므로 '6시 30분'을 나타낸다는 것을 알 수 있어요.

(2) 근거: ③단락 ❷번째 문장, ⑤단락 ❷번째 문장

③단락에서 '만약 시침이 숫자 2를 가리키면 2시, 3을 가리키면 3시입니다.'라고 했고, ⑤단락에서 '시침이 숫자 3을 가리키고, 분침이 숫자 12를 가리키면 3시입니다.'라고 했어요.

따라서 시침이 숫자 12를 가리키고, 분침도 숫자 12를 가리키고 있으므로 '12시'를 나타낸다는 것을 알 수 있어요.

05 [정답] 예 약속을 정하거나 지키기가 어렵고, 언제 무엇을 해야 할지 정확한 때를 몰라 혼란스럽다.

서술형 채점 기준 – 근거: ①단락 ❶, ❷번째 문장

'만약 우리의 일상에 시계가 없다면 어떨까요? 약속을 정하거나 지키기가 어렵고, 언제 무엇을 해야 할지 정확한 때를 몰라 혼란스러울 거예요.'라고 했어요. 따라서 이러한 내용을 쓰면 정답이에요.

----- 배경지식

양력과 음력

'양력'은 지구가 태양의 둘레를 한 바퀴 도는 데 걸리는 시간을 1년으로 정해 날짜를 세는 방법입니다. 우리가 일상에서 쓰는 날짜는 보통 양력이에요. 5월 5일 어린이날이나 12월 25일 성탄절 등이 모두 양력이지요. 달력에 커다랗게 적혀 있는 날짜가 양력이랍니다. 양력은 1년을 365일로 정해 놓고, 4년마다 366일인 윤년을 정해 놓았어요. 이는 지구가 태양의 주위를 도는 주기가 정확히 365일이 아니기 때문에 날짜를 하루 더 넣어서 시간을 맞추는 거랍니다. 양력은 '태양력'이라고도 불러요.

'음력'은 달이 지구를 한 바퀴 도는 시간을 기준으로 해서 날짜를 세는 방법입니다. 달 모양이 달라지는 주기를 기준으로 날짜를 세는 방법이지요. 달력에 아주 작게 쓰여 있는 날짜가 바로 음력이에요. 달이 점점 커져서 보름달이 되었다가 다시 작아지는 한 주기가 한 달입니다. 달이 태양과 일직선에 있어서 모습이 보이지 않을 때를 초하루, 15일 뒤 달이 태양 반대편에 있어서 꽉 찬 모습일 때를 보름, 다시 달의 모습이 사라지기 전날을 그믐이라고 불러요. 설날과 추석은 각각 음력 1월 1일, 음력 8월 15일이기 때문에 양력으로는 매년 날짜가 바뀝니다. 음력은 '태음력'이라고도 불러요.

[가을 · 겨울]

도서관과 연주회장에서 지켜야 할 예절

◯ 각 단락 중심 낱말　◯ 전체 중심 낱말　[ ] 각 단락 중심 문장　▨ 전체 중심 문장

① ❶독서를 즐길 수 있는 도서관과 음악을 감상할 수 있는 연주회장은 다른 사람들과 함께 이용하기 때문에 예절을 지키는 것이 중요해요. ❷도서관과 연주회장에서 지켜야 할 예절에는 어떤 것이 있을까요?

② ❶먼저, 도서관은 책을 보고 빌릴 수 있는 곳이에요. ❷[따라서 읽을 책만 꺼내 읽고, 다 읽은 책은 제자리에 꽂아 놓거나 정해진 자리에 올려 두어야 합니다. ❸다른 사람에게 피해를 줄 수 있으니 큰 목소리로 대화하거나 휴대 전화 소리를 내면 안 되겠지요? ❹또 도서관에서 책을 빌렸다면 대출 기한을 꼭 지켜야 해요.]

③ ❶연주회장에서는 어떤 예절을 지켜야 할까요? ❷[먼저, 연주가 시작되기 전에 자리에 앉아야 합니다.] ❸연주가 시작된 후에 자리를 찾으면 다른 사람의 감상을 방해하게 돼요. ❹[그리고 연주 중에는 대화를 하거나 큰 소리를 내면 안 됩니다.] ❺아무리 귓속말이라고 해도 주변 사람들이 피해를 보게 돼요. ❻[연주자의 연주에 영향을 미칠 수 있으니 연주 중에는 사진 촬영도 하지 말아야 해요.]

④ ❶[연주회장에서는 연주가 끝나고 연주자가 인사를 할 때 찬사를 보내기 위해 '브라보', '브라바', '브라비'라고 외치기도 해요.] ❷이들은 이탈리아에서 온 말로, 남성에게는 '브라보', 여성에게는 '브라바', 남녀가 섞인 혼성이라면 '브라비'라고 한답니다.

1 단락 요약
도서관과 연주회장에서 예절을 지키는 것의 중요성

2 단락 요약
도서관에서 지켜야 할 예절

3 단락 요약
연주회장에서 지켜야 할 예절 ①

4 단락 요약
연주회장에서 지켜야 할 예절 ②

✽ 지문 이해

● 이 글은 도서관과 연주회장에서 지켜야 할 예절에 대해 알려 주는 설명문입니다. 도서관과 연주회장은 다른 사람들과 함께 이용하기 때문에 예절을 지키는 것이 중요해요. 도서관에서는 읽을 책만 꺼내 읽고, 다 읽은 책은 정해진 자리에 두어야 해요. 또 큰 목소리로 대화하거나 휴대 전화 소리를 내면 안 되고, 책을 빌렸다면 대출 기한을 꼭 지켜야 합니다. 연주회장에서는 연주가 시작되기 전에 자리에 앉고, 연주 중에는 대화를 하거나 큰 소리를 내면 안 되며, 사진 촬영도 하지 말아야 해요.

● **단락 간의 관계**
①단락에서는 도서관과 연주회장에서 예절을 지키는 것의 중요성을 이야기하고 있어요.
②단락에서는 도서관에서 지켜야 할 예절에 대해, ③단락과 ④단락에서는 연주회장에서 지켜야 할 예절에 대해 설명하고 있으므로 세 단락을 묶을 수 있어요.

● **글의 구조도**

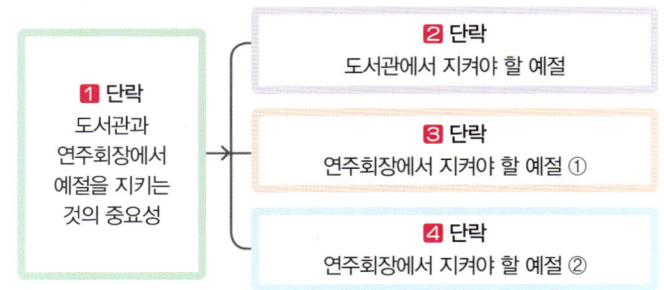

● **주제**: 도서관과 연주회장에서 지켜야 할 예절

01 [정답] 예절 .... 주제 알아보기

> **왜 정답?**

①단락에서 '독서를 즐길 수 있는 도서관과 음악을 감상할 수 있는 연주회장은 다른 사람들과 함께 이용하기 때문에 예절을 지키는 것이 중요해요.'라고 한 후, ②단락에서는 도서관에서 지켜야 할 예절에 대해, ③, ④단락에서는 연주회장에서 지켜야 할 예절에 대해 설명하고 있어요. 따라서 이 글의 주제는 '도서관과 연주회장에서 지켜야 할 예절'이고, 빈칸에 공통으로 들어갈 말은 '예절'이에요.

02 [정답] ④ .... 내용 이해하기

> **왜 정답?**

④ 근거: ③단락 ❹, ❺번째 문장

'그리고 연주 중에는 대화를 하거나 큰 소리를 내면 안 됩니다. 아무리 귓속말이라고 해도 주변 사람들이 피해를 보게 돼요.'라고 했으므로 연주가 시작되면 귓속말로 대화해야 한다는 것은 틀린 내용이에요.

> **왜 오답?**

① 근거: ②단락 ❸번째 문장

'다른 사람에게 피해를 줄 수 있으니 큰 목소리로 대화하거나 휴대 전화 소리를 내면 안 되겠지요?'라고 했으므로 알맞은 내용이에요.

② 근거: ②단락 ❹번째 문장

'또 도서관에서 책을 빌렸다면 대출 기한을 꼭 지켜야 해요.'라고 했으므로 알맞은 내용이에요.

③ 근거: ①단락 ❶번째 문장

'독서를 즐길 수 있는 도서관과 음악을 감상할 수 있는 연주회장은 다른 사람들과 함께 이용하기 때문에 예절을 지키는 것이 중요해요.'라고 했으므로 알맞은 내용이에요.

⑤ 근거: ④단락 ❶번째 문장

'연주회장에서는 연주가 끝나고 연주자가 인사를 할 때 찬사를 보내기 위해 '브라보', '브라바', '브라비'라고 외치기도 해요.'라고 했으므로 알맞은 내용이에요.

03 [정답] (1) ㉡ (2) ㉠ (3) ㉢ .... 내용 이해하기

> **왜 정답?**

(1) 근거: ④단락 ❷번째 문장

'~ 남녀가 섞인 혼성이라면 '브라비'라고 한답니다.'라고 했어요.

(2) 근거: ④단락 ❷번째 문장

'~ 남성에게는 '브라보', ~'라고 했어요.

(3) 근거: ④단락 ❷번째 문장

'~ 여성에게는 '브라바', ~'라고 했어요.

04 [정답] ④ .... 알맞은 반응 찾기

> **왜 정답?**

④ 근거: ③단락 ❹번째 문장, ④단락 ❶번째 문장

③단락에서 '그리고 연주 중에는 대화를 하거나 큰 소리를 내면 안 됩니다.'라고 했고, ④단락에서 '연주회장에서는 연주가 끝나고 연주자가 인사를 할 때 찬사를 보내기 위해 '브라보', '브라바', '브라비'라고 외치기도 해요.'라고 했어요. 따라서 연주회장에서 남성 연주자에게 '브라보'라고 외치는 것은 맞지만, 연주를 감상하는 중간이 아니라 연주가 끝나고 연주자가 인사를 할 때 해야 하므로 알맞지 않은 말이에요.

> **왜 오답?**

① 근거: ②단락 ❷번째 문장

'~ 다 읽은 책은 제자리에 꽂아 놓거나 정해진 자리에 올려 두어야 합니다.'라고 했으므로 알맞은 말이에요.

② 근거: ②단락 ❹번째 문장

'또 도서관에서 책을 빌렸다면 대출 기한을 꼭 지켜야 해요.'라고 했으므로 알맞은 말이에요.

③ 근거: ③단락 ❷번째 문장

'먼저, 연주가 시작되기 전에 자리에 앉아야 합니다.'라고 했으므로 알맞은 말이에요.

⑤ 근거: ③단락 ❻번째 문장

'연주자의 연주에 영향을 미칠 수 있으니 연주 중에는 사진 촬영도 하지 말아야 해요.'라고 했으므로 알맞은 말이에요.

05 [정답] 예 다른 사람에게 피해를 줄 수 있기 때문이다.

서술형 채점 기준 – 근거: ②단락 ❸번째 문장

'다른 사람에게 피해를 줄 수 있으니 큰 목소리로 대화하거나 휴대 전화 소리를 내면 안 되겠지요?'라고 했어요. 따라서 이러한 내용을 쓰면 정답이에요.

---- 배경지식

조선의 왕실 도서관, 규장각

조선의 22대 왕인 정조는 1776년, 창덕궁 후원에 왕실 도서관인 '규장각'을 세웠어요. 규장각의 '규장(奎章)'은 제왕의 시문이나 글씨를 이르는 말이에요. 따라서 규장각은 역대 임금의 시문과 글씨를 보관하기 위한 목적에서 출발한 것이지요.

그러다 점차 규장각의 규모와 기능이 확대되었어요. 규장각은 내각, 외각, 직원으로 구성되었는데, 내각에는 역대 임금의 시문과 글씨, 그림 등을 보관하였고, 우리나라의 도서를 소장하고 있었습니다.

외각은 규장각의 부속 기관으로, 서적의 간행과 배포를 맡은 곳입니다. 직원은 규장각 관원들이 숙직을 하면서 업무를 보던 곳으로 이문원이라고도 불렀어요.

말이 흉내를 낸대요.

○ 각 단락 중심 낱말   ◎ 전체 중심 낱말   [ ] 각 단락 중심 문장   ▨ 전체 중심 문장

1 여러분은 물건이 떨어지는 소리를 뭐라고 표현하나요? '우당탕'이라고 하지 않나요? 동물이 내는 소리로 닭은 '꼬꼬댁', 오리는 '꽥꽥', 염소는 '음메'라고 할 거예요. 이렇게 사람이나 사물의 소리를 흉내 낸 말을 의성어라고 해요. 그럼 거북이가 기어가는 모습을 '엉금엉금'으로, 지렁이를 '꿈틀꿈틀'로 표현한 것은 뭘까요? 사람이나 사물의 모양 혹은 움직임을 흉내 낸 말은 의태어라고 합니다.

2 [의성어에는 무엇이 있는지 알아봅시다.] '시계는 하루 종일 똑딱똑딱'이라는 말에서 '똑딱똑딱'은 시계가 돌아가는 소리를 따라 한 것이에요. '개굴개굴'은 개구리가 우는 소리를, '철썩철썩'은 파도가 치는 소리를 흉내 낸 의성어랍니다.

3 별을 보고 '반짝반짝' 빛난다고 하고, 발소리를 내지 않고 조심스럽게 걷는 사람을 보며 '살금살금' 걸어간다고 하지요. [아기가 '아장아장' 걸음마를 하고, 토끼가 '깡충깡충' 뛰어다닌다고 말하는 것은 모두 의태어를 사용한 예시입니다.]

4 우리말은 의성어와 의태어가 아주 잘 발달해 있어요. 의성어와 의태어는 한 낱말 안에서 같은 발음이 반복되는 경우가 많습니다. [이 경우에 의성어와 의태어는 반복되는 리듬을 가지게 되어 말의 재미를 살려 쓸 수 있기 때문에 적절하게 사용하면 말이나 글을 더 실감 나게 표현할 수 있답니다.]

1 단락 요약	의성어와 의태어의 뜻
2 단락 요약	의성어의 예시
3 단락 요약	의태어의 예시
4 단락 요약	의성어와 의태어를 사용하면 좋은 점

✱ 지문 이해

● 이 글은 의성어와 의태어를 예시를 들어 알려 주는 설명문입니다. 의성어는 사람이나 사물의 소리를 흉내 낸 말을 뜻하고, 의태어는 사람이나 사물의 모양 혹은 움직임을 흉내 낸 말을 뜻해요. 의성어에는 '똑딱똑딱', '개굴개굴', '철썩철썩' 등이 있어요. 의태어에는 '반짝반짝', '살금살금', '아장아장', '깡충깡충' 등이 있지요. 의성어와 의태어는 한 낱말 안에서 같은 발음이 반복되는 경우가 많아요. 그래서 반복되는 리듬을 가지게 되어 말의 재미를 살려 쓸 수 있기 때문에 적절하게 사용하면 말이나 글을 더 실감 나게 표현할 수 있어요.

● 단락 간의 관계
1단락에서는 글 전체의 중심 낱말인 '의성어'와 '의태어'의 뜻에 대해 설명하고 있어요.
2단락에서는 의성어의 예시를, 3단락에서는 의태어의 예시를 보여 주고 있으므로 두 단락을 묶을 수 있어요.
4단락에서는 의성어와 의태어의 특징과, 의성어와 의태어를 사용하면 좋은 점을 이야기하며 글을 마무리하고 있어요.

● 글의 구조도

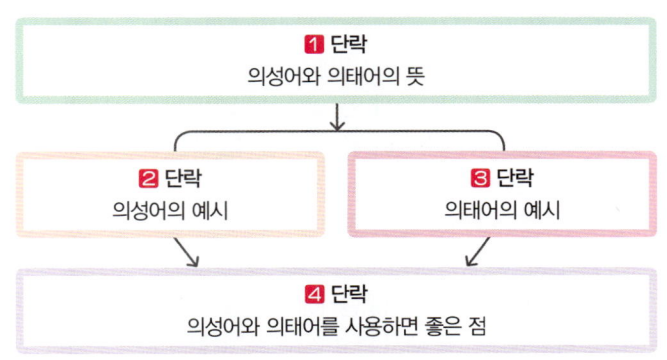

1 단락
의성어와 의태어의 뜻

2 단락
의성어의 예시

3 단락
의태어의 예시

4 단락
의성어와 의태어를 사용하면 좋은 점

● 주제: 흉내 내는 말인 의성어와 의태어

01 정답 ㉠ 의성어(의태어) ㉡ 의태어(의성어)
주제 알아보기

> **왜 정답?**

* **근거**: ①단락 ❹, ❻번째 문장

①단락 ❹번째 문장에서 '이렇게 사람이나 사물의 소리를 흉내 낸 말을 의성어라고 해요.'라고 했고, ❻번째 문장에서는 '사람이나 사물의 모양 혹은 움직임을 흉내 낸 말은 의태어라고 합니다.'라고 했어요.

②, ③단락에서는 의성어와 의태어를 예시를 들어 설명하고 있어요.

따라서 이 글 전체의 중심 낱말은 '의성어'와 '의태어'이고, 주제는 '흉내 내는 말인 의성어와 의태어'예요.

㉠에 들어갈 말은 '의성어(의태어)', ㉡에 들어갈 말은 '의태어(의성어)'예요.

02 정답 (1) 의성어 (2) 의태어
내용 이해하기

> **왜 정답?**

(1) **근거**: ①단락 ❹번째 문장

'이렇게 사람이나 사물의 소리를 흉내 낸 말을 의성어라고 해요.'라고 했어요.

(2) **근거**: ①단락 ❻번째 문장

'사람이나 사물의 모양 혹은 움직임을 흉내 낸 말은 의태어라고 합니다.'라고 했어요.

03 정답 (1) 똑딱똑딱, 꽥꽥, 철썩철썩, 꼬꼬댁
(2) 반짝반짝, 아장아장, 엉금엉금, 살금살금
내용 이해하기

> **왜 정답?**

(1) **근거**: ①단락 ❸번째 문장, ②단락 ❷, ❸번째 문장

①단락 ❸번째 문장에서 '동물이 내는 소리로 닭은 '꼬꼬댁', 오리는 '꽥꽥', ~'이라고 했고, ②단락 ❷, ❸번째 문장에서 "시계는 하루 종일 똑딱똑딱'이라는 말에서 '똑딱똑딱'은 시계가 돌아가는 소리를 따라 한 것이에요. ~ '철썩철썩'은 파도가 치는 소리를 흉내 낸 의성어랍니다.'라고 했어요.

(2) **근거**: ①단락 ❺번째 문장, ③단락

①단락 ❺번째 문장에서 '그럼 거북이가 기어가는 모습을 '엉금엉금'으로, ~'라고 했고, ③단락에서 '별을 보고 '반짝반짝' 빛난다고 하고, 발소리를 내지 않고 조심스럽게 걷는 사람을 보며 '살금살금' 걸어간다고 하지요. 아기가 '아장아장' 걸음마를 하고, ~ 의태어를 사용한 예시입니다.'라고 했어요.

04 정답 ③
글쓰기 방식 이해하기

> **왜 정답?**

③ 이 글은 의성어와 의태어가 생긴 까닭을 설명하고 있지 않아요.

> **왜 오답?**

① **근거**: ①단락 ❹, ❻번째 문장

①단락 ❹번째 문장에서 '이렇게 사람이나 사물의 소리를 흉내 낸 말을 의성어라고 해요.'라고 했고, ❻번째 문장에서 '사람이나 사물의 모양 혹은 움직임을 흉내 낸 말은 의태어라고 합니다.'라고 하며 의성어와 의태어의 뜻을 설명하고 있어요.

② **근거**: ②단락 ❷, ❸번째 문장, ③단락

②단락 ❷, ❸번째 문장에서 "시계는 하루 종일 똑딱똑딱'이라는 말에서 ~. '개굴개굴'은 개구리가 우는 소리를, '철썩철썩'은 파도가 치는 소리를 ~'이라고 했고, ③단락에서 '별을 보고 '반짝반짝' 빛난다고 하고, 발소리를 내지 않고 조심스럽게 걷는 사람을 보며 '살금살금' 걸어간다고 하지요. 아기가 '아장아장' 걸음마를 하고, 토끼가 '깡충깡충' 뛰어다닌다고 말하는 것은 모두 의태어를 사용한 예시입니다.'라고 하며 의성어와 의태어의 예시를 소개하고 있어요.

④ **근거**: ①단락 ❶, ❷번째 문장

'여러분은 물건이 떨어지는 소리를 뭐라고 표현하나요? '우당탕'이라고 하지 않나요?'라고 하며 설명할 내용과 관련된 질문으로 글을 시작하고 있어요.

⑤ **근거**: ④단락 ❸번째 문장

'이 경우에 의성어와 의태어는 반복되는 리듬을 가지게 되어 말의 재미를 살려 쓸 수 있기 때문에 적절하게 사용하면 말이나 글을 더 실감 나게 표현할 수 있답니다.'라고 하며 의성어와 의태어 사용의 장점으로 글을 마무리하고 있어요.

05 정답 예 의성어와 의태어는 한 낱말 안에서 같은 발음이 반복되는 경우가 많다. 이 경우에 의성어와 의태어는 반복되는 리듬을 가지게 되기 때문이다.

서술형 채점 기준 – **근거**: ④단락 ❷, ❸번째 문장

'의성어와 의태어는 한 낱말 안에서 같은 발음이 반복되는 경우가 많습니다. 이 경우에 의성어와 의태어는 반복되는 리듬을 가지게 되어 말의 리듬을 살려 쓸 수 있기 때문에 ~'라고 했어요. 따라서 '의성어와 의태어는 한 낱말 안에서 같은 발음이 반복되는 경우가 많다. 이 경우에 의성어와 의태어는 반복되는 리듬을 가지게 된다.'라는 내용이 들어가면 정답이에요.

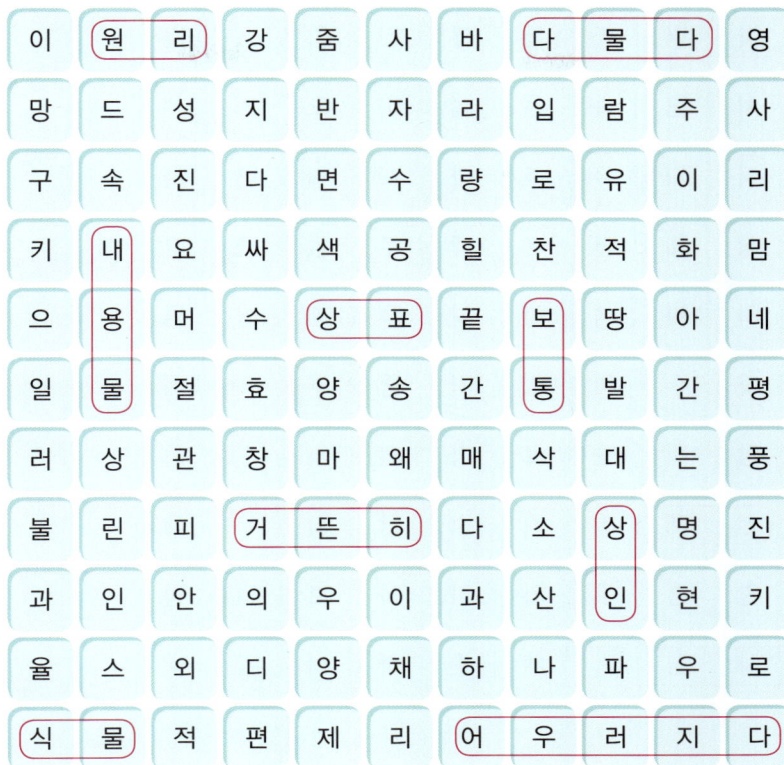

이	원	리	강	줌	사	바	다	물	다	영
망	드	성	지	반	자	라	입	람	주	사
구	속	진	다	면	수	량	로	유	이	리
키	내	요	싸	색	공	힐	찬	적	화	맘
으	용	머	수	상	표	끝	보	땅	아	네
일	물	절	효	양	송	간	통	발	간	평
러	상	관	창	마	왜	매	삭	대	는	풍
불	린	피	거	뜬	히	다	소	상	명	진
과	인	안	의	우	이	과	산	인	현	키
율	스	외	디	양	채	하	나	파	우	로
식	물	적	편	제	리	어	우	러	지	다

랄	통	로	교	알	종	불	쾌	하	다
동	원	치	참	또	사	십	바	적	키
콩	드	상	지	렷	반	기	록	입	서
카	속	황	겨	하	혀	꾸	라	없	혜
얄	화	민	싸	다	항	니	미	재	세
으	준	정	수	억	있	기	중	산	상
일	율	절	효	양	간	문	현	압	선
풍	성	하	다	재	송	공	평	카	숙
불	찰	도	밈	과	차	충	소	사	잉
과	인	안	덮	방	식	지	과	보	념

옷	차	림	키	통	분	진	압	호	발
원	치	참	속	옴	십	바	으	키	생
드	이	지	유	조	타	사	입	면	하
속	상	계	면	제	대	로	없	헤	다
코	하	싸	색	하	니	루	재	상	돌
준	다	수	억	있	기	중	추	수	네
상	당	허	난	로	방	의	차	순	풍
누	천	재	희	차	송	단	사	우	돼
인	안	홍	우	와	지	과	보	리	립
고	사	성	어	채	준	하	너	말	발

최초의 융합 학습 만화

초등 교과 학습은
다빈치로
시작하세요!

교과 내용을
쉽고 재미있게 융합적으로
공부할 수 있습니다.

〈3학년〉 〈4학년〉 〈5학년〉 〈6학년〉

각 학년별 세트(4권) 융합국어, 융합사회, 융합수학, 융합과학

1 재미있는 만화를 통해 융합적 사고력과 창의력을 쑥쑥 키워요!

★〈한눈에 보는〉 코너를 통해 **학습 원리 복습하기!**
만화를 보면서 자연스럽게 익힌 지식을 다시 한 번 정리
할 수 있게 핵심 지식을 체계적으로 정리하여 담았어요.

2 다양한 분야의 유용한 상식을 담았어요!

★〈개념 쑥쑥 퀴즈〉로 지식을 **깊이 있게 공부하기!**
무엇을 공부했고, 얼마나 알고 있는지 확인할 수 있어요.

서연비람 청소년 필독서

파도

토드 스트라써 지음/김재희 옮김 / 값 12,000원

복제인간 시리

샬로테 케어너 지음/김재희 옮김 / 값 12,000원

동물 농장 외

조지 오웰 지음/김재희 옮김 / 값 12,000원

뒤바뀐 교환학생

크리스티네 뇌슬링어 지음/김재희 옮김
값 12,000원

권오숙 교수의 해설과 함께 읽는 **베니스의 상인**

윌리엄 셰익스피어 지음/권오숙 옮김
값 12,000원

권오숙 교수의 해설과 함께 읽는 **리어 왕**

윌리엄 셰익스피어 지음/권오숙 옮김
값 12,000원

설중환 교수와 함께 읽는 **금오신화**

김시습 지음/설중환 옮김 / 값 12,000원

변신 외

프란츠 카프카 지음/김재희 옮김 / 값 12,000원

이방인·스웨덴 연설 **이방인**

알베르 카뮈 지음/이두성 옮김 / 값 12,000원

서연비람은 조선 시대 왕궁 내, 강론의 자리였던 서연(書筵)에서 강관(講官)이 왕세자에게 가르치던 경전의 요지를 수집하여 기록한 책(비람備覽)을 말합니다. 서연비람 출판사는 민주주의 국가의 주인인 시민들 역시 지속 가능한 과거와 현재, 미래의 이치를 깨우치고 체현해야 한다는 믿음으로 엄선한 도서를 발간합니다.

주소 : 서울시 강남구 도곡로 422, 5층 / 전화번호 : 02)563-5684 / 이메일 : birambooks@daum.net

수학 개념 충전 연산 훈련서

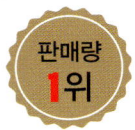

판매량 1위 만족도 1위 추천도서 1위

수력충전

기초를 탄탄히 하고 싶은 학생들을 위한 책

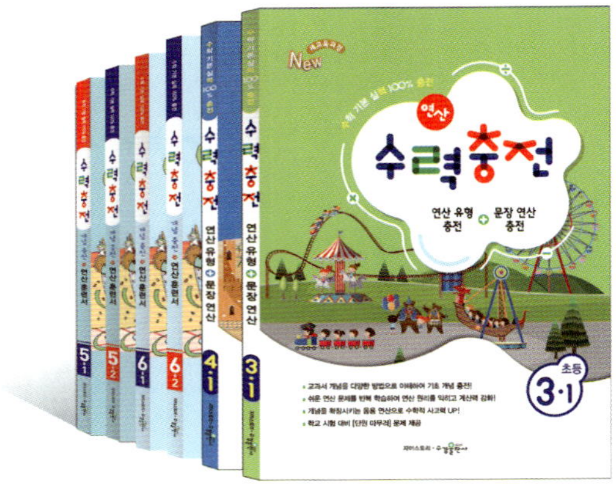

수학의 기본을 잡아주는
개념 충전과 정확한 연산 훈련!

1. 핵심 개념을 한 눈에 알기 쉽게 정리
2. 반복 연산 학습으로 기본기를 탄탄히!
3. 수학의 자신감을 회복!

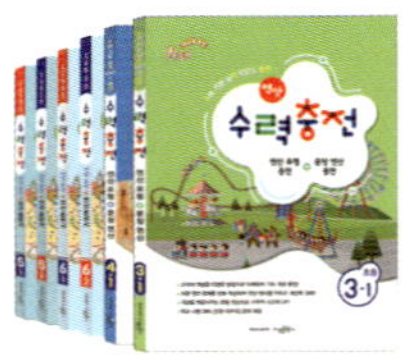

- 초등 수학
  1-1, 1-2 2-1, 2-2 3-1, 3-2
  4-1, 4-2 5-1, 5-2 6-1, 6-2

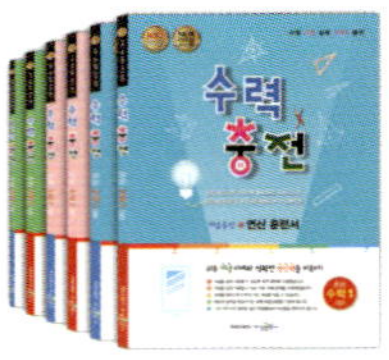

- 중등 수학1(상·하)
- 중등 수학2(상·하)
- 중등 수학3(상·하)

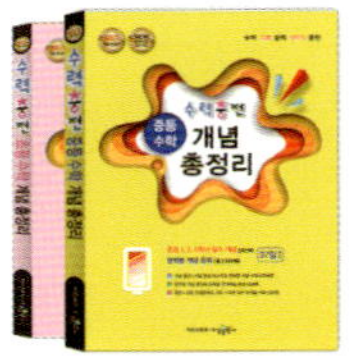

- 중등 수학 개념 총정리
- 초등 수학 개념 총정리

수학 기초를 더 쉽고 빠르게

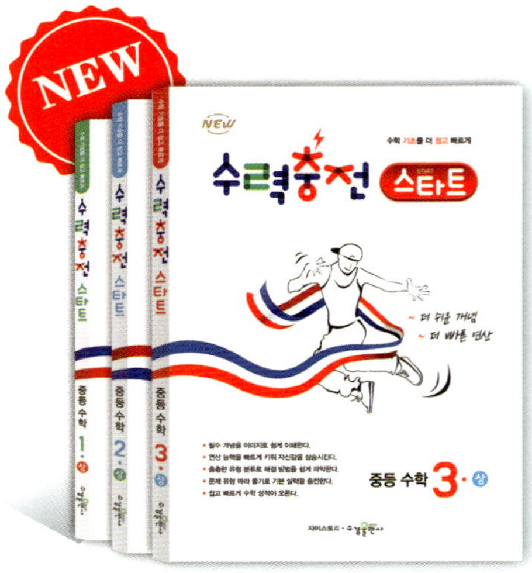

수학을 싫어하는 학생들을 위한 책

수력충전 START 스타트

따라 풀면 술술 풀리는 문제 구성
기초 연산 능력을 탄탄하게 다져준다!

1. 필수 개념을 이미지로 쉽게 이해
2. 따라쓰고 따라풀어 개념 적용 방법 쉽게 습득
3. 학교 시험 기본 유형 연습

*수력충전 스타트 시리즈
중등 수학1(상·하), 중등 수학2(상·하), 중등 수학3(상·하)

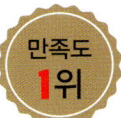

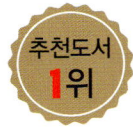